Helmut Tributsch

Als die Berge noch Flügel hatten

Helmut Tributsch

Als die Berge noch Flügel hatten

Die Fata Morgana in alten Kulturen,
Mythen und Religionen

Ullstein

Die Deutsche Bibliothek – CIP-Eiheitsaufnahme
Tributsch, Helmut
Als die Berge noch Flügel hatten: Luftspicgelungen und
dic Suche des Menschen nach Unsteblichkeit/Helmut
Tributsch. – Berlin; Frankfurt/M.: Ullstein, 1996
ISBN 3-550-06932-4

Verlag Ullstein GmbH Berlin Frankfurt/M

Satz: LVD GmbH, Berlin
Druck und Bindung:
Wiener Verlag, Himberg
Printed in Austria 1996
ISBN 3 550 06932 4

Inhalt

4. Umgekehrte Welten

5. Mythische Inseln

6. Schlangen mit Flügeln

7. Verbindungen zum Himmel

•

8. Doppelte Erscheinungen

9. Göttliche Fahrzeuge

10. Verzauberte Natur

11. Gespenstische Begegnungen

Vorwort

Die Kirche hatte immer schon ein wachsames Auge auf die manchmal schockierend grandiosen Erscheinungen gerichtet, die wir heute unter dem Namen Luftspiegelungen kennen. Die Gläubigen meinten nämlich in ihnen manchmal den Himmel, manchmal die Hölle zu erkennen. Nicht umsonst führten im Jahre 1636 der Jesuitenpater Athanasius Kircher, um 1653 der Jesuitenpater Ignatius Angelucci und im Jahre 1773 der Dominikanerpater Antonio Minasi an der Meeresenge von Messina, der Heimat von Skylla und Charybdis, sorgfältige Studien an diesem Naturphänomen durch. Sie wollten dessen mögliche Bedeutung für die Religion und die Seele des Menschen, aber auch seine Rolle im Aberglauben ergründen.

Für heutige Maßstäbe haben ihre Bemühungen keinen nennenswerten wissenschaftlichen Fortschritt erbracht, außer daß sie zu einer besseren Beschreibung dieser phantastischen Zaubereien des Lichtes beitrugen und die Erkenntnis bestätigten, daß diese die Phantasie der Menschen in besonderer Weise beflügelten.

Dieses Buch kann man als einen neuen Versuch verstehen, nach ungeklärten Zusammenhängen zwischen Luftspiegelungen und der Vorstellungswelt der Menschen zu suchen. Es stellt die Frage, inwieweit Luftspiegelungen unseren Vorfahren bei ihrer Entwicklung aus dem Schatten der Vorzeit als Quellen für mythologische und religiöse Vorstellungen gedient haben. Untersucht werden aus vielen Kulturkreisen stammende Überlieferungen und Legenden, die Zusammenhänge mit Fata-Morgana-Erscheinungen nahelegen. Dabei werden überlieferte Vorstellungen bevorzugt, von denen wir annehmen, daß sie uns weit in die Frühzeit der menschlichen Vorstellungen zurückführen.

Der Titel dieses Buches lehnt sich an die mehr als drei Jahrtausende alte indische Mythologie an und weist auf eine Zeit in der Entwicklungsgeschichte der Menschen zurück, als man noch ziemlich alles, was man mit den eigenen Augen sah, für wahr und glaubhaft hielt: Bei den in Luftspiegelungen gehobenen Bergen vermutete man, daß sie mit Flügeln vom Boden abhoben. Dieses Verhalten hatte in der Vorstellung der Menschen zur Folge, daß der höchste Gott, Indra, einschreiten mußte, dessen himmlisches Reich, so wie die Menschen es gesehen haben, selbst eine Vision von Luftspiegelungen zu sein scheint. Indra weilt nämlich auf der Spitze des mythischen Berges Sumeru, der sich als kosmische Säule von der Hölle bis in den Himmel erstreckt.

Unser Ziel ist es, herauszufinden, wie einige wichtige Grundvorstellungen der Mythologien und der Religionen zustandegekommen sind. Dabei interessieren uns vor allem Anhaltspunkte und Schlüsselerlebnisse, die den Menschen auf seiner ruhelosen Suche nach der Unsterblichkeit der Seele weitergeführt haben. Dahinter stand unsere Hoffnung, tiefer ins rätselhafte menschliche Unbewußte einzudringen, als es bisher möglich war.

Hintergrund dieser Initiative war ein Buch über die Naturgeschichte der Luftspiegelungen, wohl das erste dieser Art, das ich vor rund einem Jahrzehnt veröffentlicht habe. In diesem Buch *(Das Rätsel der Götter)* wurde auch der Versuch gemacht, Riesen-Monumente alter Kulturen als Orakelstätten für Luftspiegelungen zu deuten, die den Kontakt zur jenseitigen Welt ermöglichen sollten.

Die Luftspiegelungen haben mich weiterhin fasziniert. Ich begriff, daß dieses Phänomen einen neuen, anschaulichen Zugang zum Verständnis von Mythen und Religionen eröffnen könnte. Es hilft uns zu begreifen, warum Menschen angefangen haben, an gewisse geistige Dinge zu glauben. Die Herausforderung ließ mich nicht mehr los – zehn Jahre lang. Während dieser Zeit habe ich auf vier Kontinenten erforscht, was Luftspiegelungen in der Phantasie des Menschen bewirken. Ich habe das Erbe vieler alter Kulturen durchstöbert, raffinierte künstlerische Darstellungen ebenso wie beiläufige Felszeichnungen. Darüber hinaus interessierten mich die Mythen ursprünglicher Naturvölker. Ich habe in Namibia und Südafrika Vorstellungen der Buschmänner studiert und in Australien versucht, die Traumzeit der Eingeborenen aus meiner Sicht zu verstehen. Entlang der Seidenstraße in Westchina habe ich die Luftspiegelungen der Taklamakan-Wüste fotografiert und in den alten, von buddhistischen Mönchen bemalten Höhlen nach Motiven gesucht, die davon beeinflußt sein könnten. In der Südsee habe ich schließlich den gespenstischen, unbetretbaren Inseln der Toten nachgeforscht.

Von je her hatten mich Persönlichkeiten fasziniert, die als Mönche den Baum der Erkenntnis suchten. Die buddhistische Sitte, daß Menschen ihren Alltag für eine gewisse Periode als »Mönche auf Zeit« verließen, um auf den Spuren der Ewigkeit zu wandeln, leuchtete mir ein. Was ich in diesem Buch beschreibe, war für mich eine solche Zeit der Suche nach Erkenntnis. Auch wenn ich nicht die Kutte trug – ich versuchte, mich in die vorzeitliche, gefühlsbetonte Seele des Menschen einzufühlen und seine verzehrende Suche nach der Unsterblichkeit nachzuempfinden.

Der Leser ist eingeladen, diese Reise im Angesicht der Fata Morgana mitzumachen. Ich habe mich bemüht, durch Fotografien und Zeichnungen etwas von dem Eindruck zu vermitteln, den Luftspiegelungen auf Menschen ausüben, wenn sie über ihr zufälliges Wesen nicht informiert sind wie wir modernen Menschen heute. Für die frühen Menschen waren Luftspiegelungen einfach ein Teil der belebten Natur. Sie wurden ernst genommen – als Botschaften einer unfaßbaren überirdischen Welt. Eine japanische Filmgesellschaft hat einen Dokumentarfilm auf der Grundlage meines ersten Fata-Morgana-Buches gedreht, um Luftspiegelungen erstmalig einem breiteren Publikum vorzustellen. Die Bilder von einem der unglaublichsten Naturphänomene, das die Menschen während ihrer Entwicklung begleitet hat, könnten unserer Phantasie ihren verlorenen Reichtum wiedergeben.

Die Mythologie, die wir hier interpretieren, ist eine Mythologie des Lichtes. Wir analysieren geheimnisvolle Botschaften des Lichtes, die die Natur dem Menschen zukommen ließ. Wir versuchen zu verstehen, wie die Menschen sie gedeutet und wie sie in ihrem Unterbewußtsein weitergelebt haben. Gleichzeitig stellen wir die Frage, ob sie nicht eine regelrechte Evolution der menschlichen Seele ausgelöst haben, da sie die Vorstellungskraft auf eine Welt jenseits der unsrigen lenkten.

Niemand hat bislang die Idee verfolgt, daß die Visionen von Licht, die wir Luftspiegelungen nennen, mythologische und religiöse Vorstellungen wesentlich mitgeprägt haben können. Dabei setzen religiöse Empfindungen Sinneswahrnehmungen voraus, die uns gefühlsmäßig auf das spirituelle Erlebnis vorbereiten. Wir müssen in besonderer Weise denken, hören, sehen oder fühlen, bevor wir glauben können. Das hat schon der Kirchengelehrte Thomas von Aquin erkannt, als er sagte: »Gnade (Religion) setzt die Natur voraus«. Das Entstehen religiöser Empfindungen über Naturerlebnisse zu deuten steht also nicht im Widerspruch zur Religion.

Dieses Buch macht sich auf die Suche nach einem unerschlossenen Pfad, den unsere Seele seit Urzeiten gewandert ist. Auf dieser Suche wird uns eine Symbolfigur begleiten, die Luftspiegelungen geboren haben: der Doppelvogel, ein Vogel, der in eine Luftspiegelung fliegt und dabei zwei Köpfe, vier Flügel oder zwei Körper erhält. In vielen Kulturen ist er tatsächlich der Botschafter, der die Verbindung zur jenseitigen Welt aufrechterhält.

Wir müssen darauf gefaßt sein, uns manchmal auf unsicheren Wegen voranzutasten. Am Ende des Buches werden wir sehen, ob unsere naturalistische Strategie mehr über die Wurzeln der Mythen und Religionen erklärt als herkömmliche Theorien.

Helmut Tributsch
Santa Cruz, Kalifornien, Februar 1995

Abb. 1 Doppelvogel, Mittler zur jenseitigen Welt. Stickerei auf der Textilhülle einer Mumie der Paracas-Kultur in Peru, 2.–4. Jh. n. Chr. (vgl. dazu die Luftspiegelung in Abb. 7 M).

1.

Die Macht der Fata Morgana

Das Vermächtnis der Luftgebilde

Was den Menschen wohl am ehesten von den Tieren unterscheidet, ist seine Sehnsucht nach der Unsterblichkeit der Seele. Diese Sehnsucht wurzelt in Mythen und Legenden und ist die Grundlage jeder Religion.

Nach Sigmund Freud sind Legenden und Mythen Produkte der Träume, die vom Unbewußten des Menschen genährt werden. Dort ist, sorgfältig gegen unbedachten Zugriff geschützt, der Erfahrungsschatz unserer menschlichen und tierischen Ahnen aufgehoben.

Andere Vorstellungen über die Entstehung von Legenden und Mythen gehen davon aus, daß besondere Naturbeobachtungen die Phantasie der Menschen angeregt haben. Viele Märchen und Fabeln handeln zum Beispiel von Sonne und Mond, von Naturerscheinungen oder Tieren im Wald, die vermenschlicht wurden. Dies muß kein Widerspruch zur Deutung Sigmund Freuds sein. Der Erfahrungsschatz unserer menschlichen und tierischen Ahnen war vor allem geprägt durch Naturerlebnisse.

Seit Urzeiten schon, seit unsere Vorfahren als Jäger und Sammler durch die Steppen zogen, hat der Horizont mit seinen Erscheinungen die Menschen in seinen Bann gezogen. Dort zeigte sich nicht nur die heißersehnte Beute, nicht nur der gefürchtete Feind, sondern

Abb. 2 Luftspiegelung in der Wüste Äthiopiens (nach J. Müller, 1872). Nur wenige Künstler haben sich bemüht, dieses grandiose Naturphänomen festzuhalten. Ein Grund war sicherlich der Mangel an entsprechenden Eindrücken.

es tauchten dort immer wieder gespenstische Erscheinungen auf, die den Gesetzen der Natur in ihrer unmittelbaren Umgebung zu widersprechen schienen. Die Menschen sahen Wasser, wo nur trockene Wüste war, Land am Himmel, wo es eigentlich keinen Halt hatte, und alle möglichen Erscheinungen wie Pfeiler, die den Himmel trugen, gewaltige Berge, die sich wieder auflösten, oder riesige Bäume – Szenen, die zwischen paradiesischer Schönheit und barbarischer Häßlichkeit den ganzen Bogen der Phantasie umspannten.

Wir wollen zeigen, daß diese Lichtvisionen es waren, die unser Unbewußtes mitprägten, die Wesenszüge unserer Religionen mitbestimmten und am Ursprung vieler Mythologien standen. Wenn ein solches Phänomen einmal gesehen und von vielen Zeugen mitbeobachtet worden ist, konnte es nicht mehr geleugnet, nicht mehr als Phantasie abgetan werden. Es mußte einen nachhaltigen Eindruck hinterlassen, da es eine Welt andeutete, in der die Naturgesetze keine Geltung hatten. Wahrscheinlich haben die aus ihrer tierischen Vergangenheit erwachenden Menschen alle möglichen Vorstellungen über die jenseitige Welt und ihr eigenes Schicksal nach dem Tode entwickelt. Aber vor allem solche Gedankengebilde, die von Zeit zu Zeit eine Bestätigung erfuhren, haben langfristig überlebt und sich allgemein durchgesetzt. Vorstellungen, die im Einklang mit den bei Luftspiegelungen erlebten Visionen waren, hatten eine größere Chance, als glaubhaft angenommen zu werden. Die Vorstellung zum Beispiel, daß die jenseitige Welt eine umgekehrte ist, hatte eine langfristige Überlebenschance, wenn umgekehrte Landschaften hin und wieder als Luftspiegelungen am Himmel gesehen wurden. Dann bestätigte man sie und war in der Überzeugung bestärkt, daß die überlieferte Deutung richtig ist. Es wäre eine Art natürliche Auslese und Evolution mythologischer Ansichten im Gegensatz zu solchen, die keine Bestätigung durch sichtbare und erlebbare natürliche Erscheinungen haben. Die Vorstellung zum Beispiel, daß die jenseitige Welt senkrecht angeordnet ist, also die Seelen waagrecht herumwandelten, hätte eine viel geringere Überlebenschance, weil niemand es mit den eigenen Augen gesehen hatte.

Wir haben es bei Legenden und Mythen im Zusammenhang mit Luftspiegelungen mit Produkten einer Wirklichkeit zu tun, die faszinierend ist, aber zu kompliziert für den Betrachter; ihre physikalischen Hintergründe wird er kaum richtig erraten. Was die Menschen aus diesen phantastischen Erlebnissen gemacht haben, gibt uns einen überwältigenden Einblick in ihre Seele. Wenn es ein Phänomen in der Natur gibt, das den Menschen dazu angeregt hat, sich eine jenseitige Welt vorzustellen, dann sind es die Luftspiegelungen. Für einen gläubigen Menschen können diese sporadischen Visionen des Lichtes auch gottgewollt sein. Gott kann die von ihm geschaffene Natur jederzeit einsetzen, um dem Menschen Botschaften zu vermitteln. Es kommt darauf an, was der Mensch mit diesen Botschaften macht. Eine naturwissenschaftlich nachvollziehbare Evolution von Jenseitsvorstellungen wird das Geheimnis des Glaubens nicht einschränken, sondern widerstandsfähiger machen in einer Welt, die zunehmend vom Verstand diktiert – und bedroht wird.

Wir brauchen nicht weit in die Menschheitsgeschichte zurückzublicken, um ein Beispiel für einen echten Fata-Morgana-Kult zu finden. Noch in der Mitte unseres Jahrhunderts waren Luftspiegelungen in der Trokkenwüste im Inneren Australiens Anlaß für besondere Zeremonien und Rituale der Eingeborenen. Ist dies ein

Abb. 3 Luftspiegelung, Namibia. Die in der Hitze des Wüstenbodens gebogenen Lichtstrahlen verwandeln die staubtrockene Sandgegend in eine Seenlandschaft mit verlockenden wasserumspülten Ufern und Inseln.

aktueller Beleg für den hier beschriebenen Weg der Entstehung von Mythen und Religionen?

Wenn die Dämonen der Kälte kommen

Wenn die Tafelberge am Horizont ihre Hälse recken und sich vom Boden abheben, wenn die Sträucher in der Ebene wie Tiere von ihrem Lager aufbrechen und zu wandern beginnen, dann wissen die Eingeborenen des Pitjantjara-Stammes im Gebiet des Mount Conner im Inneren Australiens, daß die Helden der Traumzeit zurückgekommen sind. Sie nennen sie Ninja-Eismänner, denn mit ihnen kommt die bittere Kälte, die sich im Winter des Morgens in das Land krallt und die am Boden Kauernden mit Schüttelfrost aus ihrem unruhigen Schlaf reißt. Dann scharen sich die Eingeborenen um das glimmende Lagerfeuer und singen ein Beschwörungslied, das so mächtig ist, daß es die Eismänner zurück in ihre unterirdischen Höhlen scheucht und die in der Luft vagabundierenden Sträucher wieder auf den Boden zurückversetzt.

Nicht immer sind die kältebringenden Wesen unerwünscht. Wenn es darum geht, einen ungerechten Tod zu rächen, werden sie zu willkommenen Verbündeten. In einer Beschwörungszeremonie herbeigerufen, umkreisen sie den Übeltäter. Hartnäckig rauben sie ihm allmählich die Wärme, und selbst ein loderndes Feuer kann das Opfer nicht mehr vor dem Erfrieren schützen.

Und wenn die Wüste vor Hitze flimmert, hocken sich die alten Frauen auf den von der Trockenheit aufgerissenen Boden und singen, während die jungen Frauen auf sorgsam zwischen Steinhaufen gelegten Wegen um sie herumtanzen. Dann kommen ebenfalls die Fata-

Morgana-Geister und bekämpfen die Hitze, so daß bald ein kühler Wind über das geplagte Land streicht.

Diese Rituale, die noch in der Mitte unseres Jahrhunderts australische Eingeborene ausführten, um spirituellen Einfluß auf Luftspiegelungen auszuüben, hat der Anthropologe Percy Mountfold in seinem Buch über Nomaden der australischen Wüste beschrieben.[1]

Durch sorgfältige Beobachtungen haben die australischen Eingeborenen im Laufe der Zeit viele Einzelheiten über die rätselhaften Ninja-Eismänner herausgefunden: Nach einem Kampf zwischen zwei Eismännern bei der Aneri-Quelle sollen alle Ninja-Eismänner zu den Unjagalta-Salzseen ungefähr zehn Meilen nordnordöstlich des Mount Conner umgesiedelt sein. Der Weg, den sie eingeschlagen haben, ist seitdem ein Wasserlauf geworden. In der Mitte des westlichsten Salzsees gibt es eine niedrige Insel mit Haufen von Felsblöcken und einer Reihe verkümmerter Mulga-Bäume. Von den Felsblökken sagt man, daß sie einst die Körper der Ninja-Eismänner waren, und von den Mulga-Bäumen, daß es sich um die verwandelten Körper von Wallabies handelt, welche die Ninja-Eismänner einst getötet haben. Diese Insel soll auch heute noch der Eingang zur unterirdischen höhlenartigen Behausung der Ninja-Eismänner sein, deren eisbedeckte Wände ständig von heulenden Winterstürmen gefegt werden. Während des Sommers hausen die Ninja-Eismänner glücklich in dieser eisigen Umgebung. Aber wenn der Winter kommt, verlassen sie ihr Zuhause unter dem Unjagalta-See und unternehmen weite Reisen über die Hügel, durch das Mulgra-Gebüsch und durch das Sanddünenland. Obwohl die Ninja-Eismänner selbst nur vom Medizinmann gesehen werden können, erkennen die Eingeborenen, wann sie sich herumtreiben.

Eine sehr dramatische Geschichte einer ihrer Kämpfe ist in vielen Einzelheiten überliefert: Ein Eismann fand auf einem Jagdausflug die Aneri-Quelle, versteckte sie aber unter einem Grashaufen, damit sein Gefährte sie nicht finden konnte. Dieser wurde so durstig, daß er sich eine Arterie in der Leistengegend öffnete, um sich mit seinem eigenen Blut am Leben zu erhalten. Der geizige Ninja machte ebenfalls einen kleinen Schnitt in seine Leiste, allerdings gerade so tief, daß eben Blut austrat, um seinen Gefährten zu täuschen. Dieser Schnitt wurde noch in Zeremonien unserer Tage von den Veranstaltern des Eismänner-Kulttanzes nachvollzogen, um die verwerfliche Handlung des geizigen Eismannes zu symbolisieren. Die Aneri-Quelle wurde vom betrogenen Eismann dennoch entdeckt.

Der durstige Eismann begann zu trinken und hörte auch nicht auf, als sein geiziger Partner über ihn herfiel und ihn mit Schlägen von seiner Quelle wegjagen wollte. Die Eismänner kämpften dann viele Stunden lang. Die Spuren, die sie dabei hinterließen, sind die Muster, die man heute noch auf der Aneri-Lehmpfanne erkennen kann. Die weißen Flecken der Sanderde sollen das Blut gewesen sein, das auf den Boden geflossen und zu Eis gefroren ist. Zwei Haufen weißer Steine auf der Oberfläche der Aneri-Lehmpfanne wurden als Körper kämpfender Eismänner gedeutet. Die raufenden Rivalen bewegten sich schließlich weiter bis zum Gipfel des Mount Conner. Dort zeugen Haufen hellfarbiger Steine mit dunklen Zonen davon, wo ihr Blut hingeflossen ist. Als Folge dieses Kampfes verließen die Eismänner ihr Camp auf dem Gipfel des Mount Conner und zogen unter die Oberfläche des Unjagalta-Sees.

Die gespenstische Szene (Abb. 4), bei der Eingeborene im Inneren Australiens angesichts von Luftspiege-

Abb. 4 Zeremonie, bei der von australischen Eingeborenen im Angesicht von Luftspiegelungen (gespiegelter Tafelberg, schwebende und gespiegelte Sträucher und Bäume) die Helden der Traumzeit beschworen werden.

Abb. 5 Gespiegelte Tiere sind ein häufiges Motiv, wenn australische Eingeborene Erinnerungen aus der Traumzeit wiedergeben (Rindenmalerei des Manggalili-Clans). Abgebildet ist »marngu«, das Opossum, das der wichtigste Botschafter zwischen der Welt der Lebenden und der Toten ist. Es trägt die Botschaften am Lebensbaum, neben dem es dargestellt ist, hoch oder herunter, interessanterweise als Doppeltier (Aboriginal Art of North Australia. An Exhibition arranged by the Aboriginal Arts Board of the Australia Council, Sydney 1976).

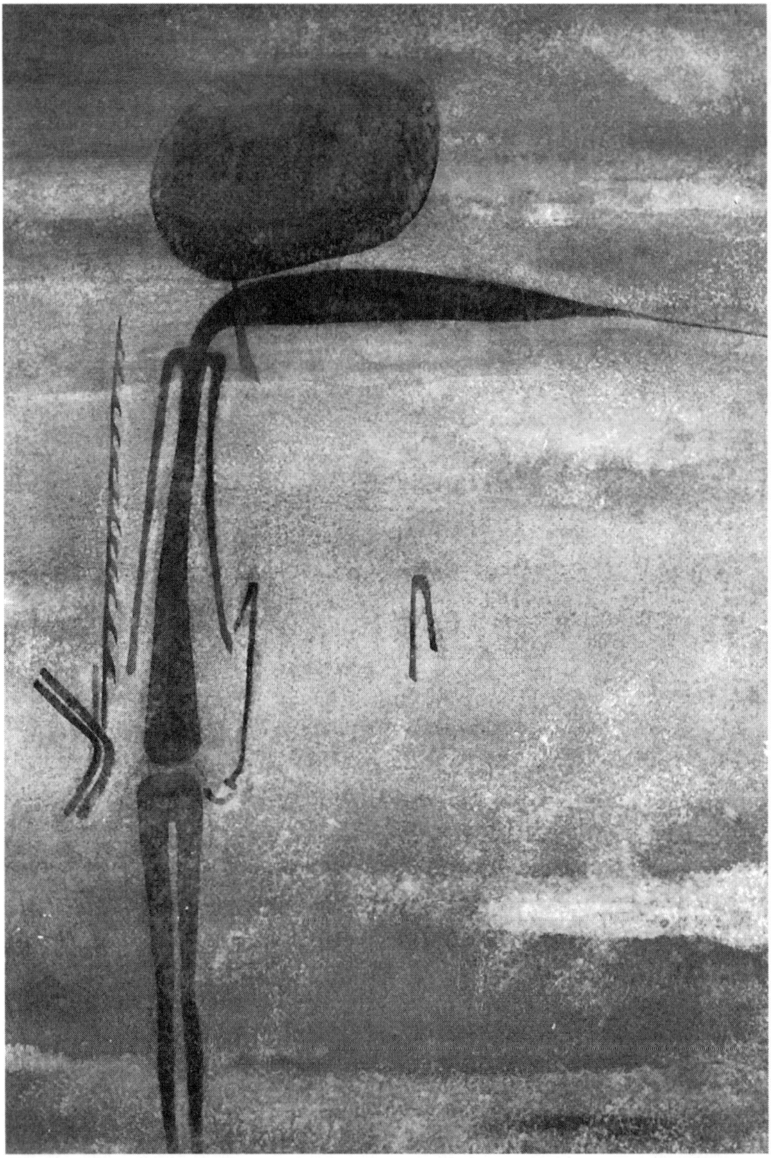

Abb. 6 Eine Heldenfigur aus der Traumzeit. Australische Felsmalerei, inspiriert durch die Erscheinung einer gespiegelte Sonne? (Staatliches Museum für Völkerkunde, München)

lungen über ihrer in Kälte erstarrten Wüstenheimat die Fata Morgana beschwören, weil sie mythische Eismänner hinter ihnen vermuten, ist ein einmaliger Blick zurück in die Urzeit. Ohne Zweifel sind es Luftspiegelungen, die ihre Phantasie beleben, da Berge und Hügel in der Luft schweben müssen, bevor sie ihre Zeremonien beginnen. Die Felsblöcke in der flachen, weiten Aneri-Lehmpfanne, die einst Körper von Ninja-Eismännern gewesen sein sollen, haben sich wohl immer wieder in Form von Luftspiegelungen zum Himmel hochgereckt. Durch künstliche Steinhaufen in derselben Ebene, um welche die Eingeborenenfrauen in der Hitze herumtanzen, versuchen sie wohl, die Fata-Morgana-Gespenster der Kälte anzulocken. Da ferne, natürliche Steinhaufen die Fata-Morgana-Geister anzogen, erwartete man dies auch von künstlichen. Auch der Kampf der Ninja-Eismänner auf dem Mount Conner, der in allen Einzelheiten mit geographischen Angaben seiner Spuren in der Erinnerung der Einheimischen geblieben ist, kann nur die zeitlich veränderliche Erscheinung des Berges in einer Luftspiegelung nach oben gewesen sein, der seine Konturen verzerrte und bewegliche Formen vorspiegelte.

Diese noch von unserer Wissenschaftlergeneration dokumentierten Fata-Morgana-Riten urtümlicher Menschen beweisen, daß die kühnsten Beobachter der Natur in den Luftspiegelungen Wesen einer anderen Welt gesehen haben, die in unserer irdischen Umgebung bleibende Spuren ihrer Aktivitäten hinterlassen. So wird es auch unseren fernen Vorfahren ergangen sein in den Jahrmillionen, die unser Unbewußtes geprägt haben.

Was sind Luftspiegelungen?

Damit die Vorstellungen, die dieses Buch vermitteln möchte, wirklich anschaulich werden können, soll eine Übersicht über die verschiedenen Luftspiegelungserscheinungen gegeben werden, die man beobachtet hat.[2] Darauf werden wir zurückkommen, wenn mythologische Überlieferungen diskutiert werden.

Die Landschaftsformen, in denen Luftspiegelungen bevorzugt auftauchen, sind solche, in denen das Auge weit schweifen kann. Es sind Ebenen, wie man sie in der Wüste und auf dem Meer vor sich hat, oder Berge, deren Profile man von weither erkennen kann. Wenn wir etwas sehen, setzen wir voraus, daß die Lichtstrahlen geradlinig auf uns zukommen. Dies geschieht auch, wenn die Dichte der Luft überall gleichmäßig ist. Sie ist es jedoch nicht, weil eben diese Dichte der Luft von ihrer Temperatur abhängt. Dies ist schließlich der Grund, warum warme Luft hochsteigt und kühle Luft zu Boden sinkt. Wenn die Luft aber ruhig liegt, mischen sich dichte und dünne Luft nur sehr langsam, und es entsteht vorübergehend ein abweichendes Dichtegefälle über dem Erdboden.

Eine typische Situation, bei der sich ein solches Dichtegefälle in der Luft aufbaut, entsteht, wenn der Boden durch die Sonne stark aufgeheizt wird. Die Dichte der Luft nimmt dann nach unten hin ab. Eine umgekehrte Situation liegt vor, wenn warme Luft über einer kühlen Wasserfläche liegt. Solche durch das Wetter und die Sonneneinstrahlung entstehenden Dichtegefälle können sich auch zwischen verschieden warmen, überlagerten Luftschichten ausbilden. Dann bewegen sich Lichtstrahlen nicht mehr gerade, sondern werden abgelenkt. Die Ablenkung ist deutlich sichtbar, wenn die

Lichtstrahlen weit genug wandern können, bevor sie das Auge erreichen. Deswegen sieht man Luftspiegelungen nur aus größerer Entfernung. Lichtstrahlen werden immer zur dichteren, kälteren Luftschicht hin abgelenkt. Die Luft wirkt in diesem Fall wie eine riesige optische Linse. Sie kann vergrößern, verkleinern, mehrfach abbilden und verzerren.

Gut bekannt ist die Erscheinung der Wüsten-Fata-Morgana. Licht, das vom blauen Himmel kommt, wird von der heißen, dünnen Luftschicht über dem Boden so abgelenkt, daß ein Beobachter es vom Boden unter dem Horizont her ankommen sieht (Abb. 7 A). Es entsteht der Eindruck eines Sees, der den Himmel und die Bilder am Horizont reflektiert. Läuft ein Tier in eine solche Wüstenspiegelung hinein, erscheint es verdoppelt (Abb. 7 B).

Wenn andererseits die Luft zum Boden hin kühler wird, zum Beispiel über einer Wasserfläche oder einem Schneefeld, werden Lichtstrahlen, die vom Boden weggehen, wieder zu diesem zurückgelenkt. Ein Beobachter sieht dann Objekte von der Erdoberfläche oder Wasseroberfläche hoch am Himmel (Abb. 7 C). Sie können viel größer erscheinen als das wirkliche Objekt, sie können auch stark verzerrt sein. Es kommt jetzt darauf an, wie weit sich der gesichtete Gegenstand vom Beobachter befindet. Unter bestimmten Bedingungen wird das Licht insgesamt so gelenkt, daß die Ebene oder das Meer, auf die der Beobachter blickt, scheinbar zu einer S-förmigen Schleife verbogen wird. Mit ihr verschieben und verzerren sich entsprechend auch alle darauf befindlichen Objekte. Als logische Konsequenz sieht man unterschiedliche Bilder, je nach ihrer Entfernung vom Beobachter (Abb. 7 D). Ein Berg kann mit der Entfernung immer mehr gehoben und größer erscheinen.

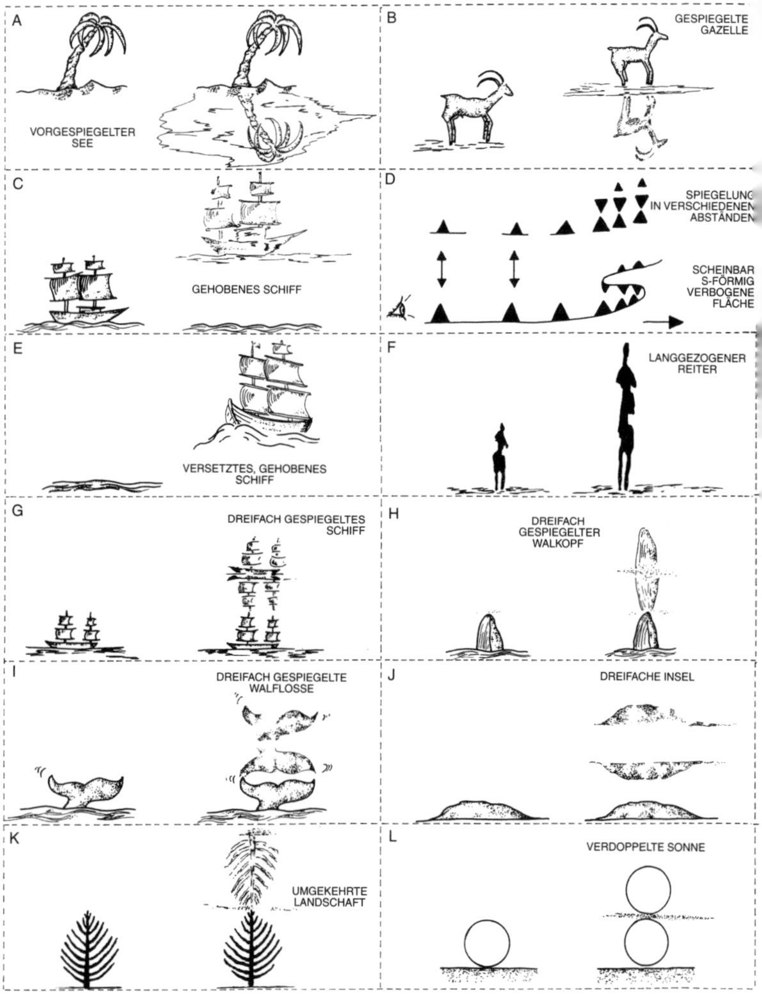

Abb. 7 Typische Formen von Luftspiegelungen (links ist die normale Erscheinung dargestellt). A: Fata-Morgana-See in der Wüste; B: doppelt (gespiegelt) erscheinendes Landtier; C: schwebendes, vergrößertes Schiff; D: zu einer S-förmigen Schleife verbogene Ebene, darüber: Erscheinung (Insel-Berge) in zunehmenden Abständen; E: hinter dem Horizont schwebendes, vergrößertes Schiff; F: in die Länge gezogener Reiter; G: dreifaches Schiff; H: dreifacher, zur Säule aufgetürmter Felsen; I: dreifaches, als Meeresungeheuer auftauchen-

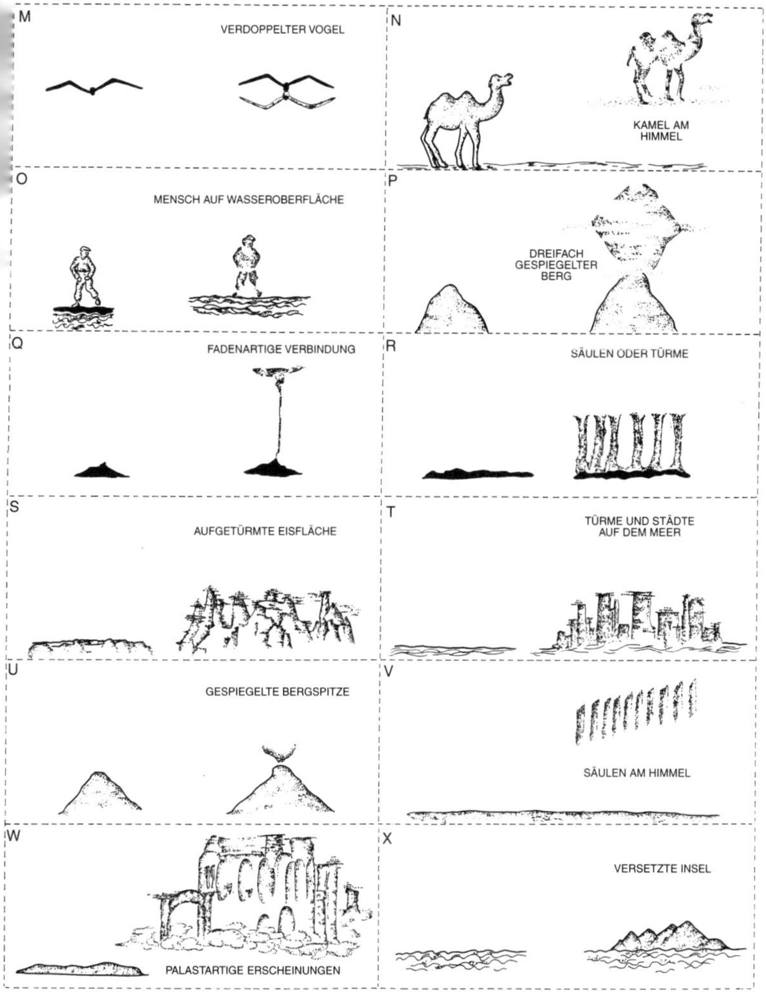

des Meeressäugetier; J: dreifache Insel; K: umgekehrt gesehener Baum; L: doppelte Sonne; M: Doppelvogel; N: Kamel in der Luft; O: Menschen gehen auf dem Wasser; P: dreifacher vergrößerter Berg; Q: nach oben gespiegelter Hügel mit »Faden« dazwischen; R: zu Türmen in die Höhe verzerrte Berglandschaft; S: zu Gebirgen hochgetürmte Eisebene; T: vom Meer aufgetürmte Phantasielandschaft; U: gespiegelte Bergspitze; V: Säulenreihen am Himmel; W: Märchenlandschaft; X: versetzte Insel

Dann taucht, wegen der schleifenförmig verbogenen Ebene, darüber der umgekehrt gespiegelte Berg auf. Schließlich türmt sich darüber noch ein aufrechtes verkleinertes Bild des Berges auf, wenn in der S-Schleife der Boden oder die Meeresoberfläche dreimal gesehen wird. Solche doppelten Spiegelungen kann es auch nach unten geben, wenn der Boden aufgeheizt ist und die Luftdichte in ganz bestimmter Weise über dem Boden zunimmt. So zeigt Abb. 8 unten auf der Seite eine in der Luft schwebende Hügelkette als Verschmelzung des ursprünglichen Bildes mit seinem Spiegelbild. Darunter erkennt man deutlich einen See, in dem die Hügelkette sich nochmals spiegelt.

Mehrere Erscheinungen sind unter diesen Bedingungen möglich. So kann ein hinter dem Horizont be-

Abb. 8 Grandiose Luftspiegelung eines Gebirges nach oben (Alaska). Zu sehen sind schmale und breite Säulen in dunkler und heller Farbe sowie horizontale, dachartige Strukturen. Alles zusammen vermittelt den Eindruck eines Palastes von einer anderen Welt.

findliches Objekt gehoben und stark vergrößert und verformt am Himmel erscheinen (Abb. 7 E). Es kann bizarr in die Länge gezogen sein (Abb. 7 F). Man kann ein Schiff doppelt sehen oder auch dreifach (Abb. 7 G). Ein Felsen im Wasser kann sich als dreifaches Bild wie eine Säule zum Himmel hochstrecken (Abb. 7 H). Eine ähnliche Erscheinung hat man vor sich, wenn in einer einfachen Luftspiegelung lokal das Dichtemuster in der Luft so gestört ist, daß die Lichtsignale in alle möglichen Richtungen abgelenkt werden.

Ein auftauchendes Meerestier kann zu einem dreifachen Bild grotesk verformt werden und dabei Schrekken verbreiten, weil es sich bewegt (Abb. 7 I). Eine Insel kann doppelt oder auch dreifach erscheinen (Abb. 7 J). In einer einfachen Spiegelung nach oben können Bäume umgekehrt gesehen werden (Abb. 7 K). Die Sonne kann am Horizont doppelt auftauchen, entweder nach oben oder nach unten gespiegelt (Abb. 7 L). Ein Vogel, der in eine Luftspiegelung fliegt, wird zu einem Doppelvogel, einem unwirklich erscheinenden Wesen (Abb. 7 M). Ein Landtier kann in der Luft schwebend gesehen werden (Abb. 7 N). Menschen erscheinen, übers Wasser auf einer Landzunge gesehen, so vergrößert und versetzt, als ob sie auf dem Wasser laufen würden (Abb.7 O). Ein Berg kann so vergrößert und durch seine Spiegelungen nach oben so in die Höhe gezogen erscheinen, daß er gigantische Ausmaße vortäuscht (Abb. 7 P). Gelegentlich ist eine Spiegelung nach oben so geartet, daß wirkliches und gespiegeltes Objekt mit einer fadenartigen Verbindung auftreten (Abb. 7 Q). Die Lichtstrahlen von beiden Erscheinungen gehören ja zum selben Bild, und ein kleiner Teil der Lichtstrahlen geht Wege, auf denen die Bedingungen vom Idealfall abweichen. Gelegentlich sieht man am Horizont auch Mehrfachspiegelungen, wobei die einzelnen Bilder oft stark zusammengedrückt sind. Über dem Horizont tauchen dann zwei oder mehr horizontale Streifen auf, durchbrochen von turmartigen Erscheinungen.

Relativ häufig werden Erhebungen zu turmartigen Gebilden hochgezogen (Abb. 7 R). Es ist auch beobachtet worden, daß Eisfelder zu gebirgsartigen Erscheinungen aufgebläht wurden (Abb. 7 S). Manchmal sieht man auf dem Meer turmartige Erscheinungen. Sie wurden als »Mutata« nicht selten aus der Provinz Lecce in Apulien berichtet. Man hielt die Erscheinung für eine Stadt, gelegentlich auch für einen Wald (Abb. 7 T). Als Ausschnitt der Spiegelung von Abb. 7 D kann ein Teil eines gespiegelten Berges über dem Gipfel wie ein riesiger Vogel oder ein großes Fluggebilde aussehen (Abb. 7 U). Wenn periodische Temperaturschwankungen in der Atmosphäre auftreten, kann man hin und wieder ganze Reihen senkrechter heller Säulen sehen (Abb. 7 V). Die wohl verblüffendste Erscheinung aber ist das Auftreten paradiesisch wirkender Bilder (Abb. 7 W). Durch ständig sich ändernde Dichteverteilungen in der Luft erscheint ein bewegtes Bild, in dem alle möglichen phantastischen Gebilde erkannt werden: Paläste, Burgen, Stadtmauern, Türme, Heere, Menschengetümmel, Torbögen. Manchmal werden regenbogenfarbige Erscheinungen gesehen oder diamant- oder glasartig durchsichtige Landschaften und Gebäude. Als letztes Beispiel einer markanten Luftspiegelung sei auf die Erscheinung hingewiesen, daß Inseln auf dem Meer weit versetzt werden können.

Bei dieser vereinfachten Analyse der verschiedenen Spiegelungserscheinungen fällt auf, daß zum Teil klare mathematische Gesetzmäßigkeiten auftreten. Bilder kehren sich um, werden verdoppelt oder verdreifacht. Andere werden wiederum in die Länge gezogen oder von den Launen der Wärmebewegungen in erstaunlich anmutige und beeindruckende dynamische Abläufe einbezogen. Viele Luftspiegelungen vermitteln übrigens eine bläuliche, glasartige Erscheinung, weil kurzwelliges Licht mehr zu ihrem Entstehen beiträgt als langwelliges rotes.

Als die Berge noch Flügel hatten

Die mehr als dreitausend Jahre alten religiösen Überlieferungen der arischen Inder, niedergeschrieben im *Weda,* was altindisch »Wissen« bedeutet, kennen eine mythologische Erzählung, die weit in die Vorzeit menschlicher Erfahrung zurückzureichen scheint.[3] Danach hatten ursprünglich die Berge Flügel und konnten wie Vögel umherfliegen. Dadurch gefährdeten sie allerdings das Gleichgewicht der Erde. Daraufhin schnitt ihnen der Gott Indra mit seinem Blitzstrahl, Vajra genannt, die Flügel ab und zwang sie, sich dort permanent niederzulassen, wo sie waren. Nur »Mainaka«, der Sohn von Himalaya und Mena, entkam. Er versteckte sich im Ozean, wo er von Sagara verborgen wurde.[4] Geschichten fliegender Berge sind bei den Indo-Ariern nicht selten. Diese Eigenschaft wird interessanterweise oft Bergen und Hügeln zugeordnet, die abseits großer Gebirgszüge stehen. Auch auf den Meeren trifft man fliegende Berge an. So fragt der Held Saktideva in der *Geschichte von der goldenen Stadt* den Schiffskapitän auf dem Ozean: »Was ist dieser riesige Gegenstand, den man weit weg am Meer in dieser Richtung erkennt, der wie ein Berg mit Flügeln aussieht, der nach Wunsch aus dem Meere hochsteigt?« »Es ist ein Banyan-Baum«,

Abb. 9 Schwebende Berge, Namibia

war die Antwort, »unterhalb soll sich ein gigantischer Wirbel befinden.«[5]

Schwebende Berge haben auch die Phantasie von Künstlern beflügelt. So ist aus dem 7. Jahrhundert von Mathura in Indien eine Kalksteinskulptur erhalten, die zeigt, wie Gott Krishna den Berg Ghovardan hochhält. Dieses Motiv taucht auch um 1800 in einer Raiput-Miniatur auf. Man sieht, wie Gott Krishna diesen Kraftakt mit seinem kleinen Finger schafft und die herumstehenden Kuhhirten ihm dabei bewundernd zusehen (Abb. 17, Farbteil). Im übrigen weiß man aus dem indischen Mahabharata-Epos, daß der Berg Ghovardan von der dort ansässigen Bevölkerung angebetet wurde, weil man glaubte, daß sich in ihm Gott Krishna verkörperte.

Die uralte mythologische Erzählung vom Schicksal der Berge mit Flügeln hat tiefe symbolische Bedeutung.

Zunächst enthält sie eine genaue Naturbeobachtung: Die prächtigsten Luftspiegelungen, die Berge zum Schweben bringen, entstehen vor allem in der Ruhe vor dem Sturm. Gott Indra bringt nämlich die Berge mit seinem Blitzstrahl zu Boden. Das heißt nichts anderes, als daß die Spiegelung vorüber ist, wenn der Sturm losbricht. Dies wurde offensichtlich wirklich beobachtet und als göttlicher Eingriff gedeutet. Indra ist der meistverehrte altindische Heldengott. Er gilt als König der Götter und steht an der Spitze des Kampfes gegen die Dämonen, gegen die er seine Keule schleudert. Daß er durch seinen Blitz die schwebenden Berggespenster auf den Boden bringt, ist möglicherweise auch ein Hinweis auf einen Religionskampf. Die alten Fata-Morgana-Götter der Urmenschen werden von moderneren Göttern unterworfen. In grandiosen Luftspiegelungen erkennt man ein Bild dreifach. Diese Dreifaltigkeit hat sich, wie wir noch sehen werden, in zahlreichen Religionen niedergeschlagen. Gott Indra reitet übrigens auf einem dreiköpfigen Elefanten, der Erawan genannt wird. So wird er zum Beispiel auf einem Relief aus dem 10. Jahrhundert dargestellt, das in Banteai Srei bei Angkor erhalten geblieben ist. Der Wissenschaftler Sten Konow glaubt, daß der Mythos von den geflügelten Bergen vorarisch und eine Erinnerung an eine vorarische Gottheit ist. Im übrigen könnte der Hinweis, daß das Meer die Berge beschützte, die ihre Flügel behalten wollten, andeuten, daß dort die (Insel-)Berge noch in der Luft vagabundieren.

Die Überlieferung vom Berg Ghovardan, in dem sich Gott Krishna verkörperte, der diesen mit seinem kleinen Finger hoch in die Luft heben konnte, belegt überdies, daß Luftspiegelungen mit göttlichen Erscheinungen identifiziert wurden. Vielleicht wurde Krishnas Finger

Abb. 10 Der Dämon Akvan trägt den persischen Helden Rustam samt dem Berg, auf dem er weilt, durch die Luft (Illustration aus einer Sah-Nama, Türkei, 18. Jh., Museum für Islamische Kunst, Berlin).

sogar anschaulich gesehen, als dünne Verbindungslinie, die manchmal irdische und gespiegelte Objekte verbindet.

Die Überlieferungen von fliegenden Bergen haben für uns auch symbolischen Charakter. Sie zeigen, daß unsere gedankliche Expedition zurück zu den Anfängen der Zivilisation geht. Sie belegen auch, wie einfach und anschaulich die Menschen vor drei Jahrtausenden noch gedacht haben, selbst wenn sie es mit komplizierten Dingen zu tun hatten. Es ist eine Naturanschauung, die wir offensichtlich vor langem verlernt haben, die von rationalen Denkweisen absorbiert wurde. Aber wenn wir verstehen wollen, wie der Mensch seine geistige Vorstellungswelt aufgebaut hat, müssen wir versuchen, zu den Quellen der Mythen und Religionen zurückzukehren.

Die wohl faszinierendste Vision der Menschen ist die Vorstellung vom Paradies, das die Erfüllung aller Träume bringt.

Abb. 11 Doppelvogel, antiker Keramik-Stempel aus Mexiko (vgl. dazu die Luftspiegelung in Abb. 7 M).

2.

Begegnungen mit dem Paradies

Die Ebene, wo die Götter weilen

Aus der alten keltischen Mythologie sind viele Episoden überliefert, in denen Helden mit Göttern oder Botschaftern der jenseitigen Welt zusammentrafen. Es fällt auf, daß dies fast immer in einer Ebene geschieht oder am Meer. Ja, es gibt sogar einen Mythos, wonach das Paradies in der anderen Welt selbst eine Ebene ist. Auch die letzte weltzerstörende Schlacht zwischen Göttern und Giganten in der germanischen Mythologie spielt sich in einer Ebene ab. Sie heißt Vigrid und liegt nahe Asgard. Daß eine Ebene in der Tat eine besondere Bedeutung hatte, fällt auf, wenn man in England vor dem Megalith-Heiligtum Stonehenge steht. Es wurde auf der ausgedehntesten Ebene dieses Inselreiches erbaut. Viele der Riesensteine sind 300 Kilometer weit eben an diesen Platz transportiert worden.

Auch bei den alten Ägyptern war die Durchquerung »einer Ebene« auf dem Weg zu den Gefilden des Friedens für die Seelen der Toten von großer Wichtigkeit. So steht im »Papyrus der Anhai«, das etwa 1100 v. Chr. verfaßt wurde, als Gebetsformel für den Weg in die Elysischen Felder: »Gebt, daß ich die Tore passiere, um in die Ebene zu gehen« oder »Ihr sollt mir Nahrung und Brot geben wie den Geistern, die in die Ebenen ein- und ausgehen« und »Komme in die Ebenen«.

Abb. 12 Luftspiegelung mit phantastischen, veränderlichen Erscheinungen über dem Meer, wo es sonst nur flache Felsinseln gibt, nach 0 (a), 52 (b) und 57 (c) Sekunden, sowie etliche Minuten später (d).

c

d

Abb. 13 Wüsten-Luftspiegelung, östliche Taklamakan-Wüste, China. Die fernen Hügel sind nach unten gespiegelt und darunter, im vorgetäuschten »Wüstensee«, nochmals reflektiert.

Durchstöbert man das mythologische Erbe der Völker, dann fällt auf, daß das Land der Seligen sehr häufig auf einer Insel jenseits eines großen Wassers vermutet wird. Das betrifft, wie die Übersichtskarte in Abb. 15 zeigt, sowohl Europa als auch Asien, Amerika und vor allem Polynesien. Meist glaubte man die Inseln im Westen, wo die Sonne untergeht. Aber wo es kein westliches Meer gibt, wie in China oder am Persischen Golf, kann das mythische Land auch im Osten oder Süden liegen. Im Inneren der Kontinente sind die Stätten, wo die Toten hinziehen, nicht selten Inseln auf Binnenseen, so zum Beispiel für manche Jägervölker Nordamerikas im Oberen See oder einfach in einem großen Binnenmeer. In der irischen Provinz Ulster überlebte bis ins Mittelalter eine Sage, nach der in einem See neben einer Insel des Lebens auch eine Insel der Toten existierte.[1]

Wenn keine großen Seen vorhanden sind, wie in der Heimat der Kalmücken oder der Prärieindianer, dann ist es einfach eine Ebene im Westen, wo die Toten Aufnahme finden. Das gilt für die ewigen Jagdgründe der Onondaga-Indianer ebenso wie für die der Tschokta- und der Schwarzfuß-Stämme, in denen auf den geschickten Jäger reiche Beute wartete und das Gespenst des Hungers unbekannt war.[2] In Südostaustralien war es die Insel, die jetzt den Namen »Lady Julia Percy« trägt, zu der die Geister und Körper der Toten zogen, und zwar durch eine Höhle im gegenüberliegenden Festland.

Immer wieder gibt es Hinweise darauf, daß das Paradies am Horizont liegt. Beim Volk der Dajaken, der altindonesischen Urbevölkerung von Borneo, liegt die Seelenstadt in einem Wolkensee. Auf einer Insel in der Mitte dieses Sees erhebt sich ein Wunderbaum. Wenn man sich aber erkundigt, wie die Seelen dahinkommen, dann heißt es, daß die Reise auf einem Fluß erfolgt.[3] Wahrscheinlich sah man einst das mythische Land in einem »Wolkennebel«, der über dem Wasser eines Sees schwebte.

Die Eingeborenen im Gebiet der MacDonnel-Gebirge im Zentrum Australiens stellen sich ihr Paradies im Norden des Landes gelegen vor.[4] Für Bewohner einer trockenen Halbwüste ist dieser Ort ihrer Jenseits-Sehnsucht recht sonderbar: Zwei bartlose Jünglinge sind fortwährend damit beschäftigt, von diesem Paradies das Wasser fernzuhalten. Es mußte also ein sehr niedriger, flacher Streifen Landes gewesen sein, der im Wasser lag oder unmittelbar am Wasser. Warum sich eine solche Anstrengung lohnte, ist nicht bekannt.

Das Paradies wird meist in den prächtigsten Farben geschildert. Es ist ein Garten, der die köstlichsten Früchte hervorbringt und den Menschen nie erfahrenes Glück beschert. Besuchen wir zum Beispiel »Tulan«, das Paradies der mittelamerikanischen Indianervölker. Sein Name bedeutet soviel wie »Ort der Binsen«. Ein Zusatzname, »Tlalocan«, besagt, daß es auch der Ort ist, wo der Wasser- und Regengott Tlaloc seinen kühlen und feuchten Aufenthaltsort hat. Auf einem grandiosen Fresko von Tepantitla, das der Teotihuacan-Kultur angehört, die vom 4. bis zum 8. Jahrhundert n. Chr. blühte, erscheint der Regengott als Vogelmensch über dem Wasser, dem der Regen aus seinen Händen rieselt. Hinter ihm steht ein Baum, der mit Früchten und Blüten überladen ist und in dem prächtige Vögel leben. Tlaloc wurde in seiner Tätigkeit durch eine himmlische Schlange unterstützt, deren Leib mit Wasser gefüllt

Abb. 14 Doppelschlange, Symbol des Regengottes Tlaloc. Dieser Gott wurde von einer riesigen Himmelsschlange unterstützt, deren Leib mit Wasser gefüllt war. Die wasserbringende Schlange hat die Eigenschaft, in spiegelbildlicher Form aufzutreten – wie Luftspiegelungen vor Wetterfronten.

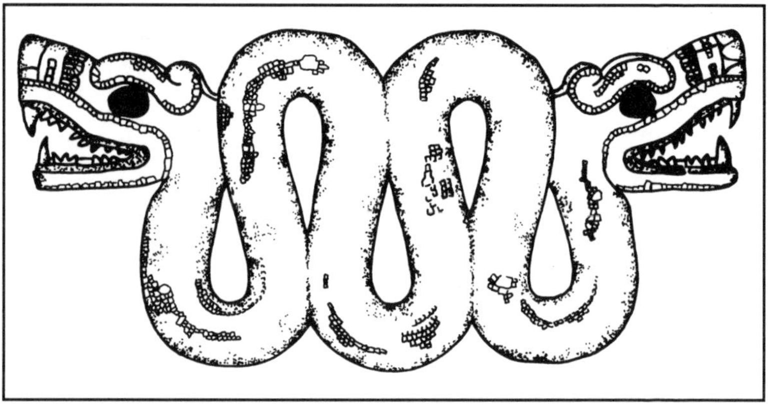

war. Tlalocs Priester wirkten unter dem Symbol einer Doppelschlange, einer Schlange, die auf der Schwanzseite einen zweiten Kopf trägt. Diese Doppelschlange ist übrigens ein Symbol, das selbst noch bei den Sisiutl-Indianern in Britisch-Kolumbien in Kanada große Bedeutung hatte.

»Tulan« bedeutet soviel wie Wasser- oder Schilfebene. Es gab offenbar mehrere »Tulan«. Denn in einer alten Überlieferung heißt es: »Es gibt ein Tulan, wo die Sonne aufgeht, und ein anderes im Land der Schatten und ein anderes, wo die Sonne untergeht, und daher kamen wir, und noch ein anderes, und da wohnt Gott.« Tulan existierte also am Horizont, und man konnte dort mehr als ein Land unterscheiden. Die für die Seligen bestimmte Heimat hatte, nach den Ausführungen eines aztekischen Priesters, mehr als genug zu bieten: »Der Boden bringt von selbst Mais, Kakao, duftendes Harz und prächtige Blumen hervor. Die Kürbisse erreichen einen Durchmesser von der Länge eines Armes, eine Kornähre bildet eine Last für einen Mann, die Halme erreichen die Höhe von Bäumen, die Baumwolle nimmt von selbst beim Reifen die verschiedensten Farben an.«[5]

Interessanterweise stellten sich manche Völker, zum Beispiel Indianer und Dajaken, ihre Behausungen im Jenseits viel größer vor als im Diesseits. Begreiflicherweise erwarten die einzelnen Völker vom Paradies immer solche Vorteile und Genüsse, die in ihrem irdischen Leben besonders erstrebenswert waren.

Auf der Ebene oder auf dem Meer, wo der Blick weit über kühlem Untergrund schweifen kann, erfaßt er die Kapriolen der Lichtstrahlen, die manchmal paradiesische Szenen entwerfen, von denen Irdische nur träumen können. Das belegt zum Beispiel der Bericht des

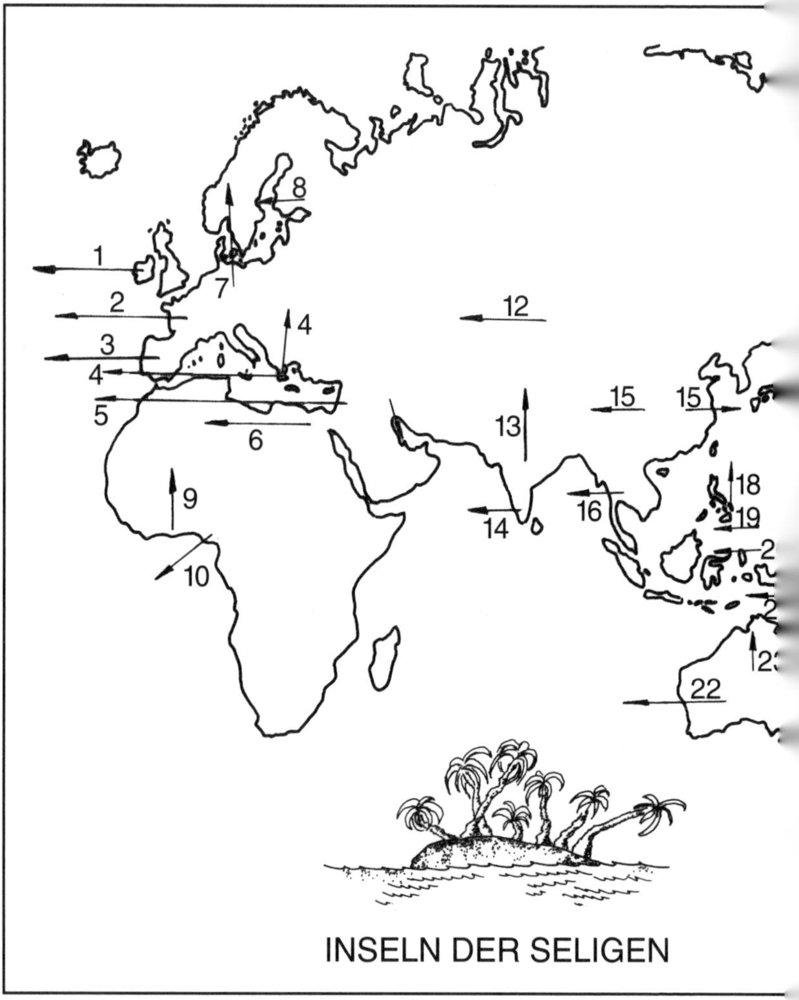

Abb. 15 Landkarte, welche die Verbreitung des Glaubens an die Insel der Seligen anzeigt. Die meisten Völker vermuten die glücklichen Inseln im Westen über dem Meer, ansonsten über anderen Ebenen. Die eingetragenen Zahlen betreffen folgende Völker oder Siedlungsgebiete: (1) Iren, (2) Kelten, (3) Spanier, (4) Griechen, (5) Araber, (6) Ägypter, (7) Germanen, (8) Finnen, (9) Goldküste, (10) Benin, (11) Sumerer und Babylonier, (12) Kalmücken, (13) Inder, (14) Toda, (15) Chinesen, (16) Karenen, (17) Japaner, (18) Igorotten, (19) Palau-In-

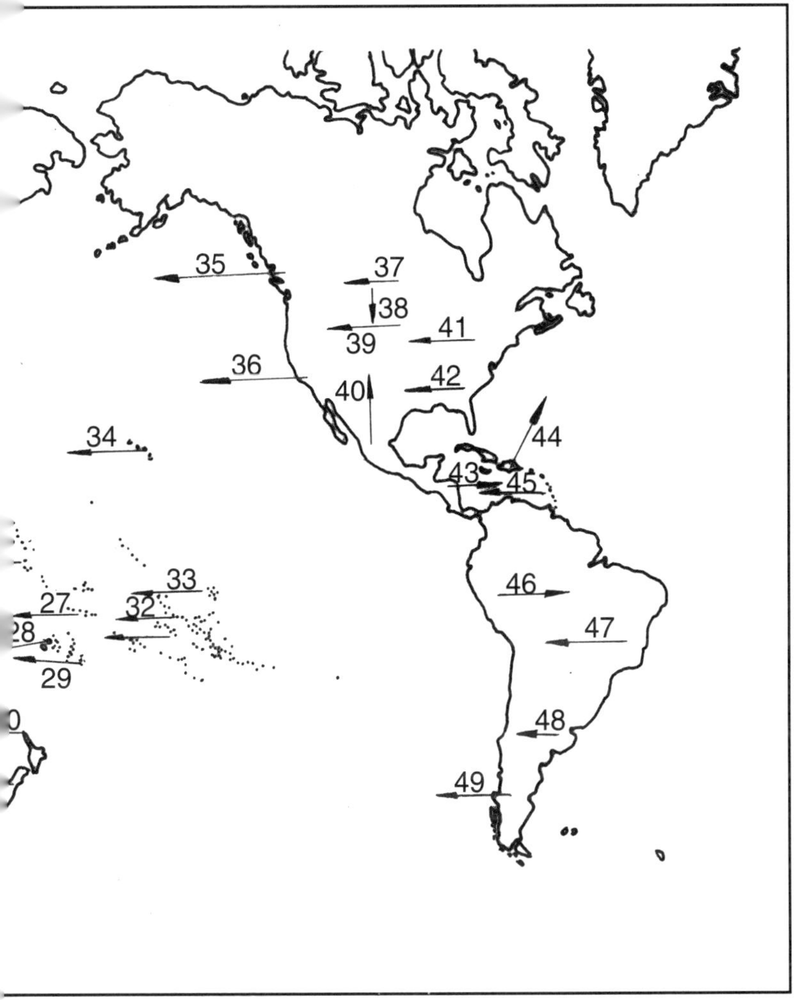

seln, (20) Tobi, (21) Papua, (22) Australier, (23) Australier der McDonnelberge, (24) Solomon-Inseln, (25) Gilbert-Inseln, (26) Radak-Inseln, (27) Samoa, (28) Fidschi, (29) Tonga, (30) Maori, (31) Hervey-Inseln, (32) Tahiti, (33) Markesas, (34) Hawaii, (35) Nordwest-Amerikaner, (36) kalifornische Indianer, (37) Winnipegs, (38) Sioux, (39) Prärie-Indianer, (40) Azteken, (41) Onandaga, (42) Tschokta, (43) Kitsche, (44) Haiti, (45) Kariben, (46) Peruaner, (47) Brasilianer, (48) Pampas-Indianer, (49) Araukaner.

britischen Geistlichen Samuel Dickerson aus dem Jahre 1793 vom Kriegsschiff *Dunkirk*, das bei Sichtung des Phänomens vor der bretonischen Küste stand: »Ein großer, isolierter Felsen verwandelte sich plötzlich in eine Vielgestalt kurioser und auffälliger Formen, welche großartige Gebäude in Ruinen darstellten; und was zur Schönheit dieses prächtigen Spektakels beitrug, diese phantastischen Felsen waren von einer bezaubernden weißen Farbe, und viele der Gestalten, die sie annahmen, waren für das Auge staunenswert elegant und fesselnd. Die Pracht der ganzen Szenerie wurde in unglaublicher Weise durch Bewegungsabläufe erhöht oder durch die schnelle Folge veränderlicher Bilder, welche aufs Ganze ein auffallendes Leben übertrugen. Man konnte sich bei dem entzückenden Gefecht die wildesten Ausschweifungen eingebildeter Formen und wundervolle Handlungen außergewöhnlicher Wesen vorstellen.«[6]

Grandiose Luftspiegelungen nach oben sind bisher selten gefilmt worden. Abb. 12 zeigt ein solches Beispiel eines an der finnischen Küste aufgenommenen Fata-Morgana-Paradieses.[7] Man erkennt prächtige palastartige Erscheinungen mit Säulen und Bögen. Mitten hindurch führt ein breites, überdachtes Tor zum blauen Firmament. Innerhalb von etwas mehr als einer Minute wird es von zwei weiteren Streifen verschlossen, die sich wieder auflösen. Bei diesem Zwischenbild mit drei Streifen handelt es sich wohl um eine lokale dreifache Spiegelung. Säulen entstehen und verschwinden wieder. Im letzten Bild taucht links eine einzelne weiße Säule auf dunklem Hintergrund auf. Alles ist in phantasievoller, majestätischer Bewegung begriffen. Ein unvoreingenommener Beobachter hat den Eindruck, eine unwirkliche Welt vor sich zu sehen, deren Großartigkeit lange nachwirkt.

Das mythische Land Tulan, über der kühlen Schilfebene gesehen, war wohl eine solche Lichtphantasie des Horizonts. Vielleicht sah man über einer schwebenden Insel der Seligen noch eine zweite, in der Gott vermutet wurde. Halme, die die Größe von Bäumen erreichen, wären unschwer als Vergrößerungen irdischer Bilder in einer Luftspiegelung zu erklären.

Möglicherweise sind bei den altägyptischen Hinweisen auf »Geister, die in die Ebenen ein- und ausgehen«, die »Wüstengespenster« gemeint, die über der heißen Sandebene Phantasiegebilde herbeizaubern. Man kann diesen Eindruck nachvollziehen, wenn man die Schilderungen des Forschers Alfons Gabriel in seinem Buch *Durch Persiens Wüsten* liest. So schreibt er über das Rig-e Djinn, die »Sandwüste der Geister«: »Sie (Luftspiegelungen) machen ferne Gebirge auf Seen schwimmen, setzen das Land, über das man gewandert ist, unter Wasser und verzerren alle Maße. Sie formen aus Steinbrocken Hügel und aus Kräutern Bäume.«[8]

Die Eingeborenen im Zentrum Australiens brachten die Erinnerung an ihr feuchtes Paradies vielleicht von ihrer Urheimat im fernen Norden mit, aus der sie vor vielen Jahrtausenden ausgewandert sind. Aber da solche Anstrengungen nötig sind, um ihr Seelenland wasserfrei zu halten, ist es auch denkbar, daß sie ihr Traumland wirklich gesehen haben – als Wüsten-Fata-Morgana über flachem Boden, wo ständig ein dünner, wasserartiger Streifen die Schönheiten des paradiesischen Landes dahinter zu bedrohen schien (Abb. 13).

Viele Völker glauben die mythische Insel ihrer Toten im Meer (Abb. 15). Es ist deswegen nicht überraschend, daß einige von ihnen ihre Toten auf Kähnen ins Meer stießen, damit sie über den Kämmen seiner Wellen die Gestade des Seelenlandes erreichen konnten.

Die Ebene, sei es Land oder Wasser, war also für die Menschen immer schon eine sehr wichtige Begegnungszone mit der jenseitigen Welt. Sie ist auch das Reich der Luftspiegelungen, wo die Lichtstrahlen durch die Laune des Wetters manchmal zu phantasievollen Gespinsten verwebt werden.

Die Stadt der Gandharvas

Die Gandharvas und Apsaras sind nach den frühesten Überlieferungen der indischen Weda-Literatur Diener der Götter. Sie leben in den Weiten der Luft und haben Verbindung zum Wasser. Die Apsaras, welche die Frauen oder Geliebten der Gandharvas darstellen, sind ursprünglich sogar Wassernymphen. Ihr Name bedeutet soviel wie »im Wasser herumziehen«. Sie sind sehr verführerisch und scheinen ziellos in der Luft herumzuwandern. Wenn sich in Indien ein Liebespaar ohne Trauung vereint, gehen sie eine Gandharva-Ehe ein, weil nur diese Luftgeister Zeugen ihrer Verbindung sind. Eine »Stadt der Gandharvas« ist eine Fata Morgana. Die Schönheit und Wollüstigkeit der Apsaras wird immer wieder hervorgehoben. Sie sind als Belohnung für die Helden im Paradies des Gottes Indra zu finden, der mit seinem Blitzstrahl die fliegenden Berge auf den Boden setzte. Nach den Überlieferungen des Ramayana wurden sie seinerzeit durch das Aufwühlen des Ozeans erzeugt. Sie haben die Macht, ihre Gestalt zu ändern. Sie verlieben sich leicht und können Sterblichen sehr zugetan sein. Ein König erkannte seine Apsara-Frau daran, daß ihre Füße den Staub nicht berührten und ihre Wimpern nicht blinkten.[9]

Diese liebenswerten Wesen bereichern den Fata-

Abb. 16 Vier fliegende Apsaras mit wehenden Schleiern. Sie sind neben einem (hier nicht gezeigten) Buddha dargestellt, der auf einem Elefanten einer Reinkarnation entgegenreitet. Malerei aus dem Felsenkloster Dunhuang, Höhle 329, frühe T'ang-Dynastie (7. Jh.), Xingiang, Westchina

Morgana-Himmel des alten Gottes Indra. Die Vorstellung, daß sie durch das Aufwühlen des Ozeans erzeugt werden, zeigt, daß sie Geschöpfe des »Meerschaums« sind, der Zone über den Wasserwellen, wo das Auge den Phantasiegebilden der Luft am ehesten begegnet. Das erinnert an ostasiatische Mythen, die ähnlich lebhafte Szenen an der Meeresoberfläche beschreiben und dabei annehmen, daß jene sich in einer Zauberluft entfalten, die eine Riesenmuschel aushaucht.

Im Garten der Hesperiden

Die drei Hesperiden in der Mythologie des griechischen Altertums sind die lieblichen, singenden Töchter der Dämmerung. Sie wohnen dicht an der Grenze der Dunkelheit und hüten den Garten der Götter. Sein edelster Schmuck sind die goldenen Äpfel, die auf seinen Apfelbäumen wachsen. Auch die Schlange findet sich hier, wir befinden uns am Eingang zum Paradies. Gott Atlas, ihr Vater, ist ebenfalls in der Nähe, Atlas, der die Säule der Welt bildet und das Firmament gegen die Erde abstützt. Die Mutter dieser Feen des Horizonts war Hesperis; sie symbolisierte die Wolken, unter die sie sich mischten.

Im Westen Europas gab es noch weitere mythische Inseln. Dazu gehörten die Sonneninsel Aea und die Insel Erytheia mit ihren »rötlich gefärbten Rindern«. Die glückliche Insel Ogygia wurde schon vom Dichter Homer »fern im Ozean« angesiedelt und bei dem antiken Schriftsteller Plutarch als »fünf Tagesreisen westlich von Britannien« lokalisiert. In einem anderen Zusammenhang habe ich schon darauf hingewiesen, daß diese Lage erstaunlich genau mit der für die Phantom-Insel Hy Brasil angegebenen Position im Südwesten von Irland übereinstimmt. Diese Insel ist über viele Jahrhunderte hinweg immer wieder von Seeleuten gesichtet und in viele berühmte Karten eingetragen worden, aber unerreichbar geblieben. Sie ist die in einer Luftspiegelung weit in den Atlantik hinaus versetzte Küste Irlands.[10]

Bei den Kelten ist die »Insel der Edlen«, Flath-Innis, der Ort, wo die Verstorbenen Frieden finden. Sie ist, wie Irland, von saftigem Grün bedeckt und ruht fern im westlichen Ozean inmitten stürmischer See.[11] Sie hängt vielleicht ebenfalls mit der gelegentlichen Sichtung von

Hy Brasil zusammen, denn die Iren der Westküste wußten von einem wundervollen Land im fernen Westen zu berichten.

Es fehlte nicht an Versuchen, die Inseln der Seligen im westlichen Ozean zu finden. Ein keltischer Mönch, Brandan von Clonfert, unternahm im sechsten Jahrhundert eine Entdeckungsreise, von der wunderliche Dinge berichtet wurden. Ein kleiner Berg im Westen Irlands in der Grafschaft Kerry, von wo aus Brandan seine Reise unternahm, trägt noch immer seinen Namen. Erst auf seiner zweiten siebenjährigen Reise stieß er im Westen von Irland auf die mythische Insel. Sie war in Nebel eingehüllt. Es war eine riesengroße Insel, die durch einen Fluß in zwei Teile geteilt war. Nur einen von diesen konnten Brandan und seine Mönche betreten. Hier war immerwährend Tag, und stets wuchsen hier herrliche Früchte.

Die mythischen Inseln im Meer sind Inbegriff einer tiefverwurzelten Sehnsucht nach einem glücklichen Weiterleben nach dem Tode. König Artus, Kaiser Friedrich und der in Marokko gefallene portugiesische König Sebastian, sie alle warten dort auf den Augenblick, zurückzukehren, um ihre unterjochten oder leidenden Völker zu befreien. In irischen Mythen sind die Inseln der Seligen oft aus Kristall, mit Edelsteinen in ihren Quellen. Sie grenzen an ein Meer aus Glas.

Der griechische Philosoph Platon wies darauf hin, daß im Westen der alten Welt Inseln existierten, wo die Helden und Götter wohnen. Sie sind von »Luft umspült« und für Irdische nicht zugänglich. Unter den von Luft umspülten Inseln können von Luftspiegelungen gehobene oder versetzte Inseln verstanden werden, die optisch existent sind und deswegen für wirkliche Inseln gehalten wurden. Brandans Doppelinsel, von der nur ein Teil betreten werden konnte, war wohl eine Insel, die in einer Luftspiegelung verdoppelt wurde. Auch der sterbende König Artus wurde auf eine Insel der Seligen, Avalon, gebracht. Ein Boot mit drei Feen setzte ihn über. Drei Hesperiden bewachen auch den Eingang zum Paradies. Dreifach können nicht selten Bilder in Luftspiegelungen werden, die bei diesen Vorstellungen wohl Pate gestanden haben (s. Abb. 7 J).

Die Elysischen Felder

Die alten Ägypter stellten sich das Weiterleben in einem Land am Himmel vor, das der Nil-Landschaft sehr ähnlich, ja ein Spiegelbild derselben ist. Die Verstorbenen identifizierten sich, nach den Totenbüchern, die ihnen den Weg ins Jenseits wiesen, für den Übergang mit dem Vogel Phönix (Benu), dem Symbol der Wiedergeburt. Da dieser in seiner Größe gelegentlich mit neun Bergen oder auch mit einer Oase verglichen wurde, hat er Ähnlichkeit mit fliegenden Erscheinungen, die bei Luftspiegelungen gesehen wurden. Der ägyptische Beamte Ani betete dann, gemäß des ihm mitgegebenen Totenbuches, zu den Göttern, ihm zu helfen, daß er in den Gefilden des Friedens Einlaß erhalte und »einflußreich werde, trinken, pflügen, ernten, kämpfen, lieben könne, nie in Knechtschaft gerate und stets in einer Machtstellung sei«[12].

Ein rund fünf Jahrtausende alter Pyramidentext berichtet von einer großen Insel im Herzen der Felder des Friedens, der Elysischen Felder. Sie dient den Göttern als Wohnung und trägt den Baum des Lebens.[13] In den reichhaltigen ägyptischen Schriften zum Jenseits werden vier Inseln dieser glücklichen Gefilde besonders hervorgehoben. Eine ist die »Insel des Friedens«, eine andere die »Insel des Ernteschnittes«, eine weitere die »Insel des Fischhafens« und eine die Insel der »Wasseroase«. Über das Leben dort wird in vielen bildlichen Darstellungen, die auf den Wänden von Gräbern und auf Papyrusrollen noch heute zu sehen sind, ausführlich berichtet. So haben die Verstorbenen in den Elysischen Feldern ein ähnlich gestaltetes, wenn auch viel freudvolleres Leben als das diesseitige. Sie bearbeiten ein Stück Land, erfreuen sich einer ähnlichen Landschaft und essen ähnliche, wenn auch viel schönere und nahrhaftere Feldfrüchte. Denn es steht geschrieben, daß Weizen und Gerste im ägyptischen Jenseits eine Höhe von sieben Fuß erreichen.

Von den Elysischen Feldern herrschten im alten Ägypten präzise Vorstellungen. Im »Papyrus des Ani« wird Ani von drei Göttern zunächst dem Gott Thot vorgestellt, dann rudert er ein Boot und spricht ein falkengesichtiges Wesen an. Dann sieht man ihn bei der Feldarbeit, einen Phönix anbetend und ein Zepter haltend. Neben ihm sieht man zwei Kornhaufen sowie drei Teiche. Dann erkennt man Ani hinter dem Pflug. Im Papyrus der Anhai (Abb. 17) sieht man, wie Anhai sich vor zwei Göttern verneigt, man erkennt Thot und Anhai, wie sie mit einem Begleiter auf einem Kahn fahren. Man sieht sie bei der Feldarbeit mit einem Mann, erkennt, wie sie einen Phönix anbetet. Sie pflügt ein Feld, durch das ein Wasserkanal zieht. In beiden Bildern der Elysischen Felder und in vielen anderen findet man in der untersten Bildreihe eine Doppelinsel dargestellt, ebenso ein über das Wasser gehobenes Boot. Daß es ein magisches Doppelboot ist, merkt man daran, daß es im Gegensatz zu den normalen ägyptischen Booten an beiden Enden Ruderpaddel hat.

Abb. 17 Die Elysischen Felder nach dem Papyrus der Anhai (ca. 1100 v. Chr.). Im Gegensatz zum einem gewöhnlichen Boot, wie es auf dem Nil verwendet wurde (ganz oben), ist das schwebende Boot, welches das Symbol der Stiege (Aufstieg zu den Gefilden des Friedens) trägt, an beiden Enden mit Ruderpaddeln ausgestattet.

Auch im babylonischen Zweistromland träumte man den Traum vom glücklichen Land der Seelen. Es ist eine für Sterbliche unerreichbare Insel im fernen Süden. Es gibt Hinweise darauf, daß es das Spiegelbild der Insel Bahrein im Persischen Golf ist. Im Nimrod-Epos durchquert der Held zunächst eine Berg- und Wüstenlandschaft namens »Masu« im Süden des Landes und passiert ein Gebiet, in dem die Bäume Edelsteine als Früchte tragen. Dann folgt eine lange Seereise über das Meer zu den Gestaden der Insel der Seligen.

Die Beschreibung der Inseln in den Elysischen Feldern der alten Ägypter, die mit dem Fischhafen, dem Ernteschnitt und der Wasseroase assoziiert wurden, deutet darauf hin, daß sie von Horizonterlebnissen herrührt. Die Inseln wurden offensichtlich über dem Wasser, den bewässerten Feldern oder, im letzteren Fall, in der Wüste gesehen, wo man wohl eine von trügerischem, unwirklichem Wasser eingegrenzte Oase erkannt hat. Auch sieht man auf den Malereien, auf denen sie dargestellt werden, ein merkwürdiges, auf einer Wassersäule hochgehobenes Doppelboot (Abb. 17): Es hat im Gegensatz zu den normalen ägyptischen Booten zwei Steuerruder, eines vorne und eines hinten. Ein solches Schiff muß eine symbolische Bedeutung haben, denn es wäre nicht manövrierfähig, da die Ruder gegensinnig arbeiten würden. Auf dem Deck des schwebenden Schiffes ist das Symbol einer Stiege eingezeichnet, was soviel wie »Aufstieg« bedeutet. Es ist die Himmelsleiter. Typischerweise steht sie im Zusammenhang mit dem Vogel Phönix. Wie man die Himmelsleiter erreicht, beschreibt ein Hieroglyphentext: »Der König gewahrt den Berg des Lichtes, Er hat die Himmelsleiter erreicht.« Die Ägypter glaubten, daß die kuhgestaltige Himmelsgöttin Hathor die Leiter hielt, auf der Verstorbene zum Himmel aufstiegen. Von ihrem heiligen Baum, der Sykomore, herabsteigend, versorgte sie die Ankommenden persönlich mit Brot und Wasser.

Bei dem Boot mit den gegensinnigen Rudern könnte es sich um ein stilisiertes »fliegendes Doppelboot« einer Luftspiegelung handeln. Wie solche Doppelboote in Luftspiegelungen aussehen, zeigt Abb. 18. Es handelt sich um Beobachtungen des britischen Professors Vince aus dem Jahre 1798. Die Doppelboote muten wirklich wie Erscheinungen aus einer anderen Welt an.

Bemerkenswerterweise sind die beiden Getreidehaufen über dem Doppelboot in der ägyptischen Darstel-

Abb. 18 Doppelboote. Produkte von Luftspiegelungen, beobachtet von Prof. Vince am englischen Kanal im Jahre 1798. Bei den beiden seitlichen Erscheinungen sind die Mastspitzen des wirklichen Schiffes gerade noch am Horizont zu erkennen.

lung (Abb. 17) ebenfalls doppelt gezeichnet, im Gegensatz zu normalen Getreidehaufen in ägyptischen Darstellungen. Doppelinsel, Doppelboot und doppelte Getreidehaufen könnten demnach auf eine Luftspiegelung zurückgehen, in der sich die Elysischen Felder den Sterblichen zeigen. Einer solchen begegnet Ani auch auf dem Weg durch die Unterwelt. Er fragt sich: »Welches sind die zwei großen und mächtigen Seen? Der Salzsee und der See Maats. Ich wandere auf den Straßen, die ich kenne, und mein Blick ruht auf dem Lande der Maat.«

Im babylonischen Mythos vom Land der Seligen fällt die Begegnung mit den edelsteinbehangenen Bäumen auf. Edelsteine tauchen im Vorderen Orient auch in Form von Palästen oder sogar Bergen auf. Sie sind, nach unserer Überzeugung, die oft kristallklar und transparent erscheinenden Spiegelbilder irdischer Objekte in Fata Morganas. In anderen Kulturen wurden sie mit Gebilden aus Glas verglichen. Berge dieser Beschaffenheit wurden auch als »Glanzberge« beschrieben.

Das Schloß an den goldenen Ketten

In der keltischen Mythologie taucht nicht selten eine Schilderung von einem Schloß auf, das zwischen dem Himmel und dem Meer hängt, nur von goldenen Ketten getragen.[14] Damit wird der zeitlose Wohnort der Feen, der Götter und der heimgegangenen Helden beschrieben, wie die Sagen von Yann, von Koadalan und von den vogelgestaltigen Feen belegen. In der Regel geht es um einen jungen Helden, der aufbricht, um die Geheimnisse der jenseitigen Welt zu erkunden. Er ergründet sie schließlich und gewinnt damit die Hand einer Prinzessin.

Aber der Weg zum Ziel ist mühselig und gefährlich. Der Held muß viele Bewährungsproben bestehen. Eine Fee hilft ihm dabei und zeichnet ihm den Weg vor: »Du wirst mich in einem Schloß finden, das an drei Ketten über dem Meer hängt«, sagt sie ihm. Der junge Held sucht lange nach diesem Schloß, bis er auf Riesen hingewiesen wird, von denen es heißt, daß sie das Schloß kennen. Der älteste der Riesen war bereit, den jungen Helden gegen Belohnung auf seiner Schulter zu diesem geheimnisvollen Schloß zu bringen. Sie sind drei Tage unterwegs. Dann stehen sie vor dem Schloß, das an drei goldenen Ketten in der Luft hängt (siehe Abb. 2 im farbigen Innenteil). Der junge Held verdingt sich dort zunächst als gewöhnlicher Knecht. Aber das Schicksal führt ihn schließlich zur Prinzessin, mit der er sich vermählt.

Eine aus dem Arabischen überlieferte Geschichte vom Feldzug Alexanders des Großen vermittelt eine ähnliche Begegnung mit einem Luftschloß: »Wir marschierten zwölf Nächte, bis wir bei einer großen Stadt ankamen, welche zwischen zwei mächtigen Flüssen gelegen war. Und als wir die Stadt sahen, befand sie sich in großer Entfernung von uns. Wir kampierten daher, wo wir waren, und machten Erkundigungen über die Stadt. Zu unserer Überraschung war sie mitten in der Luft aufgehängt.«[15]

Über kühlem Boden gesehene Bauten können merklich gehoben erscheinen. Wenn man darüber schwache Konturen der gespiegelten Silhouette erkennt, dürfte dies den Eindruck vermitteln, daß sie an Fäden aufgehängt sind. In Wirklichkeit sind diese Fäden nur abgelenkte und verzerrte Bildausschnitte des Objektes. Die bretonische Mythologie kennt übrigens auch ein Schloß, das von Riesen in die Luft gehoben wird. Aus Indien ist ein mythisches Schloß bekannt, das in der Luft schwebt, und die französisch-kanadische Überlieferung kennt ein von Adlern in der Luft getragenes Schloß.

Die fliegenden Gärten des Königs Scheddâd

Adolf von Wrede, ein Zeitgenosse Alexander von Humboldts, und einer der ersten weißen Abenteurer, der als Pilger verkleidet das südarabische Land Hadramaut bereiste, hat uns eine Geschichte mitgeteilt, die uns eine Vorstellung vom Zauberglanz der Städte und Paläste gibt, die man wohl gelegentlich in der Luft gesehen hat.[16] Es geht dabei um den legendären König Scheddâd aus dem aramäischen Geschlecht der »Ad«, der seine Hauptstadt Iram-dsât-el-Issnâd einst in der Gegend von Aden gehabt haben soll, wo seitdem eine Sturmflut die Meerenge Bâb el Mândeb geschaffen hat.

König Scheddâd hatte große Teile der Welt erobert und brachte alle erbeuteten Schätze in seine Hauptstadt, die vor Reichtum und Überheblichkeit überquoll. Vergeblich mahnte der Prophet Hud. Der König entschloß sich sogar, einen Garten anzulegen, der an Schönheit und Glanz das Paradies übertreffen sollte. Dazu gehörte ein Palast, dessen Fundamente und Mauern aus goldenen Quadern bestanden. Die Dächer der Gemächer wurden von kristallenen Säulen getragen und mit Perlen und Brillanten ausgelegt. In den Wänden waren Rubine, Smaragde, Saphire und Topase so fest eingefaßt, daß niemand sie herausbrechen konnte. 12 000 Kuppeln bedeckten diesen Prachtbau, welcher dermaßen mit Edelsteinen übersät war, daß bei Sonnenschein niemand hinsehen konnte. Durch den Garten, der diesen Palast umgab, floß ein Bach wohlriechenden Wassers über Perlen und Edelsteine. Immerblühender Safran wuchs an seinen Ufern. Längs des duftendes Baches standen eine Menge goldener Belvederes, die von Bäumen umgeben waren, deren Früchte und Blüten Rubine und Perlen, das Laub aber Smaragde waren. Auf diesen Bäumen saßen goldene und silberne Vögel mit Augen von Rubin, deren Inneres mit süßduftenden Essenzen angefüllt war, die ringsum die Luft mit Wohlgerüchen erfüllten. Der Boden dieses Wundergartens schließlich bestand aus Ambra und Moschus. Tausend Generäle, deren jeder tausend Mann befehligte, waren zur Bewachung dieser Reichtümer bestellt. Die Generäle trugen goldene und ihre Soldaten silberne Harnische.

Kaum hatte König Scheddâd erfahren, daß sein Garten fertig sei, machte er sich mit seinem Hofstaat auf, um sich am Anblick desselben zu laben. Aber noch ehe er des Gartens ansichtig wurde, ereilte ihn die Strafe Gottes. Plötzlich erblickte er eine silberne Figur mit goldenen Hüften, die von marmornen Beinen getragen wurde und bei der Rubine die Stelle der Augen besetzten. Unverzüglich sprengte er mit seinem Pferd auf sie los. Das Bild weicht zurück. Schon hat der König seine Gefährten verloren, und er sieht sich um, ob diese folgen. Als er seine Blicke wieder der geheimnisvollen Gestalt zuwendet, ist sie verschwunden. An ihrer statt sieht er einen geharnischten Reiter, der ihm mit donnernder Stimme zuruft: »Elender Sklave! An was denkst du in deiner Lage, oder was ist das, was du so hartnäckig verfolgst? Bildest du dir ein, daß der Gegenstand, mit dem jetzt dein Geist beschäftigt ist, oder die Taten und Unternehmungen deiner Vergangenheit dich vor den Streichen des Todes schützen?« Mit diesen Worten öffnete der Tod (denn dieser war der geharnischte Reiter) die Erde, und König Scheddâd verschwand darin. Sein Volk wurde in Affen verwandelt. Die Stadt Iram-dsât-el-Issnâd wie auch der Garten mit seinen leuchtenden Palästen aber verschwanden und schwirren seither in der Luft umher, wo sie von Zeit zu Zeit als glänzende Meteore erscheinen, um die Menschen an dieses Strafgericht zu erinnern.

Gerade in Meerengen (z. B. Messina, englischer Kanal) sind die atmosphärischen Bedingungen günstig, so daß hin und wieder sehr prächtige Luftspiegelungen gesehen werden, in denen Beobachter immer wieder großartige Paläste und alle möglichen menschlichen Aktivitäten zu erkennen glaubten. Dies scheint auch hier der Fall gewesen zu sein, und die Legende suchte für die Paläste, die in der Luft umherschwirrten, Erklärungen zu finden.

Man sollte meinen, daß die Wüstenheimat der arabischen Völker mit ihren gelegentlich auftretenden überwältigenden Luftspiegelungen ihre Mythologie beeinflußt hat. Man ist regelrecht überrascht, wenn man in den arabischen Überlieferungen kaum auf Andeutungen solcher Erscheinungen stößt. Eine interessante Ausnahme findet sich in einer Schilderung der Himmelfahrt Mohammeds aus der islamischen Traditionsliteratur.[17] Dort sagt der Prophet, der von Gabriel durch die sieben Gefilde des Himmels geleitet wird: »Darauf wurde ich zum Sidrabaum (Lebensbaum) am Ende erhoben, da waren seine Früchte wie Tonkrüge und seine Blätter wie Elefantenohren. Da waren noch vier Ströme, zwei verborgene und zwei sichtbare, und ich fragte: Was sind diese beiden, o Gabriel? Er antwortete: Die beiden verborgenen sind zwei Ströme im Paradies und die beiden sichtbaren der Nil und der Euphrat.« Unschwer erkennt man in den verborgenen Strömen des Paradieses die zum Himmel gespiegelten Flüsse Nil und Euphrat. Dies steht in Einklang mit den Himmelsvorstellungen der Babylonier und Ägypter, die annahmen, daß die jenseitige Welt ein Spiegelbild der diesseitigen ist.

Wie erklärt sich die rätselhafte Abwesenheit eigener Mythen über die Launen der Fata Morgana in der islamischen Welt? Es ist nahezu keine andere Erklärung denkbar, als daß die Kraft des Islam jede Phantasie über diese phantastischen Erscheinungen unterdrückt hat. Findet man nicht auch im Koran (Sure 24, Vers 39) den nüchternen Hinweis: »Der Ungläubigen Werke sind dem Serab (Fata Morgana) in einer Ebene gleich: Der Durstende hält es für Wasser, bis er hinkommt und findet, daß es nichts ist.«

Die Vermutung, daß der Islam viel vom ursprünglichen, von den Luftgebilden der Wüste inspirierten mythologischen Reichtum der arabischen Länder verdrängt hat, wird dadurch bestätigt, daß arabische Schriften mit sehr alten Wurzeln eine Ausnahme bilden. Aus Berichten über Alexander den Großen, die wahrscheinlich aus Ägypten stammen und in Äthiopien bei den koptischen Christen überlebt haben, haben wir bereits zitiert.

T'ai Shan und die Prinzessin der blauen Wolken

Der höchste und großartigste Berg im Osten Chinas, der weithin sichtbar ist, auf halbem Wege zwischen Beijing und Shanghai, ist gleichzeitig der heiligste dieses uralten Kulturgebietes. Er ist übersät mit Tempeln und anderen Zeichen der Verehrung durch über vier Jahrtausende. Er stellte für den Kaiser K'ang-hsi aus dem 17. Jahrhundert den Kopf eines Drachen dar, dessen Körper sich durch China windet.

Für die Kaiser von China galt der Berg T'ai Shan als der Sohn des Herrschers des Himmelreiches, des Jadekaisers, von dem sie ihr Herrschaftsmandat erhielten. Er war göttlicher Schiedsrichter und Herr über Leben und Tod. Zudem glaubten die Chinesen, daß die Seelen der Verstorbenen zu einem Hügel am Fuße dieses Berges wandern. Der Ausdruck »zum T'ai Shan gehen« bedeutet immer noch soviel wie »sterben«.

Wegen ihrer Abhängigkeit vom göttlichen Dienstherrn mußten die Kaiser Chinas hier über ihre Handlungen Rechenschaft ablegen. Schon der legendäre Herrscher Shun aus dem dritten Jahrtausend vor Christus soll diesen rituellen Inspektionspunkt besucht haben. Zweiundsiebzig weitere Herrscher sollen ihm gefolgt sein, bis der erste historische Kaiser Shih-huang-ti, der erste Bauherr der Chinesischen Mauer und Herr der riesigen Porzellanarmee von Xian, im dritten Jahrhundert vor Christus hier weilte und einen Stein setzte. Auch in Zeiten der Not war hier der Ort, um Hilfe zu erbitten. Jeder Ort in China hatte seinerzeit einen Tempel, der dem erhabenen Herrn des heiligen Berges geweiht war.

Eine Inschrift auf einem zeremoniellen Spiegel aus der Zeit um 200 n. Chr. läßt ahnen, warum dieser Berg so heilig war: »Wenn du den Berg T'ai besteigst, kannst du eventuell die unsterblichen Wesen sehen. Sie essen reinste Jade, sie trinken von den Quellen des Manna. Sie spannen den schuppigen Drachen an ihren Wagen, sie besteigen die schwebenden Wolken. Der weiße Tiger führt sie, sie steigen direkt zum Himmel auf.« Über die siebentausend Stufen zählende Treppe gelangt man auch hinauf zum Tempel der vielverehrten »Prinzessin der blauen Wolken«. Sie ist die Tochter des T'ai-Shan-Gottes und Göttin der Morgendämmerung. Sie muß den Menschen hier wohl immer wieder erschienen sein.

Abb. 20 Hier, im Himmelstempel von Peking, der quasi den fernen heiligen Berg T'ai Shan vertrat, legte der irdische Kaiser von China dem himmlischen Jade-Kaiser Rechenschaft ab. Der Drache, der Himmelssohn, blickte dabei von der Kuppel der Rotunde herab.

Abb. 21 Wenn Berge sich verformen, sich im Spiegelbild zum Himmel strecken, wie in diesem Bild nachempfunden, dann überkommt den Betrachter das Gefühl, daß die irdische Welt sich mit einer andersartigen Welt verbindet.

Vielleicht liegt hier der Schlüssel zur Erklärung der beiden Drachen des kaiserlichen Machtsymbols, die mit der Perle der Vollkommenheit und Erleuchtung spielen. Der eine Drache ist China, dessen Kopf der T'ai Shan ist, der andere der darüberschwebende himmlische Drache des Jadekaisers, sein Spiegelbild. In den Fängen beider liegt das Glück und das Schicksal Chinas. Es gibt mehrere Gründe, diese Urerfahrung chinesischer Kultur mit Fata-Morgana-Erlebnissen zu verknüpfen: Die spiegelbildliche Vorstellung von Bergdrache und Himmelsdrache, die übernatürlichen Wesen über dem Berg, der rituelle Spiegel, auf dem die Heiligkeit dieses Ortes erklärt ist und die Göttin der azurblauen Wolke. Ein Berg erscheint aus der Ferne oft bläulich. Bei einer Spiegelung könnte man darüber eine Insel ähnlicher Farbe erkennen – eine blaue Wolke (vgl. Abb. 169). Da man sah, wie sie vom Berg ausging, wurde sie zu seiner Tochter. Die Prinzessin der azurblauen Wolke war geboren.

Die heiligen Berge

»Ich marschierte zu einem mächtigen Berg, einen größeren hatte ich nie gesehen. Und siehe da, auf diesem Berg war ein Tempel gebaut, dessen Höhe war hundert Ellen. Und als ich ihn sah, wunderte ich mich sehr über dieses Gebäude. Es schien hell an allen Seiten zu sein wie Gold. Und ich dachte, daß dies das Paradies sei, denn ich hatte gehört, daß es auf den Spitzen der höchsten Berge liegt. Und als ich weiterging, erreichte ich einen sehr hohen Platz, und siehe da, ein lieblicher Garten tat sich auf mit wohlriechenden Blumen, schöner als irgendein Garten, den ich je gesehen habe.« In dieser alten arabischen Geschichte hatte Alexander der

Große die Pforte des Paradieses erreicht.[18] An anderer Stelle erfahren wir noch mehr: »Und das Paradies liegt oberhalb der Spitzen der hohen Berge, und es steht zwischen Himmel und Erde, und es ist wie eine mächtige Stadt. Und die Flüsse fließen heraus vom Paradies.«

Heilige Berge waren von jeher wichtige Kontaktstellen zur jenseitigen Welt. Viele Kulturen schöpften daraus die Kraft für ihre geistige und künstlerische Entfaltung ebenso wie fürs nackte Überleben. Wie der Berg Fuji für die Seele des japanischen Volkes steht, tut dies der Berg Kailas im tibetanischen Hochland für Tibeter und Inder. Was der Berg Sinai für die Juden ausdrückt, symbolisierten die San Francisco Peaks für die Navaho- und Hopi-Völker Amerikas oder veranschaulichte der Olymp für die alten Griechen. Die zoroastrische Religion Persiens verkündete, daß in den Gipfeln des Elbrus-Gebirges die Pflanze wächst, die das Elixier der Unsterblichkeit schenkt. Die irischen Kelten suchten bei den Lughnasafesten den Kontakt zu ihrem Lichtgott Lug immer an Orten mit dem grandiosesten Ausblick.

In der alten Hindu-Mythologie steht vom »Ruhm des Himachal (Himalaya)« geschrieben, wo »Gott Shiva wohnt und wo der Ganges wie die Ranke einer Lotusblume vom Fuß des Vishnu fällt. Denn dort findet man den Berg Kailas.« Tatsächlich haben hier nach der indischen Jain-Mythologie die ersten vierundzwanzig Weisen unseres Zeitalters ihre Erleuchtung erhalten. Nach dem legendären Yogi Milarepa sollen in der Umgebung fünfhundert buddhistische Heilige weilen, die das Nirvana, die Erfüllung, erreicht haben.

In dem großen indischen Epos *Mahabharata* sucht Prinz Arjuna den Weg zum Gott Schiva über einen heiligen Berg: »Es ist durch deine Gunst, Berg, daß Priester, Krieger und Gewöhnliche den Himmel erreichen und frei von Schmerz mit den Göttern wandeln können.«[19] Die Hindus stellen sich Schiva auf dem Berg Kailas neben seiner schönen Frau Parvati als Yogi vor, nackt, mit Asche bestrichen, seine Haare am Kopf zu einem Knoten zusammengebunden, in der Stellung eines Meditierenden. Viele Yogis späterer Jahrhunderte, die auf der Suche nach der Erleuchtung und der Befreiung von weltlichen Lastern genügsam durch die irdische Welt zogen, folgten auch äußerlich seinem Beispiel. Die religiöse Tradition Schivas geht weit in die vorarische Zeit Indiens zurück, hat man doch Spuren des Kultes in der uralten Induskultur wiedererkannt, die etwa 2300 v. Chr. um die Städte Mohenjo-daro und Harappa herum blühte. Dort wurde das Idol einer dreiköpfigen Gottheit verehrt, ebenso ein Lebensbaum. Beide sind nach wie vor Inhalt der hinduistischen Religion.

Ein Mythos erzählt, wie der aschenbedeckte Schiva seine Frau einmal wegen ihrer dunklen Hautfarbe verspottete. Beschämt zog sie sich in Askese zurück, um schließlich die Haut abzustreifen. Freigelegt wurde eine goldene Farbe, während die schwarze Haut fortan als furchterregende Göttin Kali die Welt heimsuchte. Sie tanzte in einem anderen Mythos auf dem leblosen Körper ihres Gatten, um ihn wieder in einen lebenden Gott zu verwandeln. Die schwarze Göttin, die auf Schiva herumtanzt, wird mit vier Armen dargestellt. Sie ist das Abbild der ursprünglichen, nunmehr goldenen Göttin.

Wie die auf der Spitze des heiligen Berges Kailas angesiedelte mythische Stadt Kubera aussieht, in der auch die anderen göttlichen Wesen der hinduistischen Mythologie wohnen, hat sich der Sanskrit-Dichter Kalidasa aus dem fünften Jahrhundert vorzustellen versucht. In seinem Gedicht *Der Wolkenbote* beschrieb er die sehnsüchtigen Botschaften, die der verbannte Halbgott Yaksha

Abb. 22 Der heilige Berg Machapuchare im Annapurna-Massiv. Er bewacht das Annapurna-Heiligtum und ist vom fruchtbaren Pokhara-Tal aus weithin sichtbar. Er ist unbestiegen und einer der letzten Orte, die – auf Anordnung der nepalesischen Regierung – nicht betreten werden dürfen, da die Götter respektiert werden sollen.

an seine Geliebte in der Himmelsstadt schickt. Dabei vergleicht er die Stadt mit der Wolke, die von seiner Sehnsucht berichten soll. »Die mit Juwelen gepflasterten Fußböden gleichen dem glänzenden Wasser, das du mitführst, während die Dächer, die hinauf in den Himmel ragen, dir in deiner Leichtigkeit ähneln« (*Meghaduta* 64).

Der Gott Himalaya selbst wohnt mit Göttin Mena hoch auf einem Gipfel in einem goldgeschmückten Palast mit göttlichen Wächtern, Dienerinnen und heiligen Wesen.

Für den chinesischen Taoismus, eine auf alte Traditionen und mystische Erlebnisse aufbauende religiöse Bewegung, hatten Berge ebenfalls eine besondere Bedeutung. Zunächst galten sie als Wohnungen für Götter und übernatürliche Wesen, aber sie wurden immer mehr auch die Heimstätte für diejenigen, die deren Nähe suchten, für die Mönche. So kommt es, daß sich der taoistische Ausdruck für »unsterblich« aus zwei Zeichen zusammensetzt: dem für Mensch und dem für Berg. Der Berg weist demnach der Seele des Menschen den Weg in die Gefilde der Götter. Deswegen kennt die chinesische Tradition seit uralten Zeiten vier heilige Berge in den vier Himmelsrichtungen. Schon der legendäre Herrscher Shun aus dem dritten Jahrtausend vor Christus soll sie aufgesucht haben. Es sind dies Heng Shan im Norden an der Grenze zur Graslandschaft der Inneren Mongolei mit seinem »Tempel, der in der Luft hängt«. Ein anderes Heng Shan (wenn auch mit anderen Zeichen geschrieben) liegt im Süden in der fruchtbaren Hunan-Provinz. Im Westen liegt Hua Shan und im Osten der heiligste Berg von allen, T'ai Shan, von dem wir schon gehört haben (später kam noch ein zentraler ritueller Berg hinzu).

Auch von afrikanischen Stämmen ist diese rätselhafte religiöse Ausstrahlung der Berggipfel bezeugt worden. So nannten und nennen die Kikuyu aus Kenia den Mount Kenia in ihrer Sprache »Berg der Helligkeit«. Sie glauben, daß der Schöpfergott, Ngai, der als »Inhaber der Helligkeit« angesprochen wird, diesen Berg als seinen wichtigsten Aufenthaltsort auf Erden gewählt hat. Der Überlieferung nach hat dieser Gott bei der Schöpfung und Aufteilung der Welt den ersten Ahnen mit auf den Berggipfel genommen, ihm die Schönheiten des Landes gezeigt und ihm Lebensregeln mitgegeben. Der über den Berg zur Erde gekommene Gott ist noch immer Ansprechpartner in wesentlichen Angelegenheiten. Bei Trockenheit wird eine Zeremonie abgehalten, um Regen zu erbitten. Dabei ersetzt ein heiliger Baum den Berg, und es wird ein Lamm herumgeführt und schließlich mit dem Kopf in Richtung Mount Kenia geopfert.[20]

»Black Elk«, ein angesehener Medizinmann der Oglala-Sioux, berichtete, daß er in krankheitsbedingter Trance von zwei Geisterkriegern in Form von Gänsen zum Himmel gebracht worden sei. Dort begegnete er seinen Großvätern in einem Tipi (Indianerzelt), das aus Regenbogen gebaut und mit Wolken gedeckt war. Am Ende der Vision sagte ihm eine Stimme, daß er zurückblicken solle. Er blickte zurück, und das Wolkenhaus war verschwunden. Aber ein großer Berg mit einem Einschnitt, Pike's Peak, stand dort. Ein Schamane des Tewa-Volkes der Pueblo-Indianer sagte den Stammesgenossen häufig: »Schaut zum Gipfel des Berges« und zeigte auf den Taikomo, der für die Tewa der heilige Berg des Westens ist. Bevor er, 87jährig, starb, sagte er: »Wenn wir uns in der noch undeutlichen zukünftigen Welt wiedersehen, wird es auf dem Gipfel des Berges sein.« Nur ein Toter oder ein Schamane konnte den Gipfel des heiligen Berges besteigen, wo die Wanderer dann, dicht unterhalb des Gipfels, »in einen See eintauchen«[21].

Als sich der Gott der Christen und Juden offenbarte, geschah dies bekanntermaßen dadurch, daß er zu einem Berggipfel herabstieg, zum Berg Sinai. Das aus Ägypten flüchtende Volk Israel hatte wohl schon die Wüsten-Fata-Morgana erlebt, als das vermeintliche Wasser des Roten Meeres vor ihm zurückwich (*Exodus* 14). Während der Morgenwache (kühler Untergrund) schaute Jahwe in der Feuer- und Wolkensäule auf das Heer der Ägypter (Spiegelung eines von der aufgehenden Sonne beschienenen Hügels nach oben). Danach verschlang das Wasser (der Wüsten-Fata-Morgana) wieder die verfolgenden Ägypter (verdeckte ihre Ansicht). Dann näherten sich die Israeliten dem Berg Sinai, wo Moses die zehn Gebote empfangen sollte. »Er war ganz in Rauch ge-hüllt, weil Jahwe im Feuer auf ihn herabgekommen war. Der Rauch stieg auf wie der Rauch eines Schmelzofens.« (*Exodus* 19) Als 1911 die japanischen Admirale Noggi und Togi durch den Suezkanal fuhren, war die gesamte Landschaft nach oben gespiegelt. Ein Leuchtturm erschien dadurch zum Beispiel doppelt so lang. Auch ein Berg, den die Israeliten in einer solchen Spiegelung gesehen hätten, hätte sich – wie eine sich nach oben verbreiternde Rauchsäule – zum Himmel hin fortgesetzt (Abb. 84). »Der ganze Berg erbebte heftig« (verzerrte sich in der Luftspiegelung) und »Gott antwortete im Donner« (herannahendes Unwetter, das die Ruhe vor dem Sturm verursachte). Analysiert man die Etappen der israelitischen Flucht[22] und berücksichtigt man, daß es für die Sichtung einer deutlichen Spiegelung nach oben vorteilhaft ist, wenn der Blick über einen kühlen Untergrund erfolgt (zum Beispiel vom Großen Bittersee her), dann kommt nur die höchste Erhebung in etwa 100 Kilometer Umkreis in Frage: der 1094 Meter hohe Berg Gebel Yi'allaq, den schon T. Wiegand als den heiligen Berg Sinai identifizierte.[23]

Nach der Tradition sind die Gipfel der Götter in der Regel nicht jedem Sterblichen zugänglich. Nur Moses zum Beispiel durfte den Berg Sinai besteigen, um mit Gott zu reden.

Manche Berge, so etwa der Berg Gassan in Japan, wurden auch zum Aufenthalt für die Seelen der Toten. Die Mausoleen japanischer Kaiser wurden »yama«, Berge, genannt. Noch heute sagt man in manchen Gebieten zum Sarg »Berg-Kiste«, und wenn die Begräbnis-Prozession startet, »geht man zum Berg«. Der Berg ist die Stelle des Übergangs zur anderen Welt. Ähnliche Vorstellungen von der himmelsverbindenden Rolle der Berge findet man auch bei Naturvölkern. Bei den Murut in Nord-Borneo reisen die Toten als Geister zunächst auf die höchsten Gipfel ihrer Heimat und von diesen in den Himmel. Dort findet sich eine ungeheure Ebene mit vielen Häusern für die Seelen.

Manchmal sind Seelen auch an Berge gebunden. So zum Beispiel an den isländischen Vulkan Hekla, wo die Einheimischen immer schon vermuteten, daß die Vögel, die ihn umkreisen, verdammte Seelen sind, die keine Ruhe finden. Von einem Reisenden des 17. Jahrhunderts wissen wir, daß die Geister auf dem Packeis gesehen wurden, das im Winter auf dem nahen Ozean herumschwimmt. Man erklärte sich das so, daß der Teufel die armen Seelen gelegentlich aus dem Feuerschlund herausjagte, um sie auf dem Eis abzukühlen.[24]

Berge, die man über weite Entfernungen sieht, binden gelegentlich ihr Spiegelbild oder Teile davon an ihren Gipfel. Da das Spiegelbild mit der Dichte der Luft schwankt, die wiederum von deren Temperatur abhängt, wirken die Spiegelerscheinungen nicht selten belebt. Sie können auch farbig sein, da Licht unterschiedlicher Wellenlänge verschieden gebrochen wird. Die Gipfel hoher Berge sind demnach, ebenso wie weite Ebenen, naturgegebene Landeplätze für ungewöhnliche Erscheinungen. Götter und gelegentliche Visionen vom »Paradies« liegen durchaus im Bereich der phantasievollen Realität. Erscheinungen über den Gipfeln, die sich anders verhielten als Wolken und den Gesetzen der irdischen Welt nicht unterworfen zu sein schienen, wurden zwangsläufig zu Begegnungsmöglichkeiten mit der anderen Welt. Dabei sind den Anbetern bemerkenswerte Einzelheiten aufgefallen. Wie die Darstellung des Berges Fuji als dreifaches Bild zeigt (Abb. 45), sind zum Beispiel dreifache Spiegelungen von Bergen beobachtet worden, diese wohl herausragendsten aller Lufterscheinungen. Man sollte in diesem Zusammenhang daran denken, daß Schiva als Herr über den Berg Kailas und als Gott der Zerstörung eine der drei Erscheinungsformen des obersten Gottes darstellt. Er hat übrigens drei Augen, was seine Dreifaltigkeit noch betont, und er trägt einen Dreizack.

In einigen Mythen werden Berge in Luftspiegelungen bemerkenswert realistisch und anschaulich geschildert. In den indischen Rig-Veda-Erzählungen wird von einem riesigen Schlangendämon berichtet, der sich um Berge ringeln und mit dem Kopf den Himmel erreichen konnte. Welche Beschreibung ließe sich sonst für einen Berg finden, dessen Form sich verändert und dessen Bild als Schlangenkopf auf den Himmel projiziert wird?

Es lohnt sich, einen Augenblick über das »Paradies« nachzudenken, das wie eine Stadt über einem Berg zwischen Himmel und Erde schwebt und mit seinem Wasser die Flüsse speist. Vielleicht ist das Wasser dieser Schimmer, der in Luftspiegelungen die Durstenden so oft schon genarrt hat.

Vor über zwanzig Jahren wanderte ich eine Woche lang allein durch die unwirtliche, aber spektakuläre Cordillera del Paine im tiefen Süden Patagoniens, wo einst die gewaltige mythische Schlange Cai Cai zum Himmel hinauf gezüngelt haben soll (siehe Abb. 3 im Farbteil). Es war später Herbst, am Morgen war der Boden stets von Reif bedeckt, und die Winde waren zeitweise so stark, daß man Mühe hatte, sich auf den Beinen zu halten. Hier wurde mir bewußt, wie wach alle Sinne werden, wenn man der rauhen Natur ausgesetzt ist. Die imposanten wirklichen Berge allein schon lassen den

Menschen klein und hilflos erscheinen. Wie muß einem zumute sein, wenn diese sich spontan in den Himmel hinauf fortsetzen?

Wundert es da, wenn Opfer zu Ehren der Götter häufig an den höchsten Kontaktstellen mit dem Himmel dargebracht wurden? Der Götterheld Prometheus wurde an eine Felsspitze im Kaukasus angeschmiedet. Die keltischen und germanischen Gottheiten Lugh und Odin vollbrachten ihr Selbstopfer sogar am Weltbaum selbst, den wir als Spiegelung von Land zum Himmel deuten.

Paläste des Lichtes

Oben auf den hohen und unzugänglichen Felsen und Schneerücken des Mattenberges in den Alpen soll es ein großes Areal geben, in dem die schönsten Gemsen und Steinböcke, außerdem aber noch andere wunderbare Tiere wie im Paradies beisammen hausen und weiden. Nur alle 20 Jahre gelingt es einem Menschen, an diesen Ort vorzudringen, und wiederum von 20 Gemsjägern nur einem einzigen. Sie dürfen aber kein Tier mit ins Tal hinunterbringen.[25] In Tirol heißt diese Stätte der Gamshimmel. Es ist ein von Eisbollwerken geschützter und von Eisgewölben verdeckter Ort nahe der Wohnstätte der Seligen. Die wilden Leute sind die Herren dieser Tiere.[26] Auf der Alb verirrte sich einmal ein Mann in einer Höhle und kam durch dieselbe in ein fremdes, schönes Land mit herrlichen Viehherden. Da kam ein Engel und sagte, er sei ins unrechte Land geraten, und führte ihn wieder auf die Egelfinger Alb zurück.[27]

Unbesteigbar für gewöhnliche Menschen waren auch die im germanischen Volksmund überlieferten mythischen »Glasberge«. Sie waren glatt und durchscheinend.

Nach oberpfälzer Glauben hausten dort der Wind und seine Gemahlin. Von dort flogen die Schwanenjungfrauen zur Erde. Manchmal wird eine davon gefangen, geheiratet und entkommt wieder, weil sie sich in der Sehnsucht nach ihrer Welt im Glasberg verzehrt.[28] Eine Legende aus dem 5. Jahrhundert weiß zu berichten, wo diese Kristallgebilde anzutreffen sind. Drei Mönche, Theophilus, Sergius und Hyginus, machen sich von Mesopotamien auf, um über Persien und Indien dorthin zu gelangen, wo Himmel und Erde sich berühren. Sie gelangen in ein »Land voll süßen Duftes«. Vor ihnen erhebt sich eine Kirche aus lauterem Kristall. Von ihrem Altar geht eine Quelle aus, die wie Milch erscheint. Ein schneeweißer Greis belehrt sie und schickt sie zurück. Der Ort, wo Himmel und Erde sich treffen, darf von Sterblichen nicht betreten werden. Das Paradies wäre nur zwanzig Meilen weiter entfernt gewesen.[29]

Es gibt zahlreiche Mythen, bei denen Glasberge die Grenze zur jenseitigen Welt bilden oder mythische Wesen beziehungsweise Hexen auf solchen Glasbergen sitzen, die für Irdische in der Regel unbezwingbar sind. Sowohl aus der persischen wie auch aus der bretonischen Mythologie sind »Schlösser aus Kristall« überliefert. In einem jüdischen Mythos wird von Hallen und Wänden aus Glas gesprochen.

Die Geschichten vom Gamshimmel und von rätselhaften Wunderwelten auf Bergmassiven unterstützen die Deutung, daß Bergspitzen jenseitige Welten anziehen – gespiegelte Berge, die sich scheinbar irdischen Gesetzen nicht unterwerfen (vgl. Abb. 84 und 108, wo über Bergen umgekehrte Spiegelbilder auftauchen). Gespiegelte Berge erscheinen oft blaß und durchscheinend und sind wohl auch Vorbild der Glasberge oder gläsernen Paläste mit ihren mythischen Bewohnern.

Die Hutberge

Im germanischen Sprachraum gibt es eine größere Zahl von Bergen, die den Namen »Hutberge« führen. Dies kann mit einem Wolkenhut zusammenhängen, der ein Wettervorzeichen darstellt. So heißt es über den Berg Niesen in der Schweiz: »Hat der Niesen einen Hut, wird das Wetter schön und gut. Hat der Niesen einen Kragen, darfst du's eben auch noch wagen. Hat er Mantel um und Degen, gibt es kalten Wind und Regen.«[30] Manchmal sind auf sogenannten Hutbergen vorgeschichtliche Befestigungsanlagen sichtbar, die an einen Hut erinnern. Meist sind auf Hutbergen auch Zwerge zu Hause oder Schätze verborgen.

Bemerkenswert ist, daß die Hutberge nicht selten Totenberge oder der Sitz des germanischen Gottes Wodan gewesen sind. Dazu zählen die Bischofskappe im mährisch-schlesischen Gebirge, die Sturmhaube im Riesengebirge, der Sneehättan (Schneehut) in Norwegen und der Nebelhelm in der Grafschaft Cumberland. Den Zusammenhang mit einem alten Seelenglauben erkennt man noch heute darin, daß gerade von solchen Bergen Sagen von wilden Jägern oder wilden Heeren überliefert sind. Beispiele sind der Kyffhäuser oder der Hörselberg, der Hutberg bei Herrenhut, der Untersberg bei Salzburg oder der Odenberg in Hessen, der noch 1154 nach Gott Wodan Wuodensberg hieß. Seine Botschafter waren übrigens zwei Raben, ein Doppelvogel. Wodan ritt auf einem Pferd mit einer doppelten Zahl von Beinen (Abb. 152), ein Hinweis darauf, daß er ein Fata-Morgana-Gott war.

Selbst in den Alpen sind, nicht sehr häufig, aber immer wieder zum Himmel gespiegelte Berge gesehen oder sogar fotografiert worden. Ein teilweise nach oben ge-

Abb. 23 Die sagenhaften Hutberge sind Berge, die hin und wieder einen geheimnisvollen Hut aufsetzen und von mythischen Himmelswesen bewohnt sind. In der Vorstellung mancher Völker sind Himmelswesen einbeinig, einarmig und einäugig.

Abb. 24 Diesem kleinen Berg in Grönland hat eine Luftspiegelung einen »Hut« aufgesetzt (Aufnahme von Alfred von Wegener).

spiegelter Berg sieht wie ein Berg mit Hut aus, aber jeder erfahrene Beobachter merkt sofort, daß das veränderliche Gebilde über seiner Spitze keine gewöhnliche Wolke ist. Es hat alle Merkmale einer jenseitigen Welt, da es irdischen Gesetzmäßigkeiten nicht gehorcht. Dies ist genau die Eigenschaft, die der Volksmund den Hutbergen zuschreibt. Sie sind die Welt der Götter und Helden, der Zwerge und Elfen.

Der Palast der Füchse

Die Japaner sind traditionell ein sehr naturverbundenes Volk von Fischern, das alle Phänomene seiner Umwelt mit großer Aufmerksamkeit beobachtete. Es verwundert nicht, daß im japanischen Inselreich Luftspiegelungen besondere Aufmerksamkeit erregten und in der Mythologie und Tradition Spuren hinterlassen haben. Wie überall auf der Welt gibt es auch hier Küstengebiete, wo diese Phänomene recht häufig auftreten, zum Beispiel bei der Stadt Toyama im Monat Mai. Das kühle Schmelzwasser von den Bergen, das sich hier mit dem wärmeren Meerwasser mischt, ist wahrscheinlich der Auslöser für die phantastischen Luftgebilde, über die schon seit Jahrhunderten berichtet wird. An der Küste der nördlichen Insel Hokkaido sind immer wieder Phantom-Inseln gesichtet worden. Einmal führte eine davon einen Kapitän so in die Irre, daß sein Schiff strandete.[31]

Diese rätselhaften Begebenheiten, die der Alltagserfahrung widersprechen, wurden von den japanischen Fischern als Erscheinungen von Göttern oder zumindest als Machwerke von Meeresgespenstern gedeutet. In früheren Zeiten vermutete man, daß in einer ungewöhnlichen Luftspiegelung die Götter zur Erde hinabsteigen. So kannte das alte Japan Meeresdrachen und weibliche Meereswesen, die ihre Frauen waren. Es gab auch einen Drachenkönig des Meeres, Piujin, der in einem Palast unter dem Meeresspiegel lebte. Meist wird er als alter bärtiger Mann dargestellt, der einen eingerollten Drachen auf dem Kopf oder Rücken trägt. Die Drachenkönigin trägt manchmal Muscheln und Korallen als Kleider. Um eine Übersicht über die Vorstellungen zu bekommen, die sich Menschen in Japan von Fata-Morgana-Erscheinungen gemacht haben, reicht es schon, die phantasievollen Namen zu untersuchen, die sie sich dafür ausgedacht haben.

In alten japanischen Märchen gilt der Fuchs als ein Tier, das die Menschen nach Wunsch durch Veränderung seines Äußeren täuscht. Luftspiegelungen werden daher oft mit Zaubereien von Füchsen in Verbindung gebracht. So nennt man sie in der Yamagata-Präfektur »Palast der Füchse«. In der Umgebung der Stadt Uozu spricht man vom »Wald der Füchse« oder von der »föhrenbestandenen Küste der Füchse«. In der Iwate-Präfektur kennt man die Fata Morgana unter dem Namen »Schar der Füchse«, während man im Tohoku-Gebiet vom »Wappenschild der Füchse« und in der Aomori-Präfektur von den »Regalen der Füchse« oder dem »Warenhaus der Füchse« spricht.

Nach dem Glauben des alten ostasiatischen Kulturvolkes existiert eine mythische Riesenmuschel, die Luft ausatmet, in der die Luftspiegelungen entstehen. Deswegen spricht man in vielen Gegenden Japans bei Fata-Morgana-Erscheinungen vom »Schloß der Muschel« oder von der »Metropole« oder »Stadt der Muschel«. Oft heißen sie auch »Turm der Muschel« oder »Hoher Turm der Muschel«. Wahrscheinlich hat man dabei Erscheinungen gesehen, die in anderen Ländern als »gläserne Türme«, als »Türme« oder als »Weltsäulen« bekannt geworden sind (Abb. 35 und Abb.8 im Farbteil). In den Präfekturen Yamaguchi und Hiroshima kennt man die Fata-Morgana-Erscheinungen unter der Bezeichnung »Spiel des Drachenkönigs« oder »Schloß des Drachenkönigs« (Abb. 12). Auch die Bezeichnungen »Palast auf dem Meer« und »Stadt auf dem Meer« sind häufig anzutreffen. In der Präfektur Hiroshima und in der Gegend der Stadt Uozu bezeichnet man Fata-Morgana-Erscheinungen mit »Ki-kan-jo« oder »Horai«, das sind Paradiesschlösser, über denen Götter glücklich herumfliegen.

Aufschlußreich sind auch Namen, die man Inseln gegeben hat, die immer wieder von Luftspiegelungen verzaubert worden sind. Ein Beispiel ist die Insel Mishima in der Yamaguchi-Präfektur. Die Legende erzählt, daß sie gelegentlich dreifach gesehen wird. Eine dreifache Spiegelung ist ja ein bekanntes Phänomen (vgl.

Abb. 25 Begegnung mit einem »Wald der Füchse« draußen auf dem Meer. Nach der japanischen Mythologie stehen Füchse mit ihrem Hang zur Tarnung hinter den bizarren Inselsilhouetten, die sporadisch erscheinen.

Abb. 31). Bemerkenswert ist, daß der Inselname Mishima (shima = Insel) das Wort »Mi« enthält, das, wenn es gesprochen wird, »drei« bedeutet. Allerdings heißt »Mi« auch »schauen«, und das Schriftzeichen, das dafür verwendet wird, drückt dies auch aus.

In China kannte man ebenfalls geheimnisvolle Paläste, Städte oder Märkte auf dem Meer. Sie wurden vom Drachenkönig bewohnt. In einer Legende aus der Zeit der Quing-Dynastie wird ein solcher mystischer Ort beschrieben: »Es ist ein Markt in der Mitte des Ozeans, wohin Meerjungfrauen von allen Meeren ihre Juwelen bringen und Händler von allen zwölf Ländern herum zum Handeln reisen. Götter ergötzen sich dort zwischen farbigen Wolken und brandenden Wogen.« Dem Helden und seinen Begleitern gelingt es, den geheimnisvollen Ort zu besuchen: »Nach einer Reise von drei Tagen konnten sie aus der Entfernung sehen, wie zwischen sich bewegenden Wolken und Wasser ein Pavillon nach dem anderen hochstieg und lebhafter Verkehr Handel betreibender Dschunken erkennbar wurde. Nach und nach kamen sie zu einer Stadt, welche Mauern aus Ziegeln hatte, die so lang wie der Körper eines Mannes waren, und schließlich zu einer Zitadelle, die hoch in den Himmel ragte.«[32]

Der Glaube an drei (!) geheimnisvolle Inseln der Seligen draußen im Ozean, die die taoistische Mythologie unter dem Namen P'eng-lai kannte, war im alten China so groß, daß der Kaiser Shi-huang-ti im 3. Jahrhundert v. Chr. fünfhundert Jungen und fünfhundert Mädchen auf eine Expedition aussandte, um sie suchen zu lassen. Sie sollten ihm, der als Baumeister der Chinesischen Mauer und als Herr der Ton-Armee von Xi'an der Nachwelt in Erinnerung blieb, das Elixier der Unsterblichkeit bringen. Sie alle sind im östlichen Ozean ver-

Abb. 26 »Türme des Drachenkönigs« an der japanischen Küste

schwunden und nie zurückgekehrt. Die japanische Tradition will aber wissen, daß sie am Berg Fuji im Angesicht der unerreichbaren Gefilde der Seligen über seiner Spitze stehen blieben und sich dort niederließen. Ohne Elixier hatten sie nicht den Mut, zu dem tyrannischen Herrscher nach China zurückzukehren.

Noch jenseits der »Insel des ewigen Lebens« soll ein »Land der Frauen« liegen. Sie wurden als »Wolkenjungfrauen« gedeutet,[33] und wahrscheinlich sind sie eine Art Sirenen. Sie heiraten die ihnen vom Sturm zugeführten Männer, um sie danach zu töten.

An vielen Stellen der japanischen Küste werden zwei Felsinseln symbolisch »verheiratet«, indem man sie mit langen Hanfseilen verbindet (Abb. 27). Das Schicksal dieser Verbindung wird mit dem eigenen verknüpft. Es wird überliefert, daß die Inseln einst das Götterpaar Izanagi und Izamami beherbergt haben, dessen Verei-

Abb. 27 Die verheirateten Inseln, Japan. Die Dauerhaftigkeit dieser Verbindung aus einem Hanfseil wird als ein Omen betrachtet. Vielleicht ist dies ein symbolischer Hinweis auf Inseln, die sich gelegentlich mit ihrem Spiegelbild verbunden haben.

nigung nicht nur andere Götter, sondern auch die japanischen Inseln hervorbrachte. Das Götterpaar erhielt demnach von den anderen Göttern eine juwelengeschmückte, himmlische Lanze, die sie, auf einer »schwimmenden Brücke des Himmels« stehend, in den Ozean eintauchten und umrührten. Als sie diese wieder herauszogen, gerann das abtropfende Salzwasser darunter zur Insel Onokoro, zur »Selbstgerinnenden«. Auf dieser Insel errichteten sie einen himmlischen Pfeiler und einen Palast. Dort zeugten sie göttlichen Nachwuchs und schufen die japanischen Inseln.

Die meisten dieser mythischen Schilderungen aus Asien lassen sich unschwer als phantasievoll ausgeschmückte Beobachtungen von Luftspiegelungen am Meer deuten. Bemerkenswert ist auch die Lehrerfahrung für Seeleute, wie sie zum Beispiel in der Schilderung des Landes der Frauen weit draußen auf dem Ozean eingeflochten ist. Die prächtigen Fata-Morgana-Erscheinungen treten in der Ruhe vor dem Sturm auf, der wenig später erbarmungslos zuschlägt. Wenn man sich also mit den schönen Meeresfrauen einläßt, sich ihnen zu nähern versucht, anstatt das Weite zu suchen, droht einem der Untergang im nahenden Sturm.

Interessant ist auch der Glaube, daß diese Zauberwelten zum Lebensbereich mythischer Riesenmuscheln gehören, die unter der Meeresoberfläche existieren. Eine solche Erklärung ist naheliegend, wenn über dem Meeresspiegel rätselhafte Erscheinungen auftauchen und dann wieder spurlos verschwinden. Dasselbe Phänomen wurde in der indischen Mythologie auch anders interpretiert. Man nahm an, daß der Muschel der riesige, gewalttätige Dämon Hayagriva entstieg. Offenbar galt er als gewalttätig, weil seiner Erscheinung oft Stürme folgten.

Der Schöpfungsmythos der japanischen Inseln könnte von Luftspiegelungen inspiriert worden sein, die eine Verbindung zum Himmel nahelegen, wo man den Ursprung der irdischen Welt vermutete. Die Lanze, die das Götterpaar von der Himmelsbrücke ins Meer herunterließ (Abb. 112), die »selbstgerinnende« Insel, die sich aus Wasser bildete, den himmlischen Pfeiler und großzügigen Palast, den es dort aufbaute (Abb. 97) – sie alle findet man im Reich der Fata Morgana wieder. Deswegen wohl symbolisieren die verheirateten Inseln (Abb. 27) das Phänomen der gespiegelten Inseln, die gelegentlich selbst mit Seilen verbunden zu sein scheinen (Abb. 84).

Die Götterinsel über dem Berg Temehani

Die Arioi-Bevölkerung auf den Gesellschaftsinseln um Tahiti kannte ein Paradies, Rohutu noanoa (duftendes Rohutu) auf der Insel Raiatea. Diese Insel war früher ein bedeutendes religiöses und politisches Zentrum der Polynesier und gilt bis in heutige Zeiten als ihre mythische Heimat namens Havai'i. Es wird heute angenommen, daß die großen Entdeckungsfahrten nach Neuseeland und Hawaii von Raiatea aus ihren Ausgang nahmen. Dieses Paradies, das den Menschen in der Regel verborgen war, lag in der Luft über dem 772 Meter hohen Berg Temehani-unauna im nördlichen Teil der Insel. Es wird von Romatane regiert, der die Seelen der Verstorbenen prüft, die von weit her kommen, um Einlaß zu ersuchen. Hoch oben auf einem Grat kommen sie zu einer Wegkreuzung, wo ein göttlicher Wächter ihnen den Pfad anzeigt, dem sie folgen müssen. Die Gesegneten dürfen nach rechts weiter zur Spitze des Berges, von wo aus sie zu dem verborgenen Paradies im Himmel gelangen. Hier genießen sie alle Freuden des Lebens, ohne wieder sterben zu müssen. Die Verdammten müssen nach links und über einen Lavaabgrund in den Krater springen, wo sie die Qualen der Unterwelt erwarten.[34] Es ist bemerkenswert, daß die kleine, kühne Gruppe von Polynesiern, die mit ihren Auslegerbooten Hawaii erreichten, der größten Insel mit ihren eindrucksvollen Vulkanen fast genau den Namen ihrer mythischen Heimat gaben. Vermutlich identifizierten sie die hohen Vulkanspitzen mit der Heimstätte ihrer Götter. Für die Polynesier, die nach Neuseeland übersiedelten, blieb die mythische Heimat als Hawaiki in Erinnerung.

Abb. 28 Mt. Mouaputa mit dem Loch knapp unter dem Gipfel. Einst soll der Halbgott Pai von Tahiti aus dieses Loch durch den Berg getrieben haben, weil er verhindern wollte, daß der Geisterrastplatz Mt. Rotui zur Paradiesinsel Raiatea fortgeschafft würde.

Folgen wir einer einheimischen Überlieferung von Tahiti über den Götterberg Temehani. Sie handelt von Tafai, einem bedeutenden Krieger, und Hina, einer Schönheit, deren rabenschwarze Haare ihren Körper wie ein Kleid umhüllten. Tafai und Hina, eben erst verheiratet, waren sehr glücklich, bis Tafai von einer weiten Reise zurückkehrte. Er fand seine Gefährtin tot, aber noch warm auf einem Steinaltar im Heiligtum ihrer Vorfahren. Er fragte die Priester, wohin ihr Geist geflogen sei. Sie sagten ihm, daß er sich auf dem Weg zum Treffpunkt aller Geister von Tahiti, dem Berg Rotui auf Moorea, befinde. Von dort würde er zum Berg Temehani auf Raiatea weiterziehen. Mit seinem magischen Kanu und einem Riesenpaddel beginnt Tafai eine übermenschliche Verfolgungsjagd, die ihn schließlich zum Plateau auf dem Berg Temehani führt. Dort zweigt sich der Weg: Eine Abzweigung führt zur Klippe nach rechts, genannt »der Stein des Lebens«, von der die Geister zum »Paradies der süßen Gerüche« oberhalb des höchsten Berges von Raiatea in den Wolken aufsteigen. Der andere führt nach links zum Krater, wo die Seelen zur Unterwelt, genannt Po, hinabsteigen. Tafai begegnete dem Gott Tutahorea, von dem er erfuhr, daß seine Frau noch nicht angekommen war. Erleichtert ließ er sich nieder und versteckte sich auf den Rat des Gottes hin in den Büschen, um Hina im Fluge zu erwischen, weil hier die letzte Stelle sei, wo Geister zur Welt zurückgeholt werden könnten. Tafai erkannte plötzlich die vertraute Gestalt seiner Frau im Fluge mit ihren langen Haaren, wie sie gerade auf den »Stein des Lebens« zuflog. Mit einem verzweifelten Satz erwischte er sie bei den Haaren und holte die Unwillige zurück, die das glückliche, jenseitige Land schon so nahe sah. Erst als Gott Tutahorea ihr sagte, daß ihre Zeit noch nicht gekommen sei, kehrte sie mit Tafai heim, und sie lebten noch lange als glückliches Paar.[35]

Es ist anzunehmen, daß der Berg Temehani von der Nachbarinsel Tahaa aus über eine nur 5 Kilometer breite Meeresenge gelegentlich nach oben gespiegelt gesehen worden ist. Dieses schwebende Land, das irdischen Gesetzen nicht unterworfen zu sein schien, wahrscheinlich der »Stein des Lebens« in der obigen Legende, konnte nur mit dem Jenseits in Verbindung gebracht werden.

Das Paradies und die Fata Morgana

Wenn wir mythologische Beschreibungen des Paradieses miteinander vergleichen, dann fällt zunächst auf, daß die Begegnungen mit den Schönheiten einer für Irdische unzugänglichen Welt an zwei sehr unterschiedlichen geographischen Örtlichkeiten stattfinden: einerseits auf weiten Ebenen und andererseits auf hohen

Abb. 29 Die wichtigsten heiligen Berge der Welt, Wohnsitze der Götter.

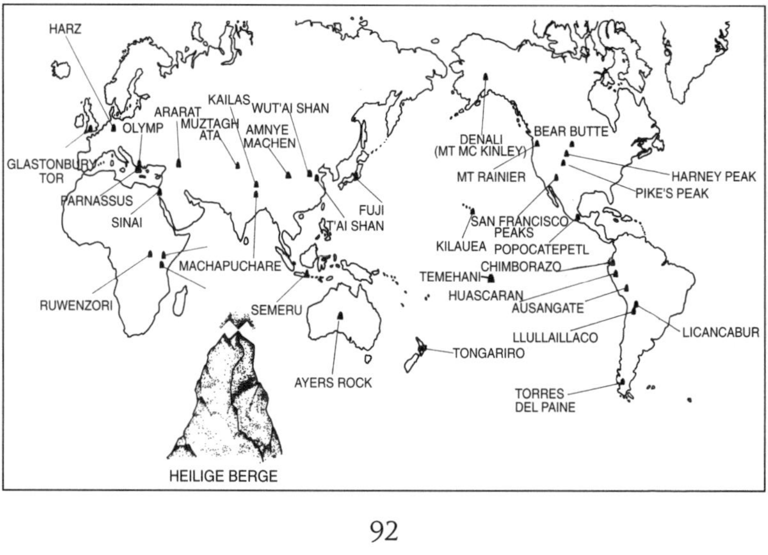

Berggipfeln. Beiden Örtlichkeiten ist gemeinsam, daß der Blick von weit her auf ein »Jenseits« gerichtet werden kann. Die Weite der Umgebung ist eine wesentliche Voraussetzung, damit Luftspiegelungen am Horizont beobachtet werden können. Eine weitere wichtige Bedingung ist, daß die Ebene oder Landschaft, über die man blickt, kühler ist als die darüberliegende Luft. Auf diese Weise entstehen Spiegelungen nach oben, also am Himmel über dem Horizont. Dies ist beim Blick über das Meer bestens gewährleistet, was auch die Paradiesvisionen im Zusammenhang mit Meeresgöttern und mit mythischen Inseln erklärt. Aber auch, wo Berge weither vom Meer her gesehen werden können, wie beim polynesischen Berg Temehani, beim Fuji oder beim Olymp Griechenlands, oder wo markante Berge über einer weiten, eisigen Hochebene sichtbar werden, wie beim heiligen Berg Kailas in Tibet, wird das Paradies herausgefordert. Ähnliches müßte auch für Berge in Wüsten gelten, die in der Nacht stark abkühlen, wie beim Berg Sinai, wobei nach wie vor nicht ganz geklärt ist, auf welchem Gipfel dieser Halbinsel die im Alten Testament beschriebene göttliche Begegnung stattfand. Hin und wieder sind die Wetterbedingungen so günstig, daß selbst die Alpen vom Vorgebirge her am Himmel gespiegelt erscheinen. Dies könnte der Grund für das hohe Ansehen heiliger Berge sein, einsame und erhabene Hoffnungsträger für den Zugang zum Himmel.

Paradiesvorstellungen beinhalten wesentliche Elemente der irdischen Welt. Sie beschreiben Landschaften ähnlich denen der irdischen Heimat oder besonders üppige Gärten. Oft sind die Pflanzen und Früchte sehr viel größer. Nicht selten sind die himmlischen Erscheinungen von kristallartiger Klarheit oder durchsichtig wie Diamanten oder Glas. Dies alles ist mit Luftspiegelungen erstaunlich gut vereinbar. Dazu gehört selbst die philosophische Sprache, die sehr alte Religionen wie der Buddhismus für die Beschreibung des Paradieses, des Nirvana, verwenden. Es ist »das andere Ufer«, »das einsame Eiland«, »der ruhige Ort«.[36] Wenn ein Mönch in seiner Meditation ins Nirvana eingeht, dann »schwebt er mit gekreuzten Beinen in der Luft«, ebenso wie das Fata-Morgana-Land, das vor Urzeiten wahrscheinlich Vorbild für Vorstellungen vom Paradies gewesen ist. Auch das Prinzip der Verdoppelung in einer Luftspiegelung fehlt nicht. Mönche, die den Weg der Entsagung gehen, werden zu Doppelgängern des Kovidāra-Baumes im Paradies. Wenn der Mönch seinen Entschluß faßt, beginnt der Baum zu treiben, wenn der Mönch das Stadium der Entsagung erreicht hat, dann steht der Baum im Paradies in voller Blüte.

Dazu paßt auch die Paradiesbeschreibung des syrischen Kirchenvaters Aphraates: »Sie (die Seelen) bedürfen dort keiner Häuser, denn sie wohnen im Licht. Gewänder brauchen sie nicht, denn sie sind mit ewigem Licht bekleidet.«[37]

Augenzeugenberichte, die dem Fata-Morgana-Paradies gewidmet sind, so zum Beispiel der des bereits erwähnten Geistlichen Samuel Dickerson auf dem britischen Kriegsschiff *Dunkirk* im Jahre 1793 vor der Küste der französischen Bretagne, bezeugen das tiefe emotionale Erlebnis, das eine solche von der Natur geschaffene Illusion vermittelt: »Alle stießen sie beim Schauspiel gemeinsam höchst leidenschaftliche Rufe des Erstaunens aus, und die Teilnahmslosesten unter den Sterblichen konnten ihre Gefühle nicht verbergen. Ein Schauspiel wie dieses, sei es, daß wir die erstaunliche Großartigkeit der Szenerie berücksichtigen oder das außergewöhnliche Zusammenspiel natürlicher Ursachen bei der Erzeugung eines solchen Effektes, muß diesem Phänomen einen besonders hervorragenden Platz unter den Wundern der Natur zuweisen.«

Wie hätten einfache vorzeitliche Nomaden, deren Sinne noch frei waren von den künstlichen Illusionen unserer Zivilisation, einst solche durch Lichtillusionen bewirkten Paradieserlebnisse bewältigen können, wenn nicht mit der Vorstellung, daß es jenseits unserer harten, irdischen Welt noch eine andere gibt, die viel schöner zu sein verspricht.

Solche phantasievollen, aber dennoch typischen und in ihrer Art markanten Erscheinungen müssen die Menschen auch angeregt haben, über die Eigenschaften göttlicher Wesen nachzudenken. Finden sich in den Religionen und Mythen göttliche Gestalten, die wie Objekte in Luftspiegelungen eindeutigen mathematischen oder geometrischen Gesetzmäßigkeiten unterworfen sind, die zum Beispiel in doppelter oder dreifacher Gestalt auftreten können?

Abb. 30 Barke mit Vogelpaar aus einem Grab der älteren Eisenzeit, Balkan (Glasinac)

3.

Göttliche Wesen

Dreifaltige Götter

Odin, der germanische Herr der Welt und Sturmgott, der an der Spitze eines wilden Heeres der Seelen durch die Lüfte jagte, und Jörd, die Mutter Erde, zeugten einen Sohn, den hammerschwingenden Thor, der als bäuerlicher Gott über das Wetter regierte und durch seine Kraft Menschen und Götter, aber auch die Ernten beschützte. Auf den Goldhörnern von Gallehus ist Thor mit dem Hammer in der Rechten dargestellt: Er hat drei Köpfe (Abb. 34).[1] Das Symbol für seinen Vater Odin/Wotan ist übrigens ein Dreieck, ein uraltes Symbol für die Dreiheit, neben Dreizack, Lilie, dreiblättrigem Kleeblatt und Dreifuß (Abb. 33).

Triglav, slawisch für Dreikopf, war ein bedeutender slawischer Gott. Er wurde zum Beispiel in Stettin und Brandenburg verehrt. Die Chronisten berichten, daß sein mit kunstvollen Tier- und Menschenskulpturen verzierter Tempel innerhalb der Burgmauer von Stettin auf dem mittleren von drei Hügeln errichtet worden ist. Die drei von einer Holzstatue abgehackten Köpfe dieses Gottes sind Anfang des 12. Jahrhunderts von Otto von Bamberg dem Papst Calixt II. als Zeichen erfolgreicher Slawenmissionierung übermittelt worden. Bei den Südslawen ist der höchste Berg, Triglav, 2863 Meter hoch, nach dem Gott benannt. Ein Vers besingt ihn folgender-

Abb. 31 Dreifache Bilder von Inseln mit dem Meereshorizont, gesehen in einer Luftspiegelung in Finnland. Oben: Die Inseln im Zentrum und an der rechten Bildseite erscheinen am Himmel deutlich als breiteres Band. Unten: Die gespiegelten Bilder verbindet zusätzlich eine Säule.

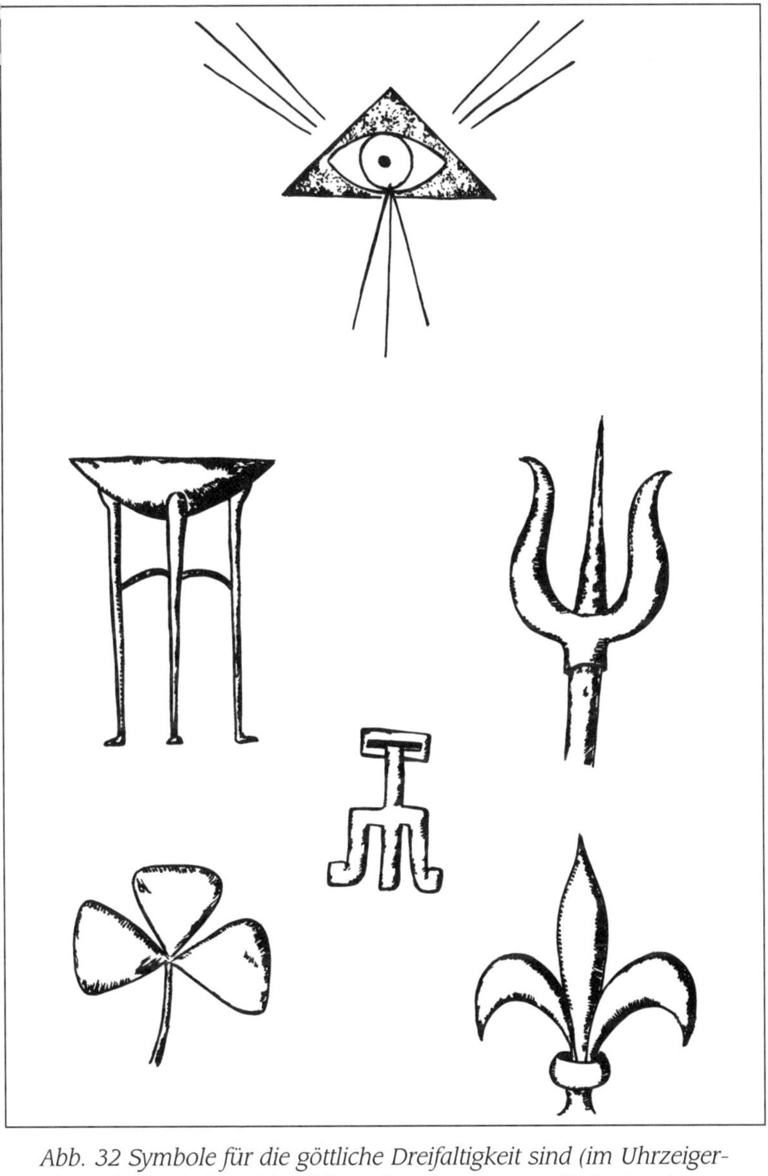

Abb. 32 Symbole für die göttliche Dreifaltigkeit sind (im Uhrzeigersinn), das Dreieck (mit Strahlen oder einem Auge), die Dreizackstandarte (Meeresgötter und Gott Shiva), die Wappenlilie, das Kleeblatt, der Dreifuß (Delphi) und die dreizackige Zunge (Nazca-Gott, Mitte).

Abb. 33 Verwitterte Darstellung des Dreifaltigen Gottes (Bauernmalerei auf isoliertem Stall), San Leopoldo, Friaul. Der dreigesichtige Kopf ist umrandet von einem Dreieck, ein uraltes Symbol für Gottvater.

maßen: »Dir, mächtiger Triglav, gilt mein Lied, mein Grüßen, drei Häupter hebst du trotzig in die Höhe, wie jener Gott, nach dem sie einst dich hießen, und jedes trägt ein Diadem aus Schnee.« Der Triglav war ein heiliger Berg, der früher nicht bestiegen werden durfte, da sich oben ein Zaubergarten befinde. Dort wohnte »Zlatorog«, der »Goldgehörnte«. Man stellte sich ihn als Hirsch vor, obwohl dort oben sonst nur Gemsen wohnten. Bekannt ist die Legende vom Trenta-Jäger, der, um die Gunst seiner Geliebten wiederzuerlangen, nach der goldenen Trophäe greift – und dabei zugrunde geht.

Trimurti, ein altindischer Ausdruck für »Dreigestalt«, ist ein dreifaches, oberstes göttliches Wesen. Es stellt den wichtigsten Aspekt der indischen Religion sichtbar dar. Trimurti ist gleichzeitig Schöpfer (Brahma), Erhalter (Vischnu) und Zerstörer (Schiwa-Kalarudra). In ihm verschmelzen also die drei Hauptgötter des Hinduismus. Trimurti wird mit einem Menschenkörper, drei Köpfen und sechs Armen dargestellt (Abb. 46). Manchmal sind auch drei Körper erkennbar, die in einen Organismus zusammenfließen (Abb. 35). Eine Erscheinungsform des dreifachen Gottes, Schiwa, wird mit einem dritten Auge dargestellt. Damit ist keine körperliche Fähigkeit gemeint, sondern eine geistige. Sie wurde unter anderem mit »Kristallisation des Lichtes« beschrieben und symbolisiert den Zustand der Erleuchtung. Ist eine »Kristallisation des Lichtes« eine Erscheinung, wie sie Licht manchmal bei einer Spiegelung in die Luft zaubert? Und hängt nicht auch unser deutsches Wort »Erleuchtung«, das die gnadenhafte Einwirkung beschreibt, bei der ein Gläubiger die Glaubensbotschaft erkennt, sprachlich mit »Licht« zusammen?

Auch die altägyptische Religion kennt dreifache Gottheiten, wie zum Beispiel die Triade Osiris, Isis und Horus,

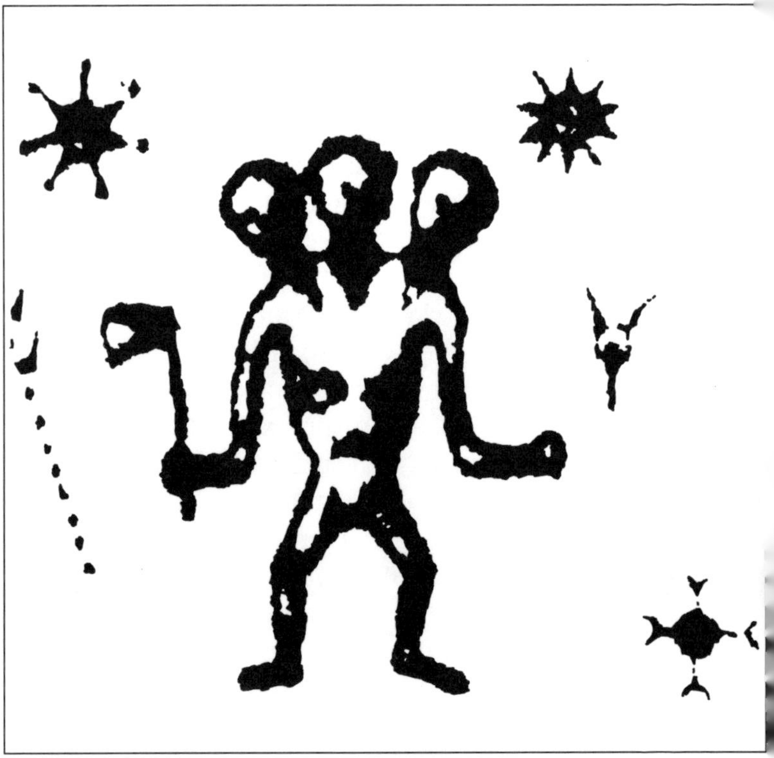

Abb. 34 Dreiköpfiger, hammerschwingender Gott, der für Thor gehalten wird, der auch das Wetter beherrschte (Goldhörner von Gallehus, Dänemark).

oder eine andere Gottheit, die sich gelegentlich als krummbeiniger Zwerg mit einem Skarabäus auf dem Kopf darstellt. Es ist Ptah-Sokar-Osiris, eine Verschmelzung der Götter der Schöpfung, des Todes und des jenseitigen Lebens, bildlich dargestellt im sogenannten Papyrus der Anhai aus der Zeit um 1100 v. Chr.[2] Dieser Papyrus, der ein Totenbuch darstellt, das den Verstorbenen auf den Weg nach drüben mitgegeben und in einem Hohlraum des dreifaltigen Gottes aufbewahrt wurde, sollte die Seele mit Auskünften und Zauber-

Abb. 35 Trimurti, die indische Dreifaltigkeit aus Schöpfer (Brahma), Erhalter (Vischnu) und Zerstörer (Schiwa-Kalarudra). Darstellung aus dem Tempel von Adhipuricvara.

sprüchen auf die Herausforderungen im Jenseits vorbereiten.

Die Dreifaltigkeit ist bekannterweise auch ein wesentliches Element der christlichen Religion. Man unterscheidet den Vater, den Sohn und den heiligen Geist. Sie erfüllen verschiedene Funktionen, sind aber dennoch Erscheinungsformen ein und derselben Gottheit. Der italienische Dichter Dante hat in seiner *Göttlichen Komödie* versucht, die Dreifaltigkeit in Worte zu kleiden, wenngleich er zugegeben hat, daß er sich dabei wie ein Kind vor einer zu großen Aufgabe vorkam:

»In der tiefen und klaren Existenz des erhabenen Lichtes
erschienen mir drei Kreise von drei Farben in einer Dimension,
und der eine schien vom anderen reflektiert zu sein
wie Regenbogen von Regenbogen
und der dritte schien Feuer zu sein,
das gleichsam von beiden geatmet wurde.«[3]

Dantes Schilderung der Dreifaltigkeit könnte ebensogut die Beschreibung einer grandiosen Luftspiegelung sein, eines natürlichen Phänomens, dessen Erscheinungsform nicht vorhersagbaren Entstehungsbedingungen unterliegt. Es hat, so glauben wir, wie kein anderes die tiefsten Empfindungen der menschlichen Seele wekken können.

Die Dreiheit ist auch bei der Darstellung keltischer Gottheiten häufig zu sehen. Ein Beispiel ist die Triade von Saint Germain, die drei Göttergestalten, die als Ganzheit verstanden werden müssen, in enger Berührung zeigt (Abb. 36). Auch Muttergottheiten und Quellennymphen treten als Dreiergruppen auf. Die keltische »Gespensterkönigin« und Schicksalsgöttin Morrigan of-

Abb. 36 Die Triade von Saint Germain. Dreigestaltiger keltischer, in Stein geritzter Gott

fenbart sich in drei Gestalten. Auch die keltischen Götter Teutates, Esus und Taranis wurden als Dreiheit beschrieben. Zweiunddreißig keltische Bildnisse eines dreiköpfigen Gottes kennt man bisher, vor allem aus der Gegend um Reims. Die Köpfe sind teils miteinander verbunden, so daß zwei Augen allen dreien gehören. Sie werden als Ausdruck der Machtvollkommenheit und Allgegenwart eines Gottes gedeutet, dem nichts verborgen blieb. Auch Tiergötter, die bei den Kelten ein hohes Ansehen genossen, trugen das Symbol der Dreifaltigkeit. Da gibt es beispielsweise den Stier mit den drei

Abb. 37 Dreigesichtiger Gott auf keltischer Urne oder Kultgefäß. Bavay, Nordfrankreich

Hörnern oder den Stier mit den drei Kranichen. Im übrigen weiß man durch die spärlichen Überlieferungen der Druiden, ihrer Priester, daß sie in ihrer Geheimlehre von der Dreifaltigkeit oder Dreiheit himmlischer und irdischer Ordnung zutiefst überzeugt waren. Im übrigen waren auch die als Muttergottheiten verehrten Matres oder Matrones dreigestaltig. Noch heute sagen wir: »Aller guten Dinge sind drei.«

Es gibt drei Sirenen und drei Hesperiden, die jeweils den Eingang zum Paradies bewachen. Der Höllenhund Zerberos ist dreiköpfig. Das Meeresungeheuer Skylla ist dreischwänzig, hat drei Reihen von Zähnen und zwölf (3 mal 4) Beine. Auch gibt es die griechische Göttin Hekate, die als Mutter der Zauberin Circe mit Magie und Geistern zu tun hatte und die Schlüssel zur Unterwelt hütete. Sie wird mit drei Köpfen dargestellt, die menschlich sein können oder von Löwe, Pferd und Hund stammen. Außerdem hat sie sechs Hände, was sie zu einer echten dreifachen Hüterin der Unterwelt macht. Bei den Germanen hatte das Schicksal die Gestalt von drei Nornen, bei den Griechen und Römern die Gestalt von Moira, die drei in einem war, drei Frauen, die den Lebensfaden der Menschen in den Händen hielten. Auch die drei griechischen Rächerinnen des Bösen, die Furien oder Erinnyen, die in der Unterwelt die Schuldbeladenen plagten, gehören in diese rätselhafte Gruppe dreifaltiger Wesen, ebenso die Quellennymphen. In der skandinavischen Mythologie wacht eine dreifaltige Gottheit über die Schöpfung.

Die alte shintoistische Mythologie Japans kennt fliegende Dämonen und Überbringer von Krankheit und Unglück, die »Oni« genannt werden. Sie haben menschenähnliche Gestalt, aber drei Augen, drei Hörner und drei Klauen an jedem Fuß. Sie stürzen sich aus der Luft herab, um die Seelen Sterblicher einzufangen. Ihre größten Feinde sind Mönche, die jene durch Riten (Oni Yakari) vertreiben.

Der oberste Gott der Nazca-Zivilisation in Peru wird oft als Doppelgestalt mit gespiegelten Gesichtern dargestellt. Er hat oft eine dreizackige Zunge, Symbol für ein dreifaltiges Wesen. Auf den Häuptern einer doppelköpfigen Dämonenfigur (Moai Kavakava) von der Osterinsel sind Geisterwesen eingraviert, die dreifingrige Hände besitzen. In beiden Fällen könnte man die Figuren so interpretieren, daß es göttliche Wesen sind, die als Doppelerscheinung auftreten, aber auch die Fähigkeit besitzen, eine Dreieinigkeit anzunehmen, ein dreifaches Bild – genau wie Bilder in Luftspiegelungen. Diese verblüffende Parallele zwischen dem göttlichen Wesen der Nazca-Zivilisation und seiner Dreizack-Zunge und dem Doppelwesen der Osterinsel mit den eingravierten Dreizack-Armen, bei völlig unterschiedlichem Kunstausdruck, deuten auf religiös-kulturelle Kontakte zwischen den Kulturen Perus und der Osterinsel hin. Diese wurden vor drei Jahrzehnten schon von Thor Heyerdahl aufgrund anderer Argumente angenommen. Die Idee hat sich aber nicht durchgesetzt, da die Herkunft der Bevölkerung der Osterinsel aus Polynesien inzwischen als erwiesen gilt.

Fast alle Himmels-, Donner- und Sturmgötter führen das Symbol des Dreizacks, ebenso die Meeresgötter, die über dem Wasser auftauchen. Auch der Dreifuß war ein Symbol göttlicher Macht; im Tempel von Delphi mußte eine Priesterin auf dem Dreifuß sitzen, um Orakelweisheiten zugeflüstert zu bekommen. Beim Volk der Sabier in Nordwest-Mesopotamien, dessen Religion sehr auf die Wiedergeburt konzentriert war, ist der Dreifuß noch in den ersten Jahrhunderten nach Christus als wichtiges Kultobjekt nachgewiesen. Dargestellt ist er zum Beispiel auf dem sogenannten Dreifuß-Mosaik von Edessa (Urfa).

Die grandioseste der Luftspiegelungen ist die dreifache Spiegelung nach oben. Man sieht sie über einer kühlen, ebenen Fläche, die in eine scheinbar S-förmige Form verbogen wird, so daß ein Felsen, eine Bergkette, ein Baum, eine Insel oder der Horizont dreifach gesehen wird (Abb. 7 D, J). Man hat solche Phänomene filmen können (Abb. 31).[4] Wenn sich die Luftspiegelung aufbaut, fächert ein vorher einzeln gesehenes Bild dann in drei nicht selten gespenstisch und grandios anmutende Bilder auf. In Abb. 12 c taucht eine solche Erscheinung im »Tor zum Himmel« plötzlich als dreifaches horizontales Band auf. Wenn die oft eindrucksvolle Erscheinung vergeht, verschmelzen die Bilder wieder. Auf der bereits erwähnten japanischen Insel Mishima wurde dies relativ häufig beobachtet.

Ich selbst habe eine deutliche dreifache Spiegelung beobachten können. Unzählige Male hatte ich während zwei Forschungsaufenthalten an der Universität von Santa Cruz an der Küste von Kalifornien vom Landungspier Capitolas aus über die Bucht von Monterey zur gegenüberliegenden Küste geblickt. Diese und vor allem das etwa 25 km entfernte Kraftwerk bei Moss Landing war an manchen Tagen weit in die Ferne gerückt, an anderen Tagen wieder erstaunlich nahe. Als ich am 26. Februar 1995, an einem heißen, windstillen Sonntag, spätnachmittags den hölzernen Landungssteg entlangging, war die Zone, wo Meer und Land sich begegneten, irgendwie verändert. Vor allem die Silhouette des Kraftwerks war nicht wiederzuerkennen. Ich brauchte minutenlang, um zu begreifen, daß über den verlängerten Schornsteinen der gespiegelte Kraftwerksblock umgekehrt am Himmel schwebte. Jetzt erst erkannte ich, daß links und rechts vom Kraftwerk längere Abschnitte der Küste nochmals umgekehrt am Himmel gespiegelt erschienen. Während ich die gesamte Erscheinung sorgfältig musterte, fiel mir auf, daß etwa zwanzig Prozent der gespiegelten Küste darüber noch ein drittes Mal zu sehen war, als aufrechtes Bild am Himmel. Die Erscheinung dauerte ungefähr 20 Minuten. Der Eindruck war zutiefst unwirklich.

Vorgeschichtliche Menschen müssen bei solchen Begebenheiten geglaubt haben, in eine rätselhafte jenseitige Welt zu blicken. Und wenn die jenseitige Welt sich verdreifachen konnte, dann konnten die dort lebenden göttlichen Wesen ähnliche Eigenschaften verkörpern. Dies könnte der tiefverwurzelte Grund für den Glauben an die Dreifaltigkeit des obersten Gottes und geringerer göttlicher Wesen sein, die den Zugang zum Jenseits behüten. So wissen wir von dem griechischen Geschichtsschreiber Herodot und aus archäologischen Studien, daß die Skythen, die im ersten Jahrtausend v. Chr. die Steppen im Norden des Schwarzen Meeres bewohnten, sehr ausgeprägte Bestattungsriten hatten. Der tote Fürst wurde dabei mit seinem zur Opferung bestimmten Gefolge noch einmal in einer prächtigen Prozession durch sein ehemaliges Herrschaftsgebiet gefahren. Voran gingen Männer mit Standarten in Form eines Dreizacks, an dem Rasseln befestigt waren, wohl um Dämonen abzuwehren.

Der germanische Gott Thor, der ebenfalls mit drei Köpfen dargestellt worden ist, kann als Sohn des Himmelvaters und der Erdenmutter unmittelbar mit dem Horizont in Verbindung gebracht werden. Gerade dort, am Horizont, offenbart sich die eindrucksvolle dreifa-

Abb. 38 Nazca-Keramik. Sie zeigt den Schöpfergott mit seiner dreizackigen Zunge.

che Spiegelung. Da das Schicksal des Menschen in Gottes Hand lag, wundert es kaum, daß auch die Schicksalsgöttinnen drei Personen in einer waren und Priesterinnen nur auf dem göttlichen Dreifuß sitzend in die Zukunft blicken konnten.

Dreibeinige, dreifüßige oder dreizackige Symbole bedeuten bei den Kelten soviel wie Dreifaltigkeit und sind insbesondere ein Wahrzeichen für den Meeresgott Mananaun (oder Manannan), dessen Beziehungen zu Luftspiegelungen wir noch ausführlich besprechen werden. Sie galten auch als Symbol für den Germanengott Thor, der ebenfalls mit drei Köpfen dargestellt wurde (Abb. 34).

Abschließend soll noch ein rätselhaftes Ritual erwähnt werden, das Götter oder gottähnliche Wesen beim Übergang zum Himmel begleitet: der »dreifache Tod«. Als der keltische Druide Merlin sein Ende nahen sah, sagte er sich einen dreifachen Tod voraus, der auch eintrat: »von einem Pfahl durchbohrt, durch Stein und Wasser sterbend«. Vor ihm waren schon der keltische Lichtgott Lugh und wohl auch der Germanengott Odin in der Mythologie einen dreifachen rituellen Opfertod gestorben, offenbar weil sie von einer dreifaltigen Gottheit getötet wurden oder in eine dreifache jenseitige Welt eingehen sollten. Auch das Christentum, dessen tiefgründige Symbolik viel zu seiner Anziehungskraft beitrug, kennt die Bedeutung der Zahl drei bis hin zum Tod Christi. Drei Opfer wurden gekreuzigt, als Christus starb, um am dritten Tage wieder aufzuerstehen. Christus war bereits tot, als ein Kriegsknecht ihm die Seite mit dem Speer öffnete. Als ihm der Essigschwamm gereicht wurde, schrie er auf und verschied.

Herakles und die Mächte des Horizonts

Herakles, der große göttliche Held der Griechen, erhielt als Buße für eine Wahnsinnstat gegen die eigene Familie den Auftrag, eine Reihe übermenschlicher Aufgaben zu lösen. So sollte er in Spanien, an dessen Grenze er auch die »Säulen des Herakles« (Gibraltar) aufstellte, die Rinder des »Geryoneus« einfangen, eines Königs mit »drei Leibern«. Eine andere Aufgabe bestand darin, die goldenen Äpfel zu suchen, welche von den »drei Hesperiden« bewacht wurden. Er gewann dafür deren Vater Atlas, für den er vorübergehend das Himmelsgewölbe stützen mußte. Eine weitere Aufgabe bestand darin, den dreiköpfigen Höllenhund Kerberos zu entführen. Auch gegen die Hydra, deren Schlangenhälse immer wieder nachwuchsen, mußte er zum Kampf antreten. Er besiegte außerdem Triton, den fischschwänzigen Sohn des Meeresgottes Poseidon. Triton ist ein uraltes Meereswesen, das den Dreizack trägt und mit seinem Muschelhorn schon in vorgriechischer Zeit die Wellen des Mittelmeeres glättete.

Herakles hat offensichtlich gegen die für gewöhnliche Menschen unbezwingbaren Erscheinungen des Horizonts gekämpft, die den Zugang zu den jenseitigen Welten versperrten. Der himmeltragende Riese Atlas, die Säule der Welt, deren Rolle Herakles kurzzeitig übernahm, gehört ebenso dazu wie die mythischen Wesen, deren dreigestaltige Körper nichts anderes ausdrücken als Horizonterscheinungen in dreifacher Spiegelung. In der Silbe »Tri« des Meereswesens Triton steckt ebenfalls das Wort »drei«, was auf dreifache Erscheinungen hinweist, die auftreten, wenn das wilde Meer, das Triton mit seinem Muschelhorn beruhigt, vor dem Sturm die Wel-

C

Abb. 39 Dreifache Luftspiegelung über dem Meer (a). Etwa sechs Minuten später ist nur mehr ein einzelnes, stark vergrößertes Bild der flachen Insel übrig (c).

len glättet. Tatsächlich führte Triton als Symbol auch den Dreizack.

Herakles war vielleicht selbst Teil dieser Fata-Morgana-Welt oder hat symbolisch, durch das Lösen der ihm gestellten Aufgaben, für die Menschen den Zugang zur jenseitigen Welt erkämpft. Deswegen streitet Herakles mit Apollo um den heiligen Dreifuß von Delphi, wo wir ebenfalls einen Fata-Morgana-Zugang zum Jenseits vermuten.

Gottes Thron auf dem Wasser

Nach der islamischen Tradition war Wasser das erste, das Gott geschaffen hat, und der göttliche Thron ruhte darauf. Vom Wasser erhob sich ein Nebel, aus dem er den Himmel machte. Dann ließ er Wasser wegtrocknen und schuf daraus feste Erde, die er in sieben Teile teilte. Der siebente Himmel besteht aus Feuer, dort wohnen die Engel, die Gott preisen. Ihre Köpfe befinden sich unterhalb des Thrones, berühren ihn aber nicht. Ihre Füße berühren die Erde. Unter dem Thron befindet sich ein Meer, von dem alle lebenden Kreaturen gespeist werden.

In einer äthiopischen Version der arabischen Geschichten von Alexander dem Großen spricht ein Engel folgende Worte: »Der Thron Gottes liegt über dem Wasser, und der Geist Gottes schwebt über ihm. Gott schuf den Himmel und stellte sich darüber – er sei gelobt!

Abb. 40 Die Taube, Symbol des heiligen Geistes, mit drei kleinen Vögeln, die sich anschmiegen – rätselhaftes Symbol der Dreifaltigkeit. Tabernakel, Dom zu Porto, Portugal

Abb. 41 Der dreibeinige Orakelstuhl von Delphi, wo Apollo den Drachen Python erschlug (Münze, 5. Jh. v. Chr., Staatliches Münzkabinett Berlin). Diesen Ort, den Nabel der Welt, wo einst das Adlerpaar des Zeus landete, müssen einst Luftspiegelungen zur Kontaktstelle mit den Göttern gemacht haben.

Und er schuf uns, die Engel, aus Feuer und Licht. Er stieg in den Himmel auf und nahm seinen Sitz auf seinem Thron des Ruhmes. Und dann befahl er einem seiner Engel, Staub aus allen vier Richtungen der Welt zu bringen, und aus ihm schuf er einen Menschen.«[5]

Abb. 42 Herakles bringt den dreiköpfigen Höllenhund Kerberos. Wasserkrug aus Etrurien, 6. Jh. v. Chr. Paris, Louvre

Auch die Schöpfungsgeschichten anderer Kulturen fordern zum Nachdenken auf. Rätselhaft mutet das erste Erscheinen Gottes in polynesischen Legenden an. Sie beschreiben die Erschaffung des Gottes Tangaroa als Vogel aus einem kosmischen Ei. Zunächst wuchsen ihm Federn, und dann wurde er zu den Bäumen des Waldes.

Wenn die Entwicklung von Jenseitsvorstellungen von Fata-Morgana-Erlebnissen geprägt worden ist, die über Jahrtausende hinweg unsere Phantasiewelt infiltriert haben, dann ist Gottes Thron über dem Wasser und der Nebel, der daraus aufsteigt und zum Himmel wird, eine nahezu naturalistische Beschreibung einer Luftspiegelung. Ebenso ist die Dreifaltigkeit Gottes ein Wesenszug seines Thrones und dessen Umgebung. Auf einem aus Stein geschaffenen Thron Gottes, den der Kaiser im 7. Jahrhundert dem Patriarchen von Grado an der Adria-

Abb. 43 Der Dreizack, trisula, des Gottes Schiva. Jodhpur, 1825 (National Museum, Neu Delhi).

Abb. 44 Das Gefährt des Meeresgottes. Das Hoheitssymbol des Dreizacks führen die Schwanzflossen. Dom von Porto, Portugal

küste schenkte, ist an der Seite ein Wesen mit drei Flügelpaaren, wohl ein Cherub, abgebildet.

Auch bei der Erschaffung des polynesischen Gottes Tangaroa könnte es sich ursprünglich um ein mythisches Fata-Morgana-Erlebnis gehandelt haben. Eine Insel verformte sich zu einem Gebilde, das wie ein riesiges Ei aussah. Dann trennte sich zum Himmel hin ein schwebender Körper ab, der als Vogel gedeutet wurde. Als sich die Beschauer aber weiter näherten, fanden sie dort nur die Konturen eines Waldes auf einer Insel.

Dreifacher Götterberg Fuji

Der Berg Fuji war wohl seit der Besiedelung Japans durch seine Ainu-Urbevölkerung, in deren Sprache er »Feuer-Gott« heißt, ein heiliger Berg. Der furchterregende Feuer-

Gott verwandelte sich im Shinto-Glauben zur friedfertigen Göttin Konohana Sakuya Hime, der »Göttin der blühenden Bäume«. Nach der Überlieferung wurde sie in einer Wolke schwebend über dem Krater gesehen.

Aus dem 5. Jahrhundert n. Chr. ist folgende Legende über sie erhalten: Eines Tages fand ein älteres, kinderloses Ehepaar in einem Bambushain am Fuße des Fuji ein prächtiges kleines Baby – ein Mädchen. Sie nannten es Kaguya Hime oder »Sie, welche die Gegend erhellt« und zogen sie auf. Sie wurde so schön, daß der örtliche Gouverneur auf sie aufmerksam wurde und sie zu seiner Frau machte. Nach vielen Jahren verriet sie ihm, daß sie die unsterbliche Herrin des Berges Fuji sei, und nahm Abschied. Sie wollte in den Palast der Unsterblichen auf der Spitze des heiligen Berges zurückkehren. Als Trost schenkte sie ihm einen magischen Spiegel, in dem er auf Wunsch ihr Bild sehen konnte. Ihr Mann hielt es aber ohne sie nicht aus. Verzweifelt folgte er ihr zum Krater. Als er sie nicht fand, preßte er den Spiegel an seine Brust und sprang in den Abgrund. Man sagt, daß die Hitze seiner Liebe, die vom Herzen ausging, den Spiegel in Flammen setzte. Der Rauch, der sich entwickelte, ist der Rauch, der bei Eruptionen aus dem Krater kommt.

Kein Berg unter den vielen heiligen Bergen Japans ist so verehrt worden wie der Berg Fuji. Das liegt nicht nur an seiner außerordentlich eleganten, schlichten Form. Immer wieder entwickelten sich kultische Bewegungen um Fuji. Ausgehend vom buddhistischen Fuji-Gott Sengen Dainichi entstand zum Beispiel Anfang des 18. Jahrhunderts eine Bewegung, die Sengen über alles erhob. Ihr Gründer, Jikigyo, hungerte sich 1733 auf dem Gipfel zu Tode, um mit seinem Opfer eine Hungersnot in Japan zu beenden. Noch heute wird jedes Jahr ein ri-

Abb. 45 Japanische Tempelmalerei: Pilger besteigen einen dreifachen Fuji-Berg mit je einem Götterbild.

Abb. 46 Die Dreifaltigkeit Brahma, Vischnu und Schiva. Kuppel des Narasimha-Tempels in Bhadkal (G. Heil, München)

tueller Spiegel zum Kraterrand des Berges Fuji getragen. Der Spiegel trägt die Inschrift »Sengen«, also den Namen des Fuji-Gottes.

Was ist es, das die Heiligkeit des Berges Fuji ausmacht? In einem Schrein, der seinem Gott gewidmet ist, findet sich eine Malerei, die darstellt, wie Pilger den Fuji besteigen. Das Besondere ist, daß der in Natur elegant einfach geformte Vulkan dreifach dargestellt ist.

Außerdem ist je eine Gottheit auf jedem der drei Vulkankegel abgebildet (Abb. 45).

Die Dreifaltigkeit des Berges erinnert an die Insel Mishima in der japanischen Yamaguchi-Präfektur, die manchmal ebenfalls dreifach gesehen wird – in einer Luftspiegelung. Eine wichtige Voraussetzung dafür ist, daß der Berg von weit her gesehen werden kann, auch vom Meer her. Dies ist beim Fuji der Fall. Bemerkenswert ist auch der Einsatz ritueller Spiegel durch die Fuji-Göttin in der Legende und durch die Fuji-Mönche in ihren Zeremonien, wahrscheinlich weil sich die Götter des Fuji in Spiegelbildern offenbaren. Auch der heilige Berg Meru, die Achse der Welt der Hindus, besitzt drei Gipfel, auf denen jeweils eine Erscheinung des dreifaltigen Gottes, Brahma, Vischnu und Schiva, seine Wohnstätte hat. In einem indischen Mythos ist die jenseitige Welt ebenfalls dreigeteilt. In einem Abschnitt weilen die Toten, im zweiten die Ungeborenen, im dritten die Dämonen. Aus der irischen Mythologie ist überliefert, wie ein Heiliger die Vision dreier Städte im Himmel hatte, einer aus Gold, einer aus Silber und einer aus Glas.

Götterthron Olymp

Der Olymp Griechenlands erhebt sich, weithin sichtbar von der Ägäis her und alles überragend, direkt vom Meer hinauf bis zu einer Höhe von 2911 Metern. Dies sind sehr günstige Voraussetzungen für das gelegentliche Sichten von Luftspiegelungen nach oben zum Himmel hin. Die Tatsache, daß dieser Berg zum Aufenthaltsort der alten griechischen Götter mit ihren lebhaften Aktivitäten wurde, mag eine unmittelbare Bestätigung für unsere Vermutungen sein. Aber versuchen wir, die ältesten Überlieferungen nach konkreten Indizien zu durchforsten. Hier ist natürlich der griechische Dichter Homer mit seinen Werken *Ilias* und *Odyssee* angesprochen, dessen Quellen zum Anfang des ersten Jahrtausends vor Christus zurückreichen. Homer schreibt, daß Zeus, der Herrscher des Himmels, Poseidon, der Herrscher des Meeres, und Hades, der Herrscher der Unterwelt, drei Brüder, den Berg Olympus gemeinsam besetzen. Am Anfang waren die Götter des Olymp also drei gleichberechtigte Brüder, zu denen sich erst im Laufe der Zeit und mit untergeordneter Bedeutung die ande-

Abb. 47 Dreizack, Symbol dreifaltiger Götter, als Abwehr gegen Dämonen und Unglück auf der »Kleinen Goldziegel-Halle« in der Taer-Lamaserie im Gebiet Quinghai, Nordtibet, China

Abb. 48 Das Meeresungeheuer Skylla von der Meeresenge von Messina ist auf dieser sizilianischen Münze aus Agrigent (5. Jh. v. Chr.) mit drei zusammengewachsenen Körpern dargestellt. Als Aeneas vorbeisegelte, war es in einen gewöhnlichen Felsen verwandelt, wo sie sich gelegentlich als dreifache Luftspiegelung offenbarte (Hirmer Photoarchiv).

ren olympischen Götter als Verwandte des obersten Triumvirats gesellten. Ein Berg, der, über dem Meeresspiegel gesehen, in dreifacher Gestalt sichtbar würde, auf dem Meeresspiegel, umgekehrt darüber und hoch am Himmel schwebend, ist ein würdiger Wohnsitz für ein passendes Göttertrio: den Gott des Meeres, den Gott der Unterwelt und den Gott des Himmels.

Es gibt weitere Indizien dafür, daß der Götterthron

Olymp aus Fata-Morgana-Erlebnissen geboren wurde. Zeus hat sich, der Überlieferung zufolge, gegen seinen Vater Chronos aus dem alten Titanengeschlecht erhoben. Es kam zu einem Kampf, in dessen Verlauf die Titanen Zeus auf dem Olymp angriffen. Sie verloren den Kampf und wurden in die Unterwelt gestürzt. Die nächste Herausforderung kam von den Riesen, den Söhnen der Erdgöttin Gaia. Sie versuchten, den Olymp zu stürmen, indem sie die Nachbarberge des Olymp, Ossa und Pelion, »aufeinandertürmten«. Da die Riesen nach einem Orakelspruch nur von einem Sterblichen besiegt werden konnten, waren die olympischen Götter gezwungen, Herakles zu Hilfe zu rufen. Er schaffte es, den Olymp zu verteidigen und die Angreifer zu vernichten.

Auch ist überliefert, daß Zeus den Drachen Typhon im Meer vor Italien jagte, eine Insel packte und sie auf diesen schleuderte. Da Typhon als feuerspeiender Ätna weiterlebt und die geworfene Insel mit Sizilien identifiziert wurde, hat man wohl über dem Ätna sein gespiegeltes Ebenbild gesehen und vermutet, daß Zeus es hochgeworfen hat.

Man findet weitere Hinweise auf das Mitwirken von Luftspiegelungen bei der Entstehung von Göttervorstellungen: Homer machte die rätselhafte Bemerkung, daß »Zeus prahlt, daß er Erde und Meer an einem goldenen Seil hochziehen kann, um sie von einer Zinne des heiligen Gipfels (des Olymps) zu hängen«[6]. In der *Ilias* steht auch, wie Zeus dort erscheint: »Sie (Thetis) tauchte am frühen Morgen aus den Meereswellen auf und ging hinauf zum hohen Himmel und zum Olymp. Sie fand den Sohn des Chronos (Zeus) mit den breiten Brauen abseits von den anderen sitzend auf dem höchsten Gipfel des zerklüfteten Olymp.«[7] Es bleibt hinzuzufügen, daß von Zeus angenommen wurde, daß er in

Abb. 49 Seraphim mit sechs Flügeln und vielen Augen auf der Außenwand einer armenischen Kirche

der Gestalt eines riesigen Adlers erscheint. Vielleicht waren einmal Menschen, die vom fernen Meer her gegen den Olymp blickten, Zeugen dieser Begegnung.

Der Olymp als Sitz eines alten Göttertriumvirats, die Riesen als Söhne der Erdgöttin, das »Aufeinandertürmen« von Bergen in seiner Umgebung als Bedrohung, das Hochziehen von Erde und Meer an einem goldenen Seil zum Gipfel und Gott Zeus, in Gestalt eines riesigen Adlers vom Gipfel des Olymp wegschwebend, das alles sind Dinge, die als Fata-Morgana-Erscheinungen anschaulich wären. Der Götterhimmel des Olymp war anfangs offenbar kein reines Phantasieprodukt, sondern scheint durch peinlich genaue, aber mißverstandene Naturbeobachtungen entstanden zu sein. Der Göttersitz war kein echter Himmel, sondern ein Bergmassiv mit der Fähigkeit, sich zu spiegeln und die Fata-Morgana-Illusionen anzuziehen.

Cherubim und Seraphim

»Im Todesjahr des Königs Usija sah ich den Herrn Jahwe auf einem hohen und erhabenen Throne sitzen; seine Schleppe füllte das Heiligtum, Seraphe standen vor ihm; jeder hatte sechs Flügel. Mit zweien bedeckte er sein Angesicht, mit zweien bedeckte er seine Füße, und mit zweien schwebte er.« So steht es im Buch Jesaja des Alten Testaments geschrieben (*Jesaja* 6,1).

Diese halb tier-, halb menschengestaltigen mythischen Wesen in der Umgebung Jahwes, die auch als Cherubim oder Cherubinen beschrieben werden, haben im Vorderen Orient eine sehr alte Geschichte. Nach dem Alten Testament sind sie sogar bildlich auf der Bundeslade und im Tempel von Jerusalem dargestellt gewe-

Abb. 50 Seraph mit den sieben Schalen gegen die sieben Plagen von der Taufkapelle des Doms zu Padua. Fresko von Giusto de Menabuoi (14. Jh.)

sen. So ist von zwei goldüberzogenen Cherubim aus Olivenholz die Rede, die zehn Ellen hoch waren und von Flügelspitze zu Flügelspitze ebenfalls zehn Ellen maßen (*Könige* 1, 6).

Die Cherubim, auch Lichtengel genannt, entsprechen im islamischen Glauben den Karubiyun, die ähnliche Funktionen erfüllen. Deswegen haben sie wohl am Innengewölbe des gewaltigen Doms der Hagia Sophia in Istanbul die Islamisierung überlebt.

In dem christlichen Paradies Dantes sind die Cherubim und Seraphim dem obersten »kristallinen« Himmel zugeordnet, wobei die Seraphim am nächsten bei Gott stehen. Bemerkenswert ist, daß die neun Schichten des Himmels jeweils von Triaden, das heißt drei verschiedenen geistigen Wesen beherrscht werden.

Es handelt sich bei den Cherubim und Seraphim um Wesen, die in der Nähe des dreifaltigen Gottes angesie-

Abb. 51 Seraph (13. Jh.), mit sechs Flügeln von der Hagia Sophia in Trapezunt

Abb. 52 Zwei kämpfende Geier, Himalaya. Das Bild vermittelt eine Erscheinung, die an Seraphimdarstellungen erinnert (Abb. 51) und erklärt möglicherweise, warum diese Darstellungsformen entstanden.

delt sind und einen Teil seiner Eigenschaften verkörpern. Man erkennt in ihnen dreifache mythische Vogelwesen, da sie drei Flügelpaare haben. Sie sind auch (mit den sogenannten »Thron-Wesen«) zu einer Triade, also wieder einer Dreiheit zusammengeschlossen. Wenn Vögel in eine dreifache Luftspiegelung fliegen, verdreifachen sie sich, das heißt, bei günstigen atmosphärischen Bedingungen würde man Dreierformationen von Vögeln erkennen. Empfinden Betrachter eine dreifache Luftspiegelung als göttliche Erscheinung, dann würden sie dreifache Vogelgestalten wohl als Wächtererscheinungen mit besonderen Funktionen in der Nähe Gottes deuten. Gelegentlich wird auch Christus, der Sohn Gottes am Kreuze, von drei Flügelpaaren eingehüllt dargestellt, zum Beispiel in der Basilika von San Markus in Venedig, wo er in dieser Erscheinungsform von den Heiligen Franziskus und Antonius angebetet wird (Abb. 53).

Die Meeresmutter der Inuit

Kein Wesen hat in der Vorstellungswelt der Inuit, also der Eskimovölker eine so große Rolle gespielt wie die Meeresmutter. Von ihr hängt es ab, ob die Menschen genügend Nahrung erbeuten, denn sie kontrolliert die wilden Lebewesen, vor allem die Meerestiere. Die Nugumiut-Eskimo von der Baffin-Insel nennen sie »Sedna«. Sowohl in Alaska wie auch in Sibirien glaubt man an sie. Ihre eigentliche Heimat ist der Meeresboden, wo sie auch ihre Hütte hat. Diese ähnelt einer gewöhnlichen Inuit-Behausung aus Steinen und Walknochen, hat aber kein Dach.

Als der dänische Forscher Rasmussen bei den Netsi-

Abb. 53 Christus am Kreuz mit drei Flügelpaaren, Symbole für das Reich Gottes, angebetet von den Heiligen Franziskus und Antonius. Basilika von San Markus, Venedig

lit-Inuit weilte, war die Meeresmutter gerade auf dem Eis gesehen worden und hatte großen Schrecken ausgelöst. Sie war zudem von einem unglückseligen Jäger mit der Harpune angeschossen worden, blieb indessen trotzdem verschwunden.

Am Norton Sound ist dieses Wesen, das dort »tunax«, Geist genannt wird, ebenfalls von Jägern gesehen worden. »Sie ähnelte einer Frau, hatte langes Haar und saß nahe der Kante des Eises auf einer Matte. Die Laute, die sie von sich gab, klangen wie ›Hu!‹. Die Schamanen wissen, wie man sich ihr gegenüber zu verhalten hat. Bei einer solchen Begegnung auf dem Eis soll ein Jäger seine Harpune in ihre Richtung werfen, sie aber nicht treffen. Das Geisterwesen wird Matte und Harpune ergreifen und unter Wasser verschwinden. Dann wird unverhofft ein großer bärtiger Seehund mit der Harpune im Körper auftauchen und sich fangen lassen.«[8]

In einem anderen Bericht sah ein Jäger, während er auf See jagte, einen Seeotter, der sich als Frau entpuppte, von der nur Kopf und Schultern über den Wasserspiegel ragten. Sie hatte die Größe einer Inuit-Frau. Ihre Haare reichten bis zu den Schultern und waren in der Mitte gescheitelt. Allgemein gilt die Erfahrung, daß die Meeresmutter nur zur Hälfte Frau ist. Die andere Hälfte hat die Form einer Robbe oder eines Fisches. Das göttliche Wesen ähnelt also in dieser Hinsicht einer Meeresjungfrau. An der Küste der Resolution-Insel in Labrador sah man sie quer über die Meerenge hinweg manchmal über dem Wasser auftauchen, um zu atmen.

Die Meeresmutter wird im allgemeinen mit dem ruhigen Meer in Zusammenhang gebracht. Interessanterweise sagt man ihr nach, daß sie das Wetter beherrscht, vor allem die Stürme. Sie hat die Macht, Tiere wegzuzaubern und kann auch weit im Inland plötzlich auftauchen. Der bekannte Ethnologe Boas erfuhr, daß Plätze, an denen sie einst weilte, geheiligt sind. Zum Beispiel dürfen dort keine Karibufelle bearbeitet werden.

Die Meeresmutter hat keine Finger oder nur eine einzige Hand. Diese Schwachstelle nutzt der Schamane auf seiner geistigen Reise zu ihr, um sich ihrer Dankbarkeit und Gegenleistungen zu versichern. Er reinigt und kämmt dann nämlich ihr Haar.

Die Schamanen der Inuit pflegten, vor allen in Notzeiten, in speziellen Zeremonien zur Meeresmutter Kontakt aufzunehmen. Es war auch ihre Aufgabe, einzugreifen, wenn dieses Wesen aus der anderen Welt plötzlich erschien. Letzteres machten sie in erster Linie, um größeres Unglück durch ungeschickten Umgang mit ihr zu vermeiden.

Von der Schamanin Olungwa, die im letzten Jahrhundert lebte, ist folgende Geschichte bekannt: Die Meeresmutter tauchte aus dem Meer auf und wurde von der Schamanin gesehen. Da sie, wohl um Unheil abzuwenden, wünschte, daß die Meeresmutter wieder tauchte, ging sie auf das Wasser hinaus. Sie lief über das Wasser, ohne unterzugehen. Sie kämmte der Meeresmutter die zerzausten Haare. Als die Zeremonie beendet war, tauchte das geheimnisvolle Wesen wieder weg.

In Schamanen-Zeremonien wird die Meeresmutter hin und wieder, mittels eines Angelhakens an einem Seil, symbolisch eingeholt, um ihr das Versprechen abzuringen, daß sie die Irdischen rücksichtsvoller behandelt. Dies legt ebenfalls nahe, daß das Wesen der Meeresmutter und ihre körperliche Erscheinung der einer Seerobbe oder eines Walrosses nahekommen. Schamanen erzählen immer wieder, daß sie eine Fischhaut und Fischflossen besitzt. Die Inuit der Baffin-Insel sehen sie als einäugige Frau. Sie kann nicht laufen, sondern »gleitet auf dem Boden dahin, wobei ein Bein unter ihr abgeknickt ist, das andere nach vorne gestreckt«.

Der Ethnologe Rasmussen hat eine rituelle Sitzung miterlebt, während der die Meeresmutter von einem Schamanen beschworen wurde. Mehrere Männer mußten sich auf ihn werfen und ihn halten, als die Meeresmutter von seinem Körper Besitz ergriff. Der Schamane hatte unzusammenhängende, traumartige Visionen, die von klaren Perioden unterbrochen wurden, in denen er seine Visionen beim Besuch der Meeresmutter in ihrem Haus am Meeresboden erläuterte. Diese war wütend, weil sich die Menschen nicht an die überkommenen Regeln hielten. Sowohl der Schamane wie auch die Meeresmutter spielten eine Doppelrolle. Sie waren gleichzeitig am Meeresboden und im Zeremonienhaus des Inuit-Dorfes.

Bemerkenswert ist eine Legende über den Ursprung der Meeresmutter, die in verschiedenen Versionen bei zahlreichen Stämmen der Arktis verbreitet ist.[9] Ein Mädchen und ihr Vater werden von einem Sturm eingeholt, den der vogelgestaltige Ehemann des Mädchens ausgelöst hat, der sie verfolgt. Der Vater wirft das Mädchen über Bord, und dieses klammert sich verzweifelt an das Boot. Ihr Vater nimmt daraufhin in Todesangst ein Messer und schneidet ihre Finger ab. Es geschieht ein Wunder: Die Finger verwandeln sich nacheinander in verschiedene Tiere, in Wale, Robben, Polarbären, Walrosse. Das Mädchen aber sinkt als Meeresmutter auf den Boden des Meeres.

Neben der Meeresmutter gab es bei den Inuit-Stämmen noch ein höheres Wesen, das für die Landtiere zuständig war. Es hieß »Hila«, »Pinga« oder »Piwzuma«, was mit Karibumutter umschrieben werden kann. Sie hatte ihr Reich am Himmel, von wo sie die Fruchtbarkeit der Rentierherden kontrollierte. Nach dem Tode zogen die Seelen von Mensch und Tier in ihr Land.

Nichts spricht gegen die Annahme, daß die Visionen der Meeresmutter die in einer Luftspiegelung verzerrte Form einer Robbe oder eines anderen Meerestieres darstellen. Der tief gebeugt oder kriechend anpirschende Jäger merkt oft zu spät die Abweichung von der normalen Tierform, wohl weil erst das aufgeschreckte Tier für den Jäger in den richtigen Fata-Morgana-Blickwinkel gerät. Der Meeressäuger wird durch sein Spiegelbild in eine unfaßbare Erscheinung verwandelt. Für diese Interpretation spricht, daß – bei einer der beschriebenen Begegnungen – an derselben Stelle, wo die Meeresmutter verschwand, tatsächlich eine Robbe mit in ihr stekkender Harpune auftaucht. Bekanntermaßen sieht man die Luftspiegelung nur in einer gewissen Entfernung. Ein »haarartiger« Eindruck bei Sichtungen von Meeressäugern in Luftspiegelungen ist gelegentlich bestätigt worden. Die Flossen der Meeresmutter sprechen für sich selbst.

Der Gang der Schamanin auf der Wasseroberfläche ist ein bekannter und durch Fotografien dokumentierter Luftspiegelungseffekt. In Wirklichkeit ist dort kein Wasser (Abb. 7 O). Die Schamanin näherte sich der Robbe, deren Form in einer Luftspiegelung zu der der Meeresmutter wurde. Dieselbe Luftspiegelung vermittelte den Eindruck, die Schamanin würde dem mythischen Wesen über das Wasser entgegengehen. In Wirklichkeit näherte sich die Schamanin über Eis oder festen Boden einer gewöhnlichen Robbe.

Auch die Kunst des Wegzauberns von Wildtieren, die man der Meeresmutter nachsagte, könnte darauf zurückzuführen sein, daß Tiere oft »verschwinden«, wenn sie in eine Luftspiegelung eintauchen. Da solche Erscheinungen vor allem in der Ruhe vor dem Sturm auftreten und die Meeresmutter dann selbst auftritt, ist die ihr nachgesagte Fähigkeit der Wetterbeeinflussung verständlich. Der Sturm findet sich auch im Entstehungsmythos der Meeresmutter, wo der riesige Vogel-Ehemann und die Tiere, deren Gestalt aus Fingerteilen entsteht, zusätzliche Fata-Morgana-Elemente ausdrükken.

Wenn wir recht haben, ist die Meeresmutter der Inuit das Ergebnis eines Versuches dieses hart ums Überleben kämpfenden Naturvolkes, ein unbegreifliches Naturphänomen ihren Erfahrungen, Gefühlen und seelischen Bedürfnissen entsprechend einzuordnen.

Langgezogene Dickhornschafe

Die Navaho-Indianer fertigen bei ihren rituellen Zeremonien Sandmalereien an, in denen sie ihre Kulturbringer darstellen. Es sind Heilige, die charakteristische schmale, sehr langgezogene Gestalten haben und reich mit Symbolen behangen sind. Auch auf ihren vier heiligen Bergen stellen sich die Navaho diese hochaufragenden, schmalen mythischen Heiligen vor (Abb. 54). Einer von ihnen brachte den Menschen den Mais, ein anderer den Regen, eine Heilige brachte den Frauen das Spinnen bei. Immer wieder haben Irdische zum Vorteil des Stammes den Kontakt zu diesen Heiligen aufnehmen können. Oft sind jene durch diese Rolle zu Schamanen geworden.

Die Navahos erzählen die Geschichte von einem seltsamen, verträumten Jungen, der mit Tieren sprechen konnte.[10] Von seinen zwei stärkeren Brüdern wurde er oft verhöhnt und verspottet. Einmal stieß der Träumer

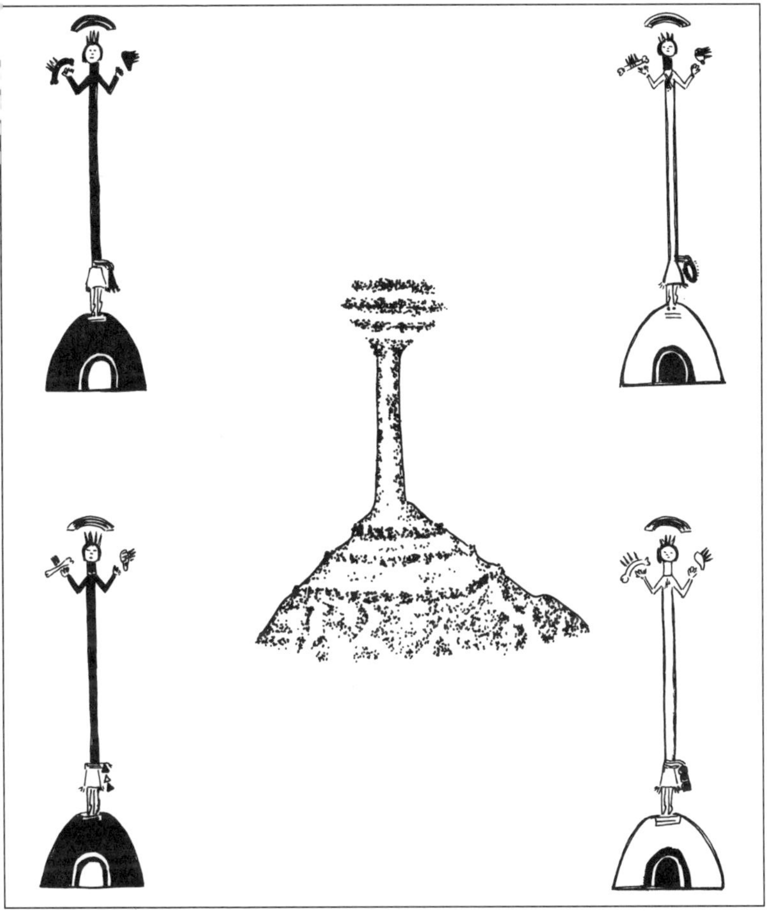

Abb. 54 Die vier heiligen Berge der Navaho, dargestellt als verschiedenfarbige Hogans (Erdbehausungen). Auf dem Gipfel jedes Berges steht ein für die Indianerkultur typischer langgezogener »Heiliger«, der als Kulturbringer und Medium zu den ewigen Jagdgründen wirkt. Sie scheinen die tragenden Säulen des Firmaments zu sein, welche die geistige Harmonie der Welt gewährleisten (zeremonielles Navaho-Gemälde von Jeff King). Verglichen wird die Indianerdarstellung mit der Zeichnung eines gespiegelten Tafelberges (Mitte) von der Hand des britischen Seefahrers W. Scoresby. Von David Thompson, der um 1800 das westliche Nordamerika bereiste, ist überliefert, daß die Indianer Luftspiegelungen für das Werk Manitus hielten.

weit weg vom Lager auf seine zwei Brüder, die reiche Jagdbeute gemacht hatten, und überraschte sie damit, daß er Einzelheiten über den Hergang der Jagd wußte. Er hätte dies von den Krähen erfahren, sagte er. Als sie auf dem Heimweg am Rande eines Tafelberges rasteten, sahen sie weit unten zwischen den Felsen vier Dickhornschafe. Da die beiden erfolgreichen Jäger ziemlich erschöpft waren, schickten sie ihren Bruder; er solle eines der Dickhornschafe erlegen. Dieser gehorchte und lauerte den Schafen auf, aber zweimal versagte seine Hand, als er Pfeil und Bogen auf sie anlegen wollte. Ein drittes Mal beschrieb er einen Halbkreis um die Schafe, um ihnen den Weg abzuschneiden. Doch als die Schafe sich näherten, veränderte sich ihre Gestalt: Sie wurden sehr groß und schlank. Ein schimmerndes Licht umgab sie. Sie verwandelten sich in »Heilige«. Der Anblick erfüllte den Jungen mit Schrecken. Die Waffen fielen ihm aus den Händen, und er wurde ohnmächtig. Später glaubte er zu wissen, daß die Heiligen ihn umringt und mit Liedern und Rasseln zu Bewußtsein gebracht haben. Als er aufwachte, hatten die Heiligen wieder die Gestalt von Dickhornschafen angenommen. Er selbst war ein Dickhornschaf geworden und begleitete die Heiligen zu einem Fest, auf dem er viele wichtige Rituale erlernte, die er später seinem Stamm weitervermittelte.

Es ist denkbar, daß der zum Schamanen bestimmte Junge gesehen hat, wie die vier Dickhornschafe ihre Gestalt in einer vorübergehenden Luftspiegelung verändert haben. Sie wurden groß und schlank, also in die Höhe verzerrt (Abb. 7 F). Das »schimmernde Licht« ist als Folge der veränderten Lichtbrechung zu verstehen. Diese Erfahrung hat die empfindliche Seele des Jungen so erschüttert, daß er seine Persönlichkeit veränderte, zum Mittler zwischen »Heiligen« und Menschen wurde. Weil die Heiligen auch als eine Art Weltsäulen auf den heiligen Bergen dargestellt wurden (ebenfalls Fata Morganas? Vgl. Abb. 112), könnten Luftspiegelungen bei den Navahos Gefühle der »Heiligkeit« geweckt haben. Abb. 54 vergleicht eine zeremonielle Navaho-Zeichnung der vier heiligen Berge und der langgezogenen »Heiligen« mit einem gespiegelten Tafelberg, gezeichnet von dem britischen Seefahrer W. Scoresby. Hier wird deutlich, daß die Naturreligion der Indianer entscheidend von mythischen Begegnungen mit Luftspiegelungen mitgeprägt sein könnte. Die vorübergehend über Berggipfeln sichtbaren, hochragenden Spiegelerscheinungen wurden für heilige Wesen und Botschafter aus dem Jenseits gehalten. Wahrscheinlich haben solche Erscheinungen schon die Vorstellungen der Urvölker geprägt. Denn in alten Mythologien besteigt nicht selten Gott bei der Schöpfung den Urhügel, um aus dem Chaos die Welt zu erschaffen.

Das Geheimnis der Chimären

Im Orient sind zwei phantastische Geschöpfe, teils Mensch, teils Skorpion, Wächter des Weges zum Land der Seligen. Wenn im alten Ägypten eine Seele die Prüfung zur Aufnahme in die Elysischen Felder nicht besteht, wird sie von der »Fresserin« vernichtet. Es handelt sich dabei um ein Wesen mit Krokodilskopf, dem Oberleib eines Löwen und dem Hinterteil eines Nilpferds.

Aus Tel Halaf in Ober-Mesopotamien ist ein Doppellöwe mit Flügeln aus dem neunten vorchristlichen Jahrhundert bekannt. In Samarra fand sich die etwas jüngere Abbildung einer Doppelgazelle mit zwei Körpern, aber nur vier Beinen. Der Greif und die Sphinx sind ebenfalls Beispiele von zusammengesetzten Lebewesen, die als Symbole und Kunstmotive die Kultur der alten Welt nachhaltig beeinflußt haben. Man hat sie als Reittiere zur jenseitigen Welt verstanden. Aber auch die Vorstellungswelt des alten Amerika ist geprägt von Chimären, deren Geister wohl zwischen dieser und jener Welt hin- und herpendeln. Stark ausgeprägt ist der Kult dieser überirdischen Reittiere oder Begleiter auf der letzten Fahrt in der peruanischen Kultur von Paracas. Die feingearbeiteten Textilien der Mumien sind übersät von Wesen, die mehrere Tiere in ihrer Gestalt vereinen, aber auch von göttlichen Erscheinungen, deren Körper in viele Fortsätze mit tierischen Formen zerfließt. Es sieht aus, als ob ihr Körper keine permanente Form hätte, sondern diese ständig ändern könnte.

Luftspiegelungen können Größe und Form von Körpern stark verändern. Auch heben sie Lebewesen in die Luft oder tauchen sie ins »Wasser der Wüste«. Was läge näher, als Tiere nach diesem Vorbild mit verschiedenen Eigenschaften darzustellen. Auch die Idee, ihre Veränderlichkeit anhand von Körperfortsätzen mit tierischen Zügen zu veranschaulichen, ist überzeugend. Was die Deutung der Chimären als Fata-Morgana-Wesen bestätigt, ist deren Rolle als Reittiere in die jenseitige Welt. Damit ordnen sie sich zwanglos in die Erscheinungen der Luftspiegelungen ein, die den Menschen das Verständnis einer jenseitigen Welt erleichtert haben. Die klassische Chimäre des Abendlandes hat nach Homer übrigens einen Körper aus drei verschiedenen Teilen (Löwe, Ziege, Schlange). Hesiod zufolge war sie ein dreiköpfiges Wesen mit Köpfen ebendieser Tiere. In jedem Falle war die Erscheinung dreifach, wie ein dreifaches Bild in einer Luftspiegelung.

Die turbulente Welt der Riesen

Nicht nur die Götter der Griechen, auch die Götter der Germanen wurden von Riesen bedroht. Sie hießen Frostriesen und lebten weit im Norden in einer Welt aus Schnee und Eis, genannt Jotunheim. Sie haben gewaltige Körper und groteske Gesichter und Formen. Auch werden sie vielfach von Bergen angezogen, ebenso wie Trolle. Im Volksmund werden Riesen und Trolle nicht selten mit markanten Felsen oder Bodenformen identifiziert. Die Berge Watzmann und Serles etwa werden in der Sage für versteinerte Riesen gehalten. Nicht selten glaubte man, daß Riesen nachts aktiv sind und tags zu Stein erstarren. Auch wurde häufig überliefert, daß sie in »Schlössern auf den Bergen« wohnen.

Im Gebiet des Mount McKinley in Alaska, in der Eingeborenensprache »Delani« genannt, werden im Winter über dem kühlen Boden recht häufig Luftspiegelungen nach oben gegen den Himmel gesehen. Wie hätten Eingeborene dieses Phänomen erklären können? Es gibt die Legende von einem Berg, den ein Gott nach seiner Frau warf, die ihm weglaufen wollte.

Sagen, in denen Riesen einander Gegenstände zuwerfen, sind in der germanischen volkstümlichen Überlieferung recht häufig.[11] In einer Geschichte aus Thüringen werfen sich grasmähende Riesen von Berg zu Berg den Wetzstein zu. Auch ist eine Sage überliefert, in der zwei zechende Riesen über das Tal hinweg ihre Gläser anstoßen und sich daraufhin zerstreiten. In einer anderen Überlieferung reichen sich zwei Riesen große Löffel mit Brei von ihren Berglagern übers Tal hin zu. Die Gestalten wachsen manchmal erst nachts zu riesenhafter Größe an, wobei sie über den Baumwipfeln und Hügeln herumgeistern. In dem elsässischen Motiv vom

Abb. 55 In den Märchen schreiten oft Riesen über die Berge. In Wirklichkeit waren es Berge, die sporadisch zum Himmel gespiegelt wurden, Erscheinungen, die auch in den Alpen gelegentlich beobachtet werden.

Abb. 56 Der Mount-McKinley-Gebirgszug (Delani) in Alaska ist, wenn man ihn über die weite, vereiste Landschaft hin betrachtet, gelegentlich Schauplatz grandioser Luftspiegelungen.

Riesenspielzeug hebt ein Riesenmädchen einen pflügenden Bauern samt Pflug und Zugtieren in seiner Schürze hoch, legt sie aber auf Geheiß des Vaters wieder achtungsvoll zurück auf den Boden. Eine ganz ähnliche Sage betrifft einen seltsamen abgeplatteten Berg hinter dem Schloß Rothenthurn in Kärnten. Dort soll es ein von Riesen bewohntes Schloß gegeben haben. Auch hier sammelte die Riesentochter Bauern vom Felde in ihrer Schürze ein und wurde von der Riesenmutter zurechtgewiesen.

Oft trägt der »Teufel in Riesengestalt« ganze Höfe oder Ortschaften davon, um sie später wieder niederzusetzen. Mit einem Schritt überqueren Riesen ein Tal, mit wenigen Schritten eine Insel. Man sah auch Riesen mit weit gespreizten Beinen auf zwei Bergen stehen. Auch erfährt man, daß eine Riesengestalt in einem Satz

Abb. 57 Bei der Sage vom Riesenspielzeug hebt ein Riesenmädchen einen Bauern samt Pferden und Pflug in den Himmel, um sie auf Geheiß des Vaters oder der Mutter unbeschadet wieder abzusetzen.

über einen Berg springt, ein anderer Riese wiederum von Berg zu Berg hüpft oder auch von Insel zu Insel. Eine isländische Sage berichtet, wie eine Riesin von Norwegen nach Island watend einem Schiff begegnet. Da das Meer dort sehr tief war, wollte die Riesin nach dem Schiff greifen, um sich daran festzuhalten. Doch sie verfehlte das Schiff, und im selben Augenblick stolperte sie, so daß sie in eine Meeresrinne stürzte und ertrank.[12] Von einer anderen isländischen Riesin wird berichtet, daß sie meist auf einem hohen Aussichtsberg im Gebirge in Erscheinung trat.

Riesen werden mit Wettergeschehnissen in Verbindung gebracht. Als Sturm- oder Wetterriesen brauen sie nach dem Volksglauben die Gewitter und Stürme zusammen. Auch sind sie oft lichtscheu. Wenn Licht auf sie fällt, bleiben sie nicht lange.

Ein überzeugender Hinweis, daß Riesen Erscheinungen sind, die sich wie eine Luftspiegelung vom Boden oder Hügeln abheben, kommt aus der griechischen Mythologie. Die »Söhne der Erde« greifen den weithin sichtbaren Götterthron Olymp an und »türmen dabei einen Berg auf den anderen«. Die vielen Sagen von Riesen, die über Bergen und Inseln erscheinen, über Täler hinweg miteinander spielen oder streiten, unterstützen die Deutung auf Luftspiegelungen. Auch kennt die Mythologie viele Berge und Hügel, die sich vorübergehend in Riesen verwandeln. Wenn sie sich als Wetterriesen um die atmosphärischen Bedingungen kümmerten, dann erschienen sie gelegentlich in der Ruhe vor dem Sturm, wie es bei Luftgebilden zu erwarten ist. Eine präzise, ja fast wissenschaftliche Beschreibung über die Entstehung eines Riesen scheint die germanische Mythologie zu geben: Der erste mythische Riese, Ymir, entstand, als sich warme Luft aus Muspelheim, dem Land der Feuerriesen, mit kalter Luft aus Niflheim mischte und ein »Ginnungagap« genanntes Meer bildeten. Ihm entstieg der Riese Ymir wie ein Fata-Morgana-Wesen, aus dem Temperaturprofil einer ruhenden Luftschichtung. Unsere Ahnen waren kühne, nüchterne Naturbeobachter. Sie verstanden jedoch nicht viel von physikalischen Gesetzen.

Die Meerfrau und die Stürme

Isländische Seefahrer hatten offensichtlich viel Gelegenheit, rätselhafte Wesen zu beobachten, die mit den salzigen Wellen zu spielen pflegten. Schriftliche Berichte über die Sichtung der sogenannten »hafgygr«, »margygr« oder »haffrú«, der Seeriesin, Meeresriesin oder Seefrau, manchmal auch »meyfiskr«, Mädchenfisch genannt, reichen bis ins 12. Jahrhundert zurück. Damals wurde der *Königsspiegel* verfaßt, den wahrscheinlich König Sverrir von Norwegen in Auftrag gegeben hat. Darin heißt es: »So wurde da (in Grönland) auch noch ein Ungeheuer (skrimsl) gesehen, welches die Leute Meerriesin (margygr) nennen. Dessen Wuchs erschien so, als sei es einem Weibe gleich gewesen von oben herab bis zum Gürtel, denn dieses Ungeheuer hatte an der Brust starke Zitzen so wie ein Weib, lange Hände und weiches Haar, und war an Hals und Haupt in allen Stücken so gewachsen wie ein Mensch. Die Hände schienen den Leuten lang an diesem Ungeheuer, und nicht mit getrennten Fingern, sondern mit solchen Schwimmhäuten, wie sie bei den Wasservögeln diese verbinden. Abwärts vom Gürtel erschien dieses Ungeheuer einem Fisch gleich, mit Schuppen, Schwanz und Floßfedern. Dieses Ungeheuer hielt es ebenso wie das vorige (das soge-

Abb. 58 Mythische Meereswesen, die wohl Luftspiegelungen von gewöhnlichen Meerestieren waren, finden sich bei den verschiedensten Kulturen. Im Uhrzeigersinn: a) Skylla von Ägina, ca. 480 v. Chr.; b) der Schöpfergott Oannes vom Palast des assyrischen Königs Sargon II., Khorsabad, ca. 720 v. Chr.; d) Matsya Avatar, eine der zehn Inkarnationen des indischen Gottes Vischnu; c) die zweischwänzige Meerfrau aus der Vigersted-Kirche, Seeland, Dänemark, ca. 1450.

nannte hafstramba), daß es sich selten zeigte, außer vor schweren Stürmen. Das war das Benehmen dieses Ungeheuers, daß es oft untertauchte und immer wieder heraufkam, daß es Fische in den Händen hielt, und wenn es nach dem Schiffe hin sah und mit den Fischen spielte oder mit ihnen nach dem Schiffe warf, da waren die Leute bange, daß dieses einen schweren Menschenverlust leiden würde. Dieses Ungeheuer zeigte sich auch sehr erschreckten Antlitzes, mit breiter Stirn und schar-

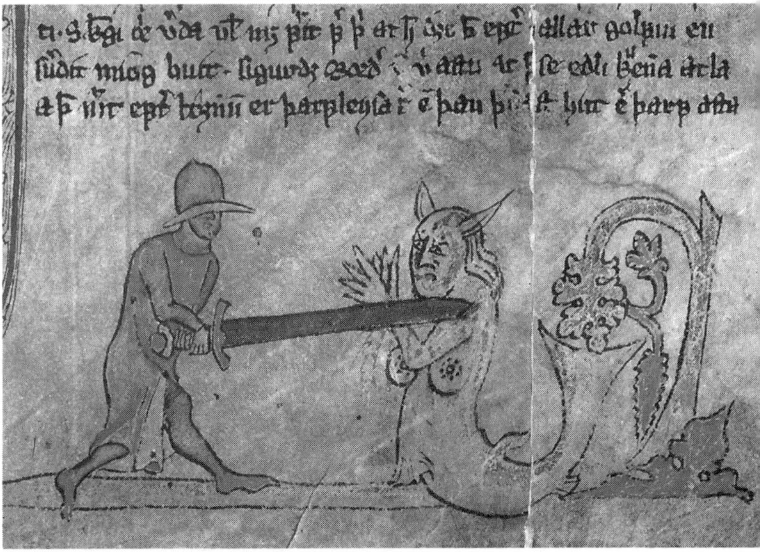

Abb. 59 König Olaf besiegt ein weibliches Seeungeheuer. Island, 14. Jh. (Arnamagnäanisches Institut Reykjavik)

fen Augen, sehr großen Mundes und mit faltigem Kinne. Wenn aber das Ungeheuer die Fische selber ißt oder sie vom Schiffe abgewandt in die See wirft, da waren die Leute der guten Erwartung, daß sie ihre Mannschaft davon bringen würden, wenn sie auch schweren Sturm erlitten.«[13]

John Swan weiß in seinem Buch *Speculum Mundi*, das 1635 erschien, davon zu berichten, daß diese rätselhaften Wesen laut keuchten: »Die Meeresfrauen und Menschenfische scheinen mir die seltsamsten Fische im Wasser zu sein. Einige haben vermutet, daß sie, wegen des laut keuchenden Lärms, den sie verursachen, Teufel oder Geister sind. Denn unmittelbar, nachdem sie rufen (als ob sie die Macht hätten, außergewöhnliche Stürme und Unwetter zu entfachen), bläst der Wind, das Meer tobt, und die Wolken kommen herab.« Der Autor des *Speculum Mundi* ist immerhin so kritisch anzunehmen, daß diese rätselhaften Meereswesen lediglich besonders wetterfühlig sind, »ähnlich wie die Hühnervögel, welche die Veränderungen in der Luft in ihren Federn spüren«. Die Meerfrauen waren für das isländische Leben so wichtig, daß sich in den Sagas sogar der König damit herumschlug. Ein Pergament aus dem 14. Jahrhundert zeigt, wie König Olaf ein weibliches Seeungeheuer besiegt (Abb. 59). Es wird in der Saga folgendermaßen beschrieben: »Sie ist so beschaffen, daß sie einen Pferdekopf mit spitzen Ohren und geblähten Nüstern hat. Sie hat grüne Augen, schrecklich große, und ein entsetzlich großes Maul. Sie hat Schultern wie ein Pferd und vorne Hände. Hinten ist sie aber ganz wie eine Schlange mit einer riesengroßen Windung und einer breiten Schwanzflosse.«[14]

Meerfrauen oder Meermänner sind keine Erfindung isländischer Seeleute, sondern haben seit urdenklichen Zeiten alle Kulturen beschäftigt, die mit der Seefahrt zu tun hatten. Zu deren meeresumschäumten Paradieswelten gehört zum Beispiel das Reich der Nereiden, die den Meeresgott der Atlantissage begleiteten. Auch auf Nordseeinseln wie Sylt waren Meerweiber oder Seewiefken wohlbekannt. Halb Fisch, halb Mensch, lockten sie die Seeleute in die Tiefe. Wenn sie am Bug eines Segelschiffs auftauchen oder sich auf dem Wellenkamm zeigen, droht ein Sturm. Dann holt der vorsichtige Schiffer alle Segel ein.

Die Babylonier und Assyrer kannten den Schöpfergott Oannes, von dem sie die Weisheit ihrer Kultur herleiteten. Auf einer Wand des Palastes Sargons in Khorsabad ist Oannes genauso dargestellt, wie man sich einen Wassermann oder einen Meeresmann vorstellt (Abb. 58). Oben Mensch mit wallendem Bart, unten

Abb. 60 Drei Sirenen vor Kopenhagen (Fra Daniel Meissner, 1632). Seit urdenklichen Zeiten sind Sirenen, Hesperiden und Quellennymphen als Dreiergruppen beschrieben worden – so, wie man sie in einer Luftspiegelung über dem Meer manchmal zu erkennen glaubte (Königliche Bibliothek, Kopenhagen).

Fisch mit Schuppenkleid und Fischflosse, schwimmt er zwischen Schiffen, die von Ruderern angetrieben werden, und dickbäuchigen Fischen in den sich kräuselnden Wogen des Meeres.[15]

Auch in der hinduistischen Religion wurde dieses rätselhafte Wesen, halb Mensch, halb Fisch, respektvoll berücksichtigt. Eine der zehn Inkarnationen des dreifaltigen Gottes Vischnu ist Matsya Avatar, dargestellt als riesiger Fisch, aus dessen aufgerissenem Maul eine menschliche Gestalt herausragt (Abb. 58).

Die christliche Religion oder wenigstens ihre Vertreter akzeptierten Meeresfrauen oft als Geschöpfe Gottes. So ist in der Gjerrild-Kirche in Jütland ein Deckenfresko zu sehen, das Gott darstellt, wie er Fische und Meeresfrauen in die Welt setzt. Einen der erschaffenen Fische hält Gott noch in der Hand, während zwei Meeresfrauen mit langen Fischschwänzen ihn bereits mit ausgestreckten Armen anbeten. So ist es wohl gekommen, daß Hans Christian Andersens *Kleine Meerjungfrau* Symbolfigur für ein freundliches Meeresvolk geworden ist, das »weit draußen auf dem Meere« lebt, wo sich irgendwo auch der phantastische Palast des Meereskönigs befindet.

Meeresfrauen mit ihren weiblichen Oberkörpern und eleganten Fischunterleibern haben von alters her die Phantasie vieler Künstler angeregt. Sie verzierten in vielen Kulturen Tempel und Wohnhäuser ebenso wie Münzen, wobei die Phantasie oft freien Lauf hat. Die Augenzeugen, zum Beispiel der Kapitän John Smith, der so ein Wesen 1614 vor einer karibischen Insel sichtete, scheinen allerdings vom Anblick nicht immer so hingerissen gewesen zu sein. Er schrieb: »Sie hatte große Augen (etwas zu rund), eine fein geformte Nase (etwas zu kurz), wohl geformte Ohren, eher zu lang, und ihre langen grünen Haare vermittelten ihr einen originellen Charakter, der keinesfalls unattraktiv war.«[16] Während er sie betrachtete, machte sie eine hastige Bewegung, und der Kapitän bemerkte, daß sie von der Hüfte abwärts den Körper eines Fisches besaß.

Das Erscheinen der Meerfrau wird immer als ein Vorzeichen für einen schweren Sturm angesehen. Da die »Ruhe vor dem Sturm« über der kühlen Meeresoberfläche eine ideale Voraussetzung für das Entstehen von Luftspiegelungen nach oben ist, können die Erscheinungen als Fata-Morgana-Zerrbilder auftauchender Seetiere (Robben, Walrosse, Delphine) gedeutet werden. Die Körperteile über der Wasseroberfläche sind durch bis zu dreifache Spiegelung zu einem beweglichen Phantasiegebilde verzerrt (Abb. 7 I). Moderne Augenzeugen

Abb. 61 Doppelschwänzige Sirene (Melusine). Kirche von Csenger, Ungarn, 1745

von Spiegelungen berichten manchmal von optischen Eindrücken, die ein zottliges oder haariges Aussehen der Erscheinungen vermitteln. Wahrscheinlich sind es Luftturbulenzen. Daß das Meereswesen Fische jagt und frißt, paßt gut zu dieser Erklärung, ebenso die Beobachtung, daß es einen Fischschwanz besitzt. Wenn das Meeressäugetier taucht, müßte man hin und wieder den Fischschwanz sehen. Genaugenommen müßten es in einer deutlichen Spiegelung sogar zwei eindeutig er-

Abb. 62 In der Ruhe vor einem Wetterumsturz einfach oder doppelt nach oben gespiegelt, erscheint ein auftauchendes Wassertier in unheimliche, bewegte Formen verzerrt. Dies ist wohl der Hintergrund von vielen Sagen über Nixen und Wassermänner.

kennbare Fischschwänze sein. Auf der Abbildung der Vigersted Kirche in Seeland, Dänemark (Abb. 58) und der Kirche in Csenger (Abb. 61) hat die Meerfrau tatsächlich zwei Fischschwänze.

Die Göttin vom Berg Daimugenzan

Eine alte japanische Volkserzählung handelt von dem Berg Daimugenzan, der an der Grenze zwischen der Totomi- und der Suruga-Provinz steht.[17] Seine wilden Flanken sind bis zu drei Viertel seiner Höhe mit Bäumen bestanden, und seine Spitze trägt oft Schnee. Selten verlor sich jemand zu einem halbverfallenen Tempel auf halber Höhe, außer der schönen Okureha aus dem Dorf Tashiro am Fuße des Berges. Eines Tages im Jahre 1107 betete sie hier für die Genesung ihrer Mutter, klatschte dreimal in die Hände und lauschte dem Bergecho, als ein übel aussehender Mann sie angriff und bei den Händen packte. Sie schrie laut um Hilfe; in der wilden Einsamkeit glaubte sie sich schon verloren. Doch da kam plötzlich eine kalte Brise, welche die Herbstblätter in kleinen Säulen emporwirbelte. Der Angreifer und das Mädchen wurden dadurch in lähmenden Schlaf versetzt. Aber dann folgte ein warmer Wind und weckte das Mädchen. Es sah eine schöne junge Frau. Sie war in Weiß gekleidet und schien zu schweben. Ihr Gesicht war so weiß wie der schneebedeckte Daimugenzan, und ihr Mund erinnerte an eine Blume. Mit heller Stimme stellte sie sich als Berggöttin vor und beruhigte das Mädchen. Dieses wiederum erklärte der Göttin, daß bereits ihre Eltern in diesem Tempel beteten, weil sie lange kinderlos waren, und daß sie auch ihre eigene Existenz in ihre Hände gelegt hätten. Die

Berggöttin lud das Mädchen ein, sie weiterhin zu besuchen und ihr Blumen von den Feldern mitzubringen. Sie würde den Berg nie weit genug hinabsteigen, um diese zu bekommen, obwohl sie Blumen so gerne hatte. Von nun an trafen sich die beiden regelmäßig.

Eines Tages besuchte das Mädchen in Trauer aufgelöst den Tempel. Ihre Eltern hatten ihre Heirat vorbereitet, und sie war verzweifelt wegen ihrer unsicheren und unfreien Zukunft. Aber die Göttin beruhigte sie und versprach ihr, daß sie glücklich sein würde. Sie gab ihr ein Fläschchen Sake-Wein, das ihr und ihrem Mann über Jahrhunderte die Jugend erhalten sollte.

Wenig später saß sie mit ihrem Mann am Rande eines wilden Baches auf einer blumenübersäten Wiese, den schneebedeckten Daimugenzan vor Augen. Plötzlich waren sie von fallenden Kirschblüten eingehüllt, owohl sich kein Kirschbaum in der Nähe befand. Dann sahen sie am blauen Himmel eine weiße Wolke mit der Göttin des Berges darauf. Die Wolke schwebte zur Spitze des Berges Daimugenzan, wo sie verharrte, bis die abendlichen Schatten sie umgaben. Das Mädchen und ihr Mann lebten Hunderte von Jahren, ohne älter zu werden.

Vielsagend ist der Hinweis, daß das Gesicht der Göttin weiß wie der Schnee von der Spitze des Berges Daimugenzan war. Auch ihre Aussage, daß sie nie so tief zur Erde hinabsteige, um Blumen zu sehen, und daß sie auf einer Wolke über dem Berg schwebte, bis die Schatten des Abends sie verbargen, sollte unsere Aufmerksamkeit wecken. Ursprung dieser Legende über eine Berggöttin war wahrscheinlich die Sichtung einer Luftspiegelung der schneebedeckten Bergspitze. Sie sieht anders aus als eine gewöhnliche Wolke und verändert sich auch in anderer Weise. Die Aufmerksamkeit eines

Beobachters wird unmittelbar gefesselt, weil die Erscheinung unwirklich aussieht. Sie mutet wie eine Vision aus der jenseitigen Welt an, Grund genug, um religiöse Gefühle und Märchen daran zu knüpfen.

Die Säulenhallen der Götter

In einem altirischen Mythos erkundigt sich der kranke Held nach dem Wohnort des Herrn der jenseitigen Welt, und die Fee antwortet: »Er wohnt auf einem klaren See ... Boote und Pferde ziehen an der Insel vorbei, wo er lebt ... Pfeiler aus Silber und Kristall, das ist das Haus, wo er weilt.«[18]

Seit uralter Zeit bauen die Menschen als irdische Heimstätte für ihre Götter großartige Tempel, welche Reihen von hellen, hochragenden Säulen zieren. Denken wir nur an die Steinkreise und Steinreihen der Megalithkultur in Westeuropa und an die mächtigen Säulentempel der Ägypter, Griechen und Römer. In der Regel wohnten die Menschen in andersartigen Gebäuden und viel schlichter. Wie kamen die frühen Priester auf die Idee, solche markanten Tempel zu bauen? Welche Anhaltspunkte hatten sie dafür, daß die Götter sich in ihnen wohl fühlen würden? Schließlich erwartete man ja, daß sich die Götter in diesen Tempeln den Menschen nähern. Wie könnte man den Göttern die menschlich-irdische Umgebung wohnlich machen, müssen sich die Priester früher Kulturen gefragt haben.

Unter den Luftspiegelungen existiert eine Erscheinung, bei der dem Betrachter am Himmel lange Reihen von senkrechten weißen Säulen erscheinen (Abb. 63 a). Der wissenschaftliche Hintergrund ist einfach zu verstehen. Das Phänomen kommt zustande, wenn in der

Atmosphäre periodische Temperaturunterschiede auftreten. Sie sind die Ursache für Dichteschwankungen, die das Licht so brechen, daß die himmlische Säulenhalle entsteht. Durch sie werden Betrachter nachhaltig beeindruckt, wie historische Berichte, etwa von der Meerenge von Messina, bestätigen. Der Jesuitenpater Ignatius Angelucci sah, wie sich »etwas von Calabriens Landstrecke zu einem durchscheinenden Kristall verwandelte, was wie ein Spiegel aussah. In diesem zeigte sich gleich eine Reihe von Säulen von etwas bleicher Farbe, wohl 10 000 an der Zahl, alle gleich hoch und alle gleich weit voneinander.«[19]

Eine ähnliche Erscheinung sieht man in einer Fata Morgana dann, wenn von einer Insel oder einem Hügel wegen der ungleichmäßigen periodischen horizontalen Temperaturverteilung die Spiegelung nach oben nur in schmalen Bereichen erfolgt. Dies sieht dann so aus, als ob man auf eine Gruppe hoher schmaler Steine oder

Abb. 63 a) »Säulenhallen« am Himmel, hervorgerufen durch periodische Temperaturschwankungen

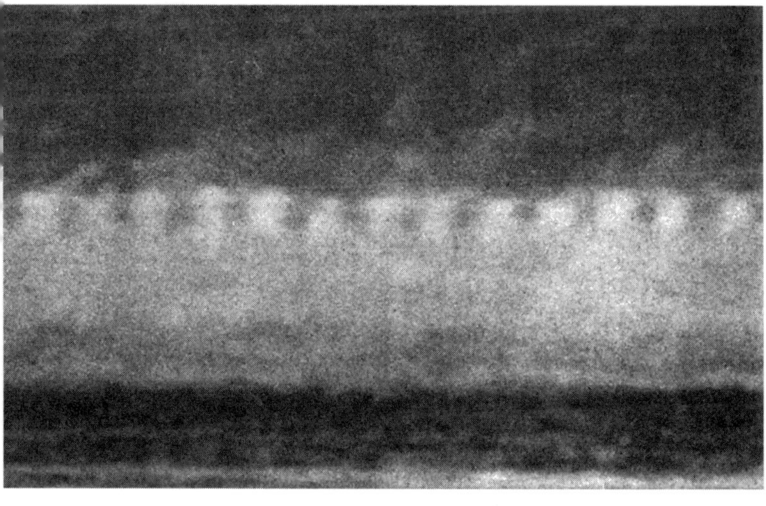

Abb. 63 b) Durch horizontale periodische Temperaturschwankungen zu einem »Säulentempel« verzerrte Felseninsel in einer Luftspiegelung nach oben (Finnland). Bauten die ersten Priester der seßhaften Menschen die irdischen Häuser der Götter nach diesem Ebenbild?

Abb. 63 c) Menhir-Reihen aus der Megalithzeit (Carnac, Bretagne)

Abb. 63 d) Ägyptischer Tempel (Karnak bei Luxor am oberen Nil) mit Götterfiguren zwischen den Säulen

Abb. 63 e) Griechischer Tempel in Agrigent, Sizilien

Säulen blicken würde (Abb. 63 b). Der Eindruck ist verblüffend: Es ist ein Anblick, wie ihn ein steinzeitlicher Menhir-Tempel vermittelt, ein Kreis von stehenden Steinen, wie ihn die Steinzeitmenschen auf viele niedrigliegende, weithin sichtbare Inseln und Hügel an westeuropäische Küsten oder in die Ebene um Stonehenge gesetzt haben.

Vorgeschichtliche Menschen werden die gelegentlich sichtbaren himmlischen Säulenhallen, die »Pfeiler aus Silber und Kristall« als Wohnstätten der Götter interpretiert haben. Die frühen Tempel wären dann das Produkt sorgfältiger Beobachtungen durch Priester, die die irdischen Tempel für die Götter möglichst wohnlich und dem Himmel gleich gestalten wollten. Demnach hätten die Menschen der Megalithzeit vor vier- bis sechstausend Jahren ihre Steinreihen und Steinkreise deswegen so angeordnet, weil sie damit die am Himmel und am Horizont beobachteten Säulenreihen kopieren wollten, zwischen denen sie die Götter vermuteten.

Ein Beispiel ist die Insel Sena an der westlichsten Spitze der Bretagne, wo heute noch weithin sichtbare Langsteine aus der Megalithzeit stehen. Nach dem römischen Geographen Pomponius Mela lebten auf dieser Insel keltische Priesterinnen, die mit ihren Gesängen das stürmische Meer und die Winde beschwichtigen konnten. Auch sollen sie die Fähigkeit gehabt haben, jede beliebige Gestalt anzunehmen – wie die Trugbilder der Fata Morgana. Man weiß, daß es vielfach der letzte Wunsch bretonischer Druiden gewesen ist, auf dieser Insel zu sterben.

Zweck der irdischen Gotteshäuser aus säulenartigen Steinen wäre es dann gewesen, die Götter aus ihren himmlischen Säulenhallen auf die Erde herabzulocken, damit die Priester zu ihnen Kontakt aufnehmen können. Wie die Menschen sich vorstellten, daß die Götter in ihren Tempeln zu leben pflegten, zeigen die Götterfiguren zwischen den Riesensäulen eines ägyptischen Tempels (Abb. 63 d). Ebenso hätte man sich göttliche Wesen zwischen den Säulenreihen der Fata Morgana denken können (Abb. 63 b). In der Tat versuchten ägyptische Priester die Tempel so zu gestalten, daß die Götter sich dort wohl fühlen.

Weshalb haben dann asiatischen Völker keine ähnlich ausgeprägten Säulentempel für ihre Götter gebaut? Sie bauten Pagoden, Häuser mit markanten, vorstehenden, übereinandergeschachtelten Dächern. Buschmänner und Eskimo-Stämme erzählen von den »doppelten« Häusern ihrer Götter, die Ägypter vom »Doppelpalast« des Gottes Re, was wir als gespiegelte Erscheinungen deuten. Demnach könnten asiatische Pagoden Luftspiegelungen mit Doppel- oder Mehrfachbildern nachempfunden worden sein, um den Göttern ihr irdisches Zuhause attraktiv zu machen. Es gibt Luftspiegelungen, die asiatischen Pagoden (Abb. 98) überraschend ähnlich sind. Sie entstehen dadurch, daß Teile eines Bergzuges stark zusammengedrückt zum Himmel hochgespiegelt werden. Man erkennt eine turmartige Struktur mit schmalen dächerartigen Bändern (Abb. 218 b).[20]

Göttliche Wesen und die Fata Morgana

Ein Götterthron auf dem Wasser und ein Nebel, der aus diesem Wasser aufsteigt und zum Paradies wird, wie in der arabischen Vorstellungswelt beschrieben, setzt einen angemessenen Rahmen für unsere naturalistische Interpretation von Götterbildern. Der Mensch brauchte sinnliche Visionen, um sich Gott vorstellen zu können.

Das gilt zum Beispiel für die Erscheinung der Meeresmutter der Eskimo auf dem Eis, die sich beim Herannahen in einen Seehund verwandelt, ebenso für das Leben antiker Götter in ihren Tempelhallen. In den Tempelhallen und Monumenten, die nach den Vorbildern der Säulenhallen in Luftspiegelungen entstanden, wurden die »Himmlischen« verehrt.

Das wohl aufregendste Detail der Göttererscheinungen ist ihre Dreifaltigkeit. Warum haben so wichtige und scheinbar unabhängig voneinander entstandene Religionen diese ungewöhnliche und schwer verständliche Eigenschaft der Götter überliefert? Man könnte den Standpunkt vertreten, daß dies ein unerklärliches Mysterium ist. Aber die grandioseste Art der Luftspiegelung zeigt ausgerechnet drei Bilder vom selben Objekt. Wenn man Geduld und Glück hat, sieht man auch, wie die drei Bilder wieder in eines verschmelzen, und das alles am Himmel. Diese Erscheinung paßt also vollkommen zu einem Fata-Morgana-Erbe göttlicher Vorstellungen. Wie viele Generationen von vorzeitlichen Schamanen müssen über diese seltenen Erscheinungen nachgegrübelt haben, bevor sie zur Grundlage von Religionen wurden und ein Dichter wie Dante ihrem Rätsel poetisch nachspürte? Bisher hat noch niemand erkannt, daß die Dreifaltigkeit in der Religion als Teil unserer Natur existiert. Dabei zeigt der Dreizack vieler Meeres- und Sturmgötter, das Dreieck um das Auge oder den Kopf oberster Gottheiten oder die dreiteilige Wappenlilie oberster Herrscher, daß der Zusammenhang zwischen Dreifaltigkeit und absoluter Macht immer da war. Ein Dreifuß, Symbol für eine dreifaltige Gottheit, war im alten Delphi der Angelpunkt für Weissagungen der Zukunft (Abb. 41).

Auch vermögen Luftspiegelungen Lebewesen in die

Luft zu heben und ihre Formen so zu verzerren, daß die Phantasie Mischwesen entwerfen kann, die die Mythologie und die Religionsgeschichte belebten. Und wir verstehen auch, warum sie mit den Göttern in Zusammenhang gebracht wurden, ja als Wesen galten, die die Verbindung mit der jenseitigen Welt aufrechthielten. Sie existierten ja in derselben Fata-Morgana-Welt, in der auch die göttlichen Erscheinungen erkannt wurden, und es fand sich immer ein Tier, aus dem sie in geheimnisvoller Weise hervorgegangen seien.

Von vielen mythischen Wesen, etwa den Wassernixen, den Wassermännern, der Meeresmutter oder auch von manchen Riesen, wissen wir jetzt, warum sie das Wetter beherrschten. Sie waren ein Teil der Wetterfront vor dem Wetterumsturz. Oder sie waren die Produkte von warmer und kalter Luft, die in einem Luftsee zusammenströmen – genau wie die germanische Mythologie uns die Entstehung des Riesen Ymir erklärt. Wenn die Natur selbst den Anstoß für unsere Vorstellungen vom Aussehen der göttlichen Wesen geliefert hat, haben wir hier eine rational nachvollziehbare Erklärung zur Hand.

Nach unserer behutsamen Erkundung der Wirkung von Luftspiegelungen in uralten Vorstellungen vom Paradies und von göttlichen Wesen werden wir jetzt den Versuch machen, unsere Argumente auf den Kopf zu stellen – im wahrsten Sinne des Wortes. Da in vielen Luftspiegelungen die irdische Welt nochmals umgekehrt am Himmel erscheint (z. B. Abb. 84), muß es in den Mythen und alten Glaubensvorstellungen eine umgekehrte Welt gegeben haben. Viele unserer Vorfahren müßten sie immer wieder mit eigenen Augen gesehen haben. Die Spuren ihrer Eindrücke dürften tief genug gewesen sein, um die lange Reise in unsere heutige Vorstellungswelt zu überstehen.

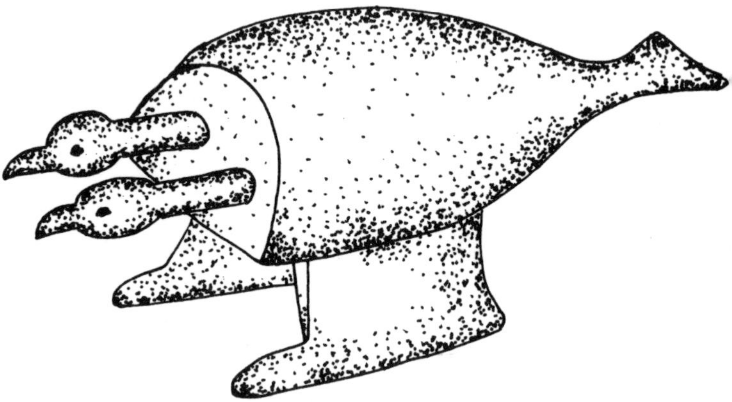

Abb. 64 Doppelköpfiger Raubvogel (Trumai) der Xingu-Indianer, Brasilien

4.

Umgekehrte Welten

Die umgekehrte Welt

Ein älterer Bootsführer von den nordfriesischen Inseln, den ich im Hafen von Nordstrand traf, erzählte mir von einem unvergeßlichen Erlebnis. Er fuhr über das Meer und sah *über* dem Horizont die normalerweise nicht sichtbare Insel Helgoland. Was die Begegnung vollends unheimlich machte, war die Erscheinung einer zweiten Insel Helgoland direkt darüber. Es war ein umgekehrtes Bild, das so klar war, daß in ihm die einzelnen Häuser der Insel sichtbar waren. Eine ähnliche Begegnung hatten im Jahre 1911 die japanischen Admirale Noggi und Togi, als sie durch den Suezkanal fuhren. Sie sahen Port Said in vielen Details am Himmel. Auch weiter entfernte Schiffe sah man umgekehrt; ein Leuchtturm war doppelt so lang wie sonst.

Einer urtümlichen Auffassung zufolge, die sich über die ganze Welt verbreitet hat, ist im jenseitigen Leben sowie im Reich der überirdischen Wesen alles umgekehrt. Nach der Überlieferung des sibirischen Stammes der Samojeden zum Beispiel wachsen in der Unterwelt die Bäume mit der Krone nach unten, geht die Sonne im Osten unter und im Westen auf. Auch fließen, wie die Schamanen der Ostjaken am Flusse Jenisei betonen, die Ströme zur Quelle hin. Die ganze Welt, die Lebensabschnitte, die menschlichen Alltagsverrichtungen, alles scheint verkehrt herum zu funktionieren.[1]

Wenn sie von ihren mythischen Flügen in die jenseitige Welt zurückkehrten, berichteten Schamanen oft von Menschen, die mit ihren Füßen gegen unsere gerichtet, also mit dem Kopf nach unten gehen. Das Wort für Totenland in der Sprache der Netsilik-Eskimo beschreibt eine Stätte, »wo sie zusammengekuschelt mit hängenden Köpfen sitzen«, wohl eine umgekehrte Welt, unmittelbar an die Erdoberfläche angrenzend. Dorthin sollen die schlechten Jäger und die Schwachen kommen. Sie lassen ihre Köpfe herunterhängen, weil sie kraftlos

Abb. 65 Nach oben gespiegelte Ruinen des Palastes von Taq-i-Kisra, Ktesiphon, Mesopotamien (nach Augenzeugenberichten rekonstruiert von Prof. Unger)

sind. Wenn man jemanden ansieht, beginnt man mit der Betrachtung seiner Füße und blickt ganz zuletzt auf den Kopf. Ein Schamane der Jakuten reitet auf einer Bergziege, deren Hufe nach rückwärts gerichtet sind.[2]

Der südamerikanische Stamm der Yekuaná kennt in einer jenseitigen Welt Wesen, die auf den Händen gehen. Bei den Tartaren des Altai-Gebirges ist in diesem Leben alles verkehrt, was drüben richtig ist. Auch Krieger aus der Bronzezeit richteten sich auf eine umgekehrte jenseitige Welt ein. Sie wollten im Jenseits genauso schnell ihr Schwert ziehen können, und deswegen hat man ihnen im Grab das Schwert an die rechte Hüfte gehängt, so daß sie es spiegelbildlich mit der anderen Hand ziehen konnten.[3] Wegen des Glaubens an die Umkehrung in der Welt der Toten fand man Linkshänder suspekt und glaubte an einen schlechten Tag, wenn man mit dem linken Fuß aus dem Bett stieg.

Wenn auf sumerischen oder babylonischen Siegeln Wesen aus der anderen Welt dargestellt sind, stehen sie auf dem Kopf, eben weil man annahm, daß die jenseitige Welt spiegelbildlich und damit umgekehrt zur diesseitigen ist. Der tote Pharao Tut-ench-amun führt auf seiner Brust sein Namenszeichen in Spiegelschrift, damit seine Autorität im Jenseits sofort erkannt wird. Gewöhnlichere Sterbliche, zum Beispiel der Beamte Ani, führten im mitgegebenen Totenbuch Listen von Sünden auf, die sie »nicht« begangen haben, statt die Sünden zu nennen, derer sie schuldig sind.[4] Dabei kann es sich nur um ein magisches Ritual der Umkehrung handeln.

Das Schriftzeichen für den höchsten Himmel der Taoisten, dáojing, bedeutet »verkehrte Ansicht«. Damit kann auch nur gemeint sein, daß in diesem Himmel alles umgekehrt angeordnet ist.

Abb. 66 Nach unten gespiegelte Berge, östliche Taklamakan-Wüste

Um mit dem Jenseits in Verbindung treten zu können, wurden daher bei vielen Völkern die Eigenheiten der jenseitigen Welt nachgeahmt. Umkehrungen wurden vorgenommen bei Trauer- und Bestattungszeremonien, bei Opferhandlungen, Orakelbefragungen und Zauberhandlungen. Dies konnte sich in Gebärden, Stellungen, Bewegungen, in Worten oder bildlichen Darstellungen äußern. Was dabei herauskam, mutete oft sehr seltsam an, durfte aber nicht verlacht oder leichtfertig vollzogen werden, weil dies die Seelen in der jenseitigen Welt verärgert hätte. Verbreitet ist der Brauch, Stühle, Bänke und andere Wohngegenstände umzustürzen, nachdem die Leiche außer Haus gebracht wurde. Bei den siebenbürger Sachsen wurde und wird noch eine Handvoll Erde mit »verkehrter Hand« auf den Sarg geworfen.

Wann immer Irdische mit dämonischen Wesen in Kontakt traten, war eine Umkehrung ihr Kennzeichen. Im Auge der Hexe sieht man sein eigenes Bild umgekehrt gespiegelt. Ähnliches hat man auch vom Alp berichtet, einem Gespensterwesen, das in Windwirbeln durch die Luft fliegt. Wollte sich eine böswillige Frau den Hexen anschließen, mußte sie am Vorabend der Walpurgisnacht alle Kleidungsstücke verkehrt anziehen und rücklings bis zu einem Kreuzwege kriechen. Wollte man andererseits in einer Kirche versteckte Hexen erkennen, mußte man die Kleider verkehrt anziehen. In einem siebenbürger Märchen bittet die böse Hexe sofort um Gnade, als der jugendliche Held sein Schwert in die linke Hand nimmt.

Beim Opfern benutzten schon die alten Römer die linke Hand. Im alten Württemberg pflegte man beim Schneiden des Getreides als Opfergabe an die Götter die ersten drei Handvoll Getreidehalme umgekehrt zu den anderen zu legen. Zur Abwehr ernteverderbender Geister herrschte in Bayern der Brauch, den Hasen vier Rübenpflänzchen verkehrt herum, also mit den Wurzeln nach oben, in die Erde zu stecken. Will der Bauer viele Rüben ernten und mit diesem Wunsch in der jenseitigen Welt erhört werden, wünscht er sich beim Rübenpflanzen gerade das Gegenteil: »Ich will keine, ich mag keine, ich brauche keine.« In einer niederösterreichischen Sage steht eine verhexte Ziege, die ungewöhnlich viel Milch gibt, am Morgen immer verkehrt im Stall. Der Brauch des Rückwärtswerfens eines Gegenstandes, zum Beispiel eines Schuhs, als umgekehrte rituelle Handlung ist schon in den ältesten germanischen Dokumenten belegt, etwa in der *Lex Salica*, einem juristischen Text vom Beginn des 6. Jahrhunderts.[5] Die traditionelle Deutung dieser Handlung war, daß man damit dem Werfenden den für ihn gefährlichen Anblick eines göttlichen Wesens oder einer göttlichen Handlung ersparen wollte.

Man erwartete mit großer Sicherheit, daß das jenseitige Leben anders verläuft als das diesseitige. In Ungarn verfertigte man für einen unverheiratet verstorbenen Burschen eine Bräutigamskrone, weil man davon ausging, daß er im Jenseits heiraten würde.

Im deutschen Volksmund sind Berichte von gespenstischen Luftfahrten nicht selten. Ein berühmter Fluggast ist Doktor Faustus. Als Flugvehikel werden Flügelpferde, gespenstische Rosse, Schiffe und Drachenwagen genannt. In Tirol und der Schweiz muß man »verkehrt« aufsitzen, wenn man mitgenommen werden will.

In Dantes Version der Hölle sind die Wahrsager dazu verdammt, auf ewig rückwärts zu blicken, wie dies in einer italienischen Illustration aus dem 15. Jahrhundert anschaulich dargestellt ist. Eine kritische Rolle spielte ein guter Kontakt zur jenseitigen Welt bei Geburten. Schließlich kam es darauf an, ein menschliches Wesen aus dem Reich der Seelen in unsere Welt zu holen. Um die Seelen zu versöhnen oder um Dämonen irrezuführen, empfahl man Wöchnerinnen, das Kleidungsstück eines Mannes zu tragen. Bei Amazonas-Indianern simulieren die werdenden Väter die Wochenbettqualen ihrer schwangeren Frauen. Ähnliches gilt für Handlungen bei Ereignissen, die dem Leben gefährlich werden konnten: Um vom Fieber geheilt zu werden, zog man in früheren Zeiten sein Hemd umgekehrt an.

Ein Spielfilm aus Mali aus dem Jahre 1987[6] erzählt eine Legende vom Stamm der Bambara. Ein alternder Zauberer verfolgt seinen Sohn, um ihn zu töten, weil er damit drohte, magische Geheimnisse zu verraten. Eine Beschwörungszeremonie findet statt, in welcher der Zauberer vor einem Pfahl hockt, auf den sich ein abgerichteter Hund und dann ein Neger-Albino rückwärts zubewegen mußten. Die Rückwärtsbewegung wie auch die auffällige Wahl des Albino sind »Umkehrungen«. Wenn ein Albino im ursprünglichen Schwarzafrika der jenseitigen Welt zugeordnet wurde, dann sollte in der alten europäischen Welt eine schwarze Hautfarbe als »Umkehrung« Zugehörigkeit zur jenseitigen Welt symbolisieren. In den Wallfahrtsorten Czenstochove in Polen und Altötting in Bayern werden in der Tat noch heute schwarze Madonnen verehrt. Weibliche Votivfiguren mit schwarzen Gesichtern fand man nicht selten auch in vorzeitlichen Gräbern.

Man müßte auch Umkehrungen im Schicksal urtümlicher Götter finden können. Der antike Gott Apollo zum Beispiel, der auf einer »schwebenden Insel« geboren wurde, den Drachen der Erdgöttin Gaia besiegte, das delphische Orakel mit seinem göttlichen Dreifuß eroberte und mit einem geflügelten Wagen und begleitet von fischschwänzigen Phantasiegeschöpfen über dem Meerschaum dahinzieht, gilt als ein absolut schöner und vollkommener Gott. Der Ausdruck »schön wie Apollo« ist bis heute lebendig geblieben. Trotzdem schreckte er die Frauen, die er verführen wollte, ab. Vermutlich ist seine Erscheinung »umkehrbar«. Er umwarb Kassandra, der er die Gabe der Weissagung schenkte, und wurde von ihr abgewiesen. Daphne ließ sich lieber in einen Lorbeerbaum verwandeln, als sich ihm hinzugeben. Die Cumäische Sibylle, die ihn ebenfalls abwies, verdammte er dazu, tausend Jahre zu leben. Marpessa entschied sich lieber für einen unscheinbaren Sterblichen als für den »schönen« Gott. Der zögernden Nymphe Sinope schließlich gewährte er eine Bitte, bevor er sich mit ihr verbinden wollte. Sie wünschte, bis zu ihrem Tode Jungfrau zu bleiben.

Vorstellungen von der umgekehrten Welt hatten auch im Christentum ihren festen Platz. Einen »umgekehrt«

Abb. 67 Das »Reich des Friedens«, die »umgekehrte Welt« von der Außenwand der Apsis des Doms zu Speyer, um 1085. Der Löwe ist friedlich, die Schlange beißt nicht, der Reiter reitet umgekehrt, und die Extremitäten der Tiere sind nach hinten gerichtet.

aufsitzenden Reiter und ein Tier mit umgekehrt gerichteten Klauen sieht man auf der Außenwand der Apsis des Doms zu Speyer (Abb. 67). Es handelt sich um eine Darstellung vom »Reich des Friedens« (nach *Isaias* 11,6) aus dem Jahre 1085. Man erkennt, daß der Löwe zahm ist und man der Riesenschlange, ohne Schaden zu nehmen, die Hand in den Rachen stecken kann. Aber die Pfoten und Krallen des Löwen sind nach hinten gerichtet, und der Reiter auf dem Löwen sitzt rücklings auf. Es ist eine bizarre, umgekehrte Welt, allerdings keine gespiegelte Welt, wie man sie in einer Luftspiegelung wahrnehmen würde, wo ein Reiter kopfunten erscheinen müßte. Hier hat nach langer mündlicher Überlieferung wohl die Phantasie die Details der umgekehrten Welt mitgestaltet.

Die Überlieferungen der Samojeden sind präzise Beobachtungen von Luftspiegelungen, in denen nicht selten am Himmel perfekte umgekehrte Bilder irdischer Konturen auftreten (Abb. 112, 113). Die gespiegelte Welt erscheint umgekehrt, die gespiegelte Sonne am Horizont zieht den entgegengesetzten Weg. Der Glaube an die umgekehrte Welt der Seelen ist zu tief im menschlichen Unterbewußtsein verankert und zu weit verbreitet, um der menschlichen Phantasie entsprungen zu sein. Nicht nur in Europa und Asien, sondern auch im alten Amerika wußte man, daß die andere Welt umgekehrt war. Das wird schon aus nebensächlichen Andeutungen klar, deren architektonischen Sinn man noch ergründen müßte. So heißt es in einer alten mittelamerikanischen Überlieferung: »Er ist zu den Vätern gegangen, an den Ort des ewigen Vergessens, wo die Türen links sind.«

Wenn die umgekehrte jenseitige Welt in Form einer Luftspiegelung immer wieder gesehen wurde, dann ist die tiefe Verwurzelung dieses Glaubens verständlich.

Abb. 68 Apollo (zu sehen sind Teile seines Wassergefährts vor dem Schloß Versailles) war ein Wesen aus einer Welt, in der alles umgekehrt sein konnte. Den schönen Apollo fanden die Frauen abstoßend.

Dann leuchtet es ein, weshalb in Riten, in denen Kontakt zur jenseitigen Welt aufgenommen wurde, umgekehrte Handlungen vorgenommen wurden oder man auf Flugvehikel aus dem Jenseits »verkehrt« aufsitzen mußte, um mitgenommen zu werden. Ein hervorragendes Beispiel umgekehrter »Totenschiffe« für die Fahrt in die Ewigkeit sind die sogenannten »navetas« (Schiffchen) von den Balearen aus der ersten Hälfte des 2. Jahrtausends v. Chr. Es handelt sich dabei um sorgfältig in Felsen gehauene Höhlen in Form eines Schiffes, in denen die Toten bestattet wurden (ähnliche Megalithgräber gibt es auch in Südfrankreich). Aber das Steinboot ist in umgekehrter Lage, das heißt mit dem Kiel nach oben, für die Abfahrt ins Jenseits vorbereitet worden. Vielleicht sind Boote manchmal am Himmel in umgekehrter Form gesehen worden, sicher aber haben sich die

Steinzeitmenschen die jenseitige Welt spiegelsymmetrisch vorgestellt. Auch Gebäude wurden auf den Balearen in Form umgekehrter Schiffe, mit abgerundetem Bug, flachem Heck und nach oben zu gegen das Innere geneigten Steinwänden gebaut. Man wollte in ihnen wohl den Göttern in ihrer umgekehrten Welt nahe sein. Erwiesen ist, daß diese Häuser Gräber für die Toten gewesen sind. So hat man unter der feingearbeiteten »naveta« von Els Tudons bei Cuidadela auf Menorca die Überreste von über hundert Menschen gefunden. Dieses überirdische, umgekehrte Steinschiff mit Bug und Heck hat zwei Stockwerke oder besser: zwei Decks für die anstrengende Reise in die jenseitige Welt.

Baumwurzeln in der Luft

In der Mythologie der Finnen, deren Überlieferung zum Großteil aus dem fernen Asien stammt, führt der beschwerliche Weg ins Totenreich über einen großen Strom am nördlichen Ende der Welt. »Der Strom floß zwischen hohen Steilwänden, an denen die Baumwurzeln die Kronen überragten und die Pflanzen mit den Blüten nach unten hingen. Aus einer gewaltigen Stromschnelle ragten Nadeln, Schwerter und Speere hervor. Die Brücke über den Strom war so dünn wie ein Faden. Am jenseitigen Ufer gelangte man durch eine knarrende Eisenpforte, an welcher der ›alte Eisenzahn vom Jenseits‹ mit seinen ›drei Hunden‹ saß, zu dem eiglatten, steilen Totenberg. Um ihn zu erklimmen, mußte der Mensch seine zu Lebzeiten abgeschnittenen Fingernägel mitnehmen. Hinter dem Berg lag das Totenreich Nordheim/Pohjola an der Stelle, wo das Himmelsgewölbe die Erde berührte.«[7]

In der finnischen Mythologie ist eine umgekehrte Spiegelung nach oben beschrieben, der umgekehrte Pflanzenbestand eines Ufers, nach oben verzerrte und gespiegelte Felsen (Nadeln, Speere, eine sehr schmale Brücke) (vgl. Abb. 84 und 86, die in Finnland entstanden sind). Der eiglatte Berg erinnert an Glasberge, deren Existenz im germanischen Volksglauben tief verankert ist. Bemerkenswert ist der Hinweis auf drei Hunde (dreifache Spiegelung?) und den Horizont als Totenreich.

Das Reich der Hexen und Dämonen

Einst mögen sie gute Feen oder Halbgöttinnen gewesen sein. Das missionierende Christentum aber machte sie zu Verbündeten des Satans: die Hexen. Ein Beispiel ist die Wetterhexe, die als Frau Holle oder als Frühlingsgöttin eine bessere Vergangenheit hatte. Eine der größten Konzentrationen von Hexen und Dämonen vermutete der Volksmund auf dem Brocken im Harz. Ihr wichtigster Versammlungstermin, die Walpurgisnacht, wurde in Goethes *Faust* verewigt, wo beschrieben wird, wie Faust, in Begleitung von Mephistopheles, dieses hochgelegene Hexenzentrum aufsuchte. Dort vergnügten sich die Hexen in ekstatischen Tänzen. In Skandinavien sind aus dem Mittelalter, wo das Tanzen geächtet war, Geschichten überliefert, die erzählen, wie sich ein Fremder Tanzenden auf einem Berg anschließt und immer ausgelassener tanzt. Hufe und ein Schwanz kennzeichnen ihn als Teufel. Er tanzt so leidenschaftlich, daß er die Beine abnutzt und schließlich nur ein Schädel übrigbleibt.

Bei Hexen, Teufeln und Dämonen ist die Welt umge-

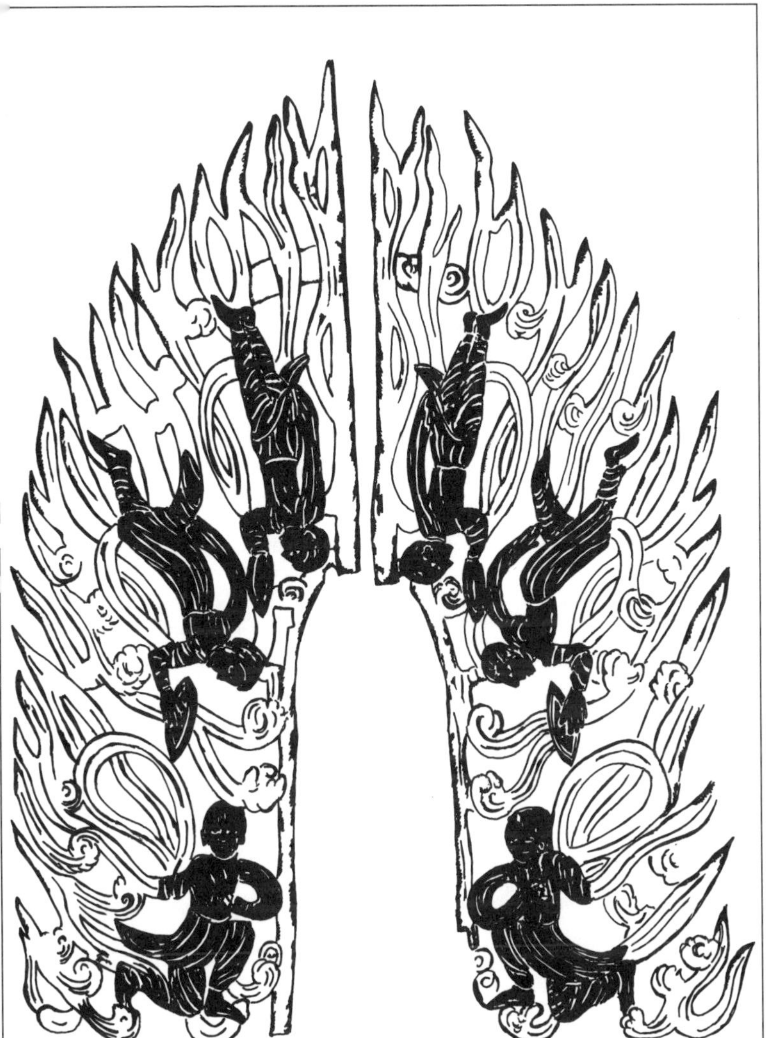

Abb. 69 Magischer feuerabwehrender Bronzeaufsatz des Yakushiji-Tempels in Nara, Japan, 7. Jh. Die Feengestalten (zur Verdeutlichung dunkel gezeichnet) stehen auf dem Kopf, sind also im Jenseits, wo ihnen der Blitz nicht schaden kann.

Abb. 70 Nach dem Glauben mancher Völker, so zum Beispiel des Yekuaná-Stammes in Südamerika, gibt es eine jenseitige Welt mit Wesen, die auf den Händen gehen.

kehrt Wenn etwas verhext ist, dann steht es oder hängt es anders herum.

Als ich einmal in dem aus dem 7. Jahrhundert stammenden Yakushiji-Tempel von Nara (Japan) weilte, entdeckte ich dort die umgekehrte Welt auf einem 190 Zentimeter hohen Bronze-Aufsatz, der den Tempel schützte und zierte. Er wird »Suien«, flammendes, spritzendes Wasser, genannt und hatte die Aufgabe, das Feuer abzuwehren (Abb. 69). Das Besondere an dieser Darstellung war, daß die abgebildeten Engelwesen auf dem Kopf stehen. Sie leben in einer umgekehrten Welt. Der Blitzdämon sollte wohl davor zurückschrecken, an einem Ort einzuschlagen, der zu seinem eigenen Lebensbereich, zur umgekehrten, jenseitigen Welt gehört.

Der Brocken ist eine weithin sichtbare Bergkuppe, eine gute Voraussetzung für Spiegelungen und Verzerrungen. Die optischen Erscheinungen wurden wohl zunächst mit göttlichen Wesen, nach der Christianisierung mit den Aktivitäten von Hexen und Teufeln identifiziert. Ihre Welt wurde als umgekehrt zu unserer erkannt, weswegen alles falsch hängen muß, wenn es verhext ist.

Eukalyptus vom Himmel

Ziemlich genau im Zentrum des australischen Kontinents, im Süden des Nordterritoriums lebte der urtümliche Eingeborenenstamm der Aranda. Der Missionar Carl Strehlow überlieferte genaue Schilderungen ihrer Jenseitsvorstellungen:[8] Im fernen Norden liegt, vom Meer (laia) umgeben, eine schmale, langgestreckte Insel, die »Itjarilkna-ala«. Dieser Ort wird auch Geisterplatz (Itanaka tmara) genannt. Auf dieser Insel stehen Ilumba-Bäume, eine Eukalyptusart. Es ist der Totenbaum der

Aranda, was schon sein Name andeutet, denn »iluma« heißt sterben. Weiß ist übrigens die Totenfarbe dieses Volkes. Weißgefleckte Katzen, weißhaarige Bandikuts (eine kleine, australische Tierart), Eidechsen und Schlangen halten sich dort am Boden auf, weiße Kakadus und andere Vögel sitzen auf den Bäumen. Auf den Gewässern schwimmen Pelikane und verschiedene Entenarten. Die Geister der Verstorbenen, die man sich als weiße, leichte Gestalten denkt, nähren sich im Geisterland von Eidechsen, Ratten, Schlangen und Vogeleiern, aber auch von Larven und Beeren. Des Nachts tanzen sie. Zu diesem Zwecke binden sie sich kleine Gummibaumzweige (para ilbirba) an ihre Beine und befestigen mit Garn umwickelte Grasbüschel auf dem Kopf. Die Toteninsel, von der aus die Verstorbenen ihre Nachkommen auf der Erde besuchen können, hat noch eine Besonderheit: Die Aranda-Ureinwohner wußten, daß die Ilumba-Eukalyptusbäume dort anders sind als auf der Erde. Ihre Äste strecken sich nämlich nicht gegen den Himmel, sondern halbkreisförmig (tenia) gegen den Boden, so daß ihre Spitzen diesen berühren.

Einige Eingeborenenstämme Australiens bezeichnen die Himmelswelt als »Gummibaumland« oder als »Hellen Wolkenknochen«. Manche sagen, er sei mit Quarzkristall angefüllt, dem Stein, der auch mit der mythischen Regenbogenschlange in Verbindung gebracht wurde.

Die in umgekehrte Richtung gebogenen weißen Äste des Ilumba-Baumes sind ein so bemerkenswertes Detail der Toteninsel, daß man nur annehmen kann, daß die Eingeborenen einen umgekehrt gespiegelten, mit Eukalyptusbäumen bewachsenen Landstreifen für die Toteninsel gehalten haben (Abb. 7 K). Auch die Tatsache, daß sie schmal und langgestreckt sei, unterstützt diese Deutung. Die ungemein geübten eingeborenen Natur-

Abb. 71 Die Eukalyptusbäume mit der weißen Totenfarbe ihrer Rinde gedeihen auch im Land der Seelen, aber ihre Äste wachsen nach Angaben der Eingeborenen dort umgekehrt. Sie biegen sich von oben nach unten zum Boden (Flinders Range, Australien).

beobachter haben ein so unglaublich treffendes Merkmal der Toteninsel überliefert, daß ihre Zuordnung zum Reich der Fata Morgana nicht schwerfällt. Damit wäre die Jenseitsvorstellung eines Steinzeitvolkes mit Naturbeobachtungen in Verbindung zu bringen. Gespiegelte Landschaftsmerkmale sind in ihrer durchscheinenden Beschaffenheit übrigens immer wieder mit Bergkristall verglichen worden.

Laß mich nicht im Jenseits auf dem Kopf gehen

Die alten Ägypter widmeten sich, wie wir gesehen haben, mit großer Aufmerksamkeit ihrem Schicksal nach dem Tode. Das betraf nicht nur den Pharao, sondern auch die Staatsdiener und die einfacheren Menschen. Diese Neigung äußerte sich in der Vorbereitung aufwendiger Grabanlagen, aber auch im Aufsagen von Bittgebeten. Sie waren in den sogenannten Totenbüchern niedergeschrieben und zielten darauf ab, das Leben in der jenseitigen Welt schöner zu gestalten und Fehler zu vermeiden. Sie enthalten ganze Listen von Bitten, von denen eine einzelne herausgegriffen werden soll. So bittet die andächtig betende Anhai in einem Papyrus, der ihr als Totenbuch auf ihren letzten Weg mitgegeben wurde: »Laß mich nicht im Jenseits auf dem Kopf gehen.« Offensichtlich hatte die Betende Angst davor, in einer umgekehrten Welt zu leben, die sie sehr anschaulich interpretierte.[9]

In den Hieroglyphen-Texten, welche die Reise des Pharaos Pepi I. in die Elysischen Felder beschreiben, fallen zusätzliche Besonderheiten der jenseitigen Welt auf: »Sie zeigt dir den Weg zum Horizont, zu dem Ort, wo Re ist. Die ›Doppeltüre‹ des Himmels steht dir offen.« Und es steht dort weiter: »Dort siehst du (Pepi) Re stehen, und er begrüßt dich. Er führt dich in den himmlischen ›Doppelpalast‹ und setzt dich auf den Thron des Osiris.«

Wie anderswo ausführlicher diskutiert wurde,[10] gibt es viele Anzeichen dafür, daß die Toten eine umgekehrte jenseitige Welt erwartet. Nicht zuletzt zeigt die Brustplakette des toten Tut-ench-amun sein Namenszeichen in Spiegelschrift, damit er im Jenseits mit gebührendem Respekt empfangen werden konnte. Der »Doppelpalast« des Re ist möglicherweise nichts anderes als die Vision einer zweifachen Spiegelung, bei der ein aufrechtes über einem umgekehrten Bild am Himmel sichtbar wird (Abb. 97).

Die blumige Wiese der Sirenen

Im zwölften Gesang der *Odyssee*, Homers großem Epos, ist eine Begegnung mit Sirenen und ihren Verlockungen geschildert. Odysseus zu seinen Kameraden:

»Erst befiehlt uns die Göttin (Kirke), der zauberischen Sirenen
Süße Stimme zu meiden und ihre blumige Wiese.
Mir erlaubt sie allein, den Gesang zu hören; doch bindet
Ihr mich fest, damit ich kein Glied zu regen vermöge
Aufrecht stehend am Maste, mit festumschlungenen Seilen.
Fleh' ich aber euch an und befehle, die Seile zu lösen,
Eilend fesselt mich dann mit mehreren Banden noch stärker.
Also verkündet' ich jetzo den Freunden unser Verhängnis,
Und wie geflügelt entschwebte, vom freundlichen Wind getrieben,
Unser gerüstetes Schiff zu der Insel der beiden Sirenen.
Plötzlich ruhte der Wind, von heiterer Bläue des Himmels
Glänzte die stille See, ein Himmlischer senkte die Wasser.
Meine Gefährten gingen und falteten eilig die Segel,
Legten sie nieder im Schiff und setzten sich hin an die Ruder;
Schäumend enthüpfte die Woge den schöngeglätteten Tannen.«

Darauf verschließt der listige Odysseus die Ohren der Kameraden mit Wachs, nur seine eigenen nicht.

»Jene banden mich jetzo am Händen und Füßen im Schiffe,
Aufrecht stehend am Maste, mit festumschlungenen Seilen;
Setzten sich dann und schlugen die graue Woge mit Rudern.
Als wir jetzo so weit, wie die Stimme des Rufenden schallet,
Kamen im eilenden Lauf, da erblickten jene (die Sirenen) das nahe
Meerdurchgleitende Schiff und huben den hellen Gesang an:
Komm, besungner Odysseus, du großer Ruhm der Achäer!
Lenke dein Schiff ans Land und horche unserer Stimme.
Denn hier steuerte noch keiner im Schwarzen Schiffe vorüber,
Eh' er dem süßen Gesang aus unserem Munde gelauschet;
Und dann ging er von hinnen, vergnügt und weiser als vormals.
Uns ist alles bekannt, was ihr Ägeier und Troer
Durch der Götter Verhängnis in Trojas Fluren geduldet:
Alles, was irgend geschieht auf der lebensschenkenden Erde!
Also sangen jene voll Anmut. Heißes Verlangen
Fühlt' ich, weiter zu hören, und winkte den Freunden Befehle
Meine Banden zu lösen; doch hurtiger ruderten diese.
Und es erhoben sich schnell Eurylochos und Perimedes,
legten noch mehrere Fesseln mir an und banden mich stärker.

Also steuerten wir den Sirenen vorüber, und leiser,
immer leiser verhallte der Singenden Lied und Stimme.
Eilend nahmen sich nun die teuren Genossen des Schiffes
Von den Ohren das Wachs, und lösten mich wieder vom Mastbaum
Als wir jetzo der Insel entruderten, sah ich von ferne
Dampf und brandende Flut und hörte ein dumpfes Getöse.
Schnell entflogen den Händen der zitternden Freunde die Ruder ...«

Abb. 72 Das Schiff des Odysseus, an den Felsen der Sirenen vorbeisegelnd. Eine Sirene erscheint in der umgekehrten Welt. Auch sind es drei Sirenen, weil dreifache Erscheinungen zum Repertoire der Luftspiegelungen zählen. Athenische Vase von Stamnos (London, British Museum)

Dieser Schilderung entspricht eine alte griechische Darstellung dieser Szene (Abb. 72). Die Sirene, die in Vogelgestalt mit dem Kopf nach unten – also gänzlich entgegen der natürlichen Fluggewohnheit und Flugfähigkeit eines Vogels – vor Odysseus und seinen Schiffskameraden schwebt, spiegelt wohl eine Beobachtung der Seeleute wider: Sie sahen auf den Klippen Erscheinungen, die schwebten und ihre Gestalt ändern konnten, aber auch als umgekehrte Spiegelbilder irdischer Objekte zu erkennen waren. Die Sirenen wären demnach vogelähnliche Wesen in einer umgekehrten Welt. Sie flogen nicht wie irdische Vögel, fügten sich nicht den Naturgesetzen, denen irdische Vögel unterworfen sind. Auch sieht man die Sirenen als Dreiergruppe, wie es bei mythischen Wesen häufig ist, die am Eingang zur jenseitigen Welt stehen.

Abb. 73 Mehrfachspiegelung über dem Meer, aufgenommen an der finnischen Küste

Homer beschreibt die Ruhe vor dem Sturm, die die Seeleute ans Ruder zwingt. Als er an den Sirenen und an ihrer »blumigen Wiese« vorübergesegelt war, gewahrte Odysseus Dampf, brandende Flut und dumpfes Getöse, den nahenden Sturm. Die »Wasser, die ein Himmlischer senkte«, während die große Ruhe herrschte, die blumige Wiese und die »Woge, die schöngeglätteten Tannen entschlüpfte«, kann man nur als Fata-Morgana-Phantasiebilder verstehen. Vielleicht war auch der Gesang der Sirenen das Säuseln des nahenden Sturmes.

Die Zauberkünste der Venedigermännlein

Sagen aus dem Vogtland, aus Schlesien und einigen Alpenregionen berichten von einem geheimnisvollen und trickreichen Volk kleiner Erzschürfer, den Venedigermännlein. Sie haben die Fähigkeit, durch die Luft zu fliegen und Menschen in ihre märchenhafte Heimat, das »Venedigerland«, zu bringen. Manchmal sagt man ihnen nach, daß der Teufel selbst sie durch die Luft zu verborgenen Schätzen führt.

Geht man diesen Sagen auf den Grund, fallen insbesondere die Goldschürftechniken der Venedigermännlein ins Auge. So verfügen sie über unsichtbare Esel, mit denen sie goldhaltige Erze wegtransportieren. Ihre wichtigsten Werkzeuge sind nicht Schaufel und Spitzhacke, sondern Zauberspiegel, mit denen sie die Goldschätze aufspüren. In einer Kärntner Sage weiß man von einem ›walischen Mandl‹ (Venedigermännlein) zu berichten, das, wenn es den Berg hochstieg, immer den Zauberspiegel in der Hand hielt, um das im Gestein verborgene Edelmetall zu erkennen. Ein Bauer schlich ihm nach und beobachtete, wie dem Schatzsucher der Spiegel in

Abb. 74 Die Venedigermännlein erkundeten mit Spiegeln Goldlager oder transportierten sogar Gehöfte. Auch schafften sie auf unsichtbaren Eseln ganze Erzlager weg.

einen tiefen Spalt fiel. Als er angestrengt hinuntersah, erblickte er in ihm einen Goldsack, einen Hammer und ein Totengerippe. Er ließ sich von dem Spiegel leiten und fand den Goldschatz. Der Bauer wurde reich, aber das Gold machte ihn nicht glücklich. Er wurde ein Trunkenbold, und der Spiegel verlor seine Zauberkraft. In anderen Erzählungen verärgerten Bauern die Venedigermännlein, indem sie ihnen nachspionierten oder ihnen Gold abjagten. Dann drohten diese ihnen mit der Zauberkraft ihrer Spiegel. In einem Falle zeigte einer dieser mythischen Goldsucher einem Bauern im Zauberspiegel sein eigenes Anwesen, wo die Bäuerin gerade ein Kuh melkte. Das Männlein schoß auf die Kuh, die dann tatsächlich tot vorgefunden wurde.[11]

Die Auskundschaftung von Erzlagern (Bergsilhouetten) mit Zauberspiegeln, das Aufladen und Abtransportieren von Erzen mit unsichtbaren Eseln und ihre Fähigkeit, Menschen, ja ganze Bauernhöfe ins Venedigerland, ihre Heimat, fliegen zu lassen, dies alles deutet darauf hin, daß die Venedigermännlein für Luftspiegelungen in den Bergen verantwortlich gemacht wurden. Sah man eine Spiegelung, so war diese das Werk der Venedigermännlein. Erkannte man über den Gipfeln einer Bergkette Gestein als Folge einer teilweisen Spiegelung, vermutete man darunter die unsichtbaren Esel der mythischen Goldschürfer.

Der Gespensterwald

In der Etoscha-Pfanne im Norden Namibias gibt es einen etwa ein Quadratkilometer großen Wald, in dem Bäume der Familie Moringaceae wachsen. Sie haben, vor allem in der Trockenzeit, sehr bizarre Formen. Dies kommt daher, daß ihre Äste ihre Wachstumsrichtung häufig ändern. Sie wirken dann wie hochgestreckte Wurzeln. Sie bieten als Wald eine nahezu unwirkliche Erscheinung. Man hat den Eindruck, sich in einer fremden Natur zu bewegen, die an eine utopische Vision erinnert.

Die Eingeborenen nennen diesen Wald einen Gespensterwald. Sie sagen, die Bäume seien vom Himmel heruntergeworfen worden, denn ihre Wurzeln ragen nach oben in die Luft.

Wenn ein Wald, in dem die Bäume ihre Wurzeln in die Luft strecken, in der Vorstellung der Einheimischen vom Himmel auf die Erde gefallen ist, dann wächst der Wald im Himmel umgekehrt, im Vergleich zu irdischen Wäldern. Dies könnte mit der Vorstellung zusammen-

Abb. 75 Ansicht des Gespensterwaldes mit Bäumen der Gattung Moringa ovalifolia im Etoscha-Gebiet Nordnamibias

hängen, daß die jenseitige Welt eine umgekehrte Welt darstellt.

Umgekehrte Welt und die Fata Morgana

Daß nicht nur Naturvölker in verschiedensten Teilen der Welt, sondern auch Kulturvölker wie die Sumerer, Babylonier, Ägypter und Chinesen die jenseitige Welt als umgekehrt betrachteten, ist allein schon verblüffend. Die Pharaonen und ihre Untergebenen stellten sich auf diesen Umstand sogar bei ihren Begräbnisriten ein. Mittelalterliche Hexen hatten Kontakt zu einer umgekehrten Welt, wo der Teufel herrschte. Wenn etwas verhext war, wurde es zwangsläufig umgekehrt dargestellt. Das Christentum hatte vielfach die umgekehrte Welt als Teil der heidnischen Jenseitsvorstellung in den Zuständigkeitsbereich des Teufels abgedrängt, aber sie überlebte im Mittelalter als Besonderheit des Paradieses. Im Brauchtum blieben viele uralte Erinnerungen an den Kontakt zur umgekehrten Welt erhalten. Die Tatsache, daß die Vorstellung von einem umgekehrten jenseitigen Land über die ganze Welt verbreitet ist, verlangt jedenfalls nach einer Erklärung.

Da Luftspiegelungen regelmäßig, wenn auch nicht sehr häufig, umgekehrte Landschaftsbilder produzieren, liefern sie eine natürliche und anschauliche Erklärung für die Vorstellung von der umgekehrten Welt (Abb. 84). Die nach unten wachsenden Äste der Eukalyptusbäume können nur Einzelheiten aus einem gespiegelten Bild sein, ebenso wie die mit dem Kopf nach unten schwebende Sirene. Die umgekehrte Welt ist demnach eine wirklich beobachtete Welt der »Fee Morgana«. Wer Spiegelungserscheinungen als Einblicke in die andere Welt wertete, für den mußte diese Welt umgekehrt sein, sofern er sich auf seine Sinneswahrnehmungen verließ. Für eine Reihe antiker Zivilisationen waren Spiegel übrigens Gegenstände, die mit größter Vorsicht verwendet werden mußten. Sie brachten Unglück, da sie über das Spiegelbild Zugang zur jenseitigen Welt verschafften. Noch heute werden bei manchen Totenkulten die Spiegel verdeckt, wenn ein Angehöriger stirbt.

Nicht immer sieht man in einer Luftspiegelung am Himmel die Einzelheiten deutlich umgekehrten Landes. Manchmal schwebt ein Stück davon, die Spitze eines Berges, ein Teil einer hinter dem Horizont liegenden Landzunge, einfach am Himmel, wie eine rätselhafte Insel. Diese taucht spontan über dem Horizont auf, verblüfft den Betrachter und verschwindet wieder. Was hat die Phantasie der Menschen aus solchen Begegnungen gemacht?

Abb. 76 Doppelvogel. Darstellung im Zusammenhang mit dem Vogelkult, Osterinsel

5.

Mythische Inseln

Die mythischen Inseln der Polynesier

Sie tauchen manchmal in der Weite des Pazifiks in Landnähe auf, schweben zwischen Himmel und Meer, werden je nach dem Willen der Götter gehoben oder gesenkt, und wenn man sie sieht, darf man nicht darauf zeigen, weil sie heilig sind. In der hawaiianischen Mythologie leben auf einer dieser Inseln, auf Kane-huna-moku, dem »verborgenen Land des Kane«, die Götter Kane und Kanaloa, laben sich am Getränk Awa und ernähren sich von den Früchten eines Gartens, dessen Pflanzen immerwährend wachsen und gedeihen.[1] Auf dieser Insel leben auch die göttlichen Wesen, die von Kane abstammen. Dazu gehören Kane, der die Erde beben läßt, Kane, der den Donner ertönen läßt, und Kane, der das Wasser des Lebens verwaltet. Es ist das Reich zwischen Himmel und Erde, wo die Geister sich allen Freuden hingeben können, ohne arbeiten und sterben zu müssen. Es gibt dort einen Wasserteich, Ka-wai-ola-a-Kane, der die Bewohner jung hält und Krankheiten heilt. Wenn die Geister dieser Existenz überdrüssig geworden sind, können sie entweder in Geistergestalt auf die Erde zurückkehren oder in die Körper von Menschen schlüpfen. Sie können aber auch wirkliche Götter werden und in den Himmel ziehen oder in den Wolken leben.

Abb. 77 Geheimnisvolle Inseln (hier vor der Küste Oregons) haben die Phantasie schon immer beflügelt.

Die Eingeborenen von Hawaii sagen, daß diese mythische Welt aus dem Land Niu-roa-hiki geboren worden ist, einem Land, das zu Hawaii gehört, aber sich den irdischen Inseln nie zu weit nähert. Alle Menschen, die die heiligen Tabus eingehalten haben, können nach dem Tode dorthin ziehen. Es gibt zahlreiche Erzählungen über Begegnungen mit diesen Inseln. Die Eingeborenen berichten, auf ihnen Gestalten erkannt und Geräusche vernommen zu haben, als die Erscheinung vorüberschwebte.

Der Mythos von Kane-huna-motu, der verborgenen Insel des Gottes Kane, berichtet, wie die Schöpfung zustande kam. So haben sich Mano-i-ku(kiu)-lani, der Anführer der Schönwetterwolken (Wolken im blauen Himmel), und die Anführerin der Schlechtwetterwolken (wirbelnde, sich wälzende Wolken) vereinigt und zunächst einen Nebel gebildet, aus dem rotgefärbte pyramidenförmige Wolken entstanden sind. Daraus bildete sich dann das verborgene Land des Kane. Es besteht aus »drei« Schichten. Die oberste wird, nach Kane, Kane-huna-motu, also die »verborgene Insel des Gottes Kane« genannt. Die mittlere trägt den Namen Kueihelani. Hier

Abb. 78 Der riesige Donnervogel hebt einen Wal aus dem Meer (Kwakinte-Stamm, Britisch-Kolumbien)

leben seine Frau und Kinder und das Zwergenvolk. Die unterste Schicht wird Ulu-hai-malama genannt, wo wohlriechende Blumen wachsen. Der Garten wird von den guten Geistern Uhawao und Uhalaoa verwaltet, während Kauhai die Insel mit dem Wind in Bewegung setzt, in der Regel aber nur nachts. Da die Insel heilig ist, ist sie tagsüber nicht zu sehen, außer während gewisser Tabu-Perioden.

Neben dem Namen Kane-huna-motu trägt die Insel der Götter und Geister gelegentlich auch den Namen Ulu-koa, was soviel wie die »kahle Brotfrucht« bedeutet. Möglicherweise nennt man sie so, weil sie als schwebende, länglich-ovale Insel gesehen wurde. Sie soll neben den »senkrechten Wänden des Kane« liegen.

Eine der berühmtesten dieser Inseln, die nach Gutdünken ihres Herrn in den Wolken schweben oder auf Meer und Land absinken kann, heißt Paliuli. Sie wurde in einheimischen Liedern viel besungen. Auf den Tuamotu-Inseln weiß man von zwei geheimnisvollen Ländern der Vorfahren zu berichten, von Uporu und Havaiki, die man nur dann vom Boot aus zu Gesicht bekommt, wenn man sich gerade dazwischen befindet. Auf Hawaii glaubt man, daß eine alte Frau diese schwebenden Inseln bewacht. In der Legende von Tane und Kiho-tumu besucht Tane den älteren Gott Kiho-tumu und wird von diesem auf die Probe gestellt. Nur wenn er die schnell flüchtende Insel einholt, wird er genauso mächtig wie er werden. Ein Gesang beschreibt die Stimmung bei einer Begegnung mit ihr:

»Hier ist die segelnde Insel, das schnell flüchtende Land,
schwebend bereit, auf die lange Reise zum fernen Strand
von Hivanui aufzubrechen,
großes Land der Dunkelheit,
wandernde Vögel, über den Wolken rudernd, ziehen ihre
flüchtigen Schatten übers Land,
die verschwindende Insel ist wie ein wandernder Vogel,
der, vom Wind getrieben,
auf einem unbeirrbaren Flug plötzlich auftaucht.«

Auf den Marquesas-Inseln erzählten die Priester von einem verborgenen Land im Westen, in dem es Nahrung im Überfluß geben soll. Unzählige junge Männer sollen aufgebrochen sein, um es zu finden. Nur ein einziges Kanu hat jemals zurückgefunden.

Auf Samoa, Tonga und Fidschi kennt man das Paradies unter dem Namen Bulotu (oder Polotu). Für die Boote der Menschen ist diese Insel unerreichbar, oder sie wird von den Göttern für die Vorüberfahrenden unsichtbar gemacht. Dieses paradiesische Eiland wird vom göttlichen Wesen Save-a-siuleo beherrscht, das halb Mensch und halb Fisch ist. Es besitzt ein Haus, dessen Pfeiler aus den Knochen toter Häuptlinge aufgebaut sind. Hier baden sich die Geister der Toten im Wasser des Lebens und erstarken wieder. In Raratonga ziehen die toten Krieger in ein Paradies, das man »Tiki's Schilfhaus«

Abb. 79 Einheimische Kultstätte (Marai) der Polynesier, hier auf Hawaii. Nach Überlieferungen von den Cook-Inseln waren »diese Orte so mächtig, daß Steine sich vom Boden hoben. Auch wurden manchmal vom Meer her fliegende Erscheinungen über den Marais gesehen.« Auf Samoa wurde eine Stätte geheiligt, als eine Göttin aus dem Meere aufstieg und sich dort niederließ. An Orten wie diesem wurden in Polynesien oft doppelköpfige Tikis als Votivgaben geopfert.

nennt, wohl ein Hinweis auf seine Lage nahe an der Wasseroberfläche. Dies ist auch der Fall bei dem Totenreich der Pukapuka-Insel. Es findet sich im freudenreichen Haus »Reval« und wird von Seedämonen bewacht.

Erwähnenswert ist auch die heilige Insel »Muta Tapu« der Hervey-Insulaner. Sie ist der prächtige, mit allen natürlichen Wohltaten ausgestattete Aufenthaltsort des Gottes »Tinirau«, des Herrn der Fische. Von ihm kommen die Lebewesen des Meeres, ähnlich wie bei den Eskimo von der Meeresmutter. Ein Mädchen namens »Ina« soll auf dem Rücken eines Haifisches zu seiner Insel gekommen sein und wurde seine Frau.

Bemerkenswerterweise ist von einer Auseinandersetzung zwischen Tinirau, dem Herrscher der Fische, und Vitea, dem Herrn des Ozeans, die Rede. Dabei mußte der erstere einen Teil seiner Insel an den letzteren abtreten, um die Erlaubnis zu erwirken, seine Fische auszusetzen. Wie dieser Austausch zwischen einer schwebenden Insel und dem Meer erfolgte, wissen nur die Meeresgespenster.

Der Name Paliuli für die schwebende Insel des Gottes Kane enthält das polynesische Wort für Ort (pa), und liuli ähnelt dem Wort für Zwielicht oder Luftspiegelung (liula). Die Insel kann wohl als Luftspiegelung verstanden werden. Gott Tiki, zu dessen Schilfhaus an der Wasseroberfläche die Seelen der toten Krieger ziehen, wird gelegentlich als Doppelwesen mit zwei Köpfen dargestellt – Ausdruck für eine gespiegelte Erscheinung.

Auch die Insel »Muta Tapu« war wohl ein Luftgebilde an der Wasseroberfläche. Sonst hätte das Mädchen Ina nicht auf einem Haifischrücken dorthin gelangen können. Die mythischen Inseln Polynesiens sind demnach wohl wirklich beobachtete Erscheinungen, die den Einheimischen den Rahmen für ihre Jenseitsvorstellungen lieferten.

In vielen Gebieten der Welt, vor allem wo Menschen am Meer leben, ist der Glaube verbreitet, daß die Toten sich auf eine Insel zurückziehen, wo sie frei von Kummer und Schmerz leben können, diese aber für Irdische unerreichbar sei. In einem irischen Mythos bilden die Meereswellen um diese Inseln einen hohen, undurchdringlichen Wall. In anderen Legenden zieht sich die Insel einfach zurück, wenn man sich ihr nähert.

Abb. 80 Doppelköpfiger polynesischer Tiki

Reinga, das Sprungbrett der Seelen

Als im Jahre 1793 die zwei neuseeländischen Häuptlinge Huru und Tuki dem britischen Leutnant King halfen, eine Landkarte Neuseelands zu entwerfen, vergaßen sie nicht, auf die Bedeutung des Nordkaps hinzuweisen. Von der Westküste aus und an ihr entlang zeichneten sie eine rätselhafte, verschlungene Doppellinie, die dorthin führte. Am Endpunkt skizzierte einer von ihnen mit wenigen Strichen einen Baum mit einem herabhängenden Ast.[2] Heute sind sich die Volkskundler ziemlich sicher, daß die Häuptlinge den Weg eingezeichnet haben, den ihre Toten zurücklegen müssen, um zum Cap Reinga zu gelangen, dem Sprungbrett der Seelen in die jenseitige Welt. Denn mythologische Zeugnisse, die seit den frühesten Jahren der Kolonisierung und aus den verschiedensten Gebieten Neuseelands stammen, stimmen bezüglich der Route ins Jenseits überein. Als der Missionar Puckey, der in Kaitaia wirkte, diesen Geisterplatz im Jahre 1824 besuchen wollte, versuchte ihn der Häuptling des Dorfes Houhora aufzuhalten. Er fürchtete, jener würde die Wurzeln (aka) des Reinga durchschneiden und die ganze Insel zerstören. Zu einem Begleiter sagte er: »Laß deinen Freund nicht die Leiter abschneiden, über die die Seelen unserer Vorfahren in die jenseitige Welt geleitet wurden.« Der Missionar erfuhr, daß die Seelen der Toten auf ihren Rastplätzen entlang des Weges zum Reinga kleine Bündel grüner Blätter als Wunschhäufchen zurückließen. Der Missionar besuchte schließlich dennoch das Reinga, wo die Geister entlang des Aka, eines herabhängenden Astes, das Jenseits erreichen.

Die Überlieferungen zum Reinga sind nicht einheitlich. Oft heißt es, daß die Seelen über eine herabhängende Wurzel einen mit Meeresalgen bewachsenen Eingang erreichen. Manchmal sprachen die Maori vom Reinga als von einer Welt des Lichtes, gelegentlich aber auch als von einer Welt der Trübseligkeit. Nicht selten ist von verschiedenen Schichten des Reinga die Rede. Die Geister sollen in den höchsten Gefilden leben. Der katholische Missionar Servant, der in Hokianga lebte, schrieb 1841: »Der Tote ... überquert den Hügel Herangi und erreicht Reinga. Wenn er dann die Gebiete unter dem Meer verläßt, teilt er den durchsichtigen Schleier am Eingang zum Weg ›Motatau‹ und erreicht die Ebenen der Luft. Nachdem er sich an den Strahlen der Sonne gewärmt hat, tritt er in die Dunkelheit zurück.«

Heute erscheint Reinga dem Besucher als ein windgefegtes Kap (Abb. 81), an dem sich die verkrüppelten Bäume in die engen Schluchten ducken und die Geister

Abb. 81 Cape Reinga: der gespenstische Ort, von dem die Seelen der Maori von Neuseeland, genannt wairua, der Überlieferung nach zum jenseitigen Land aufbrachen

höchstens im Nebel vermutet werden können. Was hat die Vorstellung der Maori so nachhaltig geprägt?

Solche ›Sprungbretter‹ der Seelen oder Abfahrtsstellen für ihre mythischen Boote gibt es an vielen Orten der Welt. Bekannt ist Kap Raz am äußersten Ende der Bretagne, wo es seit urdenklichen Zeiten eine »Seelenbai« gibt, von der aus die Toten abfuhren. Selbst die Druiden stießen, wenn sie ihr Ende kommen sahen, hier ab, um auf der vorgelagerten heiligen Insel Sena zu sterben. Auf der hawaiianischen Insel Oahu ist das Sprungbrett ein Ort beim Westkap. Auf den Samoa-Inseln durchwandert ein Geist zunächst die Inseln, bis er am westlichsten Punkt von Savaii abspringen muß. Solche Orte finden sich auch auf nahezu allen Inseln der Tonga- und Hervey-Gruppe.

Wenn Reinga vor langer Zeit eine Besonderheit wurde, dann vielleicht durch eine Luftspiegelung. Der merkwürdig herabhängende Ast oder die herabhängende Wurzel als Brücke zur anderen Welt, die in dieser Mythologie eine so große Rolle spielt, könnte zur gespiegelten Welt gehört haben. Das Meer, das die Seelen beim Übergang erreichen, war vielleicht das am Himmel gespiegelte Meer (Abb. 85, oberhalb der gespiegelten Inseln). Auf diese Weise wird verständlich, weshalb die Seelen darüber auf die Ebene der Luft und die Sonne stoßen.

Allgemein gesehen, sind Absprungstellen für die Geister der Toten exponierte Küstenvorsprünge, die von weit her gesehen werden können, sowohl vom Meer her als auch entlang der Küste. Damit sind sie potentielle Schauplätze von Luftspiegelungen. Sporadisch auftretende gespiegelte Konturen über solchen Kaps könnten für abspringende Geister gehalten werden.

Unsichtbare Seelen zwischen grünen Palmen

Eine alte Frau von den Fidschi-Inseln erklärte mir genau, wohin die Seelen der toten Ahnen ziehen. Sie hatte dies als Kind von ihrer Urgroßmutter erfahren, die sich in dieser Angelegenheit sehr gut auskannte.

Es gibt von der Südwestspitze von Vanua Levu aus gesehen gegen Sonnenuntergang eine Insel im Meer. Man hat sie immer wieder gesichtet, aber wenn man sich ihr näherte, wich sie zurück und verschwand. Man hat auf ihr deutlich Bäume gesehen, wie sie auf Tropeninseln wachsen, aber nie wurden Menschen beobachtet. Ihr wurde der Name Naicobocobo gegeben (dessen Sinn meine Informantin nicht mehr verstand), und man

Abb. 82 Schwebende Inseln (Spiegelung nach unten) im Fidschi-Gebiet (Mamanuca-Gruppe). Die Fischer sagen, daß ein Sturm droht, wenn deren Kanten stark nach oben gebogen erscheinen.

glaubte, daß die Seelen der Toten dorthin gehen. Ihre Gestalten können von lebenden Menschen nicht mehr wahrgenommen werden. Am äußersten Westkap von Vanua Levu kennt man übrigens eine Stelle, wo die Toten die Kähne besteigen, um in das Reich des Erderschütterers Ndengei zu fahren.[3]

Auf Fidschi existiert eine zweite Gespensterinsel, von der man immer wieder hörte und die auch in neuerer Zeit gelegentlich gesehen wurde. Sie wird Burutukula genannt und findet sich in der Lau-Inselgruppe. Gesichtet wurde sie westlich der Insel Nayau. Wenn man dieser Insel begegnet, kann man sich ihr dennoch nicht nähern. Man hört aber gelegentlich Stimmen und Geräusche, von denen man annimmt, daß sie von Frauen stammen, die diese Inseln bewohnen. Es sind amazonenartige Wesen, die Männern sehr gefährlich werden können.

Auf einer anderen Geisterinsel, Burotu oder Morotu im Nordwesten der Fidschi-Insel Viti-levu, lebt Hikuleo, ein geschwänzter Gott, neben der Quelle des Lebens. Sterbliche können sie nicht erreichen.

Die ungefähre Lage der zwei ersteren Inseln (siehe Abb. 83) läßt den Schluß zu, daß es sich um Fata-Morgana-Inseln handelt. Immer wieder hat man bei ruhigen Luftverhältnissen (Ruhe vor dem Sturm) über große Entfernungen (bis zu Hunderten von Kilometern) versetzte Inseln beobachtet. Im ersten Fall (Naicobocobo) könnte man eine der rund 80 bis 100 Kilometer (westlich) dahinter gelegenen Inseln der Yasawa-Gruppe gesichtet haben. Im zweiten Fall (Burutukula) sieht man wahrscheinlich eine Insel der Lomaiviti-Gruppe im Westen, die zirka 100 Kilometer entfernt ist.

Beim Studium solcher Überlieferungen fällt auf, daß mehr Geisterinseln im Westen als im Osten gesichtet

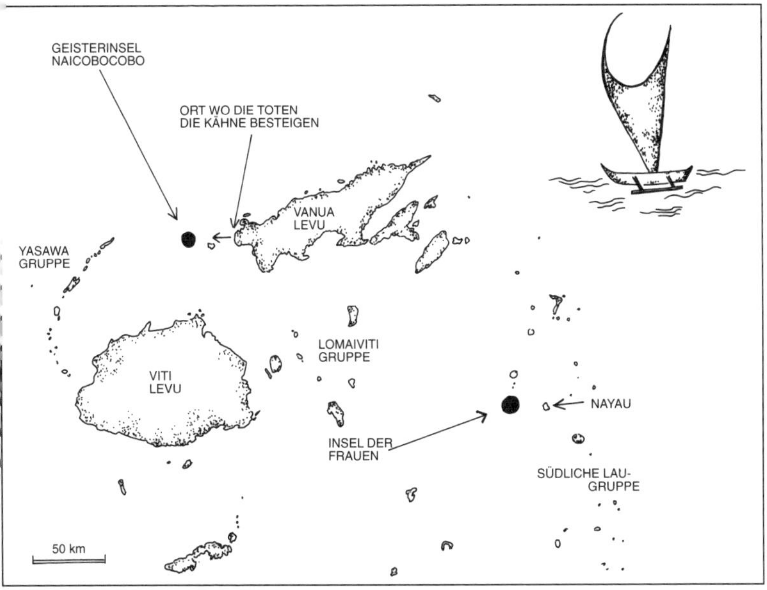

Abb. 83 Ungefähre Lage der Geisterinseln auf Fidschi. Man sieht hier das westliche Kap von Vanua Levu, der Abfahrtsort der Seelen zur Geisterinsel Naicobocobo, und Burutukula, die »Insel der Frauen« westlich von Nayau in der Lau-Gruppe.

werden (Abb. 15). Fata-Morgana-Erscheinungen sollten sowohl am frühen Morgen als auch am frühen Abend häufiger sein, weil dann die Temperaturänderungen besonders groß und damit die Bedingungen für ihr Entstehen besonders günstig sind. Vielleicht hängt die bevorzugte Rolle der westlichen Himmelsrichtung (Sonnenuntergang) mit der Vorstellung zusammen, daß die Sonne im Westen in ein anderes Land zieht. Es könnte aber auch sein, daß die Menschen am Abend einfach mehr Zeit haben, in die untergehende Sonne zu schauen, während sie am Morgen noch schlafen oder sich um Nahrung und Arbeit kümmern müssen.

Auffällig ist bei der Insel Naicobocobo der Doppelcharakter des Namens, der auf eine doppelt gesehene Insel hindeuten könnte, wie sie bei vielen Luftspiegelungen beobachtet wurde. Ein Beispiel ist die legendäre Phantominsel Brasil westlich von Südirland, die in einer nautischen Karte von 1450 als Doppelinsel eingezeichnet ist.[4] Auch die Stimmen und Geräusche, die bei Sichtung der Insel Burutukula vernommen wurden, kennt man ähnlich von keltischen Geisterinseln. Es könnte der Wind sein, der nach der »Ruhe vor dem Sturm« seine Kräfte sammelt. Dies würde auch die überlieferten Gefahren erklären, denen man sich als Seemann aussetzt, wenn man sich mit ihnen einläßt.

Mythische Inseln, die über dem Wasser auftauchen und in der Luft schweben, sind bei zahlreichen Kulturen bekannt, etwa im alten Griechenland oder Hawaii. Auch auf der dritten Fahrt von *Gullivers Reisen* begegnet uns diese uralte Vision der Menschheit.

Das Land der weißen Seelen

Bei einer Reihe von nicht-weißen Völkern stößt man auf den rätselhaften Mythos, daß die Seelen der Toten im jenseitigen Land in weiße Wesen verwandelt werden. Aber ihre Körperformen bleiben dieselben. Dies galt sowohl für australische Eingeborene und Tasmanier wie für die Bewohner der Fidschi-, Tonga- und Hawaii-Inseln bis hin zu westafrikanischen Schwarzen[5]. Da Weiße wegen ihrer Hautfarbe während der Zeit der Entdeckungsreisen hin und wieder als Besucher aus dem Jenseits angesehen wurden, muß dieser Glaube schon vorher existiert haben. Gut dokumentiert ist die Geschichte eines Sträflings, der während der frühen australischen Kolonialzeit flüchtete und bei den Eingeborenen freundliche Aufnahme fand. Wegen seiner weißen Hautfarbe und weil er zufällig mit dem Speer eines kürzlich Verstorbenen aufgefunden wurde, hielt man ihn für einen Rückkehrer aus dem Totenland.

Da gespiegeltes Land in der Regel viel blasser und durchsichtiger erscheint als wirkliches Land, wäre es naheliegend anzunehmen, daß im Seelenland auch die Hautfarbe heller wird. Eine andere Erklärung bestünde darin, daß angenommen wird, in der jenseitigen Welt sei alles umgekehrt. Dunkle Hautfarbe wird demnach hell.

Dilmun und das Himmelsband

Der sumerische Wasser- und Schöpfergott Enki, der einst die Menschen das Handwerk und die Landwirtschaft lehrte und unter der Erde ein riesiges Süßwasserreservoir anlegte, war zu Urbeginn der Zeiten dem Meere entstiegen. Er wurde als Mischwesen, halb Mann halb Fisch, dargestellt oder als Ziege mit Fischschwanz. Babylonische Priester verehrten ihn oft in Gewändern, in denen sie wie Fische aussahen. Enki lebte mit seiner Gefährtin Ninchursanga, einer Erdgöttin, die mit den steinigen Grenzen der Wüsten in Verbindung gebracht wurde, auf der paradiesischen Insel Dilmun. An diesem Ort gab es weder Krankheit noch Tod, und alle Tiere lebten hier friedfertig nebeneinander. Es spricht alles dafür, daß diese Idylle, die für alle babylonischen Kulturen von größter Bedeutung war und über die schon vor 4500 Jahren Legenden wie das Gilgamesch-Epos geschrieben wurden, auf die Insel Bahrain im Persischen Golf zurückging. Tatsächlich ist diese Insel von rund hunderttausend antiken Grabhügeln übersät, die schon im 3. Jahrtausend v. Chr. angelegt wurden. Sie sind Beweis dafür, daß seit urdenklichen Zeiten die Vornehmen des Zweistromlandes hier die Nähe des Himmels suchten, daß hier das legendäre »Land des Übergangs« lag.

Bahrain ist arabisch und bedeutet »die beiden Meere«, ohne daß man weiß, warum diese Insel diesen Namen bekam. Aber im Koran ist das Wort dreimal erwähnt. Bemerkenswert ist die Botschaft in Sure 25 (Vers 54): »Er (Allah) ist es, der die beiden Meere (al-bahrain) auseinanderhält, von welchen das eine frisch und süß, das andere gesalzen und bitter ist. Zwischen beiden macht er eine Kluft zur Scheidewand.« Altertumsforscher haben das süße Meer mit den Süßwasserquellen identifiziert, die in Bahrain aus der Erde sprudeln.

Ein weiterer Hinweis im Koran (Sure 18, Vers 61–83) betrifft eine Begebenheit mit Moses, der zum Eingang des Himmels aufbricht, um die Quelle des ewigen Lebens zu finden. Dort trifft er einen Diener Allahs, der einst als Mensch die Unsterblichkeit erlangt hatte: »Ich will nicht eher rasten, und sollte ich achtzig Jahre lang reisen, bis ich den Zusammenfluß der zwei Meere (albahrain) erreicht habe.« Es gibt eine glaubhafte Deutung dieser Episode als eine Nachdichtung des uralten Gilgamesch-Epos der Sumerer und Babylonier.[6]

Gilgamesch war ein mythischer König von Uruk, der nicht sterben wollte. Er brach mit einem Stiermenschen als Gefährten auf zum Land Dilmun, einem Wohnort der Götter. Hier traf er einen Vorfahren, der der Sterblichkeit entgangen war und die Pflanze der ewigen Jugend kannte. Die Unsterblichkeit konnte er selbst indessen nicht erringen.

Aus vielen Keilschrift-Tafeln kennt man Einzelheiten, die mosaikartig den vergeblichen Weg des sterblichen Helden Gilgamesch über Dilmun zum Himmel beschreiben. Er mußte den mythischen Berg »Maschu«

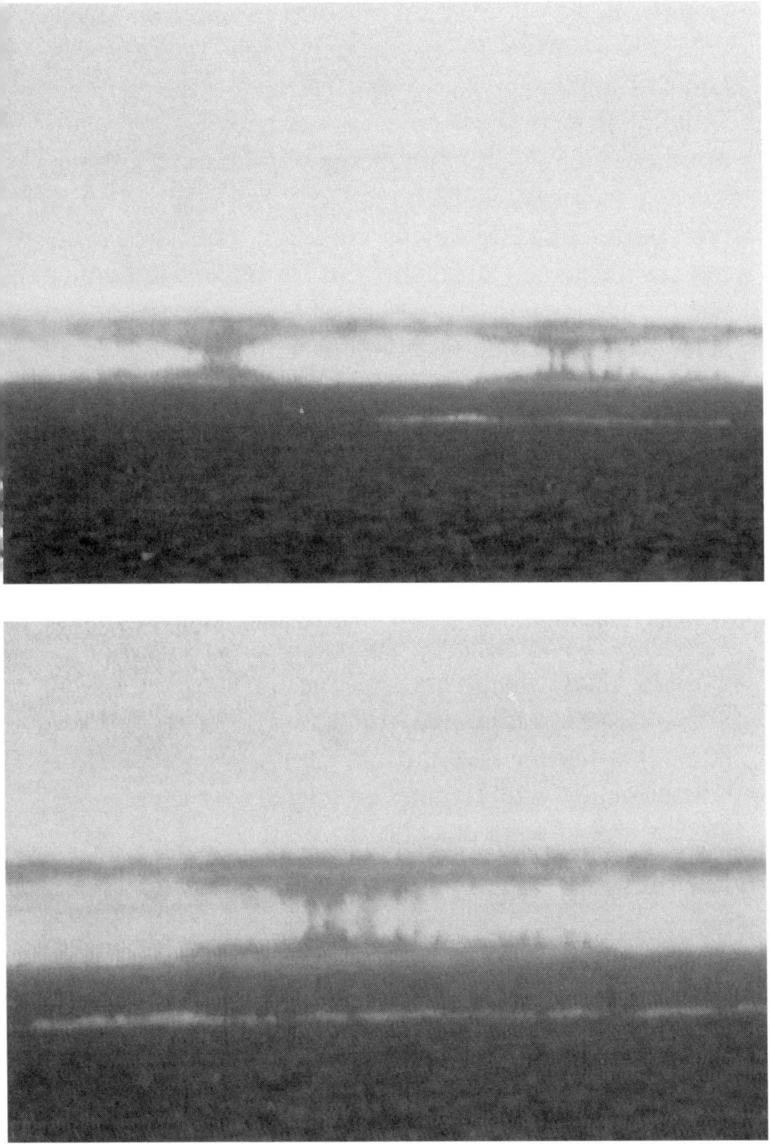

Abb. 84 Zum Himmel gespiegelte Inseln. Wollte Gilgamesch über eine solche Verbindung hinauf zum Himmelsband (gespiegelter Meereshorizont)?

besteigen, der »hoch oben mit dem Himmelsband verknüpft war«. Aber dieses Tor zum Himmel, das in antiken Darstellungen gerne als Treppe mit Flügel- oder Schlangensymbolen gezeichnet wird, war geschlossen. Er mußte einen Gott anrufen, um passieren zu können. Als er aus der Dunkelheit ins Licht trat, war er von einem Garten aus Edelsteinen umgeben. Die Früchte waren aus Karneolen, die Blätter aus Lapislazuli. Er konnte, wie gesagt, die Unsterblichkeit nicht erringen, aber von seinem glücklicheren Vorfahren erfuhr er von einer Pflanze, die den Tod hinauszögert. Sie hieß: »Der Mensch wird im Alter jung.« Er suchte sie unter großen Opfern und fand sie. Aber eine Schlange raubte sie ihm schließlich wieder. Gilgamesch weinte bitterlich, als er erkannte, daß sein ganzer Kampf vergeblich gewesen war.

Wenn das göttliche Dilmun als Luftspiegelung des irdischen Bahrain interpretiert wird,[7] werden manche Rätsel dieses Paradieses transparenter. Die Leiter zu diesem glücklichen Land, die von Flügelwesen und Schlangen bewacht wird, steht am Horizont, wo über das kühle Meer hinweg Inseln samt dem Meeresstreifen gelegentlich am Himmel gespiegelt erscheinen (Abb. 84, 85). Damit wäre das über Bahrain gespiegelte Meer wohl das »süße Meer«, das vom gesalzenen Meer durch eine »Kluft« getrennt ist, die in der Luftspiegelung deutlich zu sehen ist. Ein Süßwassermeer wurde wohl deswegen angenommen, weil Regen nur süßes Wasser bringt. Das über Bahrain am Himmel gespiegelt gesehene Meer war also das Süßwassermeer, welches das Leben auf der Erde speist. (Wie Meeresstreifen sich am Himmel präsentieren können, sieht man in Abb. 18.)

Vielleicht schließt sich das »Himmelsband« als weiterer Streifen an das Süßwassermeer an (Abb. 109) oder ist mit ihm identisch, da es als Band über den Himmel zieht. Dieses Beispiel einer Interpretation eines Spiegelungsphänomens einer Insel samt Meereshorizont zeigt, wie leicht ein Rätsel, das im Mittelpunkt der Religion einer Hochkultur stand und an dessen Lösung sich Generationen von Altertumsforschern versucht haben, völlig neu beantwortet werden kann. Die Stelle, wo Gilgamesch um die Unsterblichkeit kämpfte und wo Moses, nach dem Koran, die beiden Meere suchte, die Allah über einer »Kluft« auseinanderhielt, war die Luftspiegelung der Insel Bahrain.

Das Paradies, das Gilgamesch betritt, ist aus Edelstein. Mit Edelstein wird in orientalischen Geschichten gerne die Substanz von Landschaftsformen verglichen, die in Luftspiegelungen erscheinen. Auch kennt man eine antike Abbildung, in der ein vierflügeliges Wesen, typisch für Vögel in Luftspiegelungen, den tierähnlichen Gefährten des Gilgamesch bei der Hand hält. Gilgamesch hat vergeblich versucht, über eine Luftspiegelung in den Himmel der Götter zu gelangen. Daß dieser Him-

Abb. 85 Fliegende Insel, darüber gespiegelter Meereshorizont

mel umgekehrt zur irdischen Welt ist, zeigt schon die Wunderpflanze mit dem Namen »Der Mensch wird im Alter jung«. Der Held Gilgamesch bewegte sich in einer Welt, die umgekehrt war, konnte dort aber nicht bei der wundersamen Pflanze bleiben, die den Lebensfaden umdrehte. Eine Schlange (Symbol für die Erde) fraß sie ihm wieder weg – die Erde »saugte« die umgekehrte Welt wieder ein, die Luftspiegelung brach in sich zusammen.

Die Vorstellung von einer Insel mit einem Berg als Zugang zum ewigen Leben hat auch in benachbarten Kulturen ihren Niederschlag gefunden. In einer von christlichem Einfluß geprägten arabischen Geschichte steht geschrieben: »Er (der Allmächtige) sagte: ›Laß sie alle Kleider und Gewänder, die sie an sich haben, ablegen.‹ Dann befahl er den Engeln, sie wegzutragen. Und die Engel stiegen zu den Menschen herab, und sie trugen sie. Sie trugen sie weg und brachten sie zu einer bestimmten Insel auf dem Meer, mit einen Berg, in dem es keinen Schmerz gab, keine Sorgen, keine Müdigkeit, keinen Hunger, keinen Durst, noch Kälte, noch große Hitze ... Und diese Insel ist gefüllt mit Freude, Glück, Segen, Rettung und Frieden«.[8] Diese verzauberten Inseln sind in den arabischen Mythen oft mit »Kristall« verglichen oder als »von ganz besonderer Farbe, weiß oder grün« beschrieben worden.

Der Muschelturm

Türme, die am Horizont oder am Himmel auftauchen, haben etwas mit der Nähe Gottes zu tun. So steht im Koran, 89. Sure, Vers 15: »... denn dein Herr (Allah) steht, um alles zu beobachten, auf einem Wachtturm.« Auch steht dort (Koran, 85. Sure, Vers 1–2): »Im Namen Allahs, des Allbarmherzigen, bei dem Himmel mit seinen Türmen ...«. Wir finden in diesem heiligen Buch der Moslems auch folgende Aussage: »Auch haben wir Türme an den Himmel gesetzt, und sie für den Beschauenden ausgeschmückt« (15. Sure, Vers 17) oder: »Gelobt sei der, welcher die Türme an den Himmel gesetzt hat« (25. Sure, Vers 62).

In der chinesischen Sprache bedeutet das Wort »Fata Morgana«, shènlóu, wörtlich soviel wie Meeresgespenster-Türme. In den arabischen Geschichten Alexander des Großen, die in äthiopischen Schriften aufgefunden wurden, wird eine Begegnung geschildert, die in diesem Zusammenhang interessant ist: »Und wir sahen in der Mitte des Meeres Dinge, welche ›Bauwerke‹ zu sein schienen, und wir fragten sie durch einen Übersetzer, der bei uns war: ›Was sind dies für Bauwerke?‹ Und er gab folgende Antwort: ›Das sind die königlichen Gräber, dort drinnen liegt viel Gold.‹ Und ich wünschte zu dieser Insel zu segeln, aber einige meiner Freunde hielten mich zurück. ›Wir werden dir nicht erlauben, zu dieser Insel zu gehen, bevor wir nicht selbst gesehen haben, was dort ist.‹ Ich sandte mit ihnen achthundert der Edlen meines Königreiches, und es geschah, als sie sich der Insel näherten, um zu schauen, daß ein Seeungeheuer das Schiff, und alles was sich darin befand, verschlang.«[9] Auf diese Seeungeheuer stößt man noch einmal bei einer anderen Gelegenheit: »Ich sah eine Insel, die nahe bei uns im Meer lag, und ich befahl zwei Männern, hinzugehen. Und als sie ankamen, sah ich Ungetiere, die Menschen ähnlich waren, nur daß sie viel größer waren als Menschen. Und sie ähnelten Kamelen. Und sie schossen aus dem Meere heraus und legten sich mit zwanzig meiner Männer an, die ins Meer hineingegangen waren, und dann verschwanden sie wieder im Meer.«

Abb. 86 Insel mit Türmen. Luftspiegelung einer flachen Insel im Abstand von 40 Sekunden

Manchmal wird in schmalen Horizontbereichen das Meer zum Himmel gespiegelt, oder es werden niedrige Objekte stark in die Länge gezogen. Dies kann den Eindruck vermitteln, daß sich dort Türme und Gebäude befinden (Abb. 26). Da gewisse Visionen beim Blick über das

Wasser den Eindruck eines Paradieses vorspiegelten, stehen diese Türme nach dem Koran wohl im Himmel.

Bezeichnenderweise nennen, wie wir schon erwähnt haben, die Japaner traditionell Luftspiegelungen am Meer auch »Turm der Muscheln« oder »Hoher Turm der Muschel«. Dabei wird angenommen, daß eine gigantische Muschel die Luft ausatmet, in der die Visionen (zum Beispiel turmartige Gebilde) auftreten. Interessanterweise hängt auch in einer isländischen Sage in der anderen Welt ein Turm in der Luft.

Das Seeungeheuer, welches das Schiff verschlang, war wohl der Sturm, der dieser Erscheinung folgte. Inseln sind häufig gespenstische Stätten, weil der Blick dahin über ein ebenes, kühles Stück Meer schweift, über dem die Lichtstrahlen manchmal zu phantastischen Erscheinungen verwoben werden. Das geschieht auch in der Arktis, wo ebenfalls turmartige Erscheinungen in Luftspiegelungen auftreten, wenn schmale Horizontbereiche für den Betrachter zum Himmel hoch gezogen werden (Abb. 188).

Das Elfenland

Im Åfjord in Norwegen liegt die Insel Løvøya, von der erzählt wird, sie sei einmal ein Elfenland gewesen.[10] Sie war damals für die Menschen nur gelegentlich sichtbar, wenn sie mit ihren grünen Feldern und Hügeln aus dem Meere hochstieg. Zunächst zeigte sie sich nur als schmaler Streifen Landes gerade über den Wellen, dann hob sie sich langsam aus dem Meer. Viele Menschen hatten versucht, diese Insel zu erreichen, doch sie verschwand im Meer, wann immer man sich ihr näherte. Man versuchte heilige Worte und Gebete, aber nichts half. Man konnte auf ihr nicht landen. Am Festland, den Fjord weiter hoch, lag ein Bauernhof, der Olden genannt wurde. Die Bauern dort hatten eine Sau mit sieben Ferkeln. Als eines Tages die Insel sichtbar wurde, schwamm sie mit ihnen hinüber und landete. Die Schweine liefen dort den ganzen Tag herum und kehrten am Abend wieder heim. Dann verschwand die Insel wieder. Dies wiederholte sich viele Tage. Eines Morgens aber band der Bauer der Sau ein Stahlmesser um den Hals. Sie schwamm damit zur Insel und brach den Bann: Seit damals ist sie nicht mehr verschwunden und trägt heute große, reiche Bauernhöfe.

Inseln sind häufig Spielbälle von Luftspiegelungen. Sie werden gehoben und gesenkt, manchmal auch über große Entfernungen versetzt. Dies muß auch bei dieser Insel immer wieder beobachtet worden sein. Sie wurde deswegen zu einer Elfen-Insel, die erst in jüngerer Zeit eine gewöhnliche Insel wurde.

Mythische Inseln und die Fata Morgana

Wie in Abb. 15 zu sehen, ist die Vorstellung, daß die Seelen der Toten auf mythische Inseln ins Meer wandern, auf der Welt so verbreitet, daß ein vernünftiger Zusammenhang gesucht werden muß. Dabei haben sich die Zivilisationen an der amerikanischen Pazifikküste, in Polynesien und in Europa unabhängig voneinander entwickelt, so daß eine mündliche Verbreitung dieses Glaubens wohl ausgeschlossen werden kann. Luftspiegelungen von Inseln hätten eine solch spezielle Jenseitsvorstellung aber glaubhaft machen können und würden auch die detaillierten Beschreibungen dieser Inseln erklären. Sie sind für Irdische nicht zugänglich, tauchen sporadisch auf, schweben zwischen Wasser und Wolken, sind bewohnt von weißlichen Gestalten. Keine Vision hat die Erwartungen mehr angespornt als die Insel der Seligen, die die Quelle des ewigen Lebens trägt. Die ältesten mythischen Überlieferungen, etwa das Gilgamesch-Epos, beschäftigten sich schon mit der Frage, wie man über eine solche Insel, ihrem gespiegelten Ebenbild und einem daran anknüpfenden Himmelsband in das Land der ewigen Jugend vordringen könne. Zwanglos hat unsere Analyse auch offengelegt, worum es sich bei dem süßen Meer im Land des Übergangs handelt, das durch eine »Kluft« vom salzigen Meer getrennt ist. Es ist das am Himmel gespiegelte Meer, das nach den Sumerern und Babyloniern als Quelle des Lebens die Irdischen mit Wasser versorgte.

Das »Land des Übergangs« im Persischen Golf, ebenso die wandernden Inseln der Seligen der polynesischen Tradition, die mit einem unstet ziehenden Vogel verglichen wurden, haben die Phantasie der Menschen in beispielloser Weise belebt. Sie haben eine Religiosität geboren, die dem Menschen bei seiner Selbstfindung geholfen hat, nachdem er sich von den Fesseln instinktiv kontrollierten Lebens zu befreien begann.

Wenn es stimmt, daß Erscheinungen des Horizonts, Luftspiegelungen besonderer Art, das religiöse Gefühl im Unterbewußtsein der Urmenschen geprägt haben, dann müssen diese Phänomene in der Symbolik großer Religionen und Kulturen wiederzufinden sein. Seit urdenklichen Zeiten ist der Vogel das Symbol für den Himmel und die Schlange das Symbol für die Erde. Was würde näher liegen, als die Geheimnisse des Horizonts durch eine Verbindung beider Symbole zu veranschaulichen: durch eine gefiederte Schlange, eine Flügelschlange oder einen schlangentragenden Vogel?

Abb. 87 Byzantinischer Doppelvogel (Seidenstickerei)

6.

Schlangen mit Flügeln

Federschlangen und geflügelte Drachen

Der legendäre Urgott und der Name des in ihm personifizierten mittelamerikanischen Religionsschöpfers des 10. Jahrhunderts, Quetzalcoatl, ist gleichbedeutend mit einer Federschlange. Der »Quetzal« ist nämlich ein farbenprächtiger Urwaldvogel, und »coatl« bedeutet soviel wie Schlange. Die mit Federn bekleidete, eingerollte oder in Aktion befindliche Schlange, die Quetzalcoatl symbolisiert (Abb. 102), würdigt diesen mythischen Kultur- und Religionsstifter in unzähligen altamerikanischen Tempeln.

Die geflügelte Schlange ist auch das herausragende Symbol für die langlebige ägyptische Religion. In den großartigen Gräbern der Pharaonen und ihrer hohen Beamten drückt dieses mythische Wesen Macht und Vollendung zugleich aus. Vogel und Schlange zierten als Hoheitssymbol die Tempeleingänge, ebenso die Krone des Pharao (Abb. 92). Die gefiederte Schlange begleitete die Seele des toten Pharao in die Elysischen Felder. Siebzehn Darstellungen dieses mythischen Wesens waren allein an der Mumie des Pharao Tut-ench-amun befestigt.

Die falkenköpfigen Götter des ägyptischen Himmels befinden sich in einem ewigen Kampf gegen die schlangengestaltige Göttin Apophis der Unterwelt. Wenn der

Abb. 88 Mythischer germanischer Schlangendrache an dem Grabmal, das König Harald Blauzahn für seinen Vater Gorm im 10 Jh. in Jelling anläßlich der Christianisierung Dänemarks errichtete

Abb. 89 Darstellung der federtragenden Regenbogenschlange Australiens durch Eingeborene des Dlauan-Stammes

tote Pharao zum Gott Re aufsteigen will, muß er eine beschwerliche und gefährliche Reise hinter sich bringen. Er muß an einer dreiköpfigen geflügelten Schlange vorbei, die auf vier Beinen läuft (Abb. 90). Die geflügelte Schlange symbolisiert zweifellos die Mächte des Horizonts. In ihren drei Köpfen steckt das Symbol der Dreifaltigkeit, die uns als dreifache Spiegelung begegnet. Wir erkennen die Parallele zum dreiköpfigen Höllenhund Zerberos, zur dreiköpfigen Göttin Hekate oder zu den drei Hesperiden, die in der Antike alle den Eingang zur jenseitigen Welt bewachten. Man sieht hier, wie eindeutig die Jenseitsvorstellungen in der Vorzeit offenbar durch Naturbeobachtungen geprägt waren.

Der chinesische Drache, der ein urtümliches Symbol für die asiatischen Jenseitsvorstellungen ist, verkörpert ebenfalls nichts anderes als eine riesige geflügelte Schlange mit sich ringelndem Schwanz (Abb. 95). Der chinesische Meeresgott Yuhu, als Sohn des legendären ersten chinesischen Kaisers Huang Ti beschrieben, hatte die Gestalt eines Vogels, das Gesicht eines Menschen und trug an jedem Ohr eine Schlange. Er symbolisierte ebenfalls eine geflügelte Schlange.

Der hohe indische Gott Vischnu, der oft auf der vielköpfigen Weltschlange Anatasesa ruht und auch auf dem Rücken des Garuda-Vogels umherfliegt (Abb. 167), erweist sich ebenfalls als ein Wesen des Horizonts. Seine Frau entstieg dem Meerschaum, also dort, wo der Meereshorizont mit dem Himmel zusammentrifft.

Die germanische Religion enthält ähnliche Verbindungen. In der Krone der Weltesche, die ihr religiöses Gebäude symbolisiert, haust ein Adler, zu ihren Füßen ringelt sich eine drachengestaltige Schlange (Abb. 110). Auf dem rund 1000 Jahre alten Runenstein von Jelling in Dänemark, auf dem erstmals so weit nördlich das

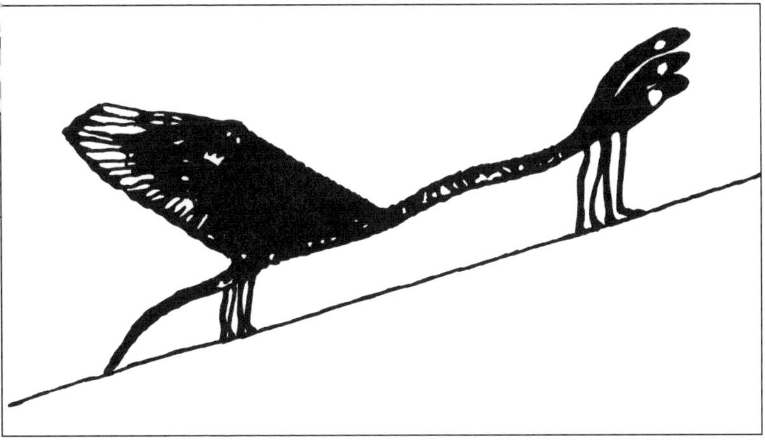

Abb. 90 Dreiköpfige geflügelte Schlange, die den Eingang zum Paradies, zu den Elysischen Feldern Ägyptens bewachte

Kreuz des Christentums auftaucht, besiegt ein Mönch den heidnischen geflügelten Drachen. Er dient hier wohl als Symbol für den alten germanischen Glauben (Abb. 88). Aber noch in der mittelalterlichen Kathedrale von Chartres hat der urtümliche geflügelte Drache seinen Platz neben anderen Symbolen vorgeschichtlicher Heiligkeit behauptet.

Sogar das Christentum hat nicht auf das Symbol von Vogel und Schlange, diese Wahrzeichen des Horizonts, verzichtet. Es ist im Kampf des Erzengels Michael, des wichtigsten Engels an der Seite Gottes, gegen den Lindwurm verewigt. Eine französische Volksweisheit sagt, daß sich der heilige Michael ein wenig vor der Pforte zum Paradies aufhält. Es ist seine Aufgabe, die Seelen zu wiegen und sicherzustellen, daß sie aufgenommen werden können.[1] Auch in der Vorstellung früher Christen lag also der Eingang zum Himmel am Horizont.

Das hohe Alter der gefiederten Schlange als Quelle und Symbol seelischer Erneuerung verrät sich, wenn man die urtümliche Religion der australischen Ureinwohner betrachtet, die seit rund 40 000 Jahren isoliert ihren Kontinent bewohnen. Sie kennen die große Fruchtbarkeits-Mutter Eingana in Schlangengestalt. Sie ist die unerschöpfliche Quelle des Lebens und Symbol für die Wiedergeburt. Einst, zu Anbeginn der Zeiten, wand sie sich unter Stöhnen mit vollem Bauch und schuf viele Landschaftsformen. Der legendäre Held Barraiya schlitzte sie schließlich mit seinem Speer auf, damit die Menschen und alle Tiere aus ihr herausquellen konnten. Sie ist auch die Mutter von Bolong, der großen mythischen Regenbogenschlange, die in den Überlieferungen fast aller australischen Stämme große Bedeutung hat und durch ihre Aktivitäten einst die Konturen der Landschaft formte. Eingana oder auch die Regenbogenschlange können normalerweise nicht gesehen werden. Aber wenn es zur Regenzeit Überschwemmung gibt, sieht man – wie die weisen Männer des Dlauan-Stammes wissen wollen – gelegentlich, wie eine von ihnen sich senkrecht aufrichtet und auf das Land blickt.[2]

Sowohl Eingana als auch die Regenbogenschlange – sie werden manchmal nicht unterschieden – werden von den einheimischen Künstlern mit Federschmuck auf dem Kopf dargestellt (Abb. 89 und 93). Der Djauan-Stamm nennt ihn Jammarr bei Eingana beziehungsweise Tjamaran bei der Regenbogenschlange. Letztere wird in Form hoher ritualer Pfähle aus Gras und Papierrinde dargestellt. Sie sind mit einer aufrechtstehenden Schlange bemalt und tragen an der Spitze Federn.

Diese Verbreitung der Symbolik der Federschlange bei verschiedensten alten Religionen kann nicht zufällig sein, sondern deutet auf einen bestimmten, übereinstimmenden Entstehungsmechanismus hin. Nur ein Naturphänomen kann bei einer so komplizierten Vor-

Abb. 91 Kriegerdenkmal vom I. Weltkrieg vor den drei Zinnen in Norditalien. Der Erzengel Michael, der mit seinem Schwert die Schlange in Schach hält, wirkt als Wegbegleiter für die heimgegangenen Seelen der Gefallenen. Auch heute noch ist für unser Unbewußtes der Horizont, wo sich Vogel (Himmel) und Schlange (Erde) begegnen, der Eingang zum Himmelreich.

stellung den gemeinsamen Nenner bilden. Die religiösen Erlebnisse haben wohl am Horizont begonnen, und die religiösen Botschaften unseres Zeitalters tragen noch immer diese Markenzeichen. Die gefiederte Schlange ist eine Erscheinungsform des Horizonts. Vielleicht ist sie der schmale Streifen Landes, der über dem Horizont sichtbar wird und sich manchmal wie ein beseeltes Wesen zu verändern scheint (Abb. 39). Mal verbindet er sich mit der Erde, dann wird er wieder Teil der Luft. Kein Wunder, daß dieses wundersame mythische Wesen zum

Wächter der Paradiespforte wurde, bei den australischen Ureinwohnern, bei den alten Chinesen, bei den alten Ägyptern, bei den amerikanischen Ureinwohnern und, als Erzengel, Michael bei den Christen.

Die Regenbogenschlange

In einem Ur-Mythos, der bei Eingeborenenstämmen aus dem Zentrum und dem Nordosten Australiens weit verbreitet ist,[3] fliehen die Wagilag-Schwestern, nachdem eine von ihnen Inzest beging, das heißt eine Verbindung zu einem Partner aus dem eigenen Totem-Clan hatte, aus Angst vor Bestrafung in die Weite des Busches. Mit ihren Babys, eines davon gerade geboren, erreichten sie nach abenteuerlicher Wanderung ahnungslos ein Wasserloch, das die Heimstätte der mythi-

Abb. 92 Geflügelte Schlangen von einen ägyptischem Tempel (Carnac)

schen Regenbogenschlange war, hier »Julunggul« genannt. Der Überlieferung nach war sie die Schöpferin der Welt und alles Lebendigen. Meist ruhte sie im Wasser, aber hin und wieder kam es vor, daß die Regenbogenschlange ihre Spiralringe auflöste und sich hoch in den Himmel aufbäumte. Aus dieser Höhe konnte sie nach Norden zu den Inseln im Meer und nach Süden über die Steppe bis zur großen Wüste sehen. Hoch am Himmel sprach sie auch zu den anderen Schlangen, wobei ihre Stimme wie Donner aus den Wolken klang.

Das Unglück wollte es, daß die jüngere Schwester mit dem Blut ihrer Nachgeburt die Wasserstelle der Regenbogenschlange entweihte. Die Folge war, daß diese sich verärgert aus ihrer Schlafstellung aufrichtete und eine gewaltige Wasserfontäne in den Himmel blies. Dann brach ein fürchterlicher Sturm los. Als der Regen etwas nachließ und die Blitze näher kamen, senkte die Regenbogenschlange ihren Kopf von den Wolken herab, wo sie Blitze von sich gegeben hatte. Unvermittelt hörten die Blitze auf. Die Wagilag-Schwestern sahen über sich den Kopf der großen Schlange; die Ringe ihres Körpers bildeten im Dunkeln einen riesigen Hügel. Vergeblich versuchten die Schwestern, durch magische Tänze das Tier abzuwehren, doch die Regenbogenschlange verschlang sie samt ihren Babys. Sie hätte dies nicht tun dürfen, denn die Wagilag-Schwestern gehörten ihrem eigenen Schlangentotem an. Unglücklich darüber, daß sie selbst ein Tabu gebrochen hatte, reckte die Regenbogenschlange wieder ihren mächtigen Körper in die Wolken. Andere Schlangen, die Stammesväter anderer Clans, kamen aus ihren Unterschlüpfen hervor, weil sie sich über den Lärm und den Sturm gewundert hatten. Auch sie streckten ihre Körper hoch in den Himmel. Aber keine war so hoch wie die Regenbo-

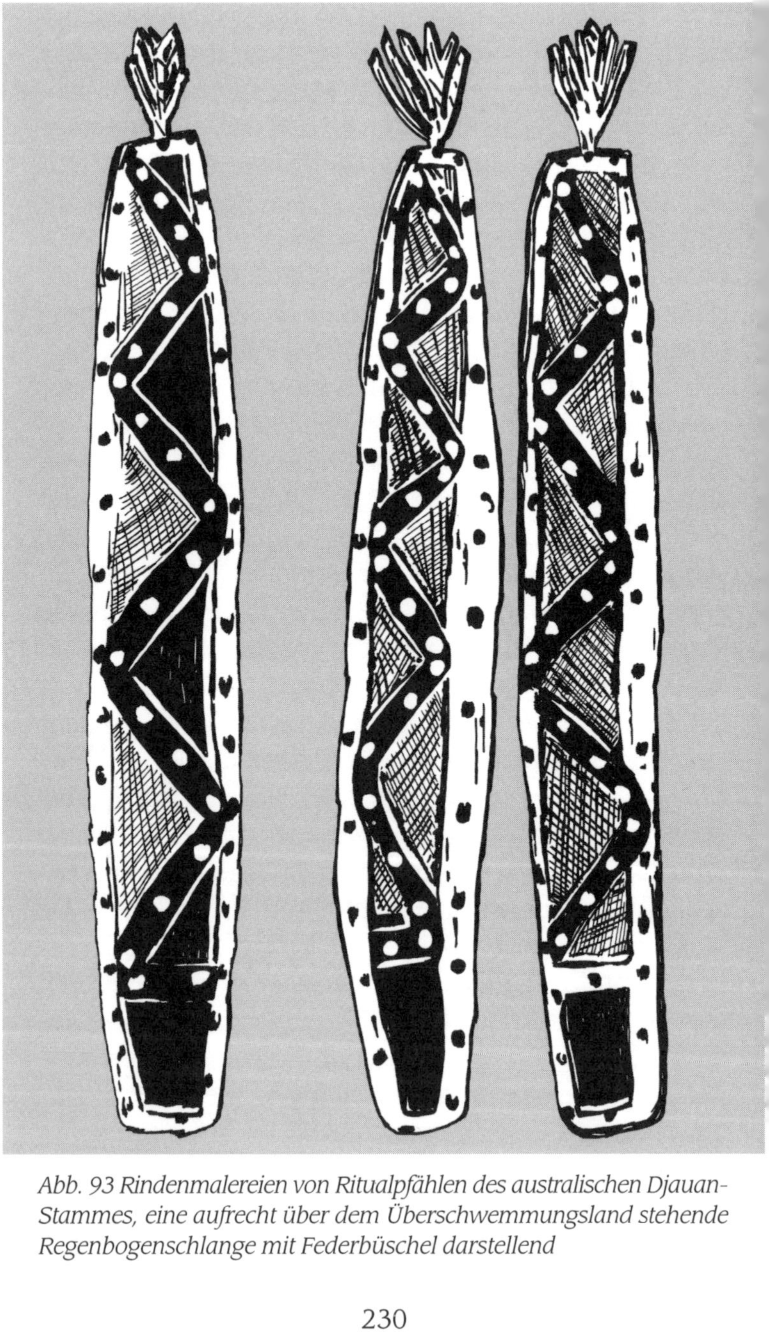

Abb. 93 Rindenmalereien von Ritualpfählen des australischen Djauan-Stammes, eine aufrecht über dem Überschwemmungsland stehende Regenbogenschlange mit Federbüschel darstellend

genschlange. Diese hatte ihren Körper so hoch in den Himmel gestreckt, daß nurmehr die Spitze ihres Schwanzes im Wasserloch verblieb. Sie schämte sich, weil sie ihr eigenes Tabu gebrochen hatte. Sie erzeugte einen starken Wind, um ihre Macht zu zeigen. Dann ließ sie sich zur Erde fallen. Ihr Körper stürzte wie ein riesiger Baum auf den weichen Grund. Dort verharrte sie reglos.

Als Buße für ihr schändliches Verhalten verriet sie den anderen Schlangen, Ahnen verschiedener Clans, ihre geheimsten Gesänge, Tänze und Kunstfertigkeiten. Dazu gehörte auch der Bau einer Trommel, genannt »ubar«, aus einem ausgehöhlten Stamm. Wenn sie geschlagen wird, läßt sie die Donnerstimme der Regenbogenschlange ertönen.

Die Regenbogenschlange der australischen Eingeborenen konnte fliegen und in der Luft schweben. Ihre Gestalt war gelegentlich hoch am Himmel sichtbar. Deswegen wird sie in rituellen Kunstwerken mit einem Federschopf dargestellt. Sie stieg direkt aus dem Wasserloch oder vom Überschwemmungsland zu gewaltiger Höhe empor. Wenn sie mit ihrem mächtigen Körper auftauchte, war ein Sturm unmittelbar im Anzug. Ihre Stimme klang dann wie Donner aus den Wolken. Sie war eine Naturerscheinung, wie sie gelegentlich in der Ruhe vor dem Sturm über dem Wasser sichtbar wird – einem Turm vergleichbar, der vom Horizont aufsteigt, sich verformt und wieder in sich zusammensackt (vgl. Fata-Morgana-Türme oder -Säulen in den Abb. 86 und 113). Dieses unerklärliche Wesen vom Horizont wurde als Quelle für alles Leben angesehen. Seine Stimme ist der Donner, weil ein Sturm in der Regel in unmittelbarer Gefolgschaft auftaucht. Bemerkenswert ist die Parallele zur Himmelsschlange der Azteken, die ebenfalls

Unwetter verursacht und dem Regengott Tlaloc zugeordnet ist. Sie hat eine spiegelsymmetrische Gestalt, ganz wie Erscheinungen in Luftspiegelungen (Abb. 14).

Im Laura-Gebiet im Norden Australiens heißt die Regenbogenschlange Goorialla und wird mit Hörnern, Ohren und langen Reihen kurzer Linien über dem Körper dargestellt.[4] Da Schlangen keine Haare haben, könnte es sich bei den Linien wohl um die Federn der riesigen mythischen »Federschlange« handeln. Eine identische Schlange, mit Hörnern, Ohren und vielen regelmäßigen strichartigen Fortsätzen am Körper findet man übrigens auch bei den Buschmännern Südafrikas (Abb. 94). Ein solches Exemplar ist zum Beispiel am Bemani Shel-

Abb. 94 Mythische Riesenschlangen der Buschmänner Südafrikas mit Hörnern und Federn (regelmäßigen Körperfortsätzen). Die Schlangen wurden mit Wasserquellen assoziiert und konnten sich in die Luft erheben (Cathedral Peak und östliches Kap-Gebiet).

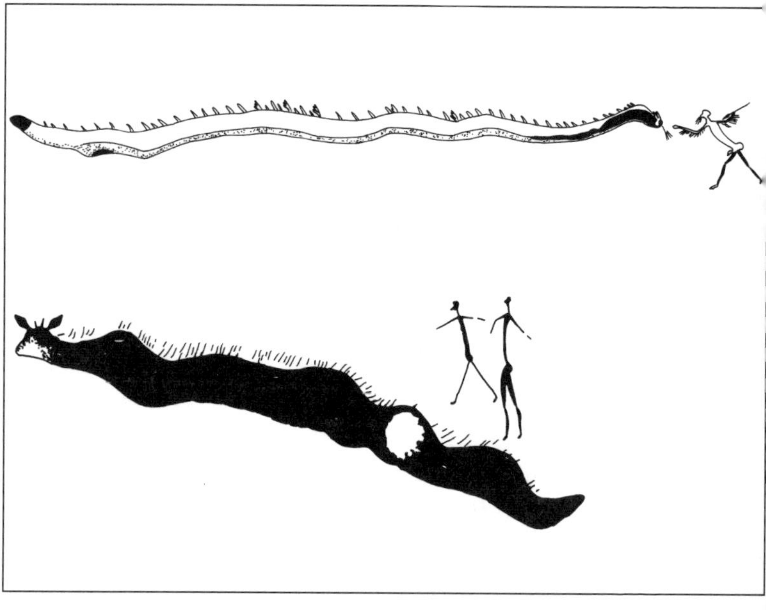

ter im Gebiet des Cathedral Peak dargestellt. Ein anderes findet man im östlichen Kap-Gebiet. Auch die afrikanischen Mythen assoziieren diese Riesenschlange mit Wasserstellen und sehen in ihr den Ursprung des Wassers und der Fruchtbarkeit. Sie leistet dem unförmigen »Regentier« der Buschmänner Gesellschaft, von dem wir noch hören werden. Genaue Naturbeobachtungen riesiger Fata-Morgana-Wesen über ruhigem Wasser vor Wetterfronten könnten die Wurzeln ähnlicher mythischer Vorstellungen auf verschiedenen Kontinenten sein.

Die lebensspendende und lebenserneuernde Regenbogenschlange der australischen Eingeborenen ist eine Fata-Morgana-Erscheinung über einem See vor einem Unwetter. Da die Luftspiegelung auch die Landschaft verzerrt und die Berge verformt, sollten wir uns nicht darüber wundern, daß die Regenbogenschlange mit ihrem Körper auch die Konturen der Landschaft geprägt haben soll. Die Vorfahren der Eingeborenen und vielleicht sie selbst haben gelegentlich gesehen, wie sich die Schlange (als Spiegelungserscheinung) über den Horizont gelegt hat und die Bergsilhouetten dabei ihre Form verändert haben.

Auf Neuguinea wurde der Anthropologin Margaret Mead von Angehörigen des Arapesh-Stammes erzählt, daß stehende Wasser und Felsen von übernatürlichen Wesen bewohnt seien. Diese »marsalai« würden gelegentlich als buntfarbig gefleckte, gestreifte oder zweiköpfige Schlangen oder Echsen sichtbar. Dies erinnert an die australische Regenbogenschlange, zumal man auch in Neuguinea glaubt, daß diese Schlange (hier ist sie sogar verdoppelt) die Konturen der Erde geformt hat.

Die Drachen Chinas

Die geschichtlichen und mythologischen Überlieferungen Alt-Chinas sind voll von Hinweisen auf mythische Drachen, die vom »Himmelssee« zur Erde herabsteigen. So spricht schon das *Buch der Wandlungen* von Drachen, die am Himmel fliegen. Im ersten Jahrhundert vor Christus beschreibt Sima Qian in seinen *Aufzeichnungen eines Historikers* den Drachenaufstieg des legendären Gründers des chinesischen Reiches, Huang Di, zum Himmel, ein Ereignis, das sich um 2697 v. Chr. zugetragen haben soll. Diese mythologische Begebenheit ist für die späteren chinesischen Kaiserdynastien von weitreichender Bedeutung. Der Drache wurde zur einzigartigen Symbolfigur für die Macht des Kaiser von China. Nur er durfte seine Kleider und seinen Palast mit Abbildungen dieses himmlischen Wesens schmücken. Kein Wunder also, daß die volkstümlichen Überlieferungen Chinas viele Begebenheiten erzählen, in denen Himmelsdrachen oder auch Drachen auf dem Meer vorkommen. Für das Volk ist der Drache ein ehrwürdiges Wesen und ein Vorzeichen für Glück und Wohlergehen. Wegen dieser tiefen Verwurzelung der chinesischen Vorstellungswelt im Drachensymbol ist überlegt worden, ob der Drache nicht ein uraltes Stammestotem gewesen sein könnte, ein Symboltier, von dem die Chinesen abzustammen glaubten.[5] Aber man braucht nicht viel Vorstellungskraft, um darin eine phantasievolle Beschreibung von Luftspiegelungen zu erkennen.

Der chinesische Drache ist ein riesiges, in seiner Form äußerst veränderliches Wesen, das entweder dem Himmels-See oder dem Meer entspringt. Es kann fliegen wie ein Vogel und verkörpert andererseits alle typischen Wesenszüge der Schlange. Es ist also eindeutig ein We-

Abb. 95 Die meisten Drachendarstellungen, hier auf einer riesigen Steinplatte im Kaiserpalast von Peking, zeigen ein Drachenpaar.

Abb. 96 Drachen-Paar und darüber Phönix-Paar als Symbole für Kaiser und Kaiserin am Himmelstempel in Peking

sen des Horizonts, wo Himmel und Erde sich begegnen. Im Palast-Museum von Peking sind neun typische Erscheinungsformen des Drachen auf riesigen farbigen Keramikbildern dargestellt (siehe Abb. 6 im Farbteil). Man erkennt verschiedene, in kraftvoller Bewegung befindliche Drachenwesen über den Wellen, über dem Schaum des Meeres. In den meisten Darstellungen kaiserlicher Symbole sind zwei Drachen dargestellt, so zum Beispiel auf den reichverzierten Steinaufgängen in der Verbotenen Stadt (Abb. 95), über den Toren zu den Palastgebäuden oder am Himmelstempel (Abb. 96). Zwillingsdrachen könnten Spiegelungserscheinungen verdeutlichen, die für Luftspiegelungen so typisch sind und nicht selten ähnlich geformte Objekte übereinander gespiegelt erkennen lassen. Die Drachen scheinen oft mit einem runden Gegenstand zu spielen – wahrscheinlich mit einer Perle, die als Symbol der Vollkommenheit verstanden wird –, oder sie sind mit dem geheimnisvollen Vogel Phönix assoziiert, der Sinnbild der Kaiserin ist. Die Kombination von Drache und Phönix ist das Symbol für das Kaiserpaar.

Bemerkenswert ist auch, daß die Drachen regelmäßig mit herannahenden Stürmen, mit drohenden Fluten sowie Blitz und Donner in Verbindung gebracht werden. Dies läßt vermuten, daß sie oft in der Ruhe vor dem Sturm gesichtet wurden, wie es für Geschöpfe ihrer Art zu erwarten ist. Der Kaiser von China kleidete sich von alters her in erlesene Gewänder mit aufgestickten oder aufgemalten Drachen, weil er sich als Verkörperung dieses unvergleichlich mächtigen himmlischen Wesens fühlte und damit als Abgesandter der himmlischen Welt.

Die urtümlichste Drachenlegende betrifft, wie gesagt, den mythischen ersten Herrscher von China, Huang Di. In Jinyun in der Provinz Zhejiang gibt es eine Örtlichkeit, die noch heute »Xiandu«, Zauberstätte, heißt. Dort steht der Berg Danfeng, auf dessen Spitze sich ein kleiner Teich befindet, der den Namen Dreifuß-See führt. Er erinnert an die große Festlichkeit, die Huang Di seinerzeit ausrichten ließ, um seinen Sieg über den Herrscher des Jiuli-Stammes, Chiyou, zu feiern. Symbolisch wurde ein riesiger »Dreifuß« errichtet, und alle Welt, einschließlich der Tiere und Botschafter des Himmels, jubelte dem Herrscher zu. Dann schwebten nach einem Blitz farbige Wolken vom Himmel hernieder, und als sie sich im blauen Himmel verflüchtigten, folgte ihnen ein goldgeschuppter Drache. Er legte sein Haupt auf den Dreifuß, so daß sein Bart herunterhing, während sein Körper im Himmel schwebte. Huang Di war sehr froh, da der Drachen gekommen war, um ihn zum Himmel zu bringen. Er bestieg den Drachen, der allmählich hochstieg. Vergeblich versuchten die Anwesenden, die Haare des Zauberdrachen zu ergreifen, um die glückselige Fahrt mitzumachen. Noch heute werden gewisse Berggräser hier Drachenbart-Gräser genannt, weil sie einst dem Drachen aus dem Bart gerissen worden sein sollen.

Es ist anzunehmen, daß die bewegliche und veränderliche Drachengestalt, die über dem Berg gesehen worden ist, eine Luftspiegelung der Bergspitze war. Sie wurde, da sie sehr geheimnisvoll war und als überirdischer Eingriff gewertet wurde, mit dem Tod und der Himmelfahrt des Herrschers in Verbindung gebracht. Faszinierend an dieser Geschichte ist insbesondere, daß die Beschwörung und Himmelfahrt mit dem Drachen von einem Dreifuß ausging, einem Kultgegenstand, wie er auch in der Orakelstätte von Delphi verwendet wurde, um die Götter zu beschwören. Der Dreifuß ist neben anderen dreizackigen Zeichen ja ein uraltes Symbol für die göttliche Dreifaltigkeit (Abb. 32). Da eine Verdreifachung ein wesentlicher Bestandteil von Luftspiegelungsereignissen ist, spricht dies zusätzlich für die ›Himmelfahrt‹ des Kaisers Huang Di in einer Fata Morgana.

Der Phönix, der Vogel, der aus der Asche neu entsteht, der nach Überlieferungen des Altertums groß wie eine Oase oder wie neun Berge zusammen sein konnte, war zum Himmel gespiegeltes (aus der Asche geborenes) Land. Drache und Phönix, die seit über zwei Jahrtausenden die vorherrschenden Symbole für das Kaiserpaar in China sind, waren also beide Luftspiegelungserscheinungen, die die übernatürliche Abstammung des chinesischen Herrscherpaares ausdrücken und ihre Brückenfunktion zum Himmel veranschaulichen sollen.

Der Palast der göttlichen Leere

Die chinesische Legende von den vier Drachen erzählt von einer Zeit, als es in China noch keine großen Flüsse gab. In der östlichen See lebten vier Drachen, die beim Spielen übers Land flogen und bemerkten, wie verzweifelt die Menschen nach Wasser dürsteten, das ihnen der Himmelsgott vorenthielt. Vergeblich versuchten die Drachen zu vermitteln und erzeugten schließlich mit Wasser, das sie in ihren Mäulern heranschleppten, die heißersehnten Regenfälle. Der erzürnte Himmelsgott befahl dem Berggott eine Strafaktion. Dieser ließ durch Zauberkraft »vier Berge in die Luft hochfliegen« und auf die Drachen niederstürzen. Eingeklemmt und gefangen, verwandelten diese sich in Wasserquellen und ließen Chinas vier große Flüsse zum Segen der Menschen zum Meer strömen.[6]

Auch die Legende »Die neun Drachen und die Tiantai-Berge« erzählt von der wetterbestimmenden Macht der Drachen. Immer wenn der Drachenkönig des östlichen Meeres und seine neun Söhne sich auf ihre regenbringenden Missionen begaben, gab es heulende Hurrikane, fürchterliche Stürme und berghoch getürmte Wellen. Sie richteten unter Schiffen und Menschen großes Unheil an. Die neun Drachen erbarmten sich der Menschen und rissen sich Schuppen aus, um daraus ein rettendes Boot in Gestalt einer Lotosblume zu bauen, auf das sich Schiffbrüchige retten konnten. Sie gerieten in Streit mit der Himmelsmutter, die sie daraufhin in ein Gefängnis warf. Durch hilfreiche Hände befreit, flogen sie zur schwimmenden Lotosblume, aber diese war samt dem Meer verschwunden. An ihre Stelle war ein großes Gebirge in Form einer Lotosblume getreten, die Tiantai-Berge.

Eine besonders tiefsinnige Geschichte über die Rolle, die Drachen im Schicksal der Menschen spielen, stammt von Li Chaowei aus der Zeit der T'ang-Dynastie, die vor über einem Jahrtausend herrschte. Die Legende spielt in der Zeit der Yi-Feng-Periode im Jahre 676. Es geht um den Drachenherrscher des riesigen Dongting-Sees, einem Zufluß des Yangtse-Flusses in der Hunan-Provinz, und seine Tochter, die mit dem zweiten Sohn des Drachenkönigs des Jing-Flusses unglücklich verheiratet war. Ein junger Verwaltungsbeamter, Liu Yi, fiel bei der Staatsprüfung durch und entschloß sich, seine Arbeit aufzugeben und wegzuziehen. Zu Pferde unterwegs, begegnete er einem schönen Mädchen, das in sehr aufgelöstem und heruntergekommenem Zustand Schafe hütete. Sie bat ihn, einen Brief an ihren Vater, den Drachenkönig des Dongting-Sees, mitzunehmen und erzählte ihm ihr trauriges Eheschicksal. Auf die Frage, warum sie Schafe hüte, erwiderte sie, daß es keine wirklichen Schafe, sondern Regenbringer wären. Liu reiste also zum Dongting-See und wurde auf ein verabredetes Zeichen hin von einem Krieger empfangen, der ihn aufs Wasser des Sees hinausführte. Sie erreichten »einen großen Palast mit vielen Türmen und Pavillons und Millionen von Toren und Bögen«. Mit seinen Säulen aus Jade, Stufen aus Jaspis, Wänden aus Kristall und anderen Einrichtungsgegenständen aus Smaragd, Bernstein und geschnittenem Glas erweckte er den Eindruck »seltsamer, unbeschreiblicher Schönheit und unmeßbarer Tiefe«. Er war der »Palast der göttlichen Leere«. Der ortskundige Krieger sagte auch: »Unser König ist ein Drache, und Wasser ist sein Element. Mit einem Tropfen kann er Berge und Täler überfluten.« Liu übergab dem Drachenkönig den Brief seiner unglücklichen Tochter, der diesen sehr betrübte. Dann brach der ungestüme jüngere Drachen-

Abb. 97 Ein »Palast des Drachenkönigs« über dem Meer. Luftspiegelung von der finnischen Küste

bruder des Königs auf, um seinen ehrlosen Schwager heimzusuchen. Wenig später sah Liu die Tochter des Drachenkönigs in den Kreis ihrer Familie und ihrer Gespielinnen zurückgekehrt. Der Drachenkönig fragte seinen Bruder nach dem Rachefeldzug: »Wieviele Menschen hast du getötet?« »Sechshunderttausend«, war die Antwort. »Hast du auch Felder zerstört?«, fragte der König. »Dreihundert Meilen.« »Was ist mit ihrem schäbigen Mann passiert?« fragte der Drachenkönig. »Ich habe ihn aufgefressen«, war die Antwort.

Dem Helden der Geschichte, Liu, wurde die Drachentochter zur Frau angeboten, aber er scheute davor zurück, weil er soviel Unheil auf der Welt mitverursacht hatte, und kehrte zu den Menschen zurück. Zwei Frauen, die er nacheinander heiratete, starben schnell; die dritte war, wie sich herausstellte, die Tochter des Drachenkönigs, die ihn aus Dankbarkeit nicht vergessen konnte. Liu wurde mit der Drachentochter glücklich und lebte mit ihr noch viele Jahre. Zu viele Jahre, denn seine fortbestehende Jugend erregte die Aufmerksamkeit des Kaisers, der ihr Geheimnis mit allen Mitteln herausfinden wollte. So zog sich Liu schließlich mit seiner Drachenfrau in den Dongting-See zu ihrem Vater zurück.

Als Xue Gu, ein junger Cousin Lius, bei klarem Wetter den Dongting-See überquerte, beobachtete er in die Ferne blickend, »einen grünen Berg, wie er sich aus den fernen Wellen hervorhob«. Der Schiffer schreckte angstvoll zurück: »Hier gab es nie einen Berg, es muß ein Seeungeheuer sein.« Xue Gu wurde auf diese geheimnisvolle Insel eingeladen und von seinem Onkel Liu empfangen. Er sah, daß dieser jung geblieben war.

Die Kristall- und Glaspaläste auf dem Wasser mit ihren fahlen durchsichtigen Farben (Jade, Bernstein, Smaragd, Glas) ebenso wie die grüne Phantom-Insel sind typische Beobachtungen von Luftspiegelungen. Das Verknüpfen ihrer Erscheinung mit Wetter- und Überschwemmungskatastrophen könnte auf wirkliche Beobachtungen zurückgehen, da Luftspiegelungen oft in der Ruhe vor dem Sturm auftreten, also ein Zusammenhang einleuchten würde. Bemerkenswert ist, daß man den Bewohnern der Phantom-Inseln ewige Jugend nachsagt, wie dies auch in der Mythologie der Kelten der Fall ist. Die Erscheinungen wurden also der anderen Welt zugerechnet. Es sind zahlreiche chinesische Legenden bekannt, in denen die Verwandlungsfähigkeit der Drachen und ihre Rolle als regenbringende Wesen im Mittelpunkt des Geschehens stehen.[7]

Der rote Drache von Urumqui

Urumqui ist heute eine Millionenstadt und Metropole der autonomen uigurischen Region Xingjang in Westchina. Sie liegt auf 600 bis 900 Meter Höhe in einem riesigen Grasland nordöstlich des Tianshan-Gebirges. Die höchste und zugleich markanteste Erhebung ist der Mongshan-Hügel mitten in der Stadt am Urumqui-Fluß, ein bis zu 910 m hoher Berg aus rotem, eisenhaltigem Gestein. Auf ihm steht eine neunstöckige Pagode aus dunklen Ziegeln aus dem Jahre 1788, die das herausragende Wahrzeichen dieser Stadt ist. Am gegenüberliegenden Flußufer liegt ein zweiter Hügel, der sogenannte Geisterhügel, auf dem eine ähnliche zweite Pagode steht (Abb. 98). Im Jahre 1785 soll vom Himmelssee in den Himmelsbergen (Abb. 170) ein roter Drache heruntergekommen sein und sich auf dem Mongshan-Hügel niedergelassen haben. Von hier aus habe er versucht, mit seinem Körper die Entfernung zum benachbarten Geisterhügel jenseits des Urumqui-Flusses zu überbrücken. Dies alles sei im Zusammenhang einer großen Überschwemmung geschehen, als der Urumqui-Fluß über die Ufer trat. Weil angenommen wurde, daß der Drache den Versuch machte, durch die mit seinem fliegenden Körper geschaffene Verbindung der beiden Hügel den Fluß zu stauen, hielt man sein Erscheinen für die Ursache der Überschwemmung. Um dies in Zukunft zu verhindern, ließ der Gouverneur die beiden Pagoden errichten, eine, wo der rote Kopf des Drachen gesichtet wurde, und eine, wo er mit Schwanz und Hinterfüßen den zweiten Hügel zu erreichen versucht hatte.[8]

Das allmähliche Ansteigen des Grundwasserspiegels, das durch den hochwasserführenden Urumqui-Fluß

Abb. 98 Pagode und Gegenpagode von Urumqui, welche die Strecke markieren, die der rote Drache am Himmel von Urumqui mit seinem Körper überbrückt haben soll.

verursacht wurde, führte wahrscheinlich zu einer Abkühlung des Bodens dieser Halbwüste. Dies ermöglichte eine Luftspiegelung nach oben, bei der zunächst über dem Mongshan-Hügel und dann über dem Geisterhügel und auch dazwischen Land am Himmel gesehen wurde. Es hatte eine rötliche Farbe, denn es war der gespiegelte Mongshan-Hügel. Die Erscheinung wurde für einen roten Drachen gehalten, der die beiden Hügel verbunden habe, um den Fluß zu stauen. Diese natürliche Spiegelung muß so überzeugend gewirkt haben und von so vielen Augenzeugen beobachtet worden sein, daß die aufwendige Errichtung der beiden mehrstöckigen Pagoden zur künftigen Abwehr des Himmelsdrachen allgemein akzeptiert worden ist. Diese gut dokumentierte Begebenheit aus jüngerer Zeit ist ein schönes Beispiel dafür, wie Luftspiegelungen als unverstandene Realitäten zu weitreichenden Konsequenzen in Glauben und Handeln führen können. Sie ist aber auch gleichzeitig eine Stütze für unsere Interpretation der chinesischen Drachen.

Der Totem-Platz am Winbaraku

Die Eingeborenen Zentralaustraliens sehen in den bizarren Konturen ihrer Wüstenheimat die Gestalten ihrer Traumzeithelden. An bestimmten Orten beleben und wiederholen sie mit sorgfältig gestaltetem Körperschmuck, mit Gesängen und Zeremonien die mythischen Begebenheiten, um den Kreislauf des Lebens fortzusetzen. Eine solche Stätte befindet sich bei dem weithin sichtbaren Berg Winbaraku, ein Paar von zerfurchten Schuttkegeln, die von Felsklötzen gekrönt werden.[9] Auf der höchsten Spitze liegt das Camp des Hauptdarstellers, des mythischen Schlangenmannes Jarapiri. Dort befindet sich auch sein versteinerter Körper. Obwohl er der Anführer der Schlangen war, habe er nur gelegentlich sein Lager verlassen. Im Osten, ebenfalls hoch oben, befindet sich das Camp seiner Söhne. Der zweithöchste Gipfel gehört einer blinden Schlange, Jarapiri Bomba. Verteilt über den Berg finden sich noch weitere Schauplätze. Die mythischen Geschehnisse eskalierten, als zwei Nabanunga-Frauen aus dem Nordwesten den Berg stürmten, um den Schlangenmann zu ergreifen und als Ehemann in ihr eigenes Camp zu bringen. Aber der Schlangenmann weigerte sich und rollte sich trotzig ein.

Im Laufe der weiteren Ereignisse kommt Leben in die offene Ebene im Nordosten des Berges. Dort versammeln sich alle Darsteller, um Zeremonien abzuhalten. Diese laufen aber nicht planmäßig ab, da die blinde Schlange überall mitmachen möchte, obwohl sie dazu nicht in der Lage ist. Dies hat zur Folge, daß die Beteiligten der Sache allmählich überdrüssig werden und sich zerstreuen. All dies wird von den Eingeborenen wie in einem Theater nachgespielt.

Interessant ist auch, daß durch Gesänge und Zeremonien am steinernen Körper des Jarapiri-Schlangenmannes am Berggipfel dessen »Lebensessenz«, genannt »kurunda«, dazu gebracht werden kann, in die Luft abzuheben. Dadurch werden die weiblichen Schlangen im Busch befruchtet und vermehren sich, womit eine wichtige Nahrungsquelle der Eingeborenen gesichert ist.

Der rätselhafte Glaube der australischen Eingeborenen, daß markante Landschaftsformen zu Stein gewordene riesige Traumzeitheroen darstellen, die zum Leben erwachen können, könnte eine einfache Erklärung haben. Die erfahrenen Naturbeobachter haben diese mythischen Stätten lebend gesehen – in Luftspiegelungen. In ihrer Wüstenheimat, wo nachts der Boden sehr stark abkühlen kann, sind Erscheinungen, bei denen Berggipfel sich grotesk verformen, keine Seltenheit. Diese Fata-Morgana-Hauptdarsteller könnten zu den Eckpfeilern dieses grandiosen Landschaftstheaters geworden sein, das die Eingeborenen einfach mit ihrer Phantasie ausfüllten. Die Beschwörungsszene, welche die Lebensessenz des zu Stein gewordenen Schlangenmannes in die Luft hinauf fliegen lassen sollte, ist bezeichnend. Es könnte damit sein durchscheinendes Spiegelbild gemeint sein. Der ganze Vorgang, das Abheben der Lebensessenz des zu Stein gewordenen Schlangenmannes, vermittelt eine Verbindung zur anderen Welt. Die Luftspiegelung ist die Quelle neuen Lebens. Die Tiere werden dadurch fruchtbar. Wir stehen hier vor den Überbleibseln einer uralten Naturreligion, die vielleicht schon unseren Ahnen vor Zehntausenden von Jahren den Kreislauf des Lebens anschaulich vor Augen führte.

Das Spiel des Drachenkönigs

In Japan veröffentlichte eine Zeitung folgenden Augenzeugenbericht: Weit weg auf dem Meer sah ein Felsen zunächst wie eine kleine Insel aus. Diese Insel wuchs allmählich empor und hatte plötzlich blaue, gelbe und weiße Farben. Schließlich begann sie, goldenes Licht auszusenden. Ein in der Nähe befindliches kleines Segelboot verwandelte sich in ein riesiges Schiff von leuchtenden Farben, und ein kleines Fischerhaus an einer entfernt liegenden Küste verwandelte sich in einen Palast mit einem Turm, der ein korallenfarbenes Dach hatte. Aber in kurzer Zeit verschwand diese Erscheinung

Abb. 99 Die »Stadt des Drachenkönigs«, wie sie in japanischen Mythen beschrieben ist. Manchmal sind hochgespiegelte Formen in regelmäßigen Abständen so verzerrt, daß sie in der Tat wie Pagoden aussehen (Abb. 218 l). Ob die Form asiatischer Tempelpagoden mit ihren mehrfachen Dächern als irdische Wohnstätten der Götter dadurch angeregt wurde?

mit dem aufkommenden Wind. Und ein Seemann sagte: »Es wird diesen Abend oder morgen regnen.« Tatsächlich begann es am nächsten Tag zu regnen.[10]

Im japanischen Volksmund nennt man solche Erscheinungen »das Spiel des Drachenkönigs«. Man nimmt an, daß auf dem Meer ein Drachenkönig sein Unwesen treibt.

Erscheinungen dieser Art sind in der Ruhe vor Wetteränderungen oder einem Sturm über dem Meer häufig gesehen worden und erklären die phantastischen Vorstellungen von göttlichen Wesen, Dämonen oder Gespenstern im Meer. Bemerkenswert ist die Beschreibung der Farben. Sie entstehen dadurch, daß Licht durch die Linsenwirkungen von Luftstrukturen veränderlicher Dichte in verschiedenen Farben gebrochen wird.

Sumerische Hochzeit mit Himmelsdrachen

Die frühe Hochkultur der Sumerer (3. Jahrtausend v. Chr.) im Zweistromland von Euphrat und Tigris hinterließ auf Keilschrifttafeln wertvolle Auskünfte über religiöse Riten. Priester und einfache Menschen glaubten damals an die Existenz einer spiegelbildlichen Welt mit Euphrat und Tigris am Himmel, wo man auch die Götter und toten Helden wähnte. Für religiöse Zeremonien wurden hohe Tempeltürme, die Ziggurate, errichtet, und zwar für den Himmel (An) und die Erde (Ky), wie Widmungsinschriften belegen. Aus der Vereinigung von An und Ky sei das Leben hervorgegangen. Auf der Spitze der Türme wurde eine symbolische Vermählung zwischen dem König des sumerischen Reiches und der Göttin Innana abgehalten.

Wie man sich dieses Ereignis vorstellen könnte, suggeriert die beiläufige Beobachtung eines in Babylon arbeitenden Archäologen, die in seinen Aufzeichnungen als Kuriosität vermerkt ist: Er sah den Tempelturm Bir Nimrud oft auf dem Kopf stehend über dem Original.[11] Auch andere Augenzeugen haben bei den Ruinenhügeln, den Tells, beobachtet, daß sie mit einem umgekehrten Spiegelbild zu sehen waren (vgl. Abb. 65). Es war im Hochsommer ein so alltägliches Phänomen, daß es schließlich kaum mehr beachtet wurde. Auch Baron E. Nolde erlebte hier phantastische Trugerscheinungen, die Wasser, Schlösser, Türme, Inseln, Wälder oder Gärten vortäuschten. In einigen Fällen hat er am Himmel prachtvoll grünende Felder gesehen, »welche sich durchaus nicht vom Boden als über demselben schwebend abschieden«[12].

Luftspiegelungen haben den einfachen Menschen im Zweistromland also nicht nur die Existenz von Land und Wasser am Himmel suggeriert, sie waren auch die Ursache dafür, daß die Tempeltürme für den Himmel wie auch für die Erde gebaut wurden. So hieß der Tempelturm im Heiligtum des Stadtgottes von Babylon Marduk, »Haus, das Fundament von Himmel und Erde ist«. Schließlich boten Luftspiegelungen auch den sichtbaren Beleg dafür, daß in der Tempelspitze der Kontakt mit dem (spiegelbildlichen) Himmelstempel und seinen Göttern möglich war, was immer sich auch hinter ihnen verbarg. Die gelegentlich auftretende, zum Himmel ragende turmartige Verbindung mag das Vorbild gewesen sein für den biblischen Bericht vom Turmbau zu Babel (*Moses* 1, 11). Die Menschen versuchten, über die Fata-Morgana-Verbindung in den Himmel zu gelangen und waren dazu verdammt zu scheitern.

Wenn wir die Götter betrachten, die beim Ritual in

den Tempeltürmen eine Rolle spielten, dann fällt zunächst die Göttin Innana auf, die als Tochter des Himmelsgottes An und der Erdgöttin Ky eine typische Göttin des Horizonts ist. Möglicherweise wachte sie sogar über die Fähigkeit der Tempelstädte, sich in der Luft zu spiegeln und so Teil des himmlischen Reiches zu sein. Denn die Sumerer kannten eine rätselhafte Eigenschaft, das »Me«, das mit »hundert göttliche Kräfte« übersetzt werden kann und ungemein wichtig war – auch für das Überleben einer Stadt. So raubte Innana mit einem »Himmelsschiff« das Me der Stadt Eridu und brachte es zur neuen Stadt Uruk. Eridu wurde daraufhin von der Wüste verschluckt, während das junge Uruk aufblühte. Nur ein Ort mit feuchtem, kühlem Boden, also mit reichlich Grundwasser, über den sich warme Wüstenluft schichtet, projiziert sein Spiegelbild in den Himmel.

Bei der Himmelshochzeit wird Innana durch die Tempelpriesterin symbolisiert, die sich mit dem Gott Dumuzi verbindet. Im sumerischen Mythos »Enki und die Weltordnung« wird Dumuzi als Ama-uschumgalanna bezeichnet, als »Drache des Himmels«. In einem anderen Mythos ist die Rede davon, daß »der Drache geworfen wurde auf die Erde, denn ein Platz war für ihn im Himmel nicht mehr«. Dumuzi wurde auch als Pazuzu verehrt, als König der bösen Geister und Sturmdämonen, »der die hellen Berge verwüstet«.[13] Was damit gemeint war, ist nicht klar, aber naheliegend wäre, daß er die fernen Berge durch Luftspiegelungen verzerrte, denn er wurde als vierflügeliges Wesen dargestellt, wie ein Vogel, der in eine Luftspiegelung fliegt. Bei den Babyloniern hieß er zunächst Tamuz und dann Bel-Marduk. Er wurde zum Stadtgott von Babylon. Die Stadtmauern zierten viele Keramikdarstellungen eines drachenartigen Mischwesens, Tiamat genannt, das Bel-

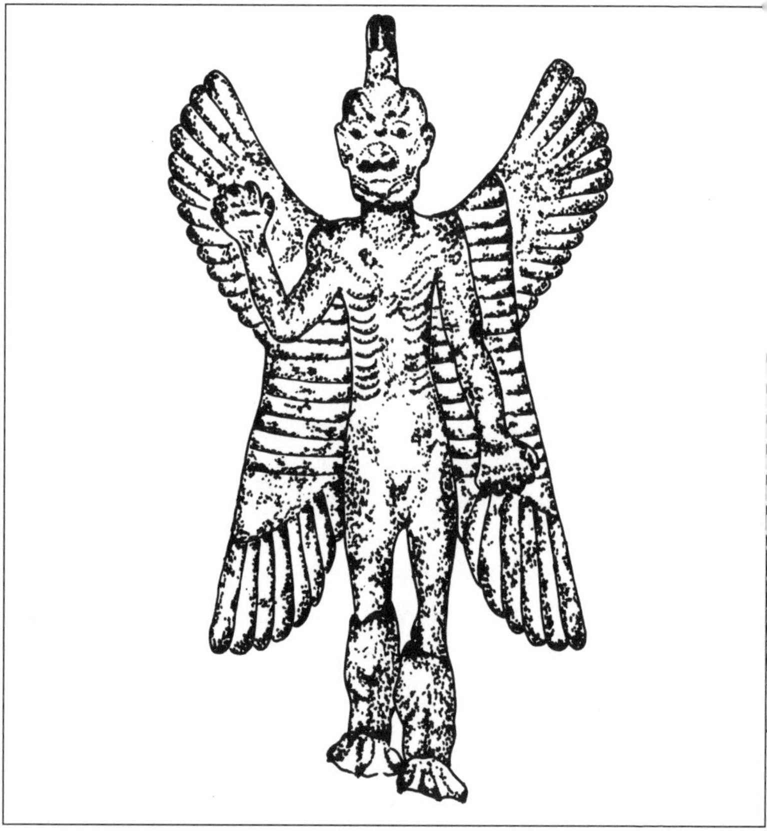

Abb. 100 Vierflügelige Gottheit Pazuzu (Dumuzi, Tamuz), der Drache des Himmels, zurückgehend auf die Sumerer. Bronzefigur aus Assyrien, 8. Jh. v. Chr.

Marduk in der Urzeit bezwungen haben soll. Es besitzt das Schuppenkleid und den Kopf einer Schlange, als Hinterfüße die Krallen eines Vogels, die Vorderpranken eines Löwen und den Schwanzstachel eines Skorpions. Es ist ein Wesen mit veränderlicher Gestalt, wie es nur der Horizont hervorbringen kann. In der Tat überliefert die babylonische Mythologie, daß »die Salzwasser der Erde die Form des weiblichen Tiamat-Drachens annahmen«. Tiamat enstprang wohl deswegen einst der Zone, wo Meer und Himmel zusammenstoßen.

Es spricht für die hier hergeleiteten Erklärungen, wenn man am Ishtar-Tor von Babylon, wie es heute noch im berliner Pergamon-Museum erhalten ist, neben dem Fata-Morgana-Drachen in regelmäßiger Folge noch die mächtigen Bullen des babylonischen Wettergottes Adad dargestellt sieht (Abb. 101). Wir wissen bereits, was die Fata Morgana mit dem Wettergeschehen zu tun hat und können angeben, welche Wirkung die gewaltige Phalanx der Keramikbilder an der Mauer von Babylon ausüben sollte: Die Fata Morgana sollte die Angreifer abschrecken und irreführen, die Stadt für sie unsichtbar machen. Vor ihren Augen sollte sich die Stadt in einem See von Trugbildern verbergen.

Der Überlieferung nach war Tiamat ein Chaosdrache, der sich gegen die herrschende Ordnung auflehnte. Er übte sich darin, alle Strukturen an der Erdoberfläche hin und wieder zu verzerren und zu verformen.

Die sumerische Hochzeit auf dem Tempelturm war also die symbolische Hochzeit mit einer Luftspiegelung, die gelegentlich durch ihre natürliche Erscheinung für alle sichtbar untermauert wurde. Aus ihr glaubten die Sumerer die Kraft zu schöpfen, die ihre großartige Kultur beflügelte.

Drachenartige Mischwesen waren in der Mythologie des vorderen Orients weit verbreitet. Dem böswilligen babylonischen Drachen Tiamat und dem hethitischen Drachen Illujanka ähnlich ist das iranische Wesen Ahriman. Es schuf den Drachen Azhi Dahaka, einen »Drachen mit drei Köpfen«, der sich wie eine riesige Schlange zum Himmel emporwand. Er suchte die Menschen heim, wurde vom Feuergott Atar aber auch selbst über Land und Meer gejagt und schließlich an einem Berg festge-

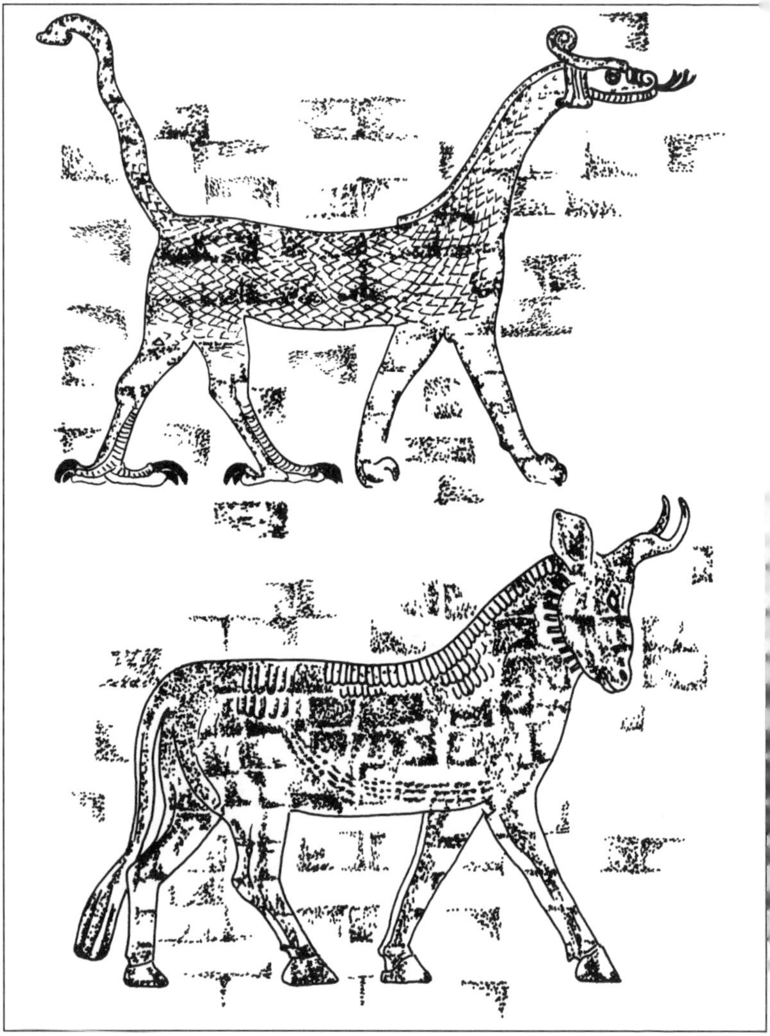

Abb. 101 Der rote Schlangendrache von Babylon, das Fata-Morgana-Wesen, und der Stier, das Symboltier des Wettergottes Adad, der die Luftspiegelung herbeizaubert, schützen in vielen Bildern am Ishtar-Tor gemeinsam die Stadtmauern von Babylon. Jetzt ist ihr Geheimnis enthüllt: In einer durch eine Wetteränderung hervorgerufenen Luftspiegelung sollte Babylon für die heranziehenden Feinde unsichtbar werden.

kettet. Könnte man eine dreifache Luftspiegelung nach oben treffender beschreiben als durch ein riesiges schlangenartiges dreifaches Wesen, das sich zum Himmel emporwindet und doch an einem Berg festgekettet ist, zu dem es zurück muß? Die Hebräer scheinen den Chaosdrachen Tiamat als »Leviathan« übernommen zu haben. Er wird als riesige Kreatur beschrieben, die »im Abgrund über der Quelle der Wasser« lebt.

In einer alljährlich stattfindenden Zeremonie vollzogen auch die alten indischen Herrscher eine rituelle Hochzeit mit ihrer Liebes- und Fruchtbarkeitsgöttin. Es handelte sich dabei um Lakshmi, Gemahlin des Gottes Vishnu, die mit diesem auf dem Rücken des gewaltigen Garuda-Vogels erscheint, dessen Fata-Morgana-Natur wir später noch kennenlernen werden.

Der Chaosdrache und die Erschaffung der Welt

Als der sumerisch-babylonische Chaosdrache Tiamat nach einem erbitterten Kampf von Gott Marduk besiegt wurde, spaltete dieser ihn. Aus der einen Hälfte schuf er den Himmel, aus der anderen die Erde. Die Welt war erschaffen.

Eine ganz ähnliche Legende ist aus der Schöpfungsgeschichte der mittelamerikanischen Indianer bekannt: Vor der Erschaffung der jetzigen Welt war der Urgott Quetzalcoatl zusammen mit seinem Bruder und Gegenspieler Tezcatlipoca, was »rauchender Spiegel« heißt, in einen Vernichtungskampf mit einem fürchterlichen Erdmonster verwickelt (Abb. 102). Da Quetzalcoatl »Federschlange« bedeutet (der aus dem Reich des Horizonts, wo sich Himmel (Feder) und Erde (Schlange) be-

Abb. 102 Quetzalcoatl, die »Gefiederte Schlange«, und sein Spiegelbild und Gegenspieler Tezcatlipoca, »Rauchender Spiegel«, nach einer Miniatur des Codex Borbonicus (Nationalbibliothek, Paris). Das Auftreten beider Erscheinungen zusammen mit der des Regengottes Tlaloc (doppelköpfige Schlange), der das Wetter beherrscht, symbolisiert ein mythisches Urerlebnis mit einer Luftspiegelung.

gegnen) und der Name »rauchender Spiegel« darauf hinweist, daß es sich um eine verzerrte (rauchende), gespiegelte Erscheinung handelte, stehen beide Wesen im Zusammenhang mit Luftspiegelungen. Wir haben es hier wohl mit einer Doppelgottheit zu tun, mit zwei unterschiedlichen Varianten desselben Wesens. Bezeichnenderweise trug die personifizierte Federschlange auch den Namen Nacxitl, was »Vierfuß« bedeutet. Der Vater von Quetzalcoatl war, wie es bei Fata-Morgana-Göttern zu erwarten ist, der Himmelsgott Mixcoatl, die »Wolkenschlange«, seine Mutter die Erdgöttin Chimalman, das »liegende Schild«.

Die Handlung, in welche die Horizont-Gottheiten verwickelt werden, ist aufschlußreich. Zunächst können sie das »Erdmonster«, das wohl eine aus der Erde hervorquellende Fata-Morgana-Erscheinung ist, nicht besiegen. Erst als sich die beiden Horizontgötter in zwei riesige Schlangen verwandelten, konnten sie dieses schließlich »auseinanderreißen«. Dann fand die Schöpfung statt: Aus der einen Hälfte des gespaltenen Erdmonsters bildete sich der Himmel, aus der anderen Hälfte die Erde. Die Götter veranlaßten, daß aus der »Erdhälfte« des besiegten Monsters Pflanzen und Wasser entsprangen und Landschaften entstanden.

Die Schicksale des babylonischen Chaosdrachen und des mittelamerikanischen Erdmonsters wurden offensichtlich verkehrt herum erzählt. Nicht der Himmel und die Erde wurden in Wirklichkeit aus den Drachen geschaffen, sondern die Drachen entsprangen der Zone, wo Himmel und Erde zusammenkommen und Luftspiegelungen ihre Phantasiebilder entfalten. Der hier vorliegende Mythos der Weltentstehung entsprang demnach wohl einer Ur-Begegnung mit einer Luftspiegelung. Aber warum ließ man die ganze Schöpfungsgeschichte dann umgekehrt ablaufen? Vielleicht, weil göttliche Wesen beteiligt waren, die in einer umgekehrten Welt lebten.

Können wir uns wirklich in die Denkweise der Schamanen der Vorzeit zurückversetzen? Berichte sibirischer

Schamanen bringen uns dieser Epoche der Vorgeschichte am nächsten. Sie erzählten, daß in der jenseitigen Welt, die sie in ihren Trance-Flügen erreichten, die Flüsse in umgekehrter Richtung fließen. Dies bedeutet, daß die Zeit dort ihre Richtung geändert hat. Um aus göttlichem Geschehen die Geschichte der Erdentstehung abzuleiten, mußten die Schamanen die Zeit umdrehen.

Vogel Roch und die Schlangen

Vogel Roch, auch Roc oder Rukh, war ein gewaltiges Tier, dessen Legende selbst die Aufmerksamkeit Marco Polos auf seiner Asienreise erregte. Die bekannteste Beschreibung stammt wohl aus der Märchensammlung *Tausendundeine Nacht*, wo Sindbad der Seefahrer in zwei Abenteuern mit diesem Riesen der Lüfte in Berührung kommt.[14] Sindbad war auf einer einsamen Insel gestrandet und fand dort eine riesige weiße Kuppel. Während er darüber rätselte, was er vor sich hatte, verdunkelte sich plötzlich der Himmel. Als er hochschaute, bemerkte er, daß ein Vogel von großer Länge und gigantischer Flugspannweite die Ursache war. Er erinnerte sich an eine Geschichte, die er von Pilgern und Reisenden gehört hatte. Auf einer Insel sollte demnach ein riesiger Vogel leben, der »Roch« genannt wird und der seine Jungen mit Elefanten füttert – und Sindbad war sich nun sicher, daß die Kuppel nichts anderes war als ein Ei des Roch. »Während ich schaute und das wunderbare Werk des Allmächtigen bewunderte, landete der Vogel auf der Kuppel und brütete auf ihr, wobei er sie mit seinen Flügeln bedeckte und die Beine nach hinten über den Boden ausstreckte. In dieser Haltung schlief er ein.« In der Hoffnung, daß ihn der Vogel Roch von der abgelegenen Insel in bewohnte Regionen bringen würde, band Sindbad sich mit seinem Turban an dessen Fuß fest. Mit einem Schrei erhob sich am nächsten Morgen der Vogel in die Luft. »Er hörte nicht auf zu segeln und hochzufliegen, bis ich dachte, daß er die Grenze des Firmaments erreicht hat.« Dann stieg er langsam nieder und landete auf einem hohen Hügel. Hier band sich Sindbad eilends los. »Ich sah, wie er (der Vogel Roch) etwas mit seinen riesigen Klauen von der Erde fing, um mit diesem hoch in die Luft zu steigen. Als ich genau hinschaute, sah ich, daß es eine dicke Schlange gigantischer Länge war.« Sindbad befand sich auf einem Hügel über einem riesigen Tal. Rundherum waren gewaltige Berge. Sindbad verzweifelte wegen der unwirtlichen Landschaft, denn es gab weder Bäume noch Flüsse. Aber als er durch eine Schlucht ging, merkte er, daß alles aus Diamant war.

Auf seiner fünften Reise landete das Handelsschiff, mit dem Sindbad unterwegs war, wieder auf einer Insel, die eine weiße Kuppel, ein »Roch«-Ei trug. Da er sich im Inneren des Schiffes befand, merkte er dies nicht rechtzeitig genug, um die anderen zu warnen. Diese hatten das Ei bereits aufgeschlagen und das Roch-Küken als willkommenen Fleischvorrat aufgeteilt. Dann verdunkelte sich die Sonne. Es war der Vogel Roch. Er stieß einen lauten Schrei aus, als er sah, was geschehen war, und hatte damit zugleich seine Partnerin alarmiert. »Beide begannen, über dem Schiff zu kreisen, indem sie uns mit Stimmen anschrien, die lauter als Donner waren.« Dann flogen die Vögel weg. Sie kamen mit riesigen Felsbrocken in ihren Krallen wieder und begannen das flüchtende Schiff zu bombardieren. Sie versenkten es, aber Sindbad überlebte und setzte seine Abenteuer fort.

Das riesige kuppelartige Ei, der gewaltige Vogel, der sich darauf niederläßt, ist durchaus als Luftspiegelung am fernen Horizont zu verstehen. Über einem Inselgebirge erkennt man ein Objekt am Himmel, das sich langsam wieder mit der Insel vereinigt. Auf dieselbe Weise würde ich das Hochsegeln des Vogels (des gespiegelten Objektes) in die Lüfte erklären, was mangels Aufwinden über dem Meer gar nicht möglich wäre. Interessant ist auch die Erwähnung der riesigen kahlen Berge ohne Bäume und Flüsse. Das bemerkenswerteste Indiz aber besteht darin, daß diese Berge aus Diamant und damit durchscheinend sind. Als diamantartig durchscheinend wurden im Orient gespiegelte Landschaften des öfteren beschrieben. Im übrigen scheint es kein Zufall zu sein, wenn die arabische Tradition vom Vogel Roch sagt, daß er niemals auf der Erde landete außer auf dem Berg Qaf, der Achse der Welt und Verbindung zum Himmel.

Bei der zweiten »Roch«-Geschichte fällt auf, daß zwei Riesenvögel auftreten, die über dem Schiff kreisen. Dies könnte ein Hinweis auf eine doppelte Spiegelung nach oben sein; eine Felsklippe wird darüber zweimal gesehen. Die Felsbrocken, die die Tiere herunterwerfen, könnten einfach die sporadisch zwischen Spiegelbildern auftretenden unregelmäßigen dunkleren Verbindungszonen gewesen sein.

Es gibt eine persische Illustration, die den Vogel Roch zeigt, wie er in seinem Schnabel gleichzeitig drei Elefanten wegträgt. Vielleicht ist dies eine unterschwel lige Anspielung auf den dreifachen Charakter mancher Luftspiegelungen. Wir erinnern uns, daß Gott Indra, der die fliegenden Berge auf den Boden brachte, auf einem dreiköpfigen Elefanten reitend dargestellt ist. Im Maharadscha Palast von Mysore ist der Vogel Roch mit zwei

Köpfen dargestellt. In jedem seiner Schnäbel trägt er einen Elefanten.

Insgesamt scheinen die Geschichten, die um den Vogel Roch kreisen, phantasievolle Ausschmückungen von Fata-Morgana-Eindrücken zu sein, die Seeleute in der Ruhe vor dem Sturm hatten. Vielleicht hörten sie schon den fernen Donner und übertrieben etwas, denn die Stimmen der Vögel Roch waren »lauter als Donner«. Übrigens gibt es eine überzeugende Symbolik, die den Schauplatz der Vorfälle mit dem Horizont identifiziert: Der Vogel ist das Symbol des Himmels, die riesige Schlange, die er wegträgt, das Symbol der Erde. Es ist das Reich der geflügelten Schlange. Der Name Roc, Roch oder Rugh wird der persischen Sprache zugeordnet, aber das persische Wort Rookh = Wange (Backe) gibt keinen Sinn. Ich glaube, daß das arabische Wort für »Atem« oder »Geist«, das »Ruh« lautet, eine viel treffendere Wurzel für den Namen dieses unheimlichen Luftgebildes ist.

Daß es den Erzählern klar war, daß die Insel mit dem Ei des Vogels »Roch« keine irdische Insel sein konnte, geht zum Beispiel auch aus den Schriften des arabischen Dichters Al-Dimiri (um 1400 n. Chr.) hervor. Bei ihm heißt es, wie schon in Sindbads Erzählung, daß nach dem Verzehr des Roch-Kükens graubärtige Männer schwarze Haare bekamen und diese nie wieder weiß wurden. Man war mithin an der Pforte des Paradieses angekommen.

Die Federschlange und die Fata Morgana

Das rätselhafte Wesen, das die Merkmale von Vogel und Schlange miteinander verbindet, war eines der einflußreichsten Symbole der Religions- und Kulturgeschichte. Es verlieh »gottgewollte« Macht unter anderem dem Quetzalcoatl in Mexiko, dem Pharao in Ägypten, den Königen der sumerisch-babylonischen Reiche und dem Kaiser von China. Unter dem Zeichen der Federschlange wurden jahrtausendelang große Völker beherrscht. Aber unter diesem Symbol lebten und starben auch seit Urzeiten einfache Nomaden. Was die gefiederte Schlange darstellte, muß einen unvorstellbaren Eindruck auf die Menschen gemacht haben. Selbst moderne Herrscherdynastien und Staaten haben sich seiner Insignien bemächtigt, um ihre Vormachtstellung zu betonen.

Die Federschlange ist ein mythisches Wesen, das zwischen Himmel und Erde geboren wurde. Der Vogel Roch, der am Horizont auftaucht und sich von riesigen Schlangen ernährt, könnte als Prototyp einer solchen Erscheinung angesehen werden. Sie symbolisiert die geheimnisumwitterte Welt, die der Horizont erschließt, Reich der Götter und ihre Macht. Die frühen Schamanen haben das Wissen um die Erscheinungen des Horizonts genutzt, um Einfluß auf die Mitmenschen ausüben zu können. Wie anders könnte man wohl die Prophezeiung verstehen, die dem berühmten keltischen Druiden Merlin von Geoffrey von Monmouth in den Mund gelegt wurde: Sie spricht »von einem abscheulichen Vogel, der sich zum Tal von Galabes begeben wird, um es emporzuheben, bis es ein hoher Berg ist«.

Die Federschlange war wohl ein schmaler Streifen Land oder ein turmartiges, schlangenartiges Gebilde, das an den Himmel gespiegelt und dort in Bewegung gesehen worden ist. In China wurde sie zum Himmelsdrachen, eine Erscheinungsform des Jadekaisers im Himmel, von dem der Kaiser seine Macht ableitete. Berge, über denen dieser Drache auftauchte, wurden zu heiligen Stätten, über die die Verbindung mit himmlischen Wesen aufrechterhalten wurde. Die urtümliche australische Religion kennt zwei Federschlangen, eine himmlischere, Eingana, und eine irdischere, Bolong, die eng mit der ersteren verbunden ist. Auch sie, die Regenbogenschlangen genannt werden, sind Quellen des Lebens und Wohlergehens der Menschen. Man sagt der Regenbogenschlange nach, daß sie einst die Landschaftskonturen geformt hat, wie man es von einem Wesen erwartet, das als Fata-Morgana-Erscheinung die Silhouette des Horizonts verformt.

Die Verbindung von Vogel und Schlange hat seit Urzeiten hohen symbolischen Wert gehabt. Das verblüffende Phänomen der Luftspiegelung und die unvorstellbar lange Zeit, über die sie den Weg des Menschen und die Entwicklung seines Unterbewußtseins begleitet hat, kann die Überzeugungskraft dieses Symbols erklären.

Alles, was wir bisher an mythischen Vorstellungen durch Naturbeobachtungen erklären konnten, hat die Geisteswissenschaft auf andere Weise gedeutet. So sollen die religiösen Vorstellungen im wesentlichen Werke der Phantasie und geistigen Kreativität der Menschen gewesen sein. Mit anderen Worten: Dreifaltige göttliche Wesen, umgekehrte Welten oder mythische Inseln entstammen lediglich der menschlichen Einbildungskraft. Welche Erklärung ist überzeugender, eine naturalistische, wie wir sie versuchen, wo ein bildhaftes Naturphänomen Pate stand, oder eine spirituelle?

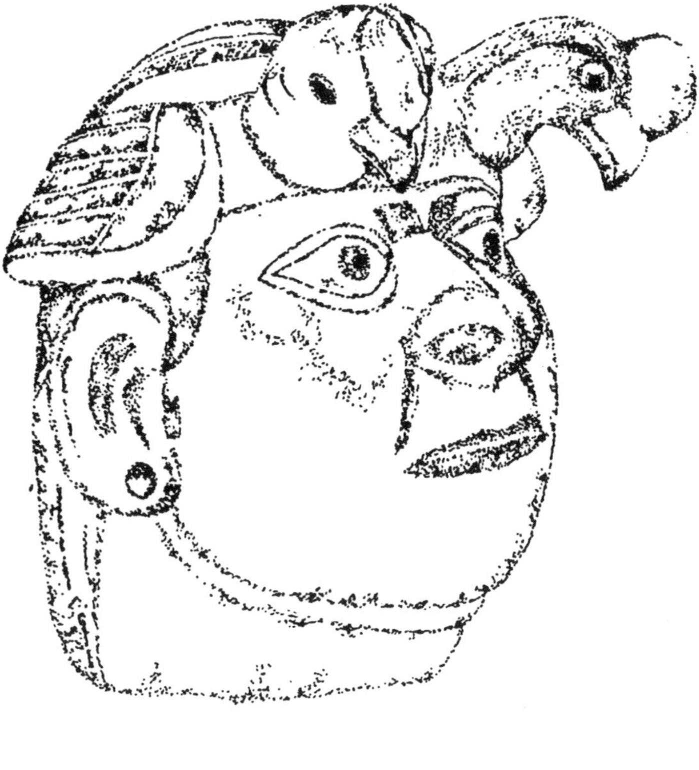

Abb. 103 Präkolumbianische Keramikfigur mit Doppelkondor. Mochica-Kultur, Ecuador

7.

Verbindungen zum Himmel

Die Achse der Welt

Mystische Denker der Vorzeit haben den Weg eines Helden über den Weltberg oder die kosmische Weltachse zu den Gefilden des Himmels als die vollkommenste Pilgerfahrt empfunden, die ein Auserwählter zum Zweck seiner geistigen Vervollkommnung durchführen kann. So entscheidet sich der Held Yudhishthira am Ende des indischen Epos *Mahabharata,* mit seinen fünf Brüdern und ihrer gemeinsamen Frau den kosmischen Berg Meru zu besteigen. An den Abhängen erwartet sie der oberste Gott, um sie härtesten Prüfungen zu unterziehen. Nur Yudhishthira erreicht das Ziel, mit der Aufnahme in die himmlischen Gefilde. Viele hinduistische und buddhistische Pilger, die in Asien heilige Berge ersteigen, folgen seinen mühseligen Schritten zur Erleuchtung.

In einer japanischen Steininschrift aus dem 9. Jahrhundert für »Stamana Shodo, der auf der Suche nach Erleuchtung Berge und Ströme überquerte«, steht über den Kampf des Mönches beim Bezwingen des Berges Fudaraku (heute Nantaizan): »Er (der Berg Fudaraku) ist die Heimstätte des Phönix, gebogen wie das Horn eines Schafes. Wenn ich die Spitze dieses Berges nicht erreiche, werde ich nie die Erleuchtung finden.«[1]

Viele Völker Zentralasiens kennen mythologische

Überlieferungen von einem mächtigen Weltberg. Er bildet stets den Mittelpunkt ihres Kosmos, ohne identisch mit einem realen Berg zu sein.[2] Dieser Berg war nach dem Glauben sibirischer Völker ursprünglich sehr viel kleiner, während er später so wuchs, daß er ein würdiger Aufenthaltsort für die Götter werden konnte. Im 14. Kapitel des Buches Jesaja im Alten Testament wird er als Versammlungsberg im Himmel bezeichnet. Ein altes finnisches Gedicht sagt: »dort auf dem Nabel des Himmels, auf der Spitze des berühmten Berges« und bezeichnet damit eine mythologische Erinnerung, die das finnische Volk aus der Tiefe des asiatischen Raumes mitgebracht hat.

Auf religiösen tibetanischen Malereien, den Mandalas, die die Wohnung der Götter darstellen, ist das Universum mit seinen Bergen, Ozeanen und Kontinenten konzentrisch um einen gewaltigen zentralen Berg angeordnet. Er reicht von der Tiefe der Hölle bis in die Höhen des Himmels. Als heilige Achse des Kosmos spielt er in den alten asiatischen Religionen eine grundlegende Rolle. Die Hinduisten nennen ihn »Meru«, die Buddhisten »Sumeru«. Auf seiner Spitze steht der Palast des höchsten Gottes Indra, des Gottes, der mit seinem Blitzstrahl die »fliegenden Berge« bezwang. Nach dem *Mahabharata* liegt der Berg Meru weit im Norden Indiens, im Zentrum der Welt. Er steigt zu solch unglaublichen Höhen auf, daß Sonne und Mond ihn in Ehrfurcht umkreisen müssen. Auf einem seiner drei Gipfel, hoch über den vier heiligen Flüssen, die an seinem Fuße entspringen, weilt in der Vorstellung der Hindu der Schöpfer des Universums, Brahma. Die beiden anderen Gipfel werden von den Palästen der Götter Vischnu und Schiva besetzt. Zu diesem Weltberg führt der Weg derjenigen, die die letzte Wahrheit suchen und die höch-

Abb. 104 Der Tempel von Angkor Wat (12. Jh., Aufnahme vom zentralen »Tempel-Berg«) in der ehemaligen Hauptstadt des Khmer-Reiches in Kambodscha war das irdische Abbild des indischen Kosmos, den es zu stabilisieren galt. Der zentrale Tempel, der den mystischen Berg Meru als Achse der Welt symbolisiert, liegt im Inneren eines riesigen Vierecks, das die Erde darstellt und von Gebirgsketten umgeben ist.

sten Ziele der Hindu-Religion zu erreichen trachten: die Erlösung vom Kreislauf des Lebens und Sterbens.

Die Vorstellung eines zentralen Weltberges hatte für die asiatischen Kulturen große Bedeutung. Überall in Asien finden sich kleinere Hügel oder Berge mit Tempeln, die den Weltberg mit seinen Göttern näher an die Siedlungen rücken sollen. Der höchste Vulkan auf Java, Semeru, wurde nach dem mythischen Weltberg benannt. Der Legende nach wurde er von den Göttern »von oben her wie ein Nagel« in die Insel geschlagen, um sie zu verankern. Der heilige tibetanische Berg Kailas ist für viele Gläubige der weltliche Stellvertreter Merus oder Sumerus.

Seit dem 7. Jahrhundert wurden der Palast des Königs von Burma und die Verwaltung nach dem Vorbild des Weltberges organisiert. Der König herrschte im Kreise seiner Getreuen wie Gott auf dem Berge Meru. Die irdische Welt wurde zu einem Abbild der jenseitigen Welt. Die alten Khmer in Kambodscha bauten ihre Hauptstadt als Nachbildung des Universums um ein architektonisches Modell des Meru, einen Tempel, dem sie die Bezeichnung »Berg«, in ihrer Sprache »giris«, gaben.[3] Ein solcher war zum Beispiel der im 15. Jahrhundert unter mysteriösen Umständen aufgegebene Tempel Angkor Wat.

Wenn es ein Naturphänomen gibt, das in nachhaltiger Weise die Vorstellung eines gewaltigen Berges vermittelt, der unvorstellbar und weit in den Himmel reicht, dann ist es die Luftspiegelung eines Berges. Tatsächlich gibt es sowohl in der indischen als auch in der nordamerikanisch-indianischen Mythologie, etwa vom Stamm der Maidu, Überlieferungen von Bergen, die hoch in den Himmel aufragen. Das Bild eines Berges kann allein schon gewaltig vergrößert erscheinen. Bei einer

Abb. 105 In einer äthiopischen Überlieferung vom Feldzug Alexanders des Großen begegnet der Feldherr auf dem Weg ins Totenland einem Engel, der auf Gottes Geheiß den Weltberg trägt.

mehrfachen Spiegelung nach oben kommt der Eindruck auf, daß er sich wie eine Säule in den Himmel reckt (vgl. Abb. 19 im Farbteil). Diesen Weltberg gibt es nicht nur bei den Mongolen (er heißt dort auch »Sumeru«), Indern und Tibetanern (hier heißt er »Sunnur Oola)«, sondern auch bei den Iranern und Chinesen (»Kuantum«). Bei den Birmesen heißt er »Mienmo« und ist zugleich das Paradies.

In einer äthiopischen Version der arabischen Geschichten von Alexander dem Großen begegnete Alexander auf dem Weg ins Totenland einem Engel, der einen Berg hochhält (Abb. 105).[4] Als Alexander ihn fragte, warum er dies tue, antwortete der Engel, daß dies der Vater aller Berge wäre, der Berg, mit dem die Erde verankert wurde. Alle anderen Berge würden von ihm abstammen. Gott hätte ihm befohlen, den Berg festzuhalten, damit die Menschen ihn nicht bewegen. Wenn diese Episode ein Hinweis auf einen schwebenden Berg ist, den die Menschen nicht erreichen können, dann ist der Engel, der diesen Berg hochhält, ein bemerkenswert schönes Symbol für eine Luftspiegelung.

Auch die mittelamerikanischen Indianervölker kannten einen zentralen Berg inmitten eines mythischen Landes. Er hieß Tonacatepec, und auch ihm entströmten die großen Flüsse der Erde. Bereits Columbus hörte von diesem wundersamen Ort.[5] Vielleicht war das Wasser, das diesem Mittelpunkt der Erde entsprang, der helle, wasserähnliche Schein, der die Illusionen der Fata Morgana so oft umgibt.

Der Weltberg in Gestalt einer Sanduhr

Der Weltberg, zugleich Verbindung zum Himmel und Zentrum der Welt, ist oft beschrieben worden. Bemerkenswert ist folgende Version aus der alten chinesischen Überlieferung: Danach hat der Weltberg die Form einer Sanduhr. Er wird zunächst nach oben hin schmaler, ist in der Mitte dünn und wird weiter oben allmählich wieder breiter, bis er in den Himmel übergeht.

Die japanische Überlieferung beschreibt, wie der Berg in gewissen Abständen schmaler und wieder breiter wird, was man als verschiedene Stockwerke deutet. Er müßte dann das Aussehen eines Baumes haben und könnte somit einen Lebensbaum darstellen. Es gibt auch Vorstellungen, die eine Verbindung zwischen Weltberg und Lebensbaum knüpfen. Eine zentralasiatische Erzählung beschreibt einen Lebensbaum auf einem dreistufigen Weltberg. Wahrscheinlich erinnert die Mythologie an dasselbe Phänomen, sofern es auf eine Sinneswahrnehmung zurückging, die an der Quelle dieser Überlieferung stand. Dafür spricht die folgende mythologische Erzählung aus der Mongolei: Auf die Bitte Gottes hin nahm der Held Otshirvani den Kampf mit einer riesigen Meeresschlange auf, die ihr Gift auf die Menschen versprühte. Aber er war zu schwach und büßte beinahe sein Leben ein. Als ihm dies klar wurde, floh er und bestieg den Weltberg Sumer. Dort verwandelte er sich in den mächtigen »Garide-Vogel«. Dann griff er die Seeschlange wieder an, packte sie mit den Klauen, wickelte sie dreimal um den Weltberg und zerschmetterte ihren Kopf mit einem Felsen.

Dieselbe giftspeiende Schlange taucht als Drache Nidhögger in der germanischen Sagenwelt auf. Er sitzt

Abb. 106 Montierte Zeichnung des heiligen Berges Kailas in Tibet in einer doppelten Spiegelung nach oben (umgekehrtes und darüber aufrechtes Bild).

in den Wurzeln der Weltesche und wehrt sich gegen den riesigen Adler, der ihn von der Baumkrone herab bekämpft (Abb. 110). Demnach haben Weltberg und Weltbaum eine gemeinsame Wurzel.

Der in Form einer Sanduhr zum Himmel aufragende Berg ist der Prototyp eines zum Himmel gespiegelten Berges. Dieses Phänomen ist vielfach dokumentiert

Abb. 107 Hindu-Paradies mit Gott Shiva und seiner Familie am heiligen Berg Kailas, der die Form einer Sanduhr angenommen hat (London, Victoria and Albert Museum)

worden, zum Beispiel durch Alfred Wegener, als er auf Grönland Luftspiegelungen untersuchte.[6] In Abb. 84 ist links eine solche Spiegelung zu sehen. Der Berg mit den wohl besten Voraussetzungen für eine solche Erscheinung ist Kailas im Hochland von Tibet. Es ist der ›heiligste‹ Berg in ganz Asien, von größter Bedeutung sowohl für den Hinduismus als auch für den Buddhismus. Er kann auf einem Hochplateau von weit her gesehen werden und hat genau die Form, die gespiegelt eine Sanduhr ergibt. Für diese Identifizierung von Kailas als Sanduhr-Weltberg spricht, daß er seit über drei Jahrtausenden im Mittelpunkt religiöser Betrachtung und unzähliger Pilgerfahrten steht. Schon die großen indischen Epen *Mahabharata* und *Ramayana* beschreiben diesen Berg. Die Tibetaner nennen den Berg oft Kang Rimpoche, was Ausdruck höchsten Respekts ist, denn der Titel Rimpoche wird sonst nur den höchsten Lamas, etwa dem Dalai Lama, vorbehalten.

Abb. 108 Sanduhrartige Bergformen in einer Luftspiegelung, Alaska (Prof. Tate, Universität Fairbanks)

Kalte Hochebenen scheinen für den Kontakt mit dem Jenseits besonders geeignet zu sein. Der Stamm der Singpho in Ober-Assam sucht seine mythische Urheimat, zu der die Geister der Toten zurückkehren, auf der Hochebene eines Berges.[7]

Der Berg Sumeru wird nicht selten in Form einer Blume dargestellt, die sich nach oben in die verschiedenen Schichten des göttlichen Daseins und zum Palast des Gottes Indra hin öffnet. Diese Öffnung ähnelt den Konturen des oberen Teils der Sanduhr – es ist die Form eines umgekehrt gespiegelten Berges. Ein sich nach oben öffnender sanduhrförmiger Lotosberg steht zum Beispiel im Jonghe-Gong-Lamakloster in Peking. Tatsächlich zeigen auch bildliche Darstellungen des Berges Kailas mit seinem Götterthron eine typisch sanduhrartige Form (Abb. 107, vergleiche dazu Abb. 108).

Auch die zackenartige Spiegelung von Bergen ist nicht ungewöhnlich. Wenn die lichtablenkenden Luftschichten komplizierte Temperaturprofile aufweisen, kommt es zu mehrfachen Spiegelungen, in denen die Einzelbilder in der Regel stark komprimiert sind (Abb. 73). Der mythologische Kampf zwischen Vogel und Schlange, der sowohl am Weltberg wie auch beim Weltbaum stattfindet, belegt, daß beide Vorstellungen dieselbe Wurzel haben. Schließlich symbolisiert die Verbindung von Vogel (Himmel) und Schlange (Erde) immer den Horizont.

Der Lebensbaum

Weit über Asien und Europa verbreitet und zu den frühesten Anfängen menschlicher Kultur zurückgehend ist der Mythos vom Lebensbaum. In seinem Schatten fand sich der erste Mensch. Der Baum steht also im Paradies. Nach einer Überlieferung der sibirischen Jakuten wollte der erste Mensch wissen, warum er erschaffen wurde. Er näherte sich dem riesigen Baum, der seine Krone durch die drei Stockwerke des Himmels streckte und an dessen Zweigen entlang eine wohltuende, hellfarbige Flüssigkeit floß. Ein Spalt öffnete sich im Stamm, und eine weibliche Gestalt, sichtbar nur bis zur Hüfte, verkündete ihm, daß er bestimmt sei, der Vater der menschlichen Rasse zu werden. In einer anderen Version der Geschichte sah der erste Mensch eine weite, helle Ebene vor sich. Er bemerkte dort einen mächtigen Hügel und darauf einen riesigen Baum. Seine Krone erstreckte sich in die Stockwerke des Himmels, wo seine Blätter mit den Göttern sprachen, und seine Wurzeln drangen in unvorstellbare Tiefen, wo viele mythische Wesen wohnten.[8] Auch in der Bibel der alten Semiten lebt der erste Mensch im Paradies neben dem Baum des Lebens. Unter dem iranischen Lebensbaum entspringen alle Flüsse der Erde.

Nach der keltisch-irischen Mythologie sind die Bäume in der jenseitigen Welt aus glänzendem Kristall oder von silbriger Farbe. Dreihundert Männer können sich von ihren Früchten ernähren.[9] Nach der indischen Mythologie steht der mächtige lebensspendende Weltbaum auf einem Berg, der Sumeru genannt wird. Bei den nordeuropäischen Völkern, deren Mythen in der isländischen *Edda* überliefert sind, heißt der Lebensbaum, die Weltesche, Yggdrasil. Es ist der Baum des obersten Gottes Odin (Wodan), was auch der Name ausdrückt (Pferd des Odin), und Träger des ganzen Weltgebäudes. Er ist der größte aller Bäume, dessen Krone bis zum Himmel reicht. Im Geäst des Baumes weidet die Ziege Heidrun, und ihre Speise ist so wundertätig, daß sie mit ihrer Milch alle Götter nährt. Vom Baum weg fließt eine heilsame Quelle, an der drei Schicksalsgöttinnen Wasser holen. Ein Adler sitzt gleich einer dunklen Wolke in der Krone, und eine Schlange lauert unter den drei Wurzeln. In Zentralasien windet sich eine Schlange um den Stamm des Lebensbaumes, und der Garide-Vogel (indisch Garuda) thront in seiner Krone. Da auch die Babylonier den Paradiesberg und den Baum des Lebens kannten, muß wohl angenommen werden, daß der Mythos vom Lebensbaum sehr, sehr alt ist.

Er zeigt sich auch bei den Ureinwohnern Südamerikas, die vor mehreren zehntausend Jahren aus Asien eingewandert sind. Der Mythos bezieht sich beispielsweise auf die imposanten, schwer zugänglichen Tafelberge, die »Tepui«, die sich über den Savannen Venezuelas erheben. Sie sind nicht nur wegen ihrer isolierten

Abb. 109 Luftspiegelung, Finnland (Säule und mehrfach gespiegelter Horizont), in Form eines Baumes mit weit ausladenden Ästen

Pflanzenwelt interessant. Die Piaroa-Indianer glauben, daß der Tepui Autana die Basis eines riesigen Baumes ist, der einst alle Kreaturen ernährte.

Australische Eingeborene wissen von einem enormen Baum zu berichten, der seine verdorrten Äste weit in die Himmelssphären hinausstreckt (vgl. Abb. 109). Der mythische Held, der diesen gewaltigen Baum aus einem kleinen Bilawal-Baum hervorzauberte, war die Känguruh-Ratte. Da aber immer wieder Äste von dem Riesenbaum herunterfielen, nahm die Zauberei ein schlechtes Ende. Der Herr des gewaltigen Baumes wurde eines Tages in der Morgendämmerung von den Speeren seiner Feinde getötet.[10]

Viele Fata-Morgana-Sichtungen wurden wegen der beobachteten märchenhaften Formen und Farben als Einblicke ins Paradies umgedeutet. In diesem sichtbaren, aber trotzdem unwirklichen Paradies steht auch Atlas als Säule, die den Himmel abstützt. Es ist wohl eine dreifach zum Himmel gespiegelte Insel, die sich wie ein Meeresriese aus dem Wasser zu erheben scheint. In solch einem so dramatischen Bild ist auch Platz für einen Riesenbaum, etwa einen in einer atmosphärischen Linse vergrößerten wirklichen Baum oder einen nach oben gespiegelten Hügel oder Berg, dessen Spiegelbild die Luftturbulenzen ein zerrissenes Aussehen geben (Abb. 169). Das könnte vor allem die mythische Rolle der weithin sichtbaren Tafelberge Venezuelas als Lebensbäume erklären.

Bei der nordischen Weltesche taucht die Symbolzahl »drei« auf. Die Weltesche hat drei Wurzeln, und drei Schicksalsgöttinnen sind ihrer Quelle zugeordnet. Vielleicht ist dies ein Hinweis auf die dreifache Luftspiegelung, die wir als Vorbild dieser Vorstellung vermuten. In vielen alten Darstellungen steht der Weltbaum oder der

Die Weltesche Yggdrasil

Abb. 110 Die Weltesche der alten Germanen, in deren Krone ein Adler und an deren Wurzel eine riesige Schlange hausten. Sie trägt das Himmelsgewölbe, und an ihrer Quelle zwischen ihren drei Wurzeln weilen die drei Schicksalsgöttinnen. Drei Schwäne, Symbole für das Licht, schwimmen auf der Quelle des Lebens.

Baum der Erkenntnis auf einem hohen Berg oder einer mächtigen Säule. Gelegentlich ist er doppelt gezeichnet, wie Erscheinungen in einer Luftspiegelung: Man erkennt zwei einzelne Bäume, die über einen einzelnen Zweig miteinander verbunden sind, zwei symmetrische Bäume oder einen Baum mit zwei Stämmen aus derselben Wurzel. In hinduistischen Lebensbaum-Motiven sind zwei Bäume übereinander gezeichnet. Einer ist himmlisch, der andere irdisch. Sie sollen Spiegelbilder sein, zwei Erscheinungsformen desselben Baumes. Der segenbringende Baum des Lebens heißt Aditi, während Diti, sein irdisches Spiegelbild, von Gott Vishnu mit der Axt gefällt wird. In der altiranischen Tradition findet sich die Vorstellung vom weißen Himmelsbaum (Haoma), der auf der Weltachse wächst, und eines gelben, irdischen Baumes, der sein Spiegelbild ist. Könnte dieses Bild nicht auf eine zum Mythos gewordene Begegnung mit einer Luftspiegelung zurückgehen? Da der Name der germanischen Weltesche, Yggdrasil, soviel wie »Odins Pferd« bedeutet und dieses acht Beine hatte, war diese wohl auch eine verdoppelte Erscheinung.

Manchmal sind die Zweige des Lebensbaumes so gezeichnet, daß sie sich teilen und dann wieder zusammenwachsen, manchmal sind Zweige paarweise ineinander verflochten. Nach den Überlieferungen der indischen *Rig-Veda* wächst der Baum Asvattha mit den Wurzeln nach oben. Der Legende nach hat der »umgekehrte Baum des Glücks« seine Wurzeln im höchsten Himmel und breitet seine Zweige über die Erde.

Wir brauchen nur eine Fata-Morgana-Schilderung aus Indien zu wählen, wo die ältesten Hinweise auf den Lebensbaum herzustammen scheinen, um unsere Phantasie zu beflügeln: »Als wir diese Erscheinung zum ersten Male wahrnahmen, glaubten wir, eine hohe, dun-

Abb. 1 Wüsten-Fata-Morgana, Atacama-Wüste, Chile. In diesem Gebiet, wo es oft viele Jahrzehnte nicht regnet, erkennt man deutlich eine Seenlandschaft.

Abb. 2 Ein Riese trägt den Helden zu dem Schloß,das an goldenen Ketten vom Himmel hängt. Diese von der keltischen Mythologie überlieferte Episode war ursprünglich wohl die Begegnung mit einem Schloß in der Luftspiegelung.

Abb. 3 Die Türme der Cordillera del Paine in Patagonien entstanden nach einer Sage der Eingeborenen, als die gewaltige, himmelhoch aufgerichtete Schlange Cai Cai nach einer großen Flut mythische Heroen in Stein verwandelte. Die Himmelsschlange scheint in der alten südamerikanischen Mythologie nicht unbekannt zu sein. Bei den Yuracare-Indianern trägt eine riesige Schlange sogar den Himmel selbst.

Abb. 4 Die Alten überlieferten Sagen von Glasbergen, in denen Feen und andere mythische Wesen wohnen. Von dort fliegen auch die Schwanenjungfrauen zur Erde.

Abb. 5 Die Göttin vom Berg Daimugenzan nach einem alten japanischen Druck.

Abb. 6 Vier von neun Erscheinungsformen des himmlischen Drachens im Palastmuseum von Peking. Er taucht über dem Schaum des Meeres auf und kann seine Gestalt verändern.

Abb. 7 Baum des Lebens (Eingeborenen-Künstler des Manggalili Clan, Arnhem-Land, Nordaustralien). Der Nachtvogel Guwark sitzt in der Krone der Eiche »wiwar«. Der Baum ist die Verbindung zwischen dem Land der Lebenden und dem Land der Toten. Er ermöglicht die Kommunikation zwischen Sterblichen und den Geistern der Ahnen. Botschafter ist das Opossum, das den Lebensbaum hoch und runter rennt. Interessanterweise ist der Totemplatz, der heilige Verweilort des Vogels Guwar, das Cape Shield (baute sich hier in einer Luftspiegelung das Kap zum Lebensbaum auf?).

Abb. 8 »Die Säule, die den Himmel trägt«, nach 0, 42, 264, 311 und 590 Sekunden. Die Umgebung verändert sich ständig, und die Säule selbst wird periodisch weiß (Bild c und e). Luftspiegelung einer flachen Insel

Abb. 9 Schamanin neben ihrer Trommel im hinduistisch-lamaistischen Heiligtum Muktinath, Nepal. Schamanen haben sich seit Urzeiten um die seelischen Belange der Menschen gekümmert.

Abb. 10 Vorgeschichtlicher Tonwagen einer Vogelgöttin, der von einem Vogelpaar gezogen wird. 1500–1200 v. Chr., Fundort Dupljaja bei Vrsac, Serbien

Abb. 11 Sich durchdringende geflügelte Ringe oder Räder, wahrscheinlich stilisierte Doppelvögel. Trapezunt, Deckenfresken der Hagia Sophia aus dem 13. Jh. Aus der rumänisch-byzantinischen Klosterkirche von Hurez kennt man auch vierflügelige Räder. Sie werden als vierflügelige Wesen im Umkreis Gottes identifiziert.

Abb. 12 In den Felsen gehauene Vogelmenschen in Orongo, dem Schauplatz des Vogelkultes auf der Osterinsel.

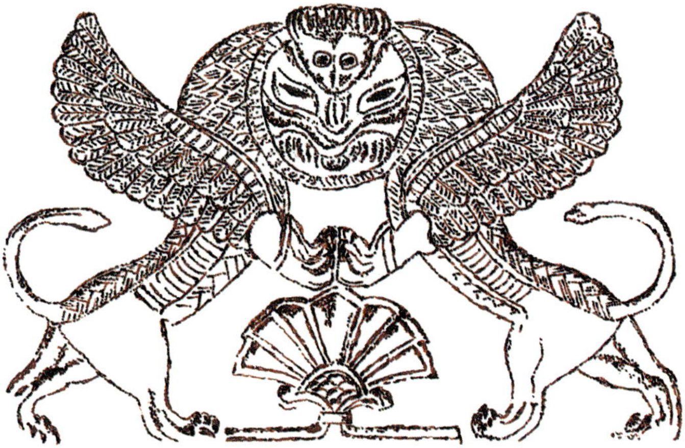

Abb. 13 Assyrische Flügellöwen mit einem gemeinsamen Kopf vor einem stilisierten Lebensbaum. Goldschatz von Ziwije, Kurdistan, 9.–7. Jh. v. Chr.

Abb. 14 An der Seidenstraße (Westgrenze Chinas) steht, hinter dem Kalukuli-See, der heilige Berg Muztagh Ata. Vorbeiwandernde buddhistische Mönche und ansässige kirgisische Nomaden haben über seinem Gipfel wundersame Dinge gesehen.

Abb. 15 Dem Eskimojungen, der aufbrach, um die gestohlene Sonne zurückzuholen, empfahlen die wilden Tiere, einem Lichtstrahl zu folgen, der hinter einem Berg hervorkam. Vulkan in den Aleuten, Alaska

Abb. 16 Die verwunschene Stadt Vineta war vielleicht die von einer Luftspiegelung weit versetzte und verzerrte Stadt Kopenhagen oder einfach eine Laune des Horizonts.

Abb. 17 Gott Krishna trägt mit der Spitze seines kleinen Fingers den Berg Ghovardan (Rajput-Miniatur, Freer Gallery of Art, Washington)

Abb. 18 Fata-Morgana-See in der staubtrockenen Taklamakan-Wüste Chinas. Eine Begegnung, die zutiefst überzeugt, aber bei der die Sinneseindrücke vor der Wirklichkeit nicht standhalten.

Abb. 19 Nach oben gespiegelte Landschaft, Mt. McKinley Range, Alaska (Prof. Tate, Universität Fairbanks)

Abb. 20
Vergleich einer in einer Luftspiegelung verzerrten Insel mit der Silhouette von Stonehenge.

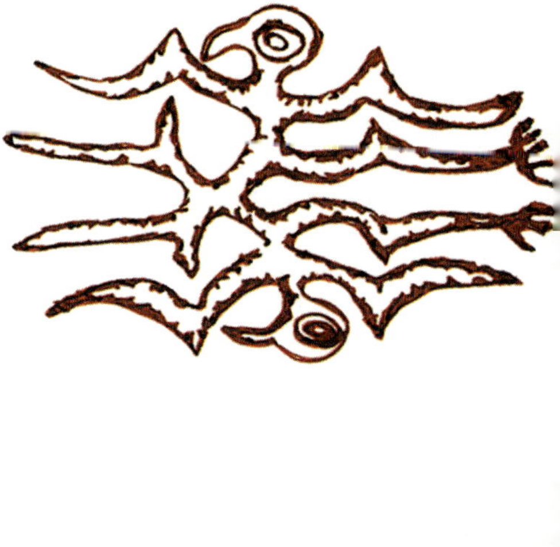

Abb. 21 Verdoppelter Fregattvogel, Ornament auf einem Stück Muschelschale von Malaiti, Solomonen-Inseln

Abb. 111 Buddha unter dem Baum der Erkenntnis. Felszeichnung an einem Rastplatz an der Seidenstraße, Karakorum-Straße, Nähe Talpan-Brücke, Nordostpakistan; vermutlich ein Werk buddhistischer Mönche, die im 6. oder 7. Jh. von Indien nach China zogen

kle Wand von nußfarbenem Rauch zu sehen, welche vom Horizont begrenzt zu sein oder an demselben emporzusteigen schien. Allmählich wurde die dichte Masse durchscheinend und nahm eine strahlenzurückwerfende oder strahlenbrechende Kraft an. Büsche stellten sich vergrößert als Bäume dar; die zwergartige Khyre erschien zehnmal höher als der riesenhafte Amli der Wälder. Plötzlich trennte ein Lichtstrahl den Schluß dieser noch immer rauchartigen Wand, und wie durch Zauberei geschaffen stellten sich Burgen, Türme, Bäume in einer zum Teil in prächtiger Belaubung verschleierten Gruppierung dar. Jeder Zuwachs an Licht veränderte das Aussehen des Chittrám (wie diese Luftspiegelung in südasiatischen Steppen heißt), welcher jetzt statt der anfangs geschlossenen Rauchmauer eine tausendfach durchbrochene Dunstschicht bildete, in der jede einzelne Masse wie eine ungeheure Lupe wirkte, bis zuletzt die Sonne so kräftig wurde, daß die ganze Erscheinung verschwand und Burgen, Türme und Bäume wie Blendwerk in Luft zerrannen.«[11]

Davon abgesehen, daß erst die abendländische Wissenschaft des 18. und 19. Jahrhunderts dieses Phänomen erklären konnte, müssen solche Erlebnisse, die selbst aufgeklärte Reisende nachhaltig beeindruckten, einfachen Menschen überirdische Eindrücke suggeriert haben. Ein zwergartiger Strauch, der zehnmal größer erscheint als ein riesiger Baum, mag einst, von vielen Zeugen gesichtet, zum Vorbild für den Lebensbaum geworden sein, oder war es vielleicht eine baumartige Struktur, die eine flache Insellandschaft zum Himmel projiziert hat (Abb. 109)?

Die Säulen, die den Himmel tragen

Ein Mythos der Iglulik-Eskimo erzählt, daß die Säulen der Welt einst zusammenbrachen und alles zerstört wurde. Aber die Welt wurde wiedererschaffen, und das überirdische Land stand wieder sicher. Bei den Samojeden sind es gewisse Felsen auf den Höhen des Urals, die das Firmament abstützen. Aber die Schamanen müssen ständig achtgeben, daß diese Pfeiler nicht brüchig werden. In den Mythen mancher Völker (z. B. Sibirier, Ägypter, Norweger) sind es Pfeiler, die den Himmel absichern, bei anderen Götter (Polynesier, Inder, Azteken),

Abb. 112 Die Säule, die den Himmel stützt, wo sich der Eingang zum Paradies befindet; Luftspiegelung einer flachen Insel, Finnland. Man erkennt am Himmel gespiegelt die Konturen der Insel und der Meeresoberfläche. An einer Stelle muß die Temperaturverteilung uneinheitlich gewesen sein. Die Lichtstrahlen fächern auseinander und erzeugen ein säulenartiges Bild.

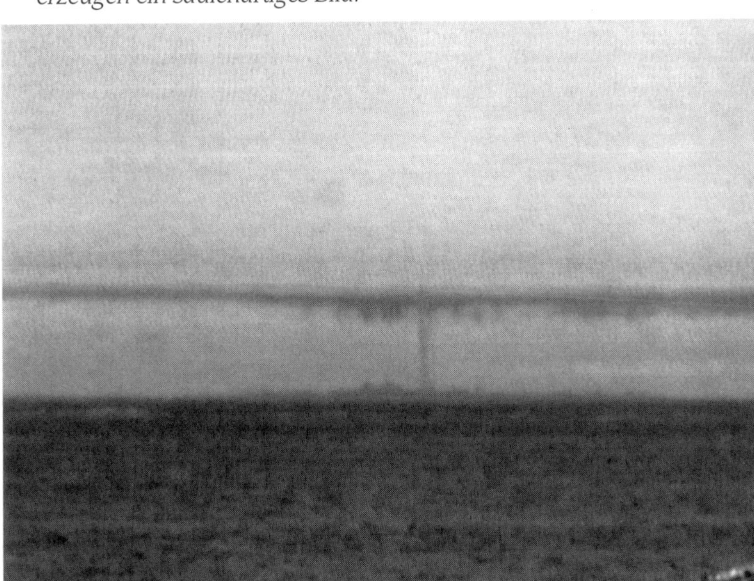

oder Berge beziehungsweise Bäume. In einer Legende von Tahiti hält ein riesiger Oktopus mit seinen starken Armen den Himmel hoch.

Diese Himmelssäulen wurden bei vielen Völkern als Pfosten oder Stangen dargestellt, die mit Vogelornamenten verziert wurden. Sie drückten die Fähigkeit der Schamanen aus, mit der überirdischen Welt Kontakt aufzunehmen. Das gilt auch für die Priester der alten japanischen Shinto-Religion, in deren eleganten und einfachen Tempeln (Abb. 114) die Weltsäule eine zentrale Rolle spielt. Die Hauptfunktion dieser Tempel besteht darin, eine Kontaktstelle für die Gottheit bei einem Besuch auf der Erde zur Verfügung zu stellen. Sie heißt im Japanischen »yorishiro« oder »Stütze«. Durch rituelle Reinigungszeremonien wird die göttliche Macht an sie gebunden. Im kaiserlichen Shinto-Heiligtum Ise, das in Japan eine zentrale Rolle spielt, ist das »yorishiro« ein Baum, dessen Äste gänzlich gekappt sind, so daß nur ein Pfosten übrigbleibt. Es gibt unter den Gelehrten keinen Zweifel, daß diese Stütze die kosmische Achse darstellt. Auch im traditionellen japanischen Haus wird – an diese uralte Tradition anknüpfend – ein zentraler Pfosten eingesetzt.

In der alten Welt fiel die Rolle des Pfeilers, der den Himmel gegen die Erde abstützt, dem Meeresriesen Atlas zu. In seinem Umfeld befand sich ebenfalls der Eingang zum Paradies. Atlas erhob sich aus dem Meer und stemmte sich mit seiner überirdischen Kraft gegen den Himmel, damit er nicht herunterfällt. Schon Homer rätselte über die Bedeutung des Atlas. Das war vor fast dreitausend Jahren. Schon damals hatte die Menschheit vergessen, was diese Erscheinung wirklich bedeutete.

Auch die Germanen kannten eine Weltsäule. Sie führte den Namen Irminsul und war eine kultische Nachbil-

Abb. 113 In der Südsee glaubte man, ein riesiger Oktopus stütze mit seinen starken Armen den Himmel ab. Diese Luftspiegelung einer Insel nach oben macht diesen phantasievollen Mythos plausibel.

dung der Weltesche Yggdrasil. Die Irminsul der Sachsen wurde 772 auf Geheiß Karls des Großen gefällt.

Die Pfeiler oder Säulen der Welt, verstanden als kosmische Achsen für den Kontakt mit der jenseitigen Welt, sind ähnlich deutbar wie der Weltberg. Es waren Luftspiegelungserscheinungen, die eine Abstützung des Himmels optisch nahelegten (vgl. Abb. 112). Kein Wunder, daß die Kelten angesichts solcher Naturerscheinungen fürchteten, der Himmel könnte herunterbrechen.

Ein gutes Beispiel für die phantasievolle Deutung einer solchen Luftspiegelungserscheinung ist die alteuropäische Überlieferung von Atlas, dem Riesen, der den

Abb. 114 Die der Öffentlichkeit verschlossenen Shinto-Tempel in Ise, Japan, beherbergen eine symbolische kosmische Säule, an der die Gottheit zur Erde herabsteigt.

Himmel trägt. Er ist übrigens auch der Gott-König von Atlantis, was mit der Religion dieser mythischen Zivilisation zusammenhängen könnte.[12] Die Säule kann als aufgefächerte Spiegelung einer Felseninsel oder eines Teiles davon gedeutet werden. Um diese herum kann man manchmal (Abb.12 d) auch wirklich prächtige Farben- und Formenspiele beobachten, die dem Auge eine verzauberte, märchenhafte Welt vorspiegeln. Abb. 8 im Farbteil zeigt, wie sehr sich die Strukturen im Umfeld der Säule innerhalb von rund zehn Minuten ändern können. Während dieser Zeit nimmt die Säule zweimal eine weißliche, kristallartige Farbe an.

Der Eingang zum Paradies

Wenn Schamanen und Priester von Naturvölkern ihre Vorstellungen von der Welt am Himmel, in der die Seelen der Toten wohnen, auf Beobachtungen des Horizonts aufgebaut haben, dann müssen sie sich auch über den Weg dorthin Gedanken gemacht haben. Denn es war ja ihre Aufgabe, zwischen dieser und jener Welt zu vermitteln, ja sogar Geisterfahrten zu den Ahnen zu unternehmen.

Die Schamanen der sibirischen Tschuktschen wissen, wohin die Vögel im Winter fliegen, nämlich ins Paradies. Hinter dem Meer, einem anderen Erdteil und noch einem Meer befindet sich das »Vogeltor«. Dort fällt der Rand des Himmelsgewölbes auf die Erde. Es hört niemals auf, abwechselnd zu fallen und sich wieder zu erheben. Dahinter liegt das Land der Vögel.

In einem Lied eines Schamanen von der Baffin-Insel werden die Hindernisse beschrieben, die auf dem Weg zur Vogelinsel am Himmel überwunden werden müssen.[13] Er nimmt bei diesem Flug ein Amulett mit Vogelfedern zu Hilfe. Der Geist des Vogels soll ihn auf diesem Flug begleiten: »Weg dorthin, weg dorthin! Ich bin bereit, zum Loch am Himmel zu wandern, zum Land der Vögel. Nun, was ist das, was vor mir erscheint? Zwei große Ungeheuer, die ihr eigenes Fleisch fressen. Nur dadurch, daß ich zwischen ihnen hindurcheilte und tatsächlich Teile meines Mantelsaumes verlor, konnte ich ihnen entkommen.

Weg dorthin, weg dorthin! Ich bin bereit, zum Loch am Himmel zu wandern, zum Land der Vögel. Nun, was ist das, was vor mir erscheint? Zwei große, flache Steine, welche schnell zusammenschlagen, aber ich kam gerade mit großen Schwierigkeiten hindurch, wobei die Enden meines Mantelsaumes durch die zusammenschlagenden Steine abgeschnitten wurden.«

Ein Schamane der Inuit (Eskimo) gibt einen anderen Fahrplan zum Himmel an: »Wenn man zum Himmel fliegen will, muß man hinaus zum Horizont an die Stelle fliegen, wo sich Himmel und Erde begegnen. Von dort kann man dann in den Himmel hinaufklettern.« Als der Schamane an diese Stelle kam, stieß er auf eine Treppe mit drei sehr hohen Stufen. Die Stufen waren so hoch, daß man nur mit Mühe von einer zur anderen kommen konnte. Es rann Menschenblut über sie und machte sie so schlüpfrig, daß das Gehen ungemein schwer wurde.

Bei zahlreichen Völkern herrschen ähnliche Vorstellungen vom Eingang zum Jenseits. Auf dem Weg zur Unterwelt begegneten die Seelen der mittelamerikanischen Indianer »zwei miteinander fechtenden Felsen«. Diese Vorstellung taucht auch in der Argonautensage auf. Karenen (Burma) erzählen, daß es im Westen zwei massive Felsschichten gebe, die sich ständig öffnen und schließen. Zwischen diesen steigt die Sonne hinab.

In Melanesien droht ein Riese, die Seelen, die auf dem Weg ins Paradies sind, mit einem Steinbeil zu zerschmettern. Bei den Markesas-Insulanern kämpfen an einem Felsen ein böser und ein guter Geist um die Seelen. Im Orient sind zwei phantastische Geschöpfe, halb Mensch, halb Skorpion, Wächter auf dem Weg zum Land der Seligen. In manchen Mythen hausen dort andere Ungeheuer, so zum Beispiel der dreiköpfige Kerberos, der den Hades bewacht, bissige Seehunde bei den Eskimos und Schlangen und Krokodile bei mittelamerikanischen Indianern.

Da auf dem Weg ins jenseitige Land in der Regel Flüsse oder Meere überquert werden müssen, benutzen die Seelen Boote. Gelegentlich sind sie aus Glas, so etwa in der keltischen Mythologie, oder aus weißem Stein, wie bei den Indianern Nordamerikas. Beim Volk der Tschibtscha ist das Boot aus Spinnwebenfäden gewoben. Auf Fidschi glaubt man, daß der Kahn unsichtbar ist. Statt eines Fährmannes begleiten manchmal Vögel die Seelen auf ihrem Weg, etwa bei den Germanen, den australischen Eingeborenen und den nordamerikanischen Indianern.

Auffällig ist eine oft erwähnte gähnende Kluft, die von den Seelen auf dem Weg ins Jenseits überwunden werden muß.

Die Schamanen der Eskimo betrachteten gespiegeltes Land am Himmel als das Land der Vögel und der Seelen. In einer Luftspiegelung erscheint es in der Regel als ein schmaler Streifen Landes, der mehr oder minder vom Horizont abgesetzt ist oder mit diesem verschmilzt. Meist klaffen der wirkliche Horizont und der Streifen gespiegelten Landes sporadisch auseinander. Hier spielt auch der Blickwinkel des Beobachters eine Rolle. Die flachen Steine, die zusammenschlagen, sind genau diese Streifen gespiegelten Landes, ebenso die Ungeheuer, die ihr eigenes Fleisch fressen. Das gespiegelte Land wird nämlich größer und wieder kleiner, während es wiederholt mit dem Horizont zusammentrifft. Ähnlich lassen sich auch die anderen Vorstellungen deuten. Die Seelen der Toten müssen durch den sporadisch sich öffnenden und schließenden Spalt hindurch, den der wirkliche Horizont und das gespiegelte, mythische Land einschließen.

Einige Überlieferungen vom Zugang zum Paradies lassen weitere Deutungen des mühseligen Weges ins Jenseits im Sinne von Horizont-Erscheinungen zu. So existiert auf den Philippinen die Vorstellung, daß die Seelen der Toten über »drei Inseln« wandern müssen. Auf der ersten Insel sind Bäume, Vögel und Gewässer schwarz. Auf der zweiten Insel leuchtet alles in verschiedenen Farben. Auf der dritten Insel schließlich sind

Abb. 115 Der Eingang zum Land der Vögel und Seelen durch zusammenschlagende Steinplatten oder eine gähnende Kluft hindurch oder am Rachen eines riesigen Krokodils (links) vorbei ist der Zugang durch den Schlitz zwischen Horizont und gespiegeltem Land. Luftspiegelung flacher Inseln über dem Meer

alle Erscheinungen weiß.[14] Wenn eine Insel am Horizont dreifach gespiegelt erscheint, dann wirken die Bilder nach oben zunehmend blasser und heller. Auch die Vorstellungen eines Bootes aus Glas, aus weißem Stein oder aus Spinnweben könnten auf gespiegelte Objekte am Horizont zurückgehen.

Es liegen auch sehr eindeutige Belege aus dem Bereich der Kunst vor, daß Luftspiegelungen die Vorstellungen vom Eingang zum Totenreich geprägt haben. So ist im etruskischen »Grab der Reliefs« auf dem Gräberfeld von Cerveteri (300 v. Chr.) neben dem dreiköpfigen Höllenhund Kerberos (Abb. 42) auch das Fata-Morgana-Wesen Skylla (Abb. 48) dargestellt, von dem wir wissen, das es sich in einen gewöhnlichen Felsen verwandeln konnte. Auf der etruskischen Grabstele eines Kriegers (500 v. Chr.) auf dem Gräberfeld von »Certosa« sind ebenfalls Wesen dargestellt, die den Toten begleiten sollten: ein Schlangendrache und ein fischschwänziges Pferdewesen von der Gattung der Nereiden, die im Schaum des Meeres leben.

Al-Khidr und die Quelle des Lebens

In der jemenitischen Version des sogenannten Pseudo-Kallisthenes, einem Legendenzyklus aus dem 6. Jahrhundert, der bei der Entstehung des Alexanderromans Pate stand, werden die Abenteuer des Al-Khidr erzählt. Er ist eine Art Gralsritter auf der Suche nach den letzten Geheimnissen des Lebens und unterstützt Dhul-Qarnain (Alexander) und seine Schar jemenitischer Ritter. Auf der Suche nach dem Wasser des Lebens zogen sie durch ein Tal, »wo die Kamele, Pferde und Männer sich nicht auf den Beinen halten konnten«. Mehrere Tage lang

Abb. 116 Nach einem Tal voller Edelsteine (durchscheinend), in dem die Kamele sich nicht auf den Beinen halten konnten (schwebten), kamen sie (Alexander der Große und seine jemenitischen Reiter) zu einem Gebirge, das sich bewegte, wenn man sich ihm näherte. Nur vor Al-Khidr wich es nicht zurück. Dieser stieg hoch und erreichte die »Quelle des Lebens« weit über den Wolken. Diese Miniatur aus der Handschrift des Dichters Nizami (1530; Chester Beatty Library, Dublin) zeigt den islamischen »Gralsritter« Al-Khidr an der Quelle des Lebens. Alexander beobachtet ihn aus der Ferne zwischen Bergen, die nach oben breiter werden (vgl. Abb. 24, 84, 108).

durchquerten sie dieses Tal und fragten, wie dieser Ort heiße. »Das Tal, das ihr durchquert habt, ist das Tal der ›Rubine‹«, wurde ihnen geantwortet. Sie kamen zu einem Felsen, der sie blendete, weil er alle Strahlen auf sich zog. Auf einem Felsvorsprung saßen Geier oder Adler.

Dhul-Qarnain wollte den Felsen in Dunkelheit hüllen, um ihn besteigen zu können. Dieser jedoch wankte und zitterte. Da zog er sich zurück, und der Felsen hörte auf, sich zu bewegen. Dhul-Qarnain versuchte es noch ein zweites und drittes Mal vergeblich. Dann näherte sich Al-Khidr dem Felsen, und dieser blieb ruhig. Er bestieg den Felsen, während Dhul-Qarnain zuschaute. Al-Khidr stieg bis zu den Wolken empor. Er konnte nichts mehr sehen, als ihm eine Stimme zurief: »Steige noch weiter empor, denn wahrlich, du hast die Quelle des Lebens gefunden.« Er stieg den Gipfel weiter hinauf und fand die Quelle, aus der himmlisches Wasser herabrieselte. (Abb. 116)

Die Legende drückt wohl die Sehnsucht aus, über einen in einer Luftspiegelung gehobenen und verformten Berg in den Himmel zu gelangen. Das Tal, wo Pferde und Kamele sich nicht auf den Beinen halten können (abheben), das Tal der Rubine (durchscheinende Silhouetten) und der sich bewegende Berg, der vor Dhul-Qarnain, dem »Gehörnten«, zurückwich, sind Erscheinungen, die die Fee Morgana herbeizaubert. Der Weg über die Luftspiegelung führt in den Himmel, wo die Quelle des ewigen Lebens vermutet wurde. Schon Jahrtausende zuvor hatte Gilgamesch auf der Insel Dilmun einen solchen Fata-Morgana-Aufstieg zum Himmel versucht.

Die sich streckenden Berge der Anden

Als sich Mitte unseres Jahrhunderts Bergsteiger daranmachten, eine ganze Reihe rund sechstausend Meter hoher Vulkane in den südamerikanischen Anden zu besteigen und nach entbehrungsreichem Aufstieg die Gipfel erreichten, erwartete sie eine Überraschung: Dort oben, von wo man das wüstenhafte Hochplateau der südperuanischen und nordchilenischen Anden mit seinen bizarren vulkanischen Bergen weit überblicken konnte, fanden sie massive Mauern und Plattformen von Altären, Unterkünften und Tiergehegen. Sie fanden auch Holz, das nur tausende Meter tiefer in isolierten Oasen wuchs, und Erdschichten, die sich deutlich vom Muster des steril-steinigen Untergrundes der Vulkangipfel abhoben.

Heute sind viele dieser archäologischen Stätten, die auf dem Berg Llullaillaco in einer Höhe von 6723 Metern liegen, untersucht. Gefunden wurden Figuren aus Gold und Silber, geschmückt mit Stoff und Vogelfedern, Figuren aus Meeresmuscheln, Reste von Kleidern, Tieren, Lebensmitteln und Koka-Blättern, die hier wohl den Göttern geopfert wurden. Die wohl gruseligste Entdeckung erwartete die Forscher auf den Spitzen von El Plomo und Cerro El Toro. Es waren von der trockenen, eisigen Luft mumifizierte Körper von Kindern, die prächtig gekleidet und mit Koka betäubt geopfert worden sind. Das alles geschah zur Inka-Zeit.[15]

Da zu diesem ungewöhnlichen Bergkult keine schriftlichen Überlieferungen existieren, ist seine Bedeutung nicht recht klar. Aber es ist offensichtlich, daß dieser Kult von der ärmeren Landbevölkerung im Einzugsbereich der Berggiganten getragen wurde.

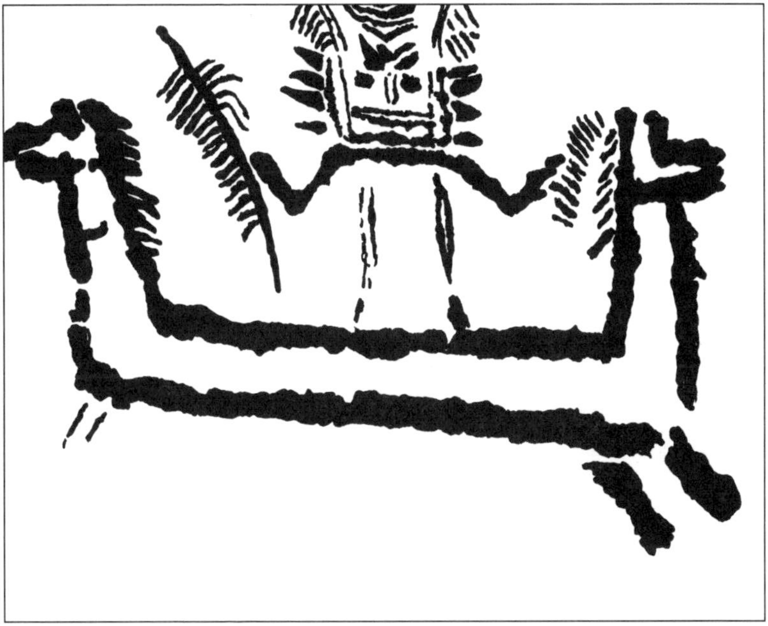

Abb. 117 Diese Felszeichnung aus der Atacama-Wüste, die einen Gott mit Pflanzensymbolen in den Händen über einem Doppelguanaco zeigt, könnte den Berggott darstellen, der dieser ariden Region die Fruchtbarkeit schenkte. Sie verrät auch seine Werkzeuge: Luftspiegelungen, die seine Tiere, die Guanacos, doppelt erscheinen lassen.

Da die heiligen Vulkane mit ihren Göttern auf der kalten Hochebene, dem Altiplano der Anden, weithin sichtbar sind, liegt es nahe, auch hier die Mitwirkung von Luftspiegelungen in Betracht zu ziehen. Welche Anhaltspunkte finden sich bei den Andenvölkern für einen solchen Zusammenhang? Da gibt es zunächst einen interessanten Hinweis auf das Verhalten von Bergen bei einer Sintflut, die auch die indianische Mythologie kennt. »Sie begannen sich zu recken, um größer zu werden, damit das Wasser ihre Gipfel und die darauf Zuflucht Suchenden nicht überflutete.« Berge können

Abb. 118 Seit vorkolumbianischer Zeit opfern die Oasenbewohner von San Pedro de Atacama und benachbarten Siedlungen in Trokkenzeiten, damit die Vulkane der nahen Anden sich »vermählen«, also damit der Regen kommt.

also ihre Form ändern, was in Abhängigkeit vom Wetter leicht zu beobachten ist.

Der Berggott wird von der einheimischen Bevölkerung in Peru meist »Apu« genannt, was soviel wie »Herr« bedeutet. Er verfügt über einen Palast, über Untergebene und über Land, das mit Tieren bevölkert ist, nur daß seine Haustiere Wildtiere sind – Pumas, Füchse, Vicuñas und Guanacos, die hoch im Gebirge leben. Der Kondor ist sein Bote, übrigens auch zu den Schamanen der Dorfbevölkerung. Bei gewissen Anlässen wird ein gefangener Kondor zeremoniell gefeiert – und dann freigelassen, damit er zu seinem Herrn hoch über dem Berggipfel zurückfliegt.

Normalerweise scheut sich die peruanische Landbe-

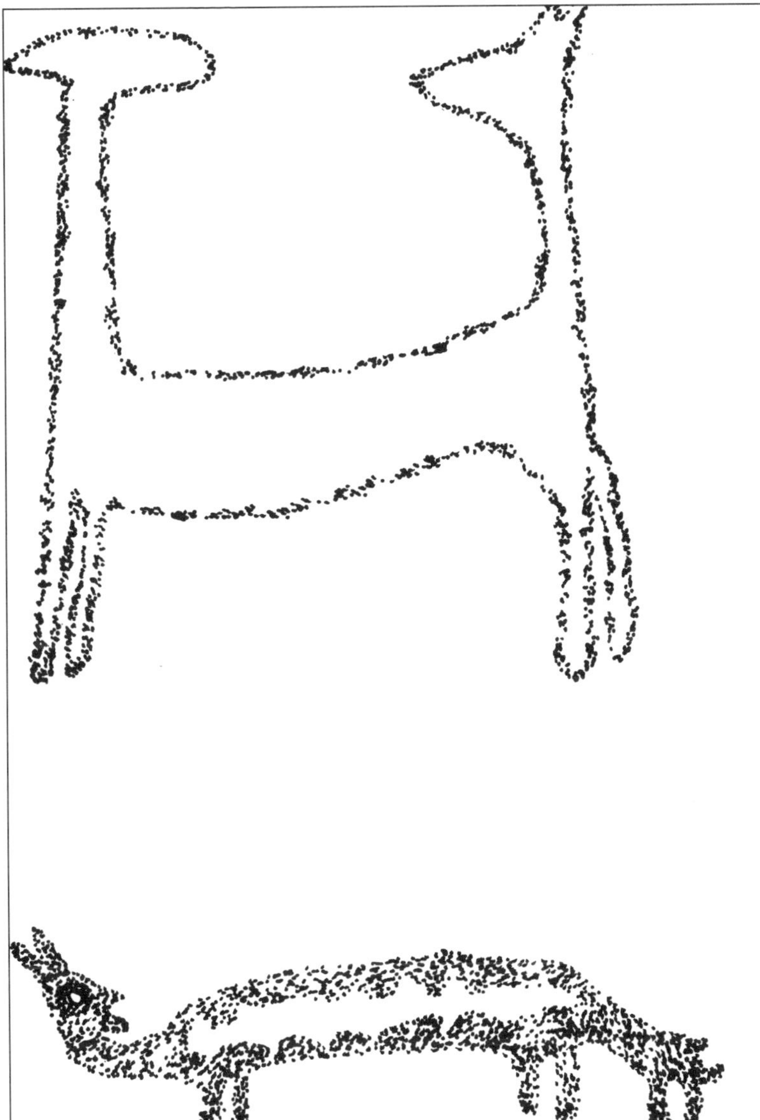

Abb. 119 Doppelköpfiges Guanaco und doppelköpfiges Raubtier. Felszeichnungen, Atacama-Wüste. Departamento El Loa, Antofagasta, Chile

völkerung, auf hohe Berge zu steigen. Ihrer Ansicht nach werden die Berge nämlich von übernatürlichen Mächten heimgesucht. Der Kontakt mit dem Berggott ist deswegen den Schamanen vorbehalten. Vom Berg Ausangate, der südostlich von Cuzco liegt und in der Mythologie der Inka eine zentrale Rolle einnahm, weiß man, daß sein Gott sehr unnahbar ist. Er kommuniziert mit den Schamanen über seinen ersten Diener, eine mythologische Raubkatze, die »ccoa« genannt wird. Sie wird als schwarzer Puma mit bestimmten Farbmustern beschrieben. Der Puma habe die Fähigkeit, in Wolken gehüllt am Himmel zu fliegen. Er spuckt Hagel, sprüht Regen und sendet mit seinen leuchtenden Augen Blitze. Er speichert in seinem Bau im Inneren des Berges gestohlene Maisernten.[16] Man glaubt, daß die Toten im ewigen Schnee des Ausangate unter der Gewalt des Berggottes warten müssen, bis sie gerettet werden. Solange geistern sie um die Gipfel herum und müssen als Buße für ihre Sünden Eislasten tragen. Auch vom hohen Berg Coropuna im südlichen Peru glaubt man, daß dort die Toten Unterschlupf finden.

Die Tiere des Berggottes, Raubkatze, Guanaco und Kondor, werden in der mythologischen Kunst der Anden immer wieder als Doppelwesen dargestellt (Abb. 117, 119), was auf Beobachtungen von Lebewesen in Luftspiegelungen zurückgehen könnte. Auf einem Tongefäß aus der Mochica-Kultur von der Küste Ecuadors ist der Kopf eines Mannes dargestellt, der zwei Kondore als Kopfbedeckung trägt (Abb. 103). Ein Mythos aus dieser Gegend erzählt, wie zwei Brüder auf einen hohen Berggipfel flüchten mußten. Dort wurden sie von zwei Vögeln versorgt, die nur dann ihre wirklichen Gesichter zeigten, wenn sie sich unbeobachtet fühlten. Es waren schöne Frauen. Der jüngere Bruder fing eine ein. Die Menschen der Provinz Canaribamba stammen von ihnen ab. (Dieser Mythos von Doppelvögeln, die sich in Feen verwandeln, hat übrigens eine verblüffende Parallele bei den Kelten.)

Die über dem Berg fliegende oder schwebende Raubkatze untermauert diese Annahme von der Fata-Morgana-Natur der hier existierenden Wesen, ebenso die Vorstellung, daß Berge sich recken können. Die Berge waren lebende mythische Wesen, deren Silhouetten in der Lage waren, Botschaften der Götter zu übermitteln. Solche Botschaften konnten den Zorn der Götter ausdrücken, aber sie konnten auch Informationen über das Wetter beinhalten. Denn das Erscheinungsbild eines Berges ist sehr von den Lichtbrechungseigenschaften der Atmosphäre abhängig, die die Entwicklung des

Abb. 120 Präkolumbianische Tierzeichnung (Guanaco), Atacama-Wüste, Chile. Hier sahen präkolumbianische Indianer gewöhnliche Guanacos, aber auch solche, die verdoppelt auftraten und aus einer anderen Welt zu kommen schienen.

Abb. 121 Gespiegelter Berg. Atacama-Wüste, Chile

Wetters ankündigen. Was lag näher, als daß die Berggötter das Wetter bestimmen?

Diese Erklärung scheint sich auch wissenschaftlich durchzusetzen. Man hat nämlich in dem Dorf Socaire in der trockenen Atacama-Wüste einen Brauch vorgefunden, der darin bestand, daß zahlreichen Bergen, darunter dem Vulkan Licancabur, Opfer dargebracht wurden, um deren Hilfe als Regenbringer gegen die Dürre zu erwirken.

In den Oasen San Pedro de Atacama und Toconao am Fuße des grandiosen Vulkans Licancabur wurden von alters her bei großer Trockenheit Lamas, Alpakas und auch Koka-Blätter geopfert, um den ersehnten Regen herbeizuzaubern. Unter welchen Umständen dies geschehen sollte, war seit Generationen überliefert: Die Vulkane waren Götter und hatten ein Geschlecht. Licancabur wurde als männlich angesehen. Damit der Regen kommen konnte, mußte sich der Vulkan vermählen – mit einem weiblichen Vulkan. Diese Vermählung stellte man sich als sichtbare Verbindung beider Vulkane vor. Wie dies im einzelnen geschehen sollte, darüber gab es kaum klare Vorstellungen. In der weiteren Umgebung, wo zwei andere Vulkane nahe beieinander standen, konnte man annehmen, daß das Vulkan-Paar sich hinter einer Nebelwand oder hinter einer großen Wolke in geheimer Weise vermählte. Aber wie sollte sich der einsame Licancabur vermählen? Es gibt eine einfache Erklärung: Licancabur wurde hin und wieder in einer Luftspiegelung beobachtet, in der sein Spiegelbild über ihm auftauchte (vgl. Abb. 84). Da solche Erscheinungen in der Regel bei sehr ruhiger Atmosphäre vor Wetterfronten auftreten, ist der Zusammenhang mit auf-

Abb. 122 Ein Trupp Guanacos in der Kordillera del Paine, Patagonien: die Haustiere des Berggottes, wenngleich sie in seinem Reich eine Doppelgestalt annahmen.

Abb. 123 Der heilige Berg Licancabur am Rande der Atacama-Wüste, Chile. Auf seiner 5921 m hohen Spitze opferten die Oasenbewohner zur Inka-Zeit den Göttern, und noch heute opfern sie Licancabur als Regenbringer.

kommendem Regen gegeben. Die Oasenbewohner brachten also Opfer dafür, daß sich der Berg Licancabur zum Himmel spiegelt, sich ›mit einem zweiten Vulkan vermählt‹.

Überall, wo es Berge gibt, behalten die Bauern diese im Auge, weil sie wissen, daß ihre Größe und ihr Erscheinungsbild vom nahenden Wetter abhängt.

Schivas Heirat mit der Bergtochter

Wenden wir unsere Aufmerksamkeit nun dem indischen Subkontinent zu, der vom gewaltigen Himalaya-Gebirge überragt wird. Hier wurde der Überlieferung zufolge die Erde einst von Dämonen heimgesucht. Die

Abb. 124 Die Menschen der jüngeren Steinzeit richteten ihre Gemeinschaftsgräber immer an Orten ein, die weithin sichtbar waren, auf markanten Hügeln in flachem Gelände (hier Loughcrew in Irland), in weiten Ebenen (Stonehenge in England), auf Halbinseln oder flachen Inseln im Meer. Es waren Örtlichkeiten, die erfahrungsgemäß die Fähigkeit hatten, mit der jenseitigen Welt in Verbindung zu treten (über Luftspiegelungen).

niedrigeren Götter erkannten, daß nur ein Sproß des obersten Gottes Schiva, der am Berg Kailas meditierte, die Erlösung bringen konnte. Schiva war aber ein eingeschworener Junggeselle. So wurde die schöne Parvati, Tochter des Berggottes Himalaya, ausgesandt, um ihn zu verführen. Die Arme mußte Tausende von Jahren in Enthaltsamkeit und Meditation neben Schiva verweilen, bevor sie seine Aufmerksamkeit erregte. In diesem Augenblick gelang es Kama, dem Gott der Liebe, einen seiner blühenden Pfeile auf Schiva abzuschießen. Gerade noch rechtzeitig, denn Schiva erkannte ihn und verbrannte den Hinterlistigen mit dem Leuchten seines dritten Auges zu Asche. Das Paar heiratete indessen im prächtigen Palast des Himalaya-Gottes und lebte fortan auf dem Berg Kailas weiter. Sie hatten zwei Söhne: Kattikeya, der mit mehreren Köpfen und Händen dargestellt wird, und Ganesha, der den Kopf eines Elefanten hat.

Es handelt sich hier um die Verbindung eines Gottes mit einem Gebirge. Der Gott, der über der Bergsilhouette am Himmel wohnte, verband sich mit dem darunterliegenden Berg. Dies ist genau die optische Vision einer Luftspiegelung dieses Berges. Kailas liegt als einsamer Gigant in einer weiten, hochgelegenen, kalten Wüste. Seine imposante stupaartige Silhouette kann von weither gesehen werden. Er wirkt wie das Schiff einer riesigen Kathedrale mit abgerundetem, sich oben zu einem First verjüngendem Dach. Dies sind ideale Voraussetzungen für die Beobachtung einer Spiegelung nach oben.

Vielleicht sind die göttlichen Söhne, der eine mit dem vervielfachten Körper, der andere mit dem Elefantenkopf, Geschöpfe der Lichtspiele in dieser Vereinigung. Hat Schiva über sein drittes Auge, durch »Kristallisation des Lichtes«, Luftgebilde bekämpft?

Das Camp im Himmel

Arawotya, einer der vorgeschichtlichen Helden des Wonkamala-Stammes im nordöstlichen Australien, schuf einst im westlichen Queensland tiefe Quellen. Danach zog er sich in den Himmel zurück. Von hier aus konnte er mit einem Seil aus Haaren die Verbindung zur Erde herstellen. Mit diesem Seil holte er den Mura-Mura Ankuritcha mit allen seinen Campgenossen und dessen Hund in sein Land.[17]

Abb. 125 In einer Legende australischer Eingeborener hat die Grashütte, die am Himmel auftaucht, eine doppelte Gestalt und zwei Eingänge. Dasselbe sagen auch die afrikanischen Buschmänner vom Windschirm ihres Gottes am Himmel. Diese Vorstellungen sind wohl Erinnerungen an Sichtungen von gespiegelten und verdoppelten irdischen Behausungen.

Vermutlich wurde, als morgens der Steppenboden stark abgekühlt war und die aufgehende Sonne die darüberliegende Luft erwärmte, einmal ein Eingeborenen-Camp gespiegelt am Himmel gesehen. Der ausdrückliche Hinweis auf einen Hund weist auf eine sehr genaue visuelle Beobachtung hin. Das Haarseil, mit dem irdische Wesen oder Gegenstände in den Himmel gezogen werden, taucht in der australischen Mythologie häufiger auf. Es dürfte sich um die sporadisch erkennbaren Verbindungslinien zwischen irdischem und gespiegeltem Bild handeln, die bei solchen Erscheinungen nicht selten sind (vgl. Abb. 106 oder 127).

Die australischen Eingeborene glaubten, wie der erfahrene Ethnologe Charles P. Mountford betont,[18] fest daran, daß das Land der Toten knapp über dem Horizont liegt. Es hatte Flüsse mit gutem Wasser, schattenspendende Bäume, reichlich Nahrung und ständig gutes Wetter.

Australische Eingeborene aus dem Nordwesten erzählen von einem magischen Land, Yaranari genannt. Es befindet sich halb oben am Himmel. Die Buschzwiebeln sollen dort besonders reichlich gedeihen, wie es überhaupt ein wunderbarer Ort sein soll.[19] Das »Zwiebelland« wurde in mythischen Zeiten von Mangaban, dem Känguruh, über eine Regenbogenleiter erreicht. Noch heute berichten die Eingeborenen, gelegentlich seine dunkle Gestalt zwischen Himmel und Erde hängen zu sehen.

Die weitreisende Kokosnußpalme

Weit über den Pazifik verbreitet, von Hawaii bis zu den Marquesas, Raratonga und den Tuamotu-Inseln, ist der Mythos von Bäumen, die sich in den Himmel hinauf ausstrecken und dadurch den Kontakt mit den Göttern und den Ahnen ermöglichen.[20] Auf Hawaii werden diese Bäume zum Beispiel Niu-loa-hiki (Kokosnußlang-reisend) genannt. Der Baum als Pfad in die andere Welt taucht etwa in der Geschichte von Mauis Onkel Nu-lo-hiki auf, der sich zunächst in ein Kanu verwandelt, das Hina zu ihrem Liebhaber nach Wailua auf Kauai bringt, und dann in eine Kokospalme, über die Maui in den Himmel steigt. Maui vollbringt in anderen Legenden weitere Kunststücke, die aus der Trickkiste der Fee Morgana stammen könnten. Er hebt den Himmel hoch, behindert den Anstieg der Sonne oder fischt gar Inseln aus dem Meer. Bei dem Versuch, die Unsterblichkeit für alle Lebewesen zu erringen, also die Quelle des Lebens zu erobern, wird er allerdings getötet.

In der Geschichte von Niauepo'o, der seinen Vater jenseits des Meeres suchen möchte, dient ein Ahne in der Form eines sich streckenden Baumes als Transportmittel. Dabei bewähren sich nicht nur Kokospalmen, sondern auch Casuarina-Bäume und andere hochwachsende Pflanzen. Auf Tonga erzählt man, daß der Gott Tongaloa Eitumatupua über einen Casuarina-Baum vom Himmel herabstieg und eine irdische Frau heiratete. Der aus dieser Verbindung entsprungene Sohn Ahoeitu, dem der Gott einen Haufen Erde und einen Yam-Kürbis zurückgelassen hatte, fragte später nach seinem Vater. Daraufhin schickte ihn die Mutter über den gestreckten Baum zurück in den Himmel. Der Vater gibt ihm Nahrung und das Getränk Kava und schickt ihn zum Wurfholz-Spielen mit seinen himmlischen Brüdern. Diese töten ihn und essen ihn auf. Nur die Knochen und den Kopf lassen sie übrig. Der Irrtum wird aufgeklärt, die Teile werden eingesammelt und der aufgegessene Junge wieder zum Leben erweckt. Er

Abb. 126 Die Kokospalmen bilden auf vielen flachen Pazifikinseln für ferne Beobachter die höchsten Silhouetten. Wenn sie gespiegelt werden, erscheinen sie langgestreckt und werden zu magischen Himmelsfahrzeugen (ähnlich wie anderswo gespiegelte Berge).

kehrt mit seinen reumütigen Brüdern zurück zur Erde, wo er der Nachfolger des alten Häuptlings Tuitonga wird.

Die magischen, sich streckenden Bäume wirkten nicht nur als Verbindungen zwischen Himmel und Erde, Irdischen und Toten, sondern auch als Kletterwege zum Mond und zur Sonne. Auf den Tuamotu-Inseln erklettert ein Held, Tahaki, eine langgestreckte Palme und fällt in das Badebecken der Halbgöttin Hina. Er sucht seinen Vater auf der Straße zwischen Himmel und Erde. Diese führt den Namen »Langgestreckte Palme«. Wenn auf Raratonga jemand sagt, daß er die »gestreckte« Kokospalme erklettern wird, ist dies eine Selbstmorddrohung. In jedem Fall sind ihr Holz und ihre Früchte magisch und verzaubern Objekte, aus denen sie hergestellt sind. Boote aus einer »langgestreckten Kokospalme« sind schneller als andere, wie eine Geschichte von den Marquesas-Inseln erzählt. Kokosmilch von einer langgestreckten Palme auf Fiji stellte die Sehkraft einer alten Frau wieder her.

Im Gesang von Rua wird ein Boot gebaut, das den Namen »Langgestreckte Palme« trägt. Es soll nach Vahitahi, zur ursprünglichen Heimat des Nuku-tavake-Volkes, segeln. Unterwegs ergreift ein Dämon Besitz von diesem Schiff. Lange bevor es ankommt, weiß der Seher von Vahitahi, daß das Schiff von einem Dämonen besessen ist. Ein Exorzismus wird vorbereitet: Mit erotischen Liedern, die die Männer aktivieren sollen, wird das Schiff durch das Riff geschleust. Vorkehrungen werden getroffen, um zu verhindern, daß der Dämon aufs Land übergeht. Er wird in einen Teich mit frischem Wasser hineinexorziert. Das Schiff wird ausgeräuchert, und alle Besatzungsmitglieder gehen in einer Reihe zum Tempel.

Auf vielen flachen Inseln und Atollen der Südsee bilden Palmen und andere Bäume weithin sichtbare Silhouetten. Die Luftspiegelung einer Insel nach oben, die bei Windstille auch in diesen Breiten gelegentlich auftritt, muß den Eindruck vermitteln, daß die Bäume gedehnt oder verlängert werden. Wenn die Spiegelung deutlich ist, wird man auch Land am Himmel erkennen, was nahelegt, daß die verlängerten Bäume als Weg ins Jenseits benutzt werden können. Wenn in einer Spiegelung ein Boot in die Luft gehoben wird, erscheint der Schluß logisch, daß es aus dem Holz eines sich magisch »streckenden Baumes« gebaut ist, und sich zum Himmel bewegen kann.

Gerasimus' Weg zur Insel der Seligen

Nicht nur in der Südsee haben sich Bäume im Licht der Spiegelung für Fahrten in die jenseitige Welt bewährt. In diesem Zusammenhang existiert auch eine alte Legende vom Heiligen Land. Sie handelt von Gerasimus von Lydia.[21] Er war ein Mönch, der am Jordan ein Kloster gründete, in dem siebzig Ordensbrüder nach recht strengen Regeln lebten. Die Geschichte von der Insel der Seligen beschäftigte Gerasimus so sehr, daß er den Allmächtigen anflehte, ihn zu dieser Insel gehen zu lassen, »um ihm die Gesichter dieser gesegneten Heiligen zu zeigen, die seine Diener sind«. Dieser schickte ihm einen Engel vom Himmel, der ihm auftrug: »Geh auf die Reise, aber wende dich weder auf die eine noch die andere Seite, sondern gehe geradeaus.« Nach vielen Mühen gelangte Gerasimus mit göttlicher Hilfe schließlich ans Meer. Hier betete er zum Himmel und fragte: »Wie soll ich über dieses Meer gelangen, ohne daß ich ein Boot habe?« Als er diese Worte gesprochen hatte, sah er, daß ein Baum seine Krone zu ihm herunterbeugte. Und er hielt sich mit seinen Händen an den Zweigen fest, und diese hoben ihn in die Höhe. Und ähnlich neigte sich ihm der nächste Baum, der »im Meer war«, zu, und er ergriff dessen Zweige. Und er nahm ihn auf und trug ihn hinüber und setzte ihn, seine Krone niederbeugend, auf die Insel. Dann erhob sich Gerasimus und wanderte weiter, bis er ihre Bewohner antraf. Er stellte sich vor. Die Seligen fragten ihn, wer ihm von ihrem Geheimnis erzählt und wie er hingefunden habe. Gerasimus erklärte alles.

Die alten Weisen sagten sich, daß ein gewöhnliches Boot nicht zur Überfahrt zur Insel der Seligen taugte. Sie zogen andere »Fahrzeuge« in Betracht. Sie hatten durch Beobachtung von Luftspiegelungen Kenntnis davon, daß auch im himmlischen Land Bäume wachsen. So konstruierten sie diesen Kletterweg, der auch einen Baum mit einbezieht, der im Meer steht. Das kann nur eine Erscheinung einer Luftspiegelung sein. Es ist aber auch möglich, daß während des Auftretens einer gespiegelten, also unwirklichen Insel, eine schmale Verbindungsbrücke zum Festland gesehen wurde, die einen Wald suggerierte, durch den man scheinbar hinübergelangen konnte.

Bäume, die in den Himmel wachsen

K. Langloh Parker hatte schon als kleines Mädchen auf der Station ihres Vaters in der Einöde Australiens mit den Eingeborenenkindern gespielt und mit ihren Familien und ihrer erlöschenden Kultur Kontakt gepflegt. Unter den Eingeborenenlegenden, die sie vor hundert Jahren in einfühlsamer Weise niederschrieb, findet sich auch die Erzählung von Maya-Mayi, den sieben Schwestern:[22]

Wurrunna, ein junger legendärer Held, kam eines Abends müde und hungrig von einer erfolglosen Jagd zurück. Vergeblich bat er die Mutter um Essen. Dann bettelte er bei den anderen Stammesangehörigen um Grassamen an, um sich einen Brotfladen zuzubereiten. Aber niemand konnte oder wollte ihm etwas geben. Wütend stand er auf, ergriff seine Waffen und beschloß, in ein fernes Land zu einem anderen Stamm zu ziehen, wo sein Leben leichter sein würde. Wurrunna hatte auf seinen Wanderungen viele Erlebnisse. Eines Abends kam er an einen großen See und entschied sich, dort zu rasten. Am nächsten Morgen aber war der See und die ganze Umgebung verschwunden. Wurrunna bemerkte, daß ein großer Sturm heranzog, so daß er schleunigst Schutz suchen mußte. Das rätselhafte Land bereitete ihm noch viele Überraschungen. Eines Tages sah er eine Gruppe von Emus, die sich einem Fluß näherten. Nur die Hälfte der Emus hatte Federn. Von den andern gewahrte er nur die Silhouetten. Von einem Baum aus schleuderte er seinen Speer auf einen federlosen Emu. Zu seinem Entsetzen merkte Wurrunna, daß er eine Gruppe Eingeborener angegriffen hatte. Nur durch rasche Flucht konnte er sich vor ihnen retten. Erschöpft stolperte er in ein Camp, in dem sieben junge Mädchen rasteten. Sie stellten sich als die Schwestern Maya-Mayi aus einem fernen Land vor und gaben ihm freundlich zu essen. Nur ungern zog er weiter, denn er war des Alleineseins müde. Er beobachtete von einem Versteck aus, wie die Schwestern mit ihren Grabstöcken einen Ameisenbau ausgruben. Als sie das Nest geborgen hatten, warfen sie die Grabstöcke beiseite und machten sich über die Leckerbissen her. Wurrunna versteckte zwei der Stöcke und nahm die dazugehörenden zwei Schwestern gefangen, als sie sich bemühten, diese wiederzufinden. Er zwang sie, als seine Frauen mit ihm zu ziehen. Nur widerwillig folgten sie ihm, aber schließlich fügten sie sich ihrem Schicksal.

Eines Tages brannte das Lagerfeuer schlecht, und Wurrunna schickte die beiden Schwestern zu zwei in der Nähe befindlichen Föhren, um Rinde abzulösen. Überraschenderweise wehrten sich die Schwestern. Sie meinten, daß ihnen dies Schaden zufügen könne. Vielleicht waren Föhren mit einem Tabu belegt. Schließlich gingen sie mit ihren Steinäxten auf die Bäume zu. Als sie die Rinde abzuschlagen begannen, wurden sie von den Bäumen langsam in die Höhe gehoben. Wurrunna sah, wie die Bäume, an deren Stämme sich die Schwestern klammerten, immer höher wurden und schließlich mit ihren Spitzen den Himmel erreichten. Vergeblich versuchte er, sie zurückzurufen. Sie hatten die Stimmen ihrer anderen fünf Schwestern im Himmel gehört und kletterten die Bäume hoch, um dort bei ihnen zu bleiben. Die sieben Schwestern werden mit den Sternen der Plejaden identifiziert.

Die Erlebnisse Wurrunnas sind überzeugend geschilderte Begegnungen mit Luftspiegelungen. Typisch ist die Geschichte des Sees, der plötzlich verschwindet. Diese Erscheinung findet in der Ruhe vor einem schweren Sturm statt. Tatsächlich wird der Held von einem Sturm überrascht. Die federlosen Emus neben einer Gruppe normaler Emus sind wahrscheinlich deren Spiegelbilder. Die Verwandlung der Emus in eine Gruppe Eingeborener bringt die Veränderlichkeit von Luftspiegelungen zum Ausdruck. Die Bäume, die in den Himmel wachsen, sind ferne Bäume die sich nach oben zu spiegeln beginnen. Das eigentliche oft schon gestreckte,

Bild verschmilzt mit dem sich überlagernden umgekehrt gespiegelten und gelegentlich noch sichtbaren darüberliegenden aufrechten Bild.

Die Überlieferung, daß sich hochstreckende Bäume, meist Casuarinen- oder Eukalyptusbäume, den Kontakt zum Himmel ermöglichen, ist bei den australischen Eingeborenen weit verbreitet. Die sogenannten Himmelsbäume, die als Brücke zum ewigen Leben wirken, gibt es zum Beispiel beim südlichen Aranda-Volk, aber auch bei Stämmen in Südaustralien, in Victoria und in Zentralaustralien.[23] Bemerkenswerterweise werden sie oft mit Ebenen in Zusammenhang gebracht, die mit dunklen Steinen bedeckt sind. Die Eingeborenenlegenden haben dafür eine Erklärung. Sie nehmen an, daß die Himmelsbäume hier durch Brand zerstört worden sind. In Wirklichkeit erkennt man über schwarz gefärbten Ebenen wegen ihrer größeren Wärmeaufnahme und Wärmeabgabe Luftspiegelungen besonders häufig. Beim Dieri-Stamm am östlichen Eyre-See waren es Eukalyptusbäume, die bis in den Himmel reichten und von mythischen Wesen, sogenannten Kadimarkara, als »Himmelsleiter« benutzt wurden. Ihre Gebeine seien heute noch zu erkennen. Sie wurden als Fossilien ausgestorbener Riesenbeutler identifiziert. Auch in Victoria findet sich der Ort eines mythologischen Himmelsbaumes, der bei seiner Zerstörung die Morton-Ebene gebildet habe. In ihren Steinformationen erkannten die Eingeborenen die beim Brand umgekommenen menschlichen Wesen wieder. Die Wesen, die sich um Himmelsleitern und Himmelsbäume tummelten, waren jedoch wohl Schöpfungen von Luftspiegelungen am Horizont.

Abschließend sei bemerkt, daß Legenden über Bäume, die sich zum Himmel strecken, auch bei zahlreichen Völkern außerhalb Australiens vorkommen.

Der Faden vom Himmel

Der Indianerstamm der Maidu im Nordosten Kaliforniens kannte einen ungewöhnlichen Schöpfungsmythos: Am Anfang gab es nur Wasser.[24] Darauf trieb ein Floß. Es war von zwei Wesen besetzt, einer Schildkröte und der mythischen Gestalt Pehe-ipe. Die wörtliche Übersetzung dieses Namens lautet »Vater des Geheimbundes«. Ein federgeschmücktes Seil, genannt »pokelma«, wurde vom Himmel herabgelassen, und herunter stieg der Weltschöpfer. Er erreichte das Ende des Seils und befestigte es am Floß. Dann stieg er hinein. Sein Gesicht war bedeckt, aber sein Körper leuchtete wie die Sonne. Der Weltschöpfer setzte sich nieder und sagte lange nichts.

Die Schildkröte verwickelte ihn dann doch in ein Gespräch und äußerte die Hoffnung auf trockenes Land. Wenn sie ein Seil hätte, könnte sie nach Erde tauchen, und er könnte sie mit ihrer Last hochziehen. Der Weltschöpfer hatte schon ein Seil in der Hand, an dem die Schildkröte angebunden wurde, bevor sie tauchte. Sie blieb lange, viele Jahre, unter dem Wasser verschwunden, und als sie schließlich hochkam, hatte sie nur ganz wenig Erde in ihren Krallen. Der Weltschöpfer nahm die Erde, formte eine kleine Kugel daraus, legte sie aufs Floß und betrachtete sie. Sie begann zu wachsen, und bald war sie so groß wie die Erde selbst. Das Floß war auf Grund gelaufen, an einer Stelle, die Tadoiko genannt wird, und rundherum waren Berge, soweit man sehen konnte.

Mythen wie diese wurden an langen Winterabenden in den halb unterirdisch gebauten Versammlungshäusern der indianischen Urbevölkerung erzählt. Die Worte wurden langsam vorgetragen, um ihnen mehr Gewicht zu geben und sie allen gut einzuprägen, damit sie unverfälscht weitergegeben werden konnten.

Ähnliche Schöpfungsmythen mit himmlischen Seilen gibt es auch in anderen Kulturen. So glaubten die Tibeter, daß ihr erster Herrscher ein Gott war, der an einem magischen Seil vom Himmel herabstieg, das »aus Licht gewoben« war. Er landete auf dem Gipfel des heiligen Berges Yarlha Shampo am Zufluß des Yarlung-Tales.

Einige Mythen erzählen auch von einer Zeit, in der Himmel und Erde durch ein Seil verbunden waren. Diese Verbindung zwischen Mensch und Gott wurde jedoch unterbrochen. Seither konnten nur mehr Schamanen den gefährlichen Aufstieg zum Himmel bewältigen. Man denkt, daß sich diese Tradition im Glauben an den indischen Seiltrick erhalten hat.

Die Erscheinung eines Wesens ohne Gesicht über einem Floß auf einem großen Wasser sowie die seilartige Verbindung zwischen beiden legt eine Spiegelung nahe. Hinzu kommt, daß ein kleines Stück Erde in eine ganze Berglandschaft verwandelt wurde. Unsere Interpretation lautet, daß Sichtungen von Luftspiegelungen bei dieser Mythologie ebenfalls Pate gestanden haben. Da ähnliche Erscheinungen manchmal von weitem gesehen wurden, blieben sie glaubhaft. Warum sollte das mysteriöse Herbeizaubern von Land, das sichtbare Realität zu sein schien, nicht auch zu Beginn der Welt stattgefunden haben?

Das Seil vom Himmel mag die sporadisch dicker und dünner werdende Verbindungslinie zwischen den gespiegelten Objekten gewesen sein, die immer wieder auftritt (Abb. 113 oder 127). Bei Fata-Morgana-Sichtungen, bei denen eine Bergsilhouette zu hohen Türmen verzerrt wird, sieht man zu Beginn oder gegen Ende die

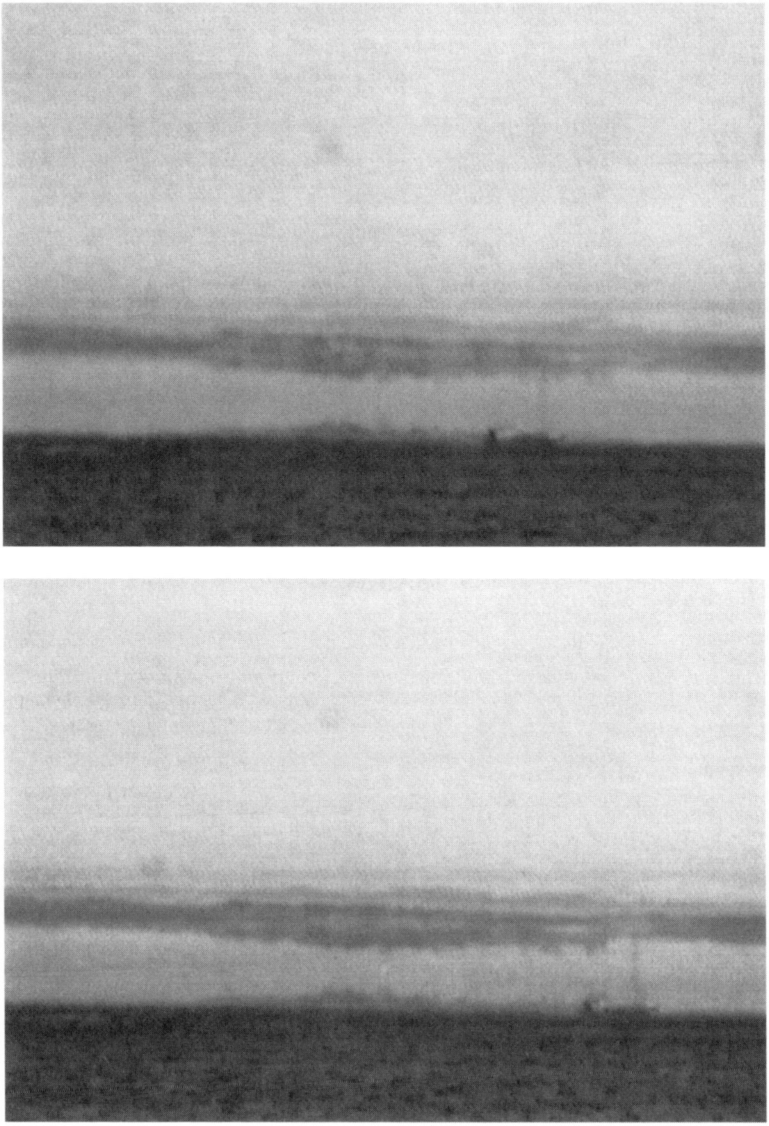

Abb. 127 Luftspiegelung nach oben von einem Schiff, das an einer flachen Insel vorbeizieht und eine Verbindungslinie zum Himmel mit sich zieht. Ist dies der himmlische Faden aus der Mythologie so vieler Völker?

Türme als hauchdünne Fäden. Dies deutet darauf hin, daß die feinen Verbindungslinien zu den Göttern ›Realität‹ sind. Treffend und auch wissenschaftlich richtig ist der Ausdruck: »aus Licht gewoben«, den tibetische Schamanen für dieses Phänomen geprägt haben.

In der Mythologie der Völker findet man unzählige Hinweise auf »Seile« als Verbindungen zum Himmel. Ihre vermutete Beschaffenheit reicht von Spinnenfäden (Indien, Polynesien, Afrika) bis zu Schlingpflanzen (Indonesien, Philippinen) oder Haaren von göttlichen Wesen (Indien, Australien). Auch Rauchsäulen dienen der Kontaktaufnahme mit dem Himmel (Israel, Osterinsel).

Zweistöckiger Windschirm des Regengottes

X'u ist der große »Kapitän« (auch Gao'na genannt) im Himmel über der Wüste Kalahari, der im Osten am Himmel lebt und den Regen schickt und alles, was von oben kommt.[25]

Er sieht aus wie ein Buschmann und wohnt, wo die morgendliche Sonne aufgeht. Er besitzt ein Himmelshaus, das wie die aus Ästen und Zweigen gefertigten Windschirme der Buschmänner aussieht. Aber dieses Haus hat eine ganz besondere Gestalt, weil es zwei Etagen hat. Außen ist es haarig wie eine Raupe. In der unteren Etage wohnen seine Frau und Kinder, in der oberen die Seelen der Verstorbenen. »Honig, Heuschrecken und dicke Fliegen gibt es dort im Überfluß. Davon nährt sich der große Kapitän. Außerdem gibt es dort eine Menge Schmetterlinge.« Wenn eine anhaltende Trockenperiode das Land heimsucht, versetzen sich einige Buschmänner anläßlich eines wilden Tanzes in

Abb. 128 Die mythischen geflügelten Antilopen der Buschmänner

Trance und stimmen einen markdurchdringenden Klagegesang an: »Warum regnet es nicht? Welcher Herr hält den Regen fest? Die Sonne ist heiß. Wird der Mensch leben? Bringen die Geister den Winter? Wo soll der Mensch trinken? Wenn es so ist, kann der Mensch nur verdursten. Was kann der Mensch nun machen? Wir bleiben besser hier, weil wir verlassen sind.« Dies wiederholen sie mehrfach. Schließlich hört der große Kapitän im Himmel den Jammer. Der Zauberdoktor läuft vom Tanzplatz in den Busch. Er sieht, wie ein dünner Faden vom Himmel herabgelassen wird. An diesem Faden klettert der Doktor hinauf. Der große Kapitän aber kommt ihm auf halbem Wege entgegen. Sobald der Doktor den großen Kapitän sieht, wirft er ihm rotes Pulver (Ocker mit Medizin) entgegen. Nun zieht der große Kapitän den Doktor hoch und führt ihn zum Himmelshaus. Vor demselben sieht der Doktor die Geister seiner verstorbenen Standesgenossen, die jahraus, jahrein vor dem Hause stehen (und Wache halten). Der Doktor fängt dann zu bitten an: »›Herr, hilf uns, die Kinder sterben, wir verdursten und verhungern.‹ Er bittet und bettelt so lange, bis der Kapitän sagt: ›Es ist gut, ich werde Regen schicken, damit die Kinder Wasser und Feldkost haben.‹ Dann begleitet der große Kapitän den Doktor bis zur Hälfte des Weges. Sobald der Doktor un-

Abb. 129 Twyfelfountain, ein mythischer Ort in Namibia. Ausblick von einer mit Felszeichnungen bedeckten Höhle

ten ist, läßt er den Faden los, welcher sogleich hochgezogen wird. Nun ist der Regen da, und alle Leute tanzen und singen. Wir freuen uns jetzt über den Regen. Dann freuen wir uns alle zusammen. Dann kommt der Regen. Dann loben die Leute den Herrn.«

Neben dem großen Kapitän in seinem Doppelwindschirm am östlichen Himmel gibt es einen Totengeist, Gauwa (Mehrzahl: Gauwasi) genannt, der im Westen lebt, wo die Sonne untergeht. Der Gauwa bewegt sich auf Schnüren fort, die wie Spinnweben zwischen Himmel und Erde gespannt sind. Mit ihm treten die Schamanen oder Ritualpersonen in der Regel in Kontakt. Sie müssen an einem Faden, der vom Himmel hängt, zu Gauwa hochklettern. Die Gauwasi sind Befehlsempfänger, die allerdings gelegentlich auch eigenmächtig handeln. Sie sind unter anderem für Krankheit und Tod verantwortlich. Immer wenn ein Ring um den Mond sichtbar ist, wissen die Buschmänner, daß diese Geisterwesen tanzen, denn der Mond ist ihr Tanzfeuer und der Ring die Spur, die ihre tanzenden Füße hinterlassen. Ringe um Mond oder Sonne sind Vorboten von Wettereinbrüchen. Deswegen wohl glaubte man, daß die Gauwasi in Wirbelwinden erscheinen und fürchtete sie.

Geläufige Vorstellungen über das oberste göttliche Wesen ebenso wie über das Zusammenwirken von Himmel und Erde gehen auf Beobachtungen von Luftspiegelungen zurück. Ein zweistöckiger Windschirm auf dem Erdboden macht keinen Sinn. Jedenfalls existierte er nicht im Buschmannland. Aber in den frühen Morgenstunden (Blick nach Osten, wo der Himmel hell wird) entstehen über dem ausgekühlten Boden der Steppen und Wüsten Südwestafrikas gelegentlich sehr deutliche Luftspiegelungen nach oben (Abb. 199). Dies

Abb. 130 Magischer Faden, ausgehend von einer Schamanengestalt in einer Buschmann-Felszeichnung. Ein »Fata-Morgana-Faden« zum Himmel?

bedeutet, daß irdische Gegenstände und Landschaften am Himmel umgekehrt und darüber nochmals aufrecht erkennbar sind. Ein Windschirm in der Steppe wird am Himmel so zu einem doppelten Windschirm, ein Buschmann, der vor dem Windschirm steht, zu einem übergroßen Buschmann am Himmel. Tatsächlich wurde der oberste Gott von diesen Steppennomaden als der »hochgewachsenste aller Buschmänner« beschrieben. Auch sagen die Buschmänner, wenn ein schweres Unwetter niedergeht, daß ihr Gott, Kaggen, sein Haus reinigt. Der Blick in den Buschmann-Himmel könnte ein von einer Gruppe dieser Naturexperten beobachteter grandioser Luftspiegelungseffekt gewesen sein, der sich nachhaltig eingeprägt hat und gelegentlich in ähnlicher Form wiedergesehen wurde, so daß die Glaubwürdigkeit der Jenseitsvorstellung untermauert wurde. Ein in die Luftspiegelung hineinschreitender Schamane würde umgekehrt auch am Himmel gesehen werden, verbunden durch die für Luftspiegelungen typischen Verzerrungslinien, die man für Fäden halten kann, die vom Himmel herunterhängen (Abb. 113 und 127). Für die Buschmänner und ihre Schamanen wies dies den Weg in die überirdische Welt. Fadenartige Linien tauchen nicht selten in Buschmannzeichnungen auf (Abb. 130). Sie werden als Darstellungen von Schamanen gedeutet, die mit der überirdischen Welt Kontakt aufnehmen.

Eine Felszeichnung der Kung-Buschmänner in der südafrikanischen Ndedema-Schlucht zeigt eine Prozession von Schamanen mit Antilopenköpfen und Hufen. Über ihnen »fliegt« eine mit charakteristischer Beinhaltung zu einem Flugwesen stilisierte Antilope. Diese Szene wurde so interpretiert, daß die Schamanen magische Flüge durchführen.[26] Da Buschmänner aber auch Elen-Antilopen mit Doppelkörpern gezeichnet haben,

Abb. 131 Antilopen-Wesen mit Flügeln. Buschmann-Felszeichnungen, Nkosana Shelter, Cathedral-Peak-Gebiet

ist es möglich, daß sie wirklich beobachtete Tiere in Luftspiegelungen nachgebildet haben, die für sie eine tiefere religiöse Bedeutung hatten.

Bemerkenswert ist bei der geschilderten Buschmann-Erzählung auch der Zusammenhang zwischen der Erscheinung ihres Gottes und des Eintreffens des langersehnten Regens. Da der Regen als eine Gabe Gottes beschrieben wird, wäre es denkbar, daß die Erscheinungen in der Ruhe vor dem Sturm aufgetreten sind. Die Buschmänner hätten dieses Phänomen zur Wettervorhersage nutzen können.

Die langgezogenen Felsfiguren der Buschmänner

Buschmänner sind sehr kleine Menschen. Dies erleichtert ihr Überleben in einer Wildnis, in der Mangel zur täglichen Erfahrung zählt. Aber wenn man die reiche Felskunst studiert, die diese aussterbende Rasse hinterlassen hat, fallen sofort einige weitere Besonderheiten auf, welche die Geheimnisse des Horizonts ausstrahlen. Da gibt es zum Beispiel Figuren, die extrem lange und dünne Menschen darstellen (Abb. 132). Ich erfuhr von einem Farmer in Namibia, der zusammen mit Buschmännern aufgewachsen ist, daß er von ihnen Mirage-Mann (Fata-Morgana-Mann) genannt wurde, weil er als Junge so hochgewachsen war.

Wenn die hier versuchte Interpretation langgezogener Buschmann-Felsfiguren als naturalistische Fata-Morgana-Beobachtungen stimmt, müßten gelegentlich auch andere Gestalten auftauchen, die in typischer Weise verzerrt und verändert wurden. Manchmal sind die Beine und Hälse der langgezogenen Gestalten in Zickzackform verzerrt (Abb. 133). Ist dies die stark flimmernde Luft, welche die Gestalten verschwimmen, ihre Konturen undeutlich werden läßt? Kann man stark flimmernde Konturen besser darstellen als durch solche Zickzacklinien?

In einem erstaunlichen Felsbild (Abb. 134) sieht man nicht nur einen sehr stark verlängerten Menschen, sondern um ihn herum auch noch Menschen mit Fischschwänzen. Sind es Dämonen, die in den Seen der Fata Morgana lebten? Es müssen jedenfalls Erscheinungen gewesen sein, die an der Wasseroberfläche sichtbar gewesen sind, Wesen, die menschliche Züge haben, aber dennoch ins nasse Element gehörten.

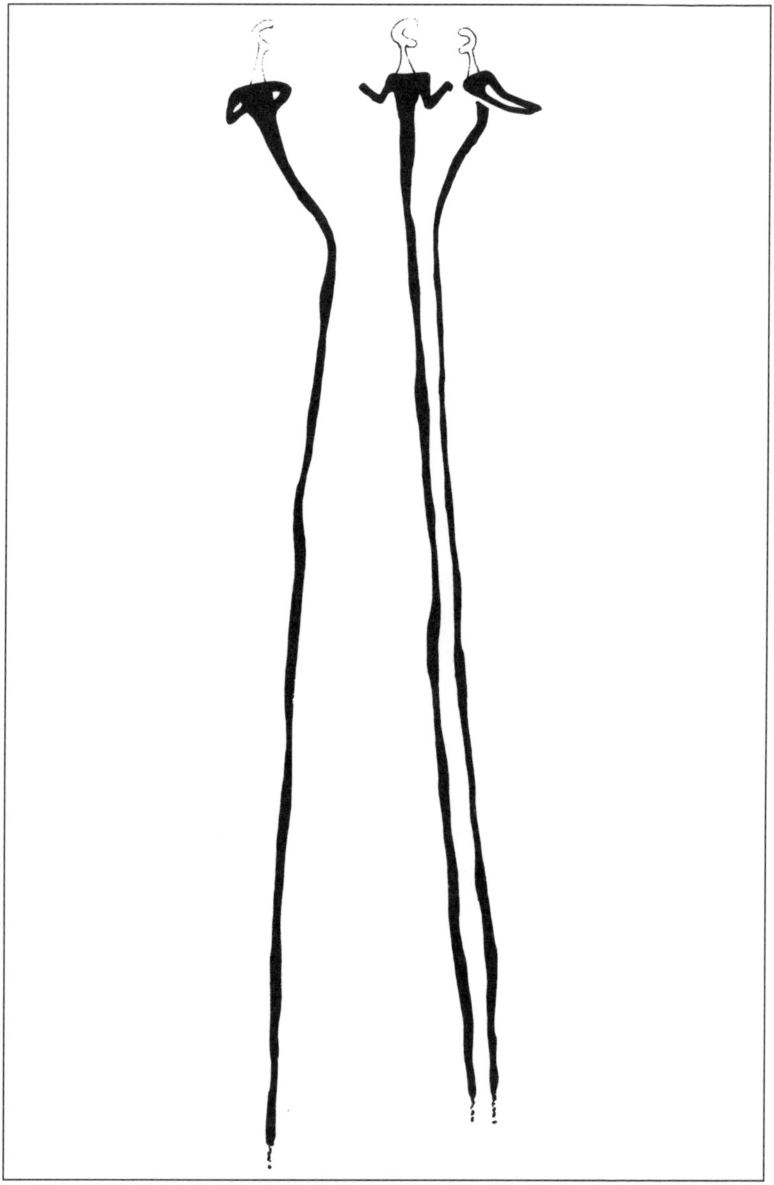

Abb. 132 Magische Buschmann-Figuren mit überlangen Körpern

Abb. 133 Magische Buschmann-Figur mit zickzackförmigen Beinen und Hals

Die Felszeichnungen der Buschmänner stellen häufig menschliche Gestalten dar, die deutliche tierische Merkmale haben. Sehr oft ist das vorbildgebende Tier eine Elen-Antilope. Es ist die größte Antilope des südlichen Afrika, und die Buschmänner sagen, daß alle anderen Tiere ihr untertan sind. Bei allen entscheidenden Ritualen, der ersten Jagd eines Jungen, dem Pubertätsritual, der Heirat und den Trance-Tänzen spielt die Elen-Antilope eine entscheidende symbolische Rolle.[27] Nach dem Glauben der Buschmänner wurde die Elen-Antilope als erstes Tier vom obersten Gott Kaggen erschaffen. Die Elen-Antilope ist daher sein Lieblingstier. Die Schamanen der Buschmänner haben über die Antilope Kontakt zur jenseitigen Welt aufgenommen. Wenn menschliche Gestalten mit dem Kopf der Elen-Antilope abgebildet sind, dann haben sie deren magische Kraft übernommen, dann besitzen sie ihre Instinkte ebenso wie deren gute Kontakte zum Herrn der Welt.

Abb. 135 zeigt die Felsmalerei einer menschlichen Gestalt mit doppeltem Antilopenkopf und doppelten (menschlichen) Füßen. Der Schamane ist hier, um Kontakt zum Jenseits aufzunehmen, wohl in den Körper einer verdoppelten Elen-Antilope geschlüpft. Doppelt sieht man sie gelegentlich, wenn sie in einem Fata-Morgana-See dahinzieht, also sozusagen in der Kontaktsphäre zur anderen Welt, welche die Luftspiegelungen mit ihren den irdischen Gesetzen widersprechenden Erscheinungen für archaische Naturbeobachter darstellen mußten.

Manche der Buschmann-Felszeichnungen zeigen merkwürdig dünne, manchmal gepunktete Linien, die von den Köpfen der Schamanen ausgehen. Sie wurden von Forschern als Trance-Kontakte zur anderen Welt ausgelegt, die sich die Schamanen in ihren Ekstase-Ri-

Abb. 134 Stark verlängerte Gestalt, umgeben von menschlichen Wesen mit Fischschwänzen

tualen einbildeten. Es könnte aber auch die manchmal fadenförmige Linie sein, die zwischen zwei gespiegelten Objekten auftritt, entlang derer sie sich je nach den atmosphärischen Bedingungen trennen oder verschmelzen (vgl. Abb. 112, 127). Wenn es den Schamanen darum ging, Kontakt zum jenseitigen Zwillingswesen aufzunehmen, dann könnte diese Verbindungslinie dies anschaulich und für die Stammesgenossen verständlich darstellen. Es sei darauf hingewiesen, daß es in der ägyptischen Hochkultur eine Selbstverständlichkeit gewesen ist, daß jeder Mensch in der anderen Welt ein Zwillingswesen, ein Ka, hatte. Erst nach dem Tode wurde man wieder mit diesem vereint. War der Faden die Verbindungslinie zum »Ka«?

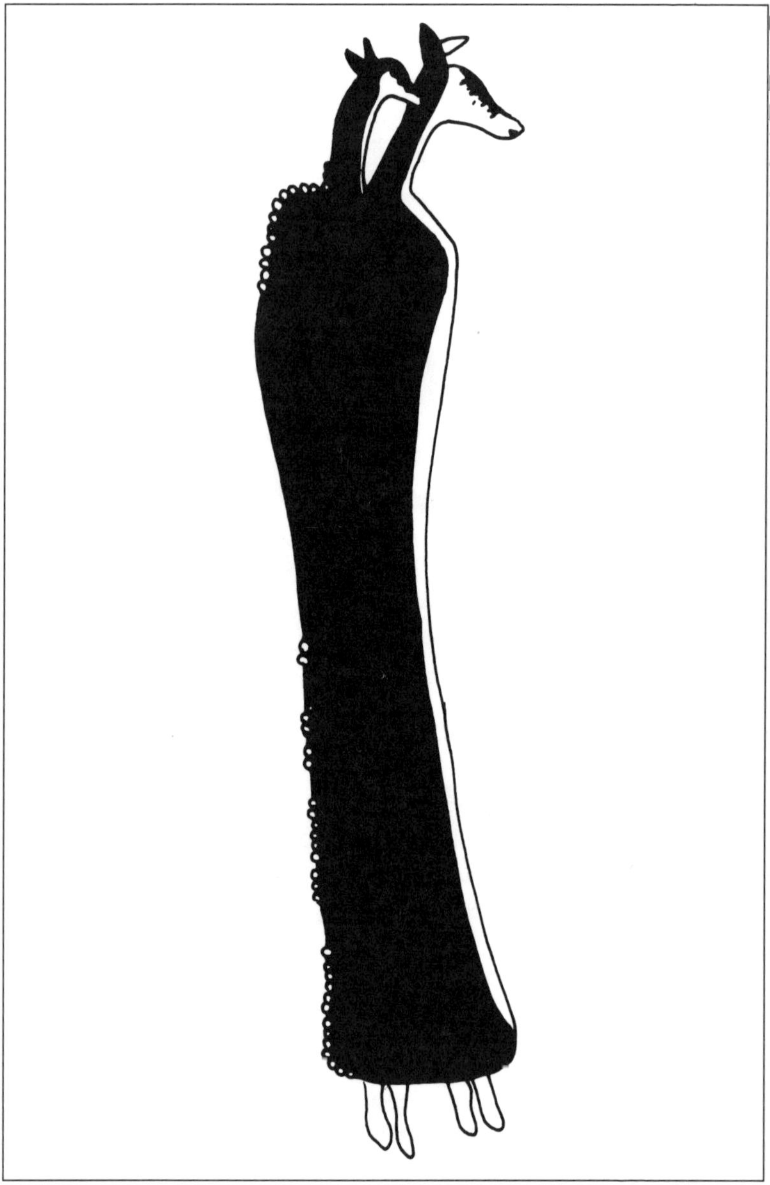

Abb. 135 Doppel-Elen-Antilope mit menschlichen Zügen. Buschmannmalerei aus Südafrika. (vgl. Abb. 159)

Da über kühlem Sumpf oder über Wasserflächen in der »Ruhe vor dem Sturm« Luftspiegelungen besonders häufig auftreten, lohnt es sich, nachzuforschen, wie die Schamanen der Buschmänner Regen herzuzaubern versuchten. Aus der frühen südafrikanischen Kolonialzeit ist überliefert, daß die Buschmänner ihre Vieh-Raubzüge häufig so einrichteten, daß unmittelbar darauf ein heftiger Regen ihre Spuren verwischte. Ihre Schamanen versuchten, Gewalt über ein riesiges unförmiges Wesen, das »Regentier« oder den »Herrn des Wassers«, zu erlangen, um den Regen herbeizuzaubern. Das enorme Wesen, dessen unförmige Gestalt dem Nilpferd oder dem Elefanten ähnlich ist und einen langen schlangenähnlichen Saugrüssel aufweist, ist auf einer Reihe von Felsmalereien dargestellt (Abb. 136). Oft wird es gepunktet gezeigt, als ob es aus Wassertropfen bestehen würde, und es befindet sich in Gesellschaft von Fischen, Schlangen und einem Regenbogen. Der Körper und auch der schlangenartige Rüssel sind mit Fortsätzen überzogen. Sie wurden als Haare gedeutet, die in Wut gesträubt sind. Da aber auch Wesen mit Flügeln ähnliche Fortsätze auf ihren stilisierten Schwingen haben, ebenso eine mythische Riesenschlange auf einer Felszeichnung im Gebiet des Cathedral Peak (Abb. 94), dürften dies eher Federn sein. Dies könnte darauf hindeuten, daß das »Regen-Tier« in die Luft schweben könnte, wie dies für eine Fata-Morgana-Erscheinung zu erwarten ist.

Ein weiteres wichtiges Element in den Felszeichnungen der Buschmänner sind geflügelte Antilopen (Abb. 128 und 131). Viele von ihnen haben menschliche Züge. Auch sind aus den Vorderbeinen Flügel geworden. Es sind in der Regel zwei weggestreckte Glieder mit kurzen Fortsätzen, wohl Federn. Der Verwandlungs-

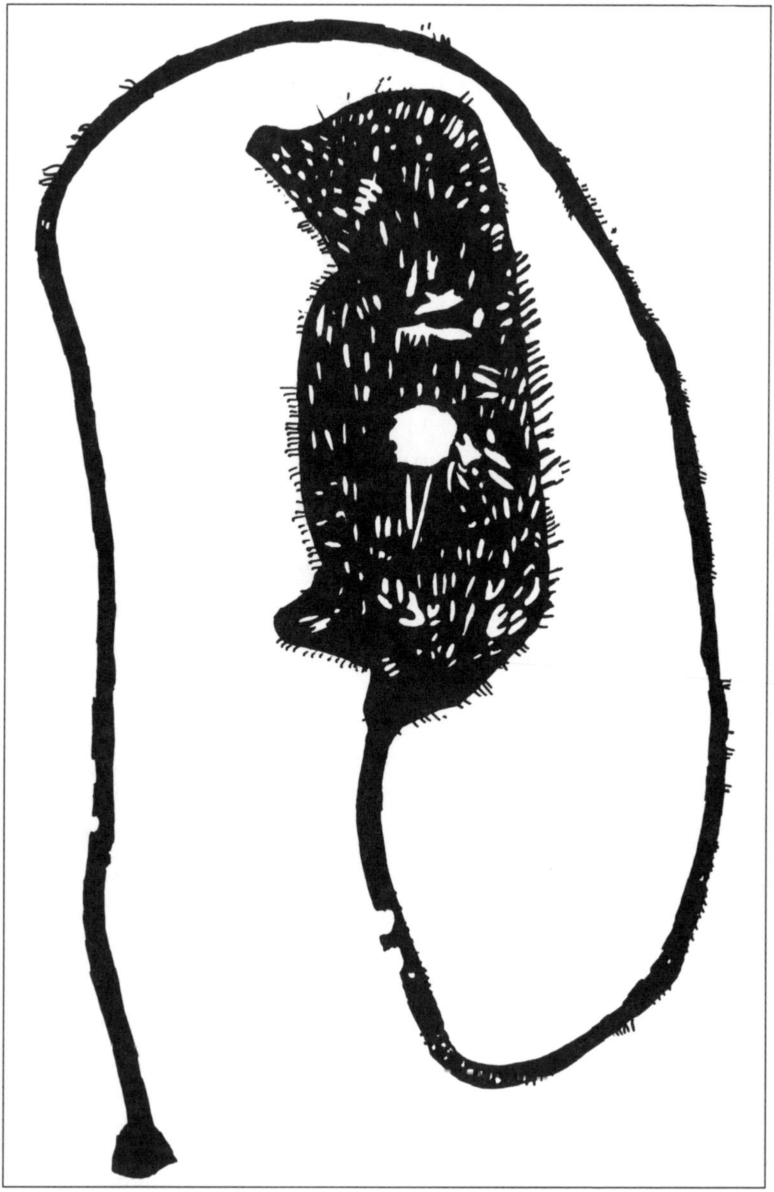

Abb. 136 Regentier-Zeichnung der Buschmänner. Sind die Körperfortsätze Federn wie bei der mythischen Riesenschlange (Abb. 94)?

prozeß von irdischen zu überirdischen, fliegenden Wesen ist in verschiedenen Stadien festgehalten. Die fliegenden Antilopen sind wohl als Botschafter zur anderen Welt zu verstehen.

Keiner der vielen Forscher, die versucht haben, die Felszeichnungen der Buschmänner zu deuten, hat daran gedacht, daß sie von Horizontbeobachtungen inspiriert sein könnten. Zahlreiche Indizien stützen die These, daß die Jenseitswelt der Buschmänner eine Fata-Morgana-Welt war. Sie enthält langgestreckte Wesen, verdoppelte Erscheinungen, fliegende Landtiere, Wesen mit zickzackförmigen Gliedern, menschliche Wesen mit Fischschwänzen, unförmige Wasserphantome, fliegende Schlangen und Mischwesen. Dies bestätigt, daß für dieses urtümliche Naturvolk die jenseitige Welt ein Teil der Natur war. Wesen in Luftspiegelungen gehör-

Abb. 137 Buschmann-Felsgravuren mit Giraffe auf überlangen Beinen. Twyfelfontein, Namibia

ten für sie zur himmlischen Welt. Ihre typischen Erscheinungen vermittelten den Kontakt zum Gott Kaggen, den sie als größten aller Buschmänner ansahen. Er lebte in einem verdoppelten Windschirm, und vielleicht war seine imposante Erscheinung ebenfalls durch eine Fata Morgana angeregt.

Verbindungen zum Himmel und die Fata Morgana

Wenn Land in den Himmel hochgespiegelt wird, entsteht zwischen irdischer und gespiegelter Welt eine charakteristische Verbindungszone, die den Eindruck vermittelt, daß man über sie die himmlischen Sphären erreichen kann. Bei dieser Verbindung kann es sich um dünne Fäden, um Säulen, um die Flanke eines riesigen, zwei- oder dreifach übereinandergetürmten Berges, um die Collage einer zwei- oder dreifach übereinandergesehenen Insel oder einfach um verzerrte Geländestrukturen handeln. Diese Erscheinungen wurden zum Weltberg mit seinem Götterthron, zur Himmelssäule oder zu Atlas, der den Himmel abstützt, oder zum Faden, den die Götter vom Himmel herablassen.

Viele mythische Wege zum Himmel tragen den Stempel der Luftspiegelung. Atlas, der das Firmament trägt, steht am Eingang zum Paradies. Der hinduistische Weltberg Meru hat drei Gipfel, auf denen jeweils eine Erscheinungsform der dreifaltigen Gottheit weilt. Auch scheint der Weltberg kein stabiles Massiv zu sein. In der verfallenen Khmer-Stadt Angkor in Kambodscha gibt es ein Steinbild, das zeigt, wie der Riese Ravana am Weltberg rüttelt, auf dessen Gipfel Schiwa thront.

Manchmal ist die Verbindungslinie zum Himmel dünn,

wie ein Seil oder ein Faden (Abb. 84, 113 und Abb. 8 im Farbteil). Ihm entlang stellte man sich den über einen Schamanen vermittelten Austausch mit einer göttlichen Welt vor, die doppelte Strukturen als göttliche Behausungen kennt. Auch sich streckende Bäume in Luftspiegelungen wurden als Verbindungswege genutzt. Der Pfad zum Himmel wird anschaulich verstanden, entweder als beschwerlicher Weg über ein riesiges mythisches Gebirge, als Kletterpartie über ein Himmelsseil oder als Besteigung einer Säule.

Dramatisch wird für die Seelen der Verstorbenen der Weg ins jenseitige Land, wenn sie zwischen zwei Felsen hindurch müssen, die immer wieder zusammenschlagen, oder wo ein Ungeheuer auf arme Seelen lauert (Abb. 115). In vielen Fällen läßt sich der Weg ins himmlische Land als Anstieg über eine Fata-Morgana-Brücke oder durch eine Fata-Morgana-Landschaft verstehen. Konsequenterweise benutzten die Schamanen und urtümlichen Priester »erfahrene« Fata-Morgana-Wesen als Botschafter, Mittler und Weggefährten, nämlich Doppelvögel oder Chimären.

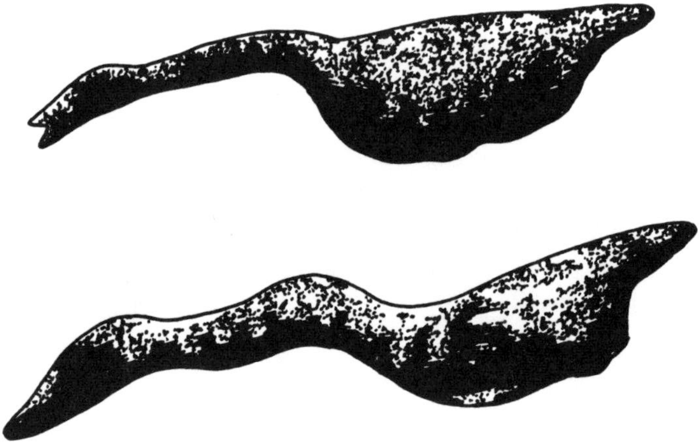

Abb. 138 Gänse-Paar aus Elfenbein, Hilfsgeister eines Schamanen der Dorset-Kultur. Grabbeigabe von der Mansel-Insel (Kanada), ca. 500 n. Chr. (Nationalmuseum der Menschheit, Ottawa)

8.

Doppelte Erscheinungen

Die Geistervögel der Schamanen

In der von Steinzeitmenschen bemalten Höhle von Lascaux in den Pyrenäen ist ein Schamane vor einem verwundeten Wisent dargestellt. Neben ihm steckt ein magisches Symbol, ein mit einem Vogel verzierter Pfahl im Boden. Diese Standarten hat man bei sibirischen Völkern wiedergefunden, die auf der Steinzeit-Stufe verblieben sind. Bei den Ostjaken werden sie Dorf-Säulen genannt, und man opfert ihnen wie Göttern. Vieles deutet darauf hin, daß sie die Säule verehren, welche die Welt stützt. In Nordwestsibirien tragen diese Säulen hölzerne Vögel, die nicht selten zwei Köpfe aufweisen. Die sibirischen Dolgan nennen diesen Vogel den »Herrn der Vögel«, aber die Schamanen kennen seine genaue Bedeutung nicht mehr. Die vogeltragenden Säulen nennen sie die »nie fallenden Stützen unter der Wohnung des obersten Gottes«. Sie besitzen manchmal Querleisten. Auf ihnen sollen die Söhne des Gottes wohnen.

Für die Beschwörungszeremonien der Schamanen, welche die Verbindung zwischen den Menschen und der jenseitigen Geisterwelt aufrechterhalten, sind die Doppelvögel von besonderer Bedeutung. Bei den Schamanen der Yenisei-Ostiaken hängen zweiköpfige magische Vögel von der Kleidung und von der Zeremonien-Trommel herab (Abb. 139).[1] Mit der Trommel bereitet

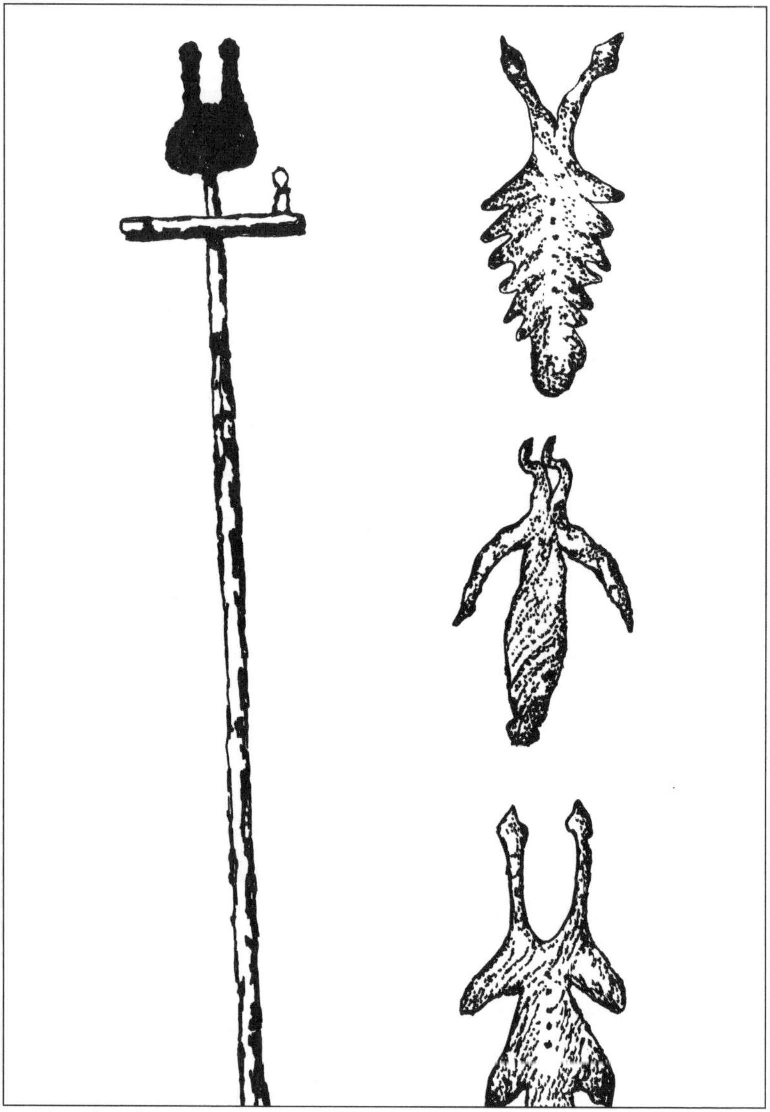

Abb. 139 Zweiköpfige Vogelsymbole (Standarte und Anhänger für Kleidung und Trommel) sibirischer Schamanen (Yenisei-Ostiaken). Es waren Hilfsgeister, die den Schamanen während der Ekstase in die jenseitige Welt begleiteten.

sich der Schamane auf seine magischen Flüge vor. Überall auf der Erde identifizieren sich Schamanen bei ihrer Reise ins Jenseits mit Vögeln. Sie werden oft als Hilfsgeister angesehen oder als Botschafter der anderen Welt. Die Doppelvögel helfen offensichtlich, die Verbindung zur anderen Welt aufzunehmen.

Vielleicht ist die Vorstellung von den Doppelvögeln schon vor vierzigtausend Jahren mit den Vorfahren der Indianer über die Beringstraße nach Amerika gelangt. Die ehrfurchterregenden menschengestaltigen Wesen der eineinhalb Jahrtausende alten Paracas-Kultur in Peru, die in die Totengewänder der Mumien gestickt wurden, tragen nämlich Standarten mit Doppelvögeln, die denen sibirischer Schamanen ähneln.

Die Buriäten, ein dem Schamanismus anhängendes mongolisches Volk in Südsibirien, erkannten den Sonnenvogel (Adler) als Urschamanen an und berichteten das Geschehene in einer mythologischen Erzählung: Durch das Werk der bösen Geister kam Unglück über die Menschen. Die Götter sahen dies und sandten einen Adler als ersten Schamanen auf die Erde, um den Irdischen zu helfen. Diese verstanden ihn aber nicht, und er mußte unverrichteter Dinge wieder zu den Göttern zurück. Dort angekommen, ließ man ihn wieder zur Welt zurückkehren, um dem ersten Menschen, dem er begegnen würde, Schamanenkraft zu verleihen. Der himmlische Adler traf eine unter einem Baum schlafende Frau, die ihrem Mann weggelaufen war. Er verband sich mit ihr, und sie wurde schwanger. Ihr Sohn wurde der erste Schamane. Seitdem hat der Schamane bei den Buriäten die Aufgabe, sich in ekstatischen Zeremonien als magischer Vogel in die Luft zu schwingen, um für die Irdischen den Kontakt zur jenseitigen Welt aufzunehmen. Er fliegt zu den verschiedenen Stockwerken des

Abb. 140 Stickerei eines Schamanen oder Halbgottes der Paracas-Kultur von der peruanischen Küste (1. Jh. n. Chr.). Seine Seele hat die Gestalt eines Doppelvogels angenommen.

Himmels, in die Tiefen der Unterwelt, zu weit entfernten Ländern oder zum Mond und zu den Sternen. Mit seiner Verwandlungskunst steht ihm der ganze Kosmos offen.

Doppelvögel sind keine gewöhnlichen Wesen. Man beobachtet sie, wenn Vögel in eine Luftspiegelung hineinfliegen. Luftspiegelungen vermitteln Eindrücke einer Welt, die nicht irdischen Gesetzen unterworfen zu sein scheint. Deswegen wurden Doppelvögel seit Urzeiten als Botschafter des Jenseits angesehen. Der Glaube der Schamanen ist in diesem Punkt auf Naturbeobachtungen aufgebaut. Ihre Vorstellungen von der jenseitigen Welt sind von Luftspiegelungen geprägt worden, deren natürlicher Begleiter der Doppelvogel ist. Der Schamane versucht, in seinem Zauber den Vogel zu imitieren, der in den Fata-Morgana-Himmel hineinfliegt, in die jenseitige Welt.

Das Adler-Land am Himmel

Von den Schamanen der Hooper-Bay-Inuit erzählt man sich, daß sie in ihren ekstatischen Ritualen manchmal aufbrachen, um gestohlene Seelen aus den Häusern der Adler hoch oben am Himmel zurückzuholen.[2] Ein Haus der Vögel haben Iglulik-Eskimos in einer ihrer Erzählungen genauer beschrieben. Es ist kein gewöhnliches Haus aus Walknochen, wie es die Eskimo im Sommer bewohnen, auch kein gewöhnlicher Iglu aus Eisblökken, wie er im Winter bezogen wird. Nein, es ist ein »Doppelhaus« im Himmelsland. Dies ist für den hohen Norden eine ungewöhnliche Behausung. Sie hat einen Eingang auf jeder der beiden Hälften.[3] In einer mythologischen Erzählung von der Little-Diomede-Insel wird der Aufstieg eines Schamanen in das himmlische Land beschrieben, das zum Herrschaftsbereich des Mondmannes gezählt wird. Dieser ist neben der Meeresmutter ein wichtiges übernatürliches Idol der Inuit.[4] Er sah ein Haus, auf dessen Dachkanten je ein Vogel saß. Das Haus hatte im Gegensatz zu irdischen Eskimo-Bauten zwei Stockwerke. Im unteren Raum lebten die Geister, während der Herr des Hauses im oberen Raum residierte.

Die Schamanen nutzen in ihren Ritualen Pfosten oder Stangen, an denen ein Vogel oder ein Vogelsymbol befestigt ist. Der Pfosten symbolisiert die Pfeiler, die das Vogelland am Himmel tragen. Der Pfosten mit dem Vogelzeichen drückt die dem Schamanen vorbehaltene Kraft aus, zum himmlischen Land zu fliegen, wo sowohl die Vögel als auch die menschlichen Seelen wohnen. Die Konturen des himmlischen Landes der Vögel sind sehr vage gezeichnet. Die Copper-Inuit bezeichnen es als »seltsames Land«, die Inuit von der King-Insel, von Kotzebue und Nunamiut als fernes Land mit hohen Bergen. Aber immer wird betont, daß Jagd und Fischfang dort sehr ertragreich sind.

Die Inuit von Alaska und Asien kennen das sogenannte Fest des Botschafters, in dem die Rolle der Adler als Botschafter zum Land am Himmel und den Seelen der Ahnen herausgestrichen wird.[5] Bei diesem Fest wird eine hölzerne Standarte angefertigt, angemalt und mit Adlerfedern dekoriert. Als Bote wird ein junger Mann ausgewählt, der die Gäste zum Fest einladen und ihre Geschenke einsammeln soll. Er gilt als heilige Person, da er die Standarte des mythischen Adlers trägt, eines unsichtbaren Adlers, der »umialik« genannt wird. Dies heißt wörtlich soviel wie »Eigner eines Walbootes« und bedeutet »Anführer«. Dieser Adler ist ein Geist, gewissermaßen die Seele des Adlers, der das erste Fest ausgerichtet hat. Das heißt, der Bote trägt zwei Adler, den symbolischen, der mittels Adlerfedern auf der Standarte vergegenwärtigt ist, und den Adlergeist, der darüber schwebt. Ein irdischer Adler und seine überirdische Seele bilden also einen Doppeladler. Die Adlerstandarte dient demnach wie ein Amulett der Absicht, den Adlergeist aus der himmlischen Welt anzuziehen, um ihn in die Zeremonien einzubinden. Am Ende des Festes wird dann alles – die Standarte, die Adlerfedern, weitere Ritualgegenstände der Zeremonie – verbrannt. Damit wird der Geist des Adlers befreit und kann in das Himmelsland zurückkehren.

Aus den Mythen geht hervor, daß die Adler Hilfsgeister sind, die bei der Jagd oder auch bei der Kontaktaufnahme zu den Seelen im himmlischen Land unterstützend wirken. Bei den Nunamiut- und Copper-Inuit landen die Adlergeister in einer Erzählung neben dem Jäger draußen in der Wildnis. Sie lassen ihre Masken fallen und geben sich in menschlicher Gestalt zu erkennen. Bei den Noatak-Inuit sind es zwei Jungen, die als Adler in Menschengestalt beschrieben werden. Die Botschafter sagen dem Jäger, der einen Adler getötet hat, daß sie gekommen sind, um ihn ins himmlische Land zu bringen, ins Reich der Adler-Mutter. Dort muß er versprechen, als Sühne ein rituelles Fest, das Boten-Fest auszurichten. Um dieses Fest einzuleiten, muß er einen Boten aussenden. Dieser Bote trägt die Adler-Standarte mit der irdischen und überirdischen (in der Regel unsichtbaren) Vogelgestalt.

In der Inuit-Mythologie vom Adler-Land am Himmel erkennen wir deutlich mehrere Konturen von Fata-Morgana-Visionen. Die Botschafter aus dem Jenseits sind Doppelvögel. Die Häuser im Himmelsland sind doppelstöckig, im Gegensatz zu den Häusern im Inuit-Gebiet.

Das Land liegt am Himmel, ist »merkwürdig« und hat sehr hohe Berge. Aber insgesamt ist dieses Land der Vögel und Seelen für die Inuit-Völker zwischen Alaska und Grönland erdähnlich, von Flüssen und Seen durchzogen und hat gute Jagdgründe. Das Doppelhaus im Himmel, die guten Lebensverhältnisse dort und der Weg des Schamanen dorthin zeigen erstaunliche Parallelen zur Jenseitsvorstellung der Buschmänner.

Doppelvogel-Botschafter aus dem Jenseits

»Und wir sahen dort zwei große Vögel, und die Körper dieser Vögel waren wie zwei Türme, und ihre Gesichter waren wie die Gesichter von Menschen. Und einer von ihnen sprach zu mir und sagte: Du mit den zwei Hörnern (gemeint ist Alexander der Große), halte an, du hast Land betreten, das vorher kein Mensch betreten hat«.[6] In dieser aus dem arabischen Raum überlieferten Geschichte war der Feldherr an die Grenze zur jenseitigen Welt gelangt.

Doppelvögel als Boten der anderen Welt und als mythische Flugobjekte der Schamanen haben die Menschen schon seit Urzeiten begleitet. Eine vorgeschichtliche Barke auf Rädern aus der älteren Eisenzeit in Serbien, die einen Doppelvogel zeigt, bestätigt dies (Abb. 10 im Farbteil). Historisch wurden die Doppelvögel in den Kulturen von Sumer und Babylonien, wo der vierflügelige Halbgott Pazuzu (Dumuzi, Tamuz) eine große Rolle spielte und mit seinem in Stein gehauenen doppelten Schwingenpaar so manche Palastwände und Tempel verschönerte. Auch der Titan Chronos, der nach der griechischen Mythologie seine eigenen Kinder verschlang und wieder ausspucken mußte, wurde mit vier Flügeln dargestellt. Vielleicht spielte sich dieses Familiendrama ursprünglich vor allen Augen am Horizont ab.

In einer keltischen Erzählung begleitet die Fee Niav den jungen Dichter Oisin ins Land der ewigen Jugend, wo ihr Vater herrschte. Auf ihrer Märchenstute reitend, sahen sie viele Länder und Schlösser vorbeiziehen. In den Wolken gewahrten sie Städte aus Marmor und Gold, die beim zweiten Hinsehen verschwanden. Dann erreichten sie ein trostloses, eisiges Land mit kahlen Bergen. Hoch oben lag eine nebelige Ebene, über der sie eine häßliche, schwarze Festung ausmachten. Neben ihrem Eingang erkannte Oisin ein Mädchen, das an zwei alte Adler gekettet war. Es hatte das schönste Gesicht, das er je gesehen hatte. Das Mädchen sprach ihn an und warnte ihn vor dem Schloß, dessen Besitzer der Fomor, ein Riese und erbarmungsloses Ungeheuer, sei.[7]

In der alten keltisch-irischen Mythologie künden Doppelvögel regelmäßig die Begegnung mit der anderen Welt an: »Sie sahen, wie zwei Vögel über den See flogen, die über eine rotgoldene Kette miteinander verbunden waren.« Als der Held Cú Chulaind mit seiner Steinschleuder nach ihnen zielen wollte, warnte ihn seine Frau Eithne: »Wenn du auf mich hörst, wirst du es nicht tun, denn diese Vögel haben irgendeine Macht.« Cú Chulaind schleuderte trotzdem zwei Steine, aber vergeblich. Dies war ihm noch nie passiert. Auch sein Speer vermochte nur den Flügel eines der beiden Vögel zu streifen. Dann überkamen den wütenden Helden Schwindel und Müdigkeit, so daß er sich gegen einen Stein lehnen mußte. Er fiel in einen rätselhaften Schlaf, in dem ihm zwei unheimliche Frauen erschienen (die beiden zu Feen verwandelten Vögel). Eine hatte einen grünen, die andere einen karmesinroten Mantel übergeworfen. Sie zückten ihre Pferdepeitschen und schlugen ihn so elendig und so lange, bis kaum mehr Leben in ihm war. Dann zogen sie davon. Cú Chulaind wachte todkrank auf. Ein ganzes Jahr lang lag er auf dem Krankenbett, ohne daß er auch nur ein Wort über seine Lippen brachte.[8]

Ein Adler mit zwei Köpfen tauchte als religiöses Symbol bereits bei den Hethitern auf. Auch die Skythen kannten dieses Emblem und nutzten es als Zeichen irdischer und überirdischer Macht. Sie scheinen es nach Gandhara an der Nordwestgrenze Vorderindiens vermittelt zu haben, wo – im heutigen Pakistan – die Ruinenstätte Taxila liegt. Hier haben Darius der Große, Alexander der Große sowie, nach einem schweren Erdbeben um 30 n. Chr., der parthische König Gondophanes gebaut. Damals entstand hier unter dem Zeichen eines doppelköpfigen Adlers eine geheimnisvolle Pagode, das wohl markanteste Symbol dieser Ruinenstätte (Abb. 141). Mit großer Wahrscheinlichkeit spielte der doppelköpfige Adler eine Rolle beim Kontakt mit der jenseitigen Welt. Die Verdoppelung versinnbildlicht offensichtlich den Kontakt mit dem Jenseits. Aus dem zweiten Jahrhundert ist aus der Gegend von Taxila eine Münze bekannt, auf der der Gott des iranischen Propheten Zarathustra, Ahura Mazda, auf einem zweiköpfigen Pferd reitet. In Ägypten und in dessen Vasallenreichen tauchten doppelte Vogelwesen im Zusammenhang mit dem falkenköpfigen Gott Horus auf (Abb. 191). Er vermittelte mit der anderen Welt, nicht zuletzt in Gestalt der Sphinx, die im Altertum als »Horus des Horizonts« bekannt war (Abb. 157). Diese mußte nach ägyptischer Überlieferung eine Doppelform annehmen, um die Himmelsbarke des Pharao ins Jenseits zu geleiten. Die Doppelvögel tauchten auf römischen Sarkophagen auf, wo sie ihre alte Rolle als Mittler zum Jenseits fortsetzten. In Byzanz

Abb. 141 Doppelköpfiger Adler auf einer Pagode (1. Jh. n. Chr.) in der Ruinenstadt Taxila, Pakistan

schließlich spielen sie eine wichtige Rolle als Machtsymbol.

Wo die Doppelvögel erscheinen, befindet sich ein geheiligter Ort und eine Stätte der Verbindung zum Jenseits. So steht ein Adlerpaar auch am Anfang der Gründung des Orakelheiligtums Delphi in Griechenland. Zeus wollte den Mittelpunkt der Erde bestimmen und ließ zwei Adler von den zwei entgegengesetzten Enden der Welt losfliegen (der irdischen und der überirdischen?). Sie trafen sich in Delphi, wo sie auf dem Nabelstein, Omphalos, abgebildet waren. Im 14. Jahrhundert v. Chr. wurde schon ein ähnlicher Omphalos mit zwei Vögeln in einer Pyramide des Pharaos Seti I. deponiert.

Auch Apollo wird mit Delphi in Verbindung gebracht. Hierher, zum Berg Parnassus, der sich weit über den Golf von Korinth erhebt, verfolgte er den von Hera beherrschten weissagenden Drachen Python, der das Heiligtum bewachte. Dieser Drache könnte ebenfalls mit Luftspiegelungen in Verbindung stehen. Apollo, der auf einer »schwimmenden Insel«, Delos, geboren wurde und gelegentlich auf einem geflügelten Gefährt über die Wellen gleitet, tötete das Ungeheuer und machte sich selbst zum Herrn über dieses Orakel, das den Nabel der Welt darstellt. Fortan läßt er von hier über den Mund seiner Priesterin Pythia den Willen des Zeus verkünden, der einst die zwei Adler von den entgegengesetzten Enden der Welt an diesen Ort geschickt hat.

In der mythischen Geschichte Britanniens, die Geoffrey of Monmouth im 12. Jahrhundert geschrieben hat, bewacht ein angekettetes Adlerpaar das Grab des Königs Artus auf einem heiligen Berg. Wir haben gesehen, daß selbst bei den Ägyptern mythische Doppelvögel bekannt waren. So fand man in einem Grab in Saqqarah Plaketten mit je zwei spiegelbildlich dargestellten Eulen.

Abb. 142 Doppelköpfiger Vogel, präkolumbianisch. Peruanische Küste (Museo de Arte Precolombino, Santiago de Chile)

Durch die Herrschaftssymbole der Habsburger wurde der Doppelvogel über halb Europa verbreitet und ziert noch heute viele Fahnen und Stadtwappen. Er war auch das Emblem des stolzen Zarenreiches. Seit dem 15. Jahrhundert zierte er das deutsche Wappen, seit dem 19. Jahrhundert das österreichische Kaiserwappen. Über die spanischen Konquistadoren gelangte das Symbol nach Südamerika. So wurde der Doppelvogel Bestandteil des Wappens von Lima in Peru. Aber dieses Symbol europäischer Macht war in dem Andenland bereits bestens eingeführt. Schon fast zwei Jahrtausende vorher hüllte man die Toten der Kultur von Paracas in Textilien, die mit Doppelvögeln verziert waren. Auch spätere Kulturen wie der Küsten- und Wüstenstaat von Chan-Chan im Norden Perus hatten lange vor der Entdeckung Amerikas Doppelvögel auf ihre Tempelwände graviert.[9] Manchmal haben sie vier Flügel, manchmal sind sie am Rücken zusammengewachsen, als ob sie im Fluge wirklich so gesehen worden wären. Vögel mit zwei Köpfen findet man als Keramik-Stempel selbst im antiken Mexiko (Abb. 11) Auch die vorkolumbianische Kunst von Gran Chiriki in Costa Rica kennt doppelgestaltige fliegende Wesen.

In den eineinhalb Jahrtausende alten bemalten buddhistischen Grotten von Kizil in Westchina ist ein Doppelvogel mit besonderem Symbolgehalt dargestellt: Zwischen Schnabel und Kralle jedes Vogels ist eine Schlange eingeklemmt. Wie wir bereits wissen, ist die Verbindung von Vogel und Schlange das Symbol für den Horizont, wo der Doppelvogel gesehen wird.

Das Symbol des Doppelvogels ist uralt und erlangte in vielen Kulturen eine große religiöse oder mythische Bedeutung. Immer waren Doppelvögel Mittler der anderen Welt; sie besuchten die Menschen, sie brachten sie in die jenseitigen Gefilde oder begegneten ihnen einfach als göttliche Wesen.

Den Eindruck, den Vögel machen, die horizontwärts fliegen und in einer Luftspiegelung eintauchen, gab der

Abb. 143 Wie in zahlreichen mittelalterlichen und modernen Hoheitszeichen wacht auch im Stadtwappen von Lima, Peru, der Doppelvogel über Macht und Ordnung.

französische Wissenschaftler Biot zu Beginn des 19. Jahrhunderts wieder: »Auch bemerkten wir, daß Seevögel, die sich im Fliegen dem scheinbaren Horizont näherten, wenn sie eben im Begriffe waren, in diesen zu tauchen, doppelt erschienen. Manchmal verschwanden die Vögel plötzlich noch, ehe wir sie doppelt gesehen hatten. Es war übrigens ein ganz sonderbarer Anblick, Scharen von Vögeln, die sich dem Horizont schnell näherten, plötzlich doppelt zu sehen.«[10]

Die Vogelpaare am Goldfaden

Den rätselhaften Vogelpaaren begegnet man auch in der irischen Sage vom Sohn des Sonnengottes.[11] Dort schickt der Sonnengott neun mal zwanzig weiße Riesenvögel. Je zwei und zwei aus der Schar waren über einen Goldfaden miteinander verbunden, der in der Sonne funkelte. König Eochaid und sein Gefolge vom Schloß Tara sahen, wie Schatten aufs Land fielen. Der König folgte den rätselhaften Vogelpaaren und gelangte in eine einsame Gegend mit einer einzelnen Behausung. Sie war mit weißen Vogelfedern gedeckt und beherbergte einen Saal, der schöner war als der Prachtsaal im heimatlichen Schloß. Der König erlebte, wie dort ein Knabe und zwei Fohlen geboren wurden. Am nächsten Tag war alles verschwunden, außer dem Kind und den Fohlen. Die Schwester des Königs, Dechtire, nahm sich des Kindes an. Als sie an einem See vorbei nach Hause zogen, wurden sie von Licht geblendet und begegneten dem Sonnengott Lugh. Er sagte, daß er die Vogelpaare und das überirdische Haus geschickt habe, denn sein Sohn wäre geboren worden. Dieser Sohn Lughs wurde später ein großer irischer Held.

Abb. 144 Zwei Vogelwesen, sich die Haare raufend. Abteikirche Maria Laach, 13. Jh.

Die mit einem Faden verbundenen Vögel sind Vögel in einer Luftspiegelung. Auch das Phantomgebäude mit den weißen Federn als Dachbelag, das spurlos wieder verschwand, gehörte wohl zu einer Fata Morgana. Ihr Erscheinen eröffnete den Zugang zum Himmel, aus dem der Sohn des Sonnengottes geboren wurde.

Die Götter der mythischen Tuatha de Dana (Volk der Göttin Dana) im alten keltischen Irland traten übrigens, wenn sie wichtige Ereignisse ankündigten, als Vögel mit schillerndem Gefieder auf, die mit goldenen Fesseln paarweise aneinander gekettet waren. Man glaubt heute, daß die Göttin Dana, die mit den Kelten aus dem osteuropäischen Raum kam, als Flußgöttin der Donau und dem Don die Namen gegeben hat. Die Hauptgottheit, Dagda, besaß einen mythischen Kessel, mit dem Tote wieder zum Leben erweckt werden konnten. Man vermutet, daß er Vorbild für den »heiligen Gral« war, dem Gefäß, aus dem Jesus beim letzten Abendmahl getrunken hat und mit dem sein Blut am Kreuz aufgefangen wurde.

Die zweiköpfigen Fregattvögel der Osterinsel

Auf der Osterinsel pflegten die Eingeborenen bis 1868 einen Vogelkult besonderer Art. An einem hoch über dem Meer gelegenen felsigen Platz, Orongo, erwarteten sie im September die Rückkehr der wandernden schwarzen Seeschwalben, die sie Manatara nannten. Diese Vögel, die einen weithin hörbaren schrillen Schrei ausstoßen, nisteten regelmäßig auf drei vorgelagerten Inseln. Zu Ehren des obersten Gottes Make-Make, den Forscher wie Barthel und Métraux für eine Lokalvariante des polynesischen Schöpfergottes Tiki halten, veranstalteten die jungen Männer ein Wettschwimmen zu diesen Inseln, wo sie das erste Ei eines brütenden Vogels bergen mußten. Der Sieger oder auch sein Förderer wurde für ein Jahr zum »Vogelmann« und Militärführer der Insel erkoren, den man Tangata-Manu nannte, was eine große Ehre war und viel Einfluß bedeutete. Aber diese Rolle war auch mit strengen Tabus verbunden. Die Hand des »Vogelmannes«, die das erste Ei trug, war so heilig, daß damit nicht gegessen werden durfte. Er und seine Familie wurden für lange Zeit streng isoliert. Der Vogelmann durfte während dieses Zeitraumes – als Zeichen eines mythischen Todes – weder baden noch die Haare oder Fingernägel schneiden. Die Zeremonien, die sich über das ganze Jahr erstreckten, hatten tiefe religiöse Bedeutung und beinhalteten auch

Abb. 145 Darstellungen doppelter Vogelmenschen und zu Doppelvögeln verschmolzener Vögel. Osterinsel

Menschenopfer, die der Vogelmann meist unter seinen Feinden auswählte. Die Riten sollten den Zyklus von Geburt und Tod darstellen, mit dem Ziel der Erneuerung des Lebens.[12] Die Ankunft des ersten Eis symbolisierte die Geburt, das Menschenopfer das Sterben, die

Isolierung des Vogelmannes seinen Aufenthalt im Totenland und seine Wiederaufnahme in die Gesellschaft die Vorbereitung auf das neue Leben.

Den Überbringer des Eis, den Tangata-Manu stellte man als Vogelmenschen dar, denn er war nun für ein Jahr der Repräsentant Gottes. Mythische Vögel und Vogelmenschen, wohl Sinnbilder für den obersten Gott Make-Make und seine Botschafter, sind dort, wo der Wettstreit eingeleitet wurde, überall in die Felsen graviert. Es sind aber keine Seeschwalben, deren Ei man suchte, sondern Fregattvögel dargestellt. Man sieht dies an den markanten Schnäbeln und dem Kehlsack der in Stein gehauenen Vögel. Diese imposanten, bis zu zweieinhalb Meter Spannweite messenden Flugakrobaten, die darauf spezialisiert sind, anderen Vögeln im Fluge die gefangenen Fische abzujagen, müssen daher einmal auf der Insel gelebt haben. Sie sind dann wohl dem zunehmenden Bevölkerungsdruck gewichen, der den Vogelbestand der Insel reduzierte. Auf anderen polynesischen Inseln wurden abgerichtete Fregattvögel als Boten verwendet und halfen, Thunfischschwärme aufzufinden.

Die Götter Polynesiens wurden sehr häufig mit Vögeln identifiziert. So wurde Gott Tangaroa als Vogel erschaffen. Dem Gott Tane wurde ein heiliger roter Vogel zugeordnet, wobei die rote Farbe eine besondere religiöse Bedeutung hatte. Dies bedingte wahrscheinlich auch die Wahl des Fregattvogels als Botschafter des Gottes Make-Make auf der Osterinsel, denn der besitzt einen leuchtend roten Kehlsack, den er bei der Partnerwerbung mächtig aufbläht. Eine Legende erzählt, wie Gott Make-Make ›Vogelmensch‹ wurde. Er schaute sein Spiegelbild im Wasser an, als über seinem Kopf ein Vogel erschien. Er war überrascht, ein Wesen mit einem Vo-

Abb. 146 Darstellung von verdoppelten Fregattvögeln und einer doppelten Seeschwalbe (rechts unten). Osterinsel

Abb. 147 Umgestürzte Steinstatue an der Küste der Osterinsel. Der eingravierte Doppelvogel auf einem der roten Kopfaufsätze (rechts im Bild) deutet darauf hin, daß der Kult der Riesenstatuen mit Verdoppelungen in Luftspiegelungen zu tun hatte. Die Eingeborenen erwarteten, daß die Statuen in Luftspiegelungen, vom Meer her sichtbar, Verbindung zur jenseitigen Welt aufnehmen (vgl. Abb. 84 u. 113, wo Erhebungen zu Säulen werden).

gelkopf und Schwingen zu sehen, fand Gefallen daran und verschmolz die Bilder.

Einige Wochen nach der Bergung des ersten Eis durfte der Clan des neuen »Vogelmannes« korbweise Eier und junge Vögel von den kleinen Inseln einholen. Die Eier und die Vögel wurden in einer Prozession auf der Insel herumgeführt. Die ersten Eier wurden dem Gott geopfert. Die restlichen Gaben der Vogelinseln wurden bis auf ein paar Jungvögel, die großgezogen wurden, aufgegessen. Den großgezogenen Vögeln wurde ein roter Stoffstreifen angebunden. Man ließ sie dann mit den Worten »Geh nach Hiva« frei. Hiva war für die Bewohner der Osterinsel die mythische Heimat der Seelen, wohin die Toten zurückkehrten. Wenn ein »Vogelmann«, dem man zu Lebzeiten immer tiefe Verehrung entgegenbrachte, starb, veranstaltete man auf einem »Ahu«, einer der Plattformen mit den berühmten kolossalen Steingiganten, ein besonderes Begräbnis. An jedes seiner Beine band man als Begleiter ins Land der Toten fünf Hähne (die einzigen auf der Insel selbst verfügbaren Vögel). Man bezeichnete sie als »Vögel, die sich zum Himmel erheben«.

Auf der Insel finden sich 481 Gravuren von Vogelmenschen, der Großteil dort, wo die Vogelzeremonien stattfanden. Manche der Vogeldarstellungen der Osterinseln zeigen Doppelvögel, einen Vogelkörper mit zwei Köpfen oder zwei an den Flügeln zusammengewachsene Vögel. Es handelt sich dabei sowohl um Paare von Vogelmenschen, Tangata-Manu (Abb. 145 oben), als auch um zu Paaren verschmolzene Fregattvögel (Abb. 146 außen rechts unten). Die Einheimischen nannten dieses Symbol den »vierfüßigen Vogel«, in ihrer Sprache »Manu-Avae-E-Moha«. An diesen Darstellungen fällt auf, daß sie nicht einheitlich gezeichnet sind. So findet man Doppelvögel mit einem Vogelkörper und zwei Köpfen, aber auch zwei an Flügeln und Schwänzen zusammengewachsene Vögel. Fast alle Doppelvögel finden sich am Ort des Vogelkults dargestellt. Einer ist auf dem heruntergefallenen roten Kopfaufsatz einer Steinstatue in Akahanga an der Südküste zu sehen. Im übrigen ist das Symbol des Doppelvogels als Schriftzeichen auf den geheimnisvollen »rongorongo«-Schrifttafeln der Osterinsel häufig anzutreffen.

In der Kunst der Osterinsel gibt es ein hölzernes Idol, ein charakteristisch geschnitzter bärtiger, knochiger Greis, der Moai kava-kava genannt wird (Doppelname!).

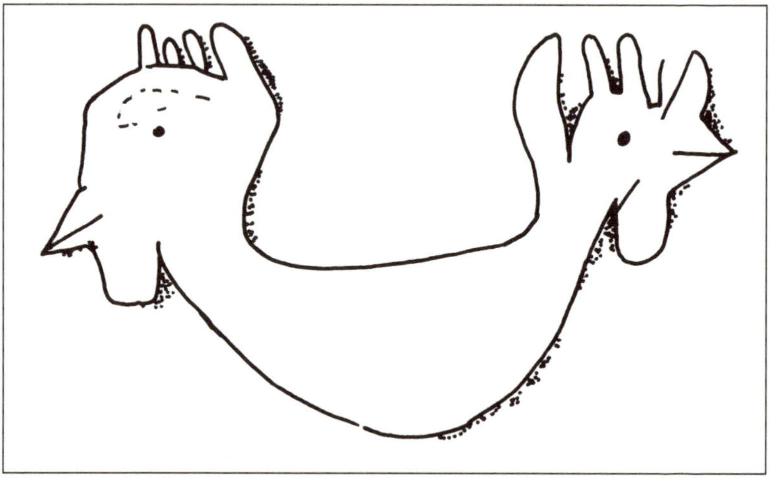

Abb. 148 In Stein gravierte Brustplakette (rei miro) mit Köpfen von Hähnen

Diese Figur ist ein guter Totengeist, der beim Ableben eines männlichen Familienmitglieds geschnitzt wird und dessen Seele in die jenseitige Welt begleiten soll. Nicht selten findet man auf der Hinterseite des Kopfes ein Symbol eingraviert: einen doppelköpfigen Vogelmann, den Auserwählten des Gottes Make-Make.

Der Fregatt-Doppelvogel der Osterinsel ist nicht häufig verbildlicht worden, aber nun errät man, warum er Botschafter des obersten Gottes Make-Make ist (Doppelname!). Er ist nämlich kein irdischer Vogel sondern gehört zum Fata-Morgana-Himmel. Den riesigen Fregattvogel, der übrigens ein unermüdlicher Flieger ist, kann man von weit her übers Meer sehen, besonders wenn er versucht, den Tölpeln und Seeschwalben die Beute abzujagen. Wenn sich dies in einer Luftspiegelung abspielte, sahen die Polynesier verdoppelte Vogelgestalten. Einige der in der Form variablen Doppelvogel-Darstellungen suggerieren wirkliche Beobachtungen.

Auch haben manche nach oben gebogene Schnäbel, was auf andere Vogelarten hindeutet.

Das erste Ei des Jahres aus dem Nest der Seeschwalbe bestimmte den Vertreter Gottes auf der Insel. Er wiederum wird auch, als symbolischer Vogelmensch Tangata-Manu, doppelt dargestellt, als Zeichen seiner Vermittlerrolle hinsichtlich Make-Makes. Folglich war der Doppelvogel der eigentliche Botschafter des Gottes Make-Make.

Die Ähnlichkeit mit der Rolle der Doppelvögel bei den sibirischen Schamanen ist verblüffend. Auch bei ihnen waren diese Vogelwesen, die der Horizont schuf, als Vermittler zur jenseitigen Welt tätig. Interessanterweise sind auch an den Wänden der Adobe-Ruinen der prähistorischen Chan-Chan-Kultur an der nördlichen peruanischen Küste sehr ähnliche Doppelvögel dargestellt. Deutet dies auf Kontakte zwischen Peru und der Osterinsel hin, lösten die gespiegelten Bilder am Horizont parallele mythische und religiöse Entwicklungen aus, oder begleitete dieses Idol die Menschen schon vor der Besiedelung Amerikas?

Daß bei der Entstehung des seltsamen Vogelkultes auf der Osterinsel Luftspiegelungen im Spiel waren, zeigt auch die »Legende vom Kampf der Inseln«, die vom Schauplatz des Kultes überliefert ist. Die vier Inseln Motu-nui, Marotiri, Motu-iti und Motu-kaokao befanden sich alle unter dem Dorf Orongo (wo der Vogelkult gepflegt wurde). Motu-nui, Motu-iti und Motu-kaokao hatten einen Kampf mit Marotiri. Marotiri war davon schließlich so erschöpft, daß sie davonlief und sich vor Pui festsetzte. Die drei anderen Inseln ließen von der Verfolgung ab und begaben sich dorthin, wo sie sich jetzt befinden. Nur Luftspiegelungen können Inseln versetzen.

Das Rabenpaar Odins

Odin oder Wotan, dem ehrfurchtgebietenden, weisen Gott der Germanen, dienten zwei Raben, Hugin und Munin. Sie waren stets unterwegs, um Neuigkeiten zu erfahren und sie ihrem Gebieter zu überbringen. Tobte

Abb. 149 Alte Odin-Darstellungen mit zu Raben stilisierten Hörnern

Abb. 150 Grabstein eines Kriegers aus der Merowingerzeit (Frankreich, 5.–8. Jh.). Über seinem Kopf das Symbol von Odins Rabenpaar, das ihn in der Schlacht abberufen hatte

irgendwo eine Schlacht oder schlug sonst das Schicksal zu, konnte man sicher sein, daß Odins Vogelpaar in der Nähe äugte und lauschte – als Botschafter aus der anderen Welt. Bei vielen nordeuropäischen Darstellungen von Odins Kopf blickt man auf einen Mann mit eindrucksvollem Schnurrbart unter einem Helm mit mächtigen Hörnern. Hörner waren schon immer Symbole der Macht und Erhabenheit gewesen. Bei Odin nehmen die Hörner in manchen Darstellungen (Abb. 149) die Gestalt von zwei Vögeln an, die aus beiden Seiten des Kopfes hervorwachsen. Odins Symbol ist der Doppelvogel, das Rabenpaar.

Mit Odins stilisiertem Rabenpaar vor Augen fällt es nicht schwer, den Sinn eines alten Krieger-Grabmales zu verstehen, das aus der Zeit stammt, als die Franken in Gallien das Erbe der Römer antraten (Abb. 150). Über dem Krieger erkennt man das Rabenpaar des Gottes

Abb. 151 Montagen sich durch Spiegelung verdoppelnder Vögel. Haben solche Erscheinungen den Menschen die Vorstellung vermittelt, daß dies keine gewöhnlichen Vögel sind, sondern Botschafter aus der jenseitigen Welt?

Odin, zu dessen Walhall der Gefallene heimkehrte. Damals mischten sich im Frankenreich germanische Traditionen mit keltisch-römischen. Aber die Symbolik im Hinblick auf das Schicksal der Seele war ähnlich. Auch die keltischen Krieger holten Vogelpaare heim ins ewige Reich. Es waren Vogelpaare, die sich in Feen verwandeln konnten und die Gefallenen vom Schlachtfeld hol-

Abb. 152 Auf dem achtbeinigen (verdoppelten) Pferd Sleipnir zieht Odin in den Kampf. Grabstein aus Gotland, 10. Jh. (Historisches Museum, Stockholm)

ten. Manchmal war, wie ein keltisches Gedicht aus Nordbritannien berichtete, ihr Erscheinen allerdings weniger romantisch: »Und sie, die zwei Vögel des Gwendolau (Merlins Schutzherr), trugen ein goldenes Joch. Zwei Leichname der Kymrer fraßen sie zu Mittag, und nochmals zwei zu Abend.«

Das Auftreten eines Vogelpaares in einer Luftspiegelung wurde als Erscheinen der Botschafter Odins gedeutet. Die Beobachtungen eines sich verdoppelnden Vogels in einer Fata Morgana waren so überzeugend, daß der Doppelvogel zum Symbol des Gottes wurde. Übrigens war von Odin bekannt, daß er sein Aussehen beliebig ändern konnte, was für Formen in Luftspiegelungen typisch ist. Er besaß einen achtbeinigen Hengst, Sleipnir, ein Reittier, das wohl ebenfalls in einer Spiegelung verdoppelt worden ist (Abb. 152). Der germanische Name des Weltbaumes, Yggdrasil, bedeutet ja auch soviel wie »Odins Pferd«. Wahrscheinlich geht das Bild vom Weltbaum ebenfalls auf verdoppelte Erscheinungen zurück. Bei den Kara-Kirgisen saßen zwei Adler im Weltbaum. Wir wissen bereits, daß sie eine doppelte Welt symbolisieren.

Verdoppelung: Inbegriff von Göttlichkeit

Als türkische Archäologen Gräber der Siedlung Alaca Hüyük freilegten, die 2200 bis 2400 v. Chr. in Anatolien blühte, fanden sie unter den verfallenen Überresten aus Goldblech geschnittene glänzende Idole. Es waren menschliche Zwillingsfiguren, die wohl für die Reise der Toten wichtig waren. Was bedeutet das Symbol der Verdoppelung im Zusammenhang mit dem Tod und der anderen Welt?

Im Koran, 89. Sure, Vers 1–4, liest man: »Im Namen Allahs, des Allbarmherzigen, ... und bei dem, was doppelt und was einfach ist«. Was mag damit gemeint sein? In den mythischen Vorstellungen der Naturvölker und den entsprechenden Bewußtseinsschichten der Kulturvölker findet sich, tief verankert, der Glaube an eine jenseitige Welt, die der diesseitigen entspricht. Aber nicht nur die Welt hat einen Doppelgänger, sondern auch jeder Mensch, jedes Tier und jeder Gegenstand. Diese geistigen Abbilder, die die Eskimo »inua« nennen und die Perser »fravashi«, reflektieren eine urtümliche religionsbildende Dynamik, die viele andere mythische und religiöse Vorstellungen nach sich zog. Bemerkenswert ist, daß die Quelle der Lebenskraft in der Doppelwelt gesucht wird. Von dorther kommt die Seele des Menschen auf die Erde, dorthin geht ihre Reise nach dem Tode. Beim Stamm der Eweer in Südtogo wird ein Kind in der Doppelgänger-Welt sogar von einer Geistermutter geboren, während es gleichzeitig in die irdische Welt gesetzt wird. Australische Geisterfrauen haben doppelte Gliedmaßen (Abb. 162). Sehr verbreitet ist auch der Glaube, daß die Tiere in der anderen Welt eine Zwillingsheimat haben, welche die Quelle ihrer Fruchtbarkeit darstellt. So lehrten die Schamanen der Bergdamas, eines Stammes in Südwestafrika, daß es nur deswegen Wild auf Erden gibt, weil es auch im Gottesland über den Sternen gedeiht. Nur weil dort Feldkost wächst, kann sie auch auf Erden gedeihen.[13]

Gespiegelte, also in doppelter Gestalt erscheinende Formen sind regelmäßige Begleiter von Luftspiegelungen. Wenn Menschen darin göttliche Erscheinungen sahen, haben sie die Wesensart der Verdoppelung ihren Göttergestalten mitgegeben. Im ägyptischen Papyrus des Ani, der um 1420 v. Chr. als Ratgeber für die Seele des Ani verfaßt wurde, steht zum Beispiel: »Ich bin der, dessen Seele in einem Götterpaar wohnt. Das ist Osiris, wie er nach Djedu kommt und dort die Seele des Res findet; sie umarmen einander und werden Zwillingsseelen. Das Götterpaar ist Horus, der Rächer seines Vaters, und Horus, der Fürst in der Stadt der Blindheit.«[14]

Die Weltanschauung der altchinesischen Taoisten war noch vom Schamanismus geprägt, deren oberste Welt war eine umgekehrte. Das taoistische Prinzip der Vollkommenheit war im kosmischen Bereich die Vereinigung von Yin (die Erde, weibliche Tugend) und Yang (des Himmels, männliche Tugend). Der Drache und der Phönix, die wir als Luftspiegelungen gedeutet haben, symbolisieren das vollkommene Wechselspiel zwischen diesen beiden Kräften. Die Taoisten Chinas benutzten Talismane, sogenannte Himmelsboten, um Unglück fernzuhalten und mit den Geistern zu verkehren. Der in Abb. 164. dargestellte Talisman zeigt ein Wesen mit zwei spiralförmigen Körpern, die als »Konstellationen des Lichtes« aufgefaßt werden (Yang), auf zwei Beinen, die die Erde (Yin) darstellen.[15] Das ganze Gebilde könnte eine Luftspiegelung (Verdoppelung) über dem Horizont sein.

Auch der Buddhismus hat sich der Macht verdoppelter Wesen nicht verschließen können. Uralte Symbole dieser Religion findet man in von Mönchen bemalten Höhlen entlang der Seidenstraße in Westchina. In der Nähe der Oase Dunhuang bestaunt man in Grotte 249 ein Gemälde des »Beschützers des Buddhismus«, Archeolor. Es soll um 600 n. Chr. entstanden sein, während der Herrschaft einer Mongolendynastie. Es handelt sich dabei um ein Wesen, das größer sein soll als der größte Berg und entsprechend stark. Es ist mit zwei Augenpaaren dargestellt und vier Händen.

Buddha selbst wird gelegentlich als Doppelfigur veranschaulicht. Als der russische Entdeckungsreisende Koslow, der die von Marco Polo beschriebene und nach ihrer Zerstörung durch Dschingis-Khan vergessene Stadt Khara Khoto im Jahre 1909 wiederentdeckte, blickte ihm aus einem ausgegrabenen Tempel ein zweiköpfiger Buddha entgegen. Unschwer ließ dieser sich mit einer Legende in Verbindung bringen, die der berühmte chinesische Wandermönch Xuanzang auf einer seiner Pilgerfahrten im 7. Jahrhundert gehört hat. Danach lebten einst zwei Bettler, die Buddha von ganzem Herzen verehrten. Sie träumten davon, ein Abbild von ihm zu besitzen, konnten aber den Künstler nicht für zwei Statuen bezahlen. Deswegen bestellten sie nur eine. Als sie sie erhielten, geschah ein Wunder. Buddha selbst gab sich, um seine Güte und Milde zu zeigen, eine doppelte Gestalt. Die Statue wurde zu einem doppelköpfigen Buddha (Abb. 153).

Darstellungen der Verdoppelung sieht man in göttlichen Symbolbildern, aber auch in deren Namen. Asasel zum Beispiel ist der Name eines Dämons, der nach der Vorstellung der Hebräer und Kanaanäer die Wüste bewohnt.[16] In Wüsten sind Spiegelungen besonders häufig. Die Silbe As taucht in seinem Namen zweimal auf. A'a ist ein polynesischer Schöpfergott (Abb. 161). Er wird vor allem auf der Insel Rururutu verehrt. Eine Holzstatue des Gottes, die ihren Weg ins Britische Museum gefunden hat, ist künstlerisch ungewöhnlich. Gesicht, Augen und Nase, der ganze Körper ist durch kleine geschnitzte Menschenfiguren ausgedrückt. Man erkennt einen Menschen mit seinem umgekehrten Spiegelbild. Über dem Menschenbild, das seine Nase darstellt, findet man zwei horizontal gelegte Menschen, welche die Augen darstellen.

Abb. 153 Doppelköpfiger Buddha, Khara Khoto, Nordchina, Anfang 13. Jh.

Make-Make war für die Bewohner der Osterinsel der Schöpfer und Beschützer der Welt. Er oder seine Botschafter wurden auch, wie schon erwähnt, als Doppelvogel verbildlicht oder als Wesen mit zwei Gesichtern. Er wird für eine Lokalvariante des Gottes Tiki gehalten, der anderswo auch Meka-Meka genannt wird. Doppelte mythische Götterfiguren oder doppelgesichtige Köpfe wurden auf der Osterinsel recht häufig gefunden.[17] Bemerkenswerterweise tragen solche Doppelwesen auf dem Kopf gelegentlich eingravierte Figuren mit dreifingrigen Händen. Dies kann nur als Hinweis auf eine Dreifaltigkeit gedeutet werden, die häufig als Dreizack dargestellt wird. Aku-Aku's waren für die Bevölkerung der Osterinsel Hilfsgeister, deren Stein- oder Holzfiguren in unterirdischen Höhlen aufbewahrt wurden. Die genannten Götternamen zeichnen sich dadurch aus, daß sie aus Doppelsilben beziehungsweise Doppelworten zusammengesetzt sind: As, A, Make oder Aku. Dies könnte darauf hindeuten, daß sie als Doppelfiguren auftraten. Solche werden gelegentlich auch in Form mythischer Felszeichnungen gefunden.

In den Gräbern der mexikanischen Tlatilco-Kultur aus dem 12. bis 7. Jahrhundert v. Chr. fand man zahlreiche Begräbnisopfer. Darunter fallen Lehmfiguren von doppelköpfigen Menschen auf, ebenso wie Figuren mit zweigesichtigen Köpfen.[18]

In der Atacama-Wüste an der Westküste Südamerikas findet sich ein imposantes Bild eines maskierten Wesens, das Insignien der Macht – Palmenzweige – in den Händen hält (Abb. 117). Es ist unzweifelhaft ein oberster Gott oder ein Gott der Landwirtschaft, denn er schwebt über einem Doppelwesen, einem Guanaco mit zwei Köpfen, die in entgegengesetzte Richtung blicken.[19]

Auf den polynesischen Marquesas-Inseln wurden

Abb. 154 Der doppelgesichtige römische Gott Janus

als Votivgaben neben Einzelfiguren auch Doppelfiguren, die Götter darstellen – Tikis – an heiligen Stellen niedergelegt. Sie zeigten Gottheiten mit zwei Köpfen. Doppelwesen sind auch als Petroglyphen auf Steinblöcken erhalten. Einer steht in Tahiti vor dem örtlichen Museum. Von der Insel Rangivavae ist die doppelte Gottheit Makemake-a-Iho-oro bekannt.

Abb. 155 a) Vorkolumbianische Felszeichnungen der Chumash-Indianer an der kalifornischen Küste (gespiegeltes raubkatzen- bzw. froschartiges Wesen mit menschlichen Zügen). b) Verglichen werden zeitgenössische Darstellungen der peruanischen Nazca-Kultur einer Wasser und Fruchtbarkeit spendenden Gottheit, die als Spiegelbild erscheint (einmal mit symmetrischem Körper, einmal mit gespiegelt angeordnetem Doppelgesicht).

Auf der irischen Insel Boa im Lough Erne fand man doppelgesichtige Steinfiguren, die darauf hindeuten, daß die Kelten ebenfalls an die übernatürliche Macht von Zwillingen glaubten.

Als weiteres Beispiel können Zeichnungen von Schamanen des Chumash-Stammes angeführt werden, die in der Nähe der Pazifikküste nordöstlich von Los Angeles gefunden wurden.[20] Sie zeigen unter anderem menschlich anmutende Gestalten mit frosch- oder raubkatzenartigen Händen, die ganz oder teilweise gespiegelt wiedergegeben sind (Abb. 155 a). Für den Frosch sprechen die recht großen paddelartigen Füße, für die Raubkatze, daß der kugelige Kopf des Wesens deutlich vom Körper abgesetzt ist. Wir haben analoge gespiegelte Gottheiten bei der Nazca-Kultur in Peru identifiziert und als Objekte eines Fata-Morgana-Kultes ausgemacht. Der Nazca-Gott ist ein raubkatzenartiges Mischwesen, das aus seinem Mund gelegentlich Feldfrüchte, Feuchtigkeit und Fruchtbarkeit, dargestellt durch Kaulquappen, spendet – was auch Merkmale des Frosches nahelegt. Diese Gottheit, die sowohl Eigenschaften der Raubkatze als auch eines Wesens aus dem feuchten Element erkennen läßt, wird als Doppelgestalt teilweise gespiegelt dargestellt beziehungsweise trägt sein Spiegelbild sogar über dem Kopf (Abb. 155 b).

Diese sehr markanten Ähnlichkeiten zwischen den kalifornischen Felszeichnungen, die bis 100 n. Chr. zurückdatieren könnten, und den Götterbildern der Nazca-Kultur, die etwa ebenso alt ist, könnte übrigens auf eine noch nicht erkannte sporadische kulturelle Verbindung entlang der Pazifikküste Amerikas hindeuten. Da die geographischen Besonderheiten beider Gebiete mit ihrer notorischen Wasserknappheit ähnlich sind, wäre es verständlich, daß ähnliche lebensspendende Gottheiten das Vertrauen der Menschen gewonnen haben.

Luftspiegelungen suggerieren unwirkliche Erscheinungen, in denen fast immer gespiegelte Bilder erkennbar sind. Werden sie mit einer Gottheit identifiziert, wird in ihnen ein Doppelwesen vermutet. Dies könnte sich auch in Doppelnamen für Gottheiten niedergeschlagen haben. Wird ein verdoppeltes Tier gesehen, könnte dieses als Erscheinungsform eines Gottes interpretiert worden sein. Beim urtümlichen Beschützer des Buddhismus, Archeolor, der größer als der größte Berg erschien, könnte es sich um die Personifizierung eines gespiegelten und dabei in Bewegung befindlichen Berges gehandelt haben.

Die Macht der Zwillingswesen

Als ein bekanntes dänisches Brauereiunternehmen in Südafrika Bier vertreiben wollte, stieß es auf eine mythologische Barriere, an der das gesamte Projekt zu scheitern drohte. Das Bier-Etikett zeigte zwei Elefanten – was in Afrika eine gefährliche Situation heraufbeschwört, ja sogar direkt Unglück bedeutet. Die dänische Brauerei löste das schwierige Problem, indem sie auf dem Etikett einen dritten Elefanten abbildete.

Dieser Aberglauben ist tief verwurzelt. In der germanischen und angelsächsischen Tradition kennt man den Begriff des »Waff«, der mit dem Ausdruck »wafeln«, sich spiegeln, verwandt ist. Das Waff ist das Ebenbild. Wenn man ihm begegnet oder wenn andere es sehen, dann bedeutet dies, daß einem der Tod bevorsteht. So weiß eine bretonische Erzählung zu berichten, wie ein Hirtenjunge, als er neben seinen Tieren an einem Ufer saß, im Wasser plötzlich des Ebenbild seines Herrn, eines Bauern sah. Der Junge ahnte Unheil. Am nächsten Morgen war der Bauer tot.[21]

Nicht selten werden die Spiegel verhüllt, wenn ein Toter im Hause liegt. Diese Sitte ist zum Beispiel aus Ungarn bekannt.[22]

Es besteht also noch in unserer Zeit der Glaube, daß ein Zwillingswesen aus der anderen Welt auftaucht, um den bevorstehenden Tod anzukünden. Genau dies glaubten im Prinzip auch die alten Ägypter. Bei ihnen hatte jeder Mensch eine Zwillingsseele, ein »Ka«, das im Jenseits lebte. Beim Tode kam das »Ka«, um sich mit der irdischen Seele zu vereinigen. Die Seele wurde in der ägyptischen Kunst gerne als Vogel mit Frauenkopf und Frauenhänden, dem »Anhais« dargestellt. Zum Beispiel wird eine betende Anhais im Papyrus der Anhai aus der Zeit um 1100 v. Chr. wiedergegeben (Abb. 156). Ihr spiegelbildlich gegenüber befindet sich das Zwillings-Anhais aus der anderen Welt. Auch ihre Hieroglyphennamen sind spiegelbildlich geschrieben.[23]

Was ist der Hintergrund des Aberglaubens, daß Dop-

Abb. 156 Betendes Seelenpaar (Papyrus der Anhai, ca. 1100 v. Chr.) mit spiegelbildlichem Hieroglyphennamen, um die Zuordnung zu dieser und zur jenseitigen Welt klarzustellen

pelwesen gefährliche, übernatürliche Eigenschaften haben? Die Buschmann-Mythologie gibt uns hier einige Anhaltspunkte. Zunächst sollte man aber einige Besonderheiten dieses ungewöhnlichen Naturvolkes zur Kenntnis nehmen. Es gibt wenige Völker, die eine ähnlich präzise Beobachtungsgabe für die Natur entwickelt haben. Dies liegt wohl daran, daß sie schon vor Jahrtausenden in sehr unwirtliche Trockengebiete abgedrängt worden sind und einen erbarmungslosen Ausleseprozeß hinter sich haben. Um auf ihren langen Jagdzügen Wasserstellen zu finden, wenden sie ausgefeilte Tricks an. So können sie an den Spuren der Antilopen erkennen, ob sie zu einer Wasserstelle laufen oder von einer solchen kommen. Wenn die Tiere schon getrunken haben, fressen sie nämlich immer wieder Blätter von den Sträuchern, was man an ihren Fährten sieht. Auch wissen die Buschmänner, daß bestimmte Vögel zu ganz bestimmten Tageszeiten zu Wasserstellen fliegen. Sie lauern ihnen auf und folgen ihrer Flugrichtung. Dieses naturverbundene kleine Volk verehrte, wie schon erwähnt, die Elen-Antilope als Erscheinungsbild ihres obersten Gottes Kaggen. Ihre Schamanen tanzten wohl auch in den Masken dieses Tieres, denn menschliche Wesen mit Köpfen der Elen-Antilope tauchen in ihren Felszeichnungen auf. An einer südafrikanischen Zauberstätte findet sich eine menschliche Elen-Figur mit zwei Köpfen (Abb. 135). Sie weist darauf hin, daß eine Begegnung mit einer Elen-Antilope in einer Luftspiegelung eine besondere religiöse Bedeutung gehabt haben muß. Sie war offensichtlich eine Botschafterin Gottes oder der Gott selbst – in jedem Fall eine Erscheinung der jenseitigen Welt. Der Schamane versuchte, durch die Darstellung der doppelten Elen-Antilope ihre Vermittlerrolle zur jenseitigen Welt heraufzubeschwören.

Auch die chinesischen Drachen werden im kaiserlichen Emblem immer als Paar dargestellt. Sie spielen mit einer Perle, die als Symbol der Vollkommenheit interpretiert wird. Die doppelten Drachen könnten ihren Ursprung darin haben, daß Wesen des »Meeresschaums« über den Wellenkronen als gespiegelte Erscheinung beobachtet wurden. Die doppelte Darstellung bedeutet, daß sie als Vermittler zur jenseitigen Welt wirkten.

Der Glaube an die Zwillingsseele in der anderen Welt muß sehr alt sein, denn er taucht bei primitiven Völkern in anderen Erdteilen ebenfalls auf. Als ich einmal mit einem Mennoniten-Siedler die noch sehr ursprünglich lebenden Ajoré-Indianer im Chacogebiet von Paraguay aufsuchte, merkte ich, daß der fromme Mann einige Tra-

Abb. 157 Die Doppelsphinx (wirkliche Sphinx mit Spiegelbild?) wurde von den alten Ägyptern als »heiliger Führer der Himmelsbarke« verehrt. Die Barke des toten Pharao wartete, am Fuße der Pyramide vergraben, auf eine Luftspiegelung, um den Weg in die Elysischen Felder anzutreten.

ditionen dieses Stammes zutiefst mißbilligte. Nur zögernd erklärte er mir, warum er diese armen Seelen verloren glaubte. Die Ajoré sind zum Beispiel überzeugt, daß von einem Zwillingspaar ein Kind sterben muß. Die Frauen, die die Geburt im Busch alleine hinter sich bringen, töten eines der Zwillingskinder, indem sie es verscharren, ohne es anzusehen. Die zweite Seele muß wohl in die jenseitige Heimat zurück, um dem anderen Kind eine Überlebenschance zu geben. Die Wilden töteten nicht aus niedrigen Beweggründen, sondern um im Einklang mit den Gesetzen ihres Himmels, eines Himmels der Vorzeit, zu bleiben. Auch bei den australischen Ureinwohnern hatten Zwillinge keine Zukunft.

Was bedeutet dann wohl das Abbild einer doppelten Sphinx, einem Wesen mit zwei geflügelten Körpern, aber nur einem gemeinsamen Kopf, das man auf einem römischen Orden aus dem 1. Jahrhundert n. Chr. gefun-

Abb. 158 Ajoré-Indianer im Chaco von Paraguay. Ein Zwillingskind mußte immer sterben, weil es nicht von dieser Welt war.

den hat?[24] Der Soldat war offensichtlich so tapfer, daß er sich in die Zone des Überganges zum Jenseits begeben hatte. Die Doppelsphinx wurde bei den alten Ägyptern als »heiliger Führer« der Himmelsbarke (die ja ebenfalls doppelt dargestellt wurde (Abb. 17 und 18)) verehrt, welche die Verstorbenen vom »Gestern zum Morgen« geleitete. Diese Tatsache unterstützt unsere Interpretation der Pyramide als Fata-Morgana-Fahrzeuge für die Fahrt (gemeinsam mit der Zwillingsseele (Ka) des Pharao) in die Elysischen Felder.[25] Über der Nilebene würde neben den gespiegelten Pyramiden von Giseh auch ein Spiegelbild der riesigen Steinsphinx auftreten. Das wahre Geheimnis der Sphinx bestand also darin, daß sie sich verdoppeln konnte und erst dadurch ihre wirkliche Macht entfaltete. Eine »Doppelsphinx« hat also den Pharao auf seiner letzten Seelenreise von seiner Pyramide aus begleitet. Da die Sphinx viel älter zu sein scheint als die Pyramiden, war es ursprünglich wohl sie gewesen, an die ägyptische Priester ihre Jenseitshoffnungen geknüpft haben. Ein in einer Luftspiegelung zu einem geflügelten Löwen verwandelter Fels wurde zu einem geheiligten Ort. Man gab ihm auch auf dem Wüstenboden sein

Abb. 159 Gespiegelte Gazellen. Etoscha-Pfanne, Namibia

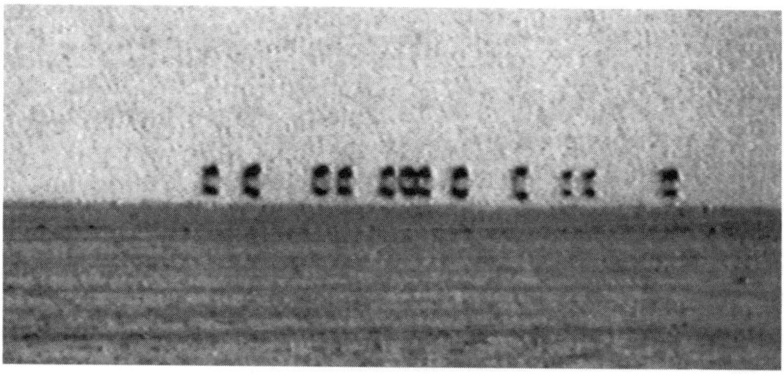

himmlisches Löwenantlitz. Die Pyramiden wurden in seiner Nähe errichtet, um mit dem toten Pharao die Fata-Morgana-Reise zum Himmel mitmachen zu können. Wie hätten die alten Ägypter Pyramiden mit der Fähigkeit zur Fahrt ins Jenseits nennen können? Sie hießen »Berge des Lichtes«. Der Berg des Lichtes war wohl die Spiegelung über der Pyramide.

Die Zwillingswelt der Dogon

Zwillingswesen, Symbole einer vollkommenen, göttlichen Existenz, sind in der Mythologie Westafrikas weit verbreitet. Beim Stamm der Temne glaubt man, daß Zwillinge Flußdämonen sind. Es sind Flußdämonen, die es fertiggebracht haben, in den Leib der Mutter einzudringen, als sie im Fluß badete. Sie werden in sterblicher Gestalt geboren. Bei den Dogon aus Mali begann die Welt mit einer Bewegung von Materie in einem »Weltei«.[26] Das erste Wesen, das sich dabei formte, war Amma. Seine Söhne, »Nommo« genannt, sollten die Urbilder des Menschen werden. Das Ei, aus dem sie geboren wurden, war in zwei Doppelplazenten geteilt. Jede Plazenta umschloß ein Paar von Zwillings-Nommos. Jeder Zwilling enthielt zwar weibliche und männliche Prinzipien, war aber dennoch körperlich entweder eindeutig männlich oder weiblich. Ein männlicher Nommo, Yurugu genannt, konnte seine Geburt nicht erwarten und befreite sich von der Plazenta, um auf die Erde zu gelangen. Lange versuchte er, dort allein zurechtzukommen, mußte aber schließlich einsehen, daß er unvollkommen war. Er kehrte zum Himmel zurück, um den zu ihm gehörigen Zwilling zu finden. Sein Versuch war vergeblich, denn Amma hatte die vereinsamte Zwillings-

Abb. 160 Für viele Völker waren menschliche und tierische Doppelgängerwelten fest im Glauben verankert. Für sie existierte eine jenseitige umgekehrte Heimat, aus der sie kamen und in die sie wieder zurückkehrten. Gespiegelte afrikanische Tiere in einem Sonnenaufgang

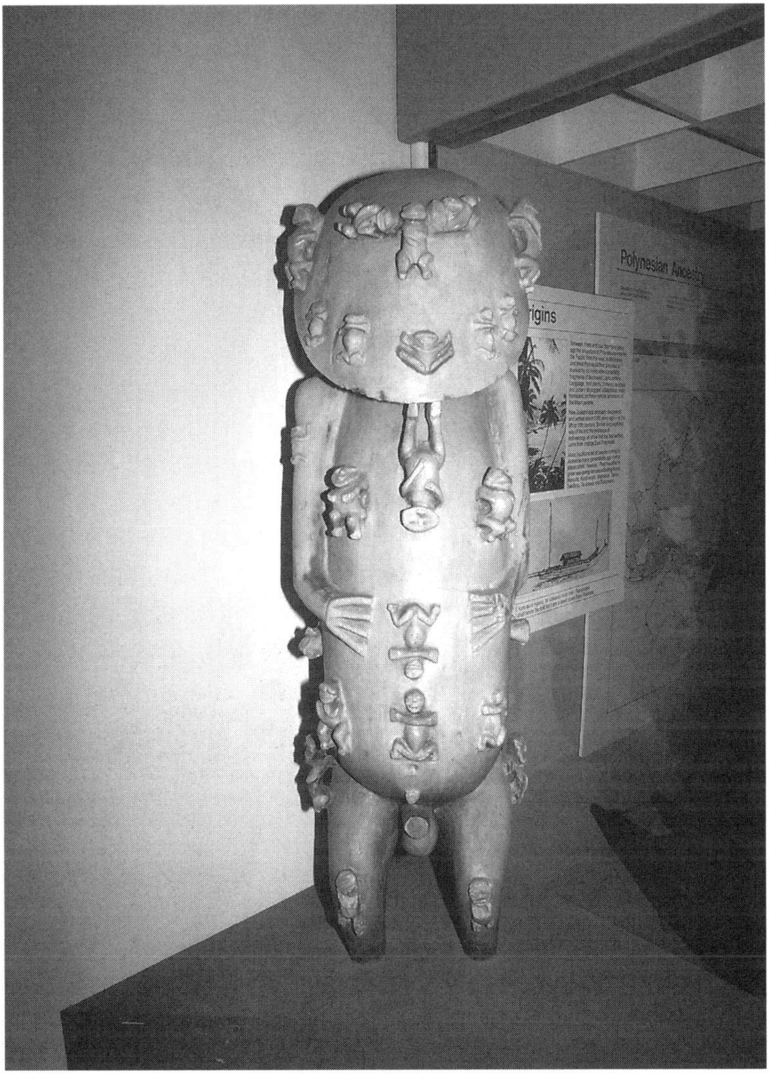

Abb. 161 Polynesischer Schöpfergott von den Australinseln. Die Holzstatue drückt aus, welche Bedeutung gespiegelte Zwillinge und die umgekehrte Welt bei der Erschaffung der Menschen hatten.

seele bereits der anderen Plazenta übergeben. Amma rettete aber die Situation, indem sie das andere Zwillingspaar zur Schaffung der Menschen heranzog. Sie wurden über einen riesigen Regenbogen zur Erde geschickt. In seiner Mitte standen zwei Nommo in Gestalt von Schmieden, die bei den Dogon in hohem Ansehen standen. Vier Nommo-Paare, Inkarnationen des ersteren Paares, stellten sich in den vier Himmelsrichtungen auf und wurden die Vorfahren des Menschen.

Entsprechend dieser Schöpfungsgeschichte betrachten sich die Dogon als Volk von vier Stämmen und bilden Häuser und Dörfer in ihren Grundrissen den mythologischen Überlieferungen nach. So bauen sie zum Beispiel Zwillingsdörfer, weil dies den Bewohnern Segen bringe.

Wenn Zwillinge Flußdämonen sind, dann müssen der Fluß und seine Dämonen etwas mit der Fähigkeit zu tun haben, sich zu verdoppeln. Dies deutet auf Luftspiegelungen über der kühlen Wasseroberfläche als Ursprung der Zwillingsdämonen hin. Aus der Mythologie der Dogon geht eindeutig hervor, daß Menschen eine Zwillingsseele im Himmel haben, die mit ihrem irdischen Schicksal verbunden ist. Das Auftreten von paarigen Wesen in Augenblicken des Kontaktes mit der überirdischen Welt legt nahe, daß Luftspiegelungen als überirdische Erscheinungen gedeutet wurden.

Der Schutzengel

In einem 7000 Jahre alten dänischen Grab fand man die Überreste einer etwa 17jährigen Frau und ihrem zu früh geborenen Kind. Das Kind war auf Schwanenflügel gebettet. Vermutlich sollten die Flügel die unschuldige Seele dorthin zurücktragen, woher sie gekommen war.

Alle Engel haben Flügel, aber sonst sehr unterschiedliche Charaktere. Sie können Schutzengel sein, Anbeter Gottes oder verwegene Kämpfer, wie der Erzengel Michael. Oft führen sie die Anordnungen Gottes aus. Engel kennen nicht nur die jüdische und christliche Religion, sondern auch der Islam und, viel weiter in die Vergangenheit zurück und zum Teil Vorbild, die zoroastrische Religion Persiens. Die Hierarchie der Engel ist kompliziert und hat selbst dem Kirchenvater Thomas von Aquin Kopfzerbrechen bereitet. Engel können viele Formen annehmen. In einer Legende über den Aufstieg des Propheten Mohammed durch die sieben Himmel begegnet er vielen exotischen Engelwesen; eines besteht halb aus Feuer, halb aus Schnee, ein anderes hat viele Zungen.

Die zoroastrische Mythologie kannte Fravashis, Schutzengel, die eine neugeborene Seele auf die Erde begleiteten und in ihrer Nähe blieben, um sie vor Gefahren zu schützen. Eine ähnliche Vorstellung vermittelt auch das Christentum. Die Darstellung eines Kindes, das von einem Schutzengel an einem gefährlichen Abgrund vorbeigeleitet wird, ist zu allen Zeiten ein beliebtes künstlerisches Thema gewesen. Auch den Indianern Nordamerikas war dies nicht fremd. Sie kannten ebenfalls einen Geist, der einem in gefährlichen Situationen zur Seite steht.

Da gibt es aber auch den Todesengel des Alten Testaments, der das Leben beendet. Im islamischen Glauben erfüllt diese Rolle der fürchterliche Azrail. Wenn jemand Schüttelfrost hat, sagt man im Volksmund, daß Azrail auf ihn blickt. Die Zahl seiner Augen und Zungen entspricht der Zahl der Lebenden, so als ob sich die Lebenden in seinem Körper spiegeln würden.

Die Heerscharen der Engel im Himmel gehen wohl auf

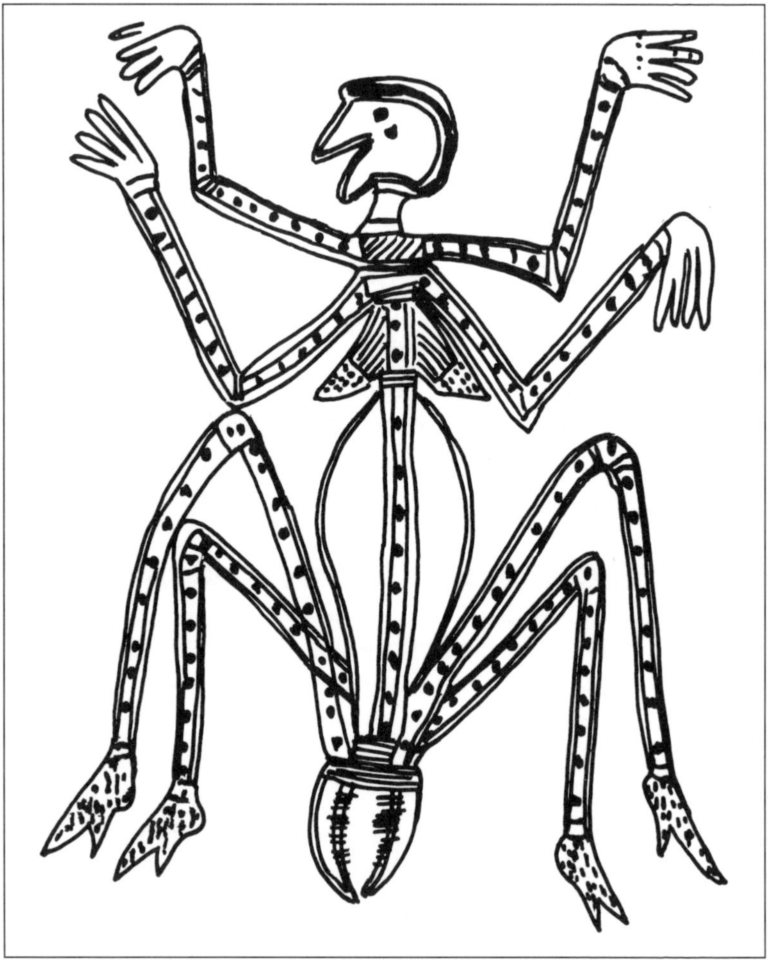

Abb. 162 Geister-Doppelfrau. Baumrindenmalerei von der Crocker-Insel (Nordterritorium, Australien)

die uralte Vorstellung zurück, daß die jenseitige Welt zur irdischen spiegelbildlich ist. Dafür spricht, daß einer neugeborenen Person ein Schutzengel zugeordnet wird. Der Engel kann aber auch als Todesengel das Leben nehmen. Dies erinnert an die Zwillingsseele des ägyptischen Jenseitsglaubens, das »Ka«. Sie kommt in der Stunde des Todes, um sich mit der irdischen Seele zu vereinigen. Diesen Glauben spiegelt auch das »Waff« wider, das Spiegelbild, das auftritt, wenn das Ende ganz nahe ist.

Die doppelten Seelen der Eskimo

Es gibt keine Gegend der Welt, die prächtigere Luftspiegelungen produziert als die Arktis mit ihren weitläufigen Landschaften, der kühlen Schnee- und Eisunterlage sowie den ständig sich ändernden Witterungsverhältnissen. Man sieht hier recht häufig Luftspiegelungen nach oben, gelegentlich aber auch nach unten, wenn die wärmeisolierende Eisfläche von kalten Luftschichten überdeckt wird.

Wenn Luftspiegelungen bei der Entwicklung von Jenseitsvorstellungen eine zentrale Rolle gespielt haben, dann lohnt es sich, die Glaubenswelt der Inuit-Völker, der Eskimo, besonders sorgfältig zu betrachten. Diese Völker haben keinen vermenschlichten obersten Gott, aber sie kennen Mächte oder Personifizierungen von Naturkräften, die »Inue«. Dabei handelt es sich vor allem um den Geist, der dem Wind innewohnt, um die Meeresmutter und den Mondmann. Sie sind die Mächte, welche die Natur darstellen. Sie sind an sich nicht bösartig, aber gefährlich und unbarmherzig, wenn man nicht nach den weisen Lebensregeln der Vorfahren handelt. Darüber hinaus haben alle Lebewesen Seelen.

Was den Menschen betrifft, so ist seine Seele das Wichtigste, oder genauer gesagt, es sind seine zwei Seelen. Die vielen Ethnologen, die die Geisteswelt der Inuit-Völker erforschten, haben zu ihrer Überraschung

festgestellt, daß diese von der Existenz zweier Arten von Seelen überzeugt sind.[27] Allgemein sagen die Inuit über die Seele, daß sie genau dieselbe Form hat wie der Körper, ihre Beschaffenheit ähnele aber der von Glas. Die Chugach-Inuit Alaskas sagen, daß ihre Gestalt wie die des Menschen ist, aber die Erscheinung sei heller. Die Inuit der Nunivak-Insel in der südlichen Beringsee meinen, die Seele wäre nicht wirklich schattenhaft, sondern hätte eine scharfe, dunkle Kontur und keine wirklich festgelegte Gestalt. Sie ist nur selten gesehen worden und nur von Schamanen. Sie schwebt leicht über dem Boden und bewegt sich, ohne eine Spur zu hinterlassen. Die Schamanen erzählen stets von den zwei Seelen des Menschen: einer »Atem-Seele« und einer »freien Seele«, die in den weitläufigen Gebieten der Inuit-Völker zum Teil unterschiedlich bezeichnet werden. Bei den Chugach-Inuit heißt die erstere Seele »shua«, was soviel wie Mensch bedeutet. Die zweite heißt »shugunra«. Sie gleicht ebenfalls dem Körper, ist aber viel kleiner (Abb. 163). Bei den Inuit der Nunivak-Insel hält sich die zweite Seele, die freie Seele außerhalb des Körpers auf. Im übrigen kennt man ein Schattenvolk, das wie die Menschen aussieht und dieselben Häuser und Waffen besitzt. Aber man sieht sie nicht, wenn man sie direkt ansieht.

Franz Boas hörte von den Inuit der Baffin-Insel, daß die »Atem-Seele« beim lebenden Körper bleibt, aber auch auf ein Kind übergehen kann, das den Namen des Ver-

◁ Abb. 163 Eisfischender Eskimo in einer doppelten Luftspiegelung nach oben. Die Zeichnung zeigt das mögliche natürliche Vorbild für die Entstehung des Glaubens an zwei Seelen. Es wird auch verständlich, warum die Seelen menschliche Gestalt haben, glasartig oder deutlich blasser sein können und warum die zweite Seele auch kleiner sein kann.

storbenen bekommt. Die »freie Seele« hingegen reist zum Land der Seelen.

Wenn man die Überlieferungen der Inuit-Stämme vergleicht, dann ergibt sich, daß die »Atem-Seele«, die Namen wie »shua«, »cucix«, »inua«, »inuyusaq« oder »omoshia« trägt, für den Atem, die Wärme und das Wohlbefinden des Körpers verantwortlich ist. Man stirbt, wenn sie einen verläßt. Wie der Körper macht sie verschiedene Lebensstadien durch und kann mit ihrer Erfahrung nachfolgenden Generationen dienen. Auch Tiere haben eine solche Seele, aber die Schamanen des Kugach-Stammes glauben, daß sie immer Menschengestalt hat. Sie wird als die Kollektivseele der jeweiligen Tierart angesehen. Die Atem-Seele des Adlers ist also gleichzeitig die vermenschlichte Adler-Mutter, die für das ganze Volk der Adler zuständig ist.

Die »freie Seele«, der Namen wie »shugunra«, »tunax«, »ilikosaq« oder »tarninga« gegeben wurden, kann im Schlaf, in der Trance oder während einer Krankheit den Körper verlassen, ohne daß dieser stirbt. Sie hat in der Regel immer Form, Gestalt und Persönlichkeit ihres Körpers, also Menschengestalt beim Menschen, Adlergestalt beim Adler und so weiter, kann aber viel kleiner sein. Durch sie können Krankheiten und böse Geister eindringen. Durch eben diese Seele können die Schamanen während ihrer Geisterflüge Reisen ins Jenseits unternehmen. Beim Tod des Körpers wird eine »freie Seele« zu einem Geist, der entweder in die jenseitige Welt abwandert oder wiedergeboren wird. Nur wenn sie Tabus gebrochen hat, muß sie weiter auf der Erde herumgeistern. Der Seele ist nach der Vorstellung der Inuit ein immerwährendes Leben gegeben, entweder im Himmelsland oder in der Unterwelt. Wenn Robben oder Wale sterben, bleiben ihre Seelen noch drei Tage bei ihren toten Körpern, bevor sie zur Meeresmutter weiterziehen.

Wenn man einen Menschen von weitem in einer Luftspiegelung nach oben sieht, die in der Arktis nicht selten ist, erkennt man ein menschliches Spiegelbild und darüber (unter günstigen Bedingungen) ein in der Regel zusammengedrücktes drittes Ebenbild. Diese beiden gegen den Himmel heller erscheinenden Spiegelbilder interpretieren wir als die zwei Seelen der Inuit. Wo Spiegelungen nach oben häufiger auftreten, wie auf den Schneefeldern der Arktis und des Nordens, konnte sich der Glaube an eine Doppelseele vermutlich besser durchsetzen. Die Ansicht der Nunivak-Inuit, daß die Atem-Seele keine bestimmte Form hat, ist durchaus realistisch, weil die Qualität der Luftspiegelung von den atmosphärischen Bedingungen abhängt. Auch die Vorstellung, daß die Seelen noch drei Tage bei den Leichnamen von Tieren verweilen, konnte der Beobachtung entnommen werden. Länger war die Silhouette der toten Tiere wegen der aasfressenden Eisbären, Wölfe und Füchse wohl nicht sichtbar.

Wenn der Schamane mit seiner »freien Seele« magische Fahrten unternahm, bediente er sich der Hilfsgeister. Diese mußten ebenfalls »freie Seelen« sein. Da sie Spiegelbilder ihrer irdischen Gestalten waren, wählten sibirische Schamanen Doppelvögel als Weggefährten. Die Wahl der »freien Seele« als Flugobjekt zur jenseitigen Welt war umsichtig. Dort, in der obersten Schicht der Erscheinungen, sah man nämlich auch gelegentlich die Bilder, die Menschen mit dem Paradies in Verbindung brachten.

Sowohl die Lappen als auch einige sibirische Völker kennen ebenfalls zwei Arten von »Geistern«. Ihre Schamanen bezogen die Kraft für ihre Geisterflüge von

Abb. 164 Taoistisch-chinesischer Talisman eines Himmelsboten mit doppeltem Körper

menschengestaltigen Geistern von Tieren, reisten aber mit tiergestaltigen Hilfsgeistern. Beim Bundiak-Stamm der Mara-Eingeborenen in Südostaustralien glaubte man an die Existenz zweier Seelen im Menschen. Sie hießen »Bo-ong«. Nach dem Tode ging die eine nach Westen, um das Meer zu erreichen. Die andere ging ins »Wolkenland«. Auch in Teilen Melanesiens (auf den Trobriand-Inseln, den mittleren Salomon-Inseln und den nördlichen Hebriden) glauben die Bewohner an Doppelseelen. Eine geht ins Totenreich über, die andere nimmt Tiergestalt oder Pflanzen- bzw. Steinform an.

Was noch für unsere Deutung der Seelenvorstellung als visuelle Erfahrung aus Luftspiegelungen spricht, ist die Tatsache, daß bei den Inuit nicht nur Menschen und Tiere Seelen haben, sondern auch Felsen, Berge und andere Landschaftsmerkmale. Sie führen den Namen »inua« und stellen mehr oder weniger den denkenden Geist dieser Objekte dar. Wenn die Seelenerscheinungen wirklich Luftspiegelungen irdischer Objekte sind, dann mußten neben den Lebewesen auch Felsen und Berge seelenähnliche Geister haben.

Vielleicht hat man sich an die Vorstellung von zwei Seelen gewöhnt, als die Eiszeiten weite Teile des eurasischen Kontinents mit ihrem kalten Teppich überzogen und Luftspiegelungen die Menschen manchmal auf ihren Jagdzügen begleiteten (Abb. 163). Jedenfalls hat sich der Zwei-Seelen-Glaube auch in der alten chinesischen Tradition erhalten. Dort besaß jeder Mensch eine Körperseele (po) und eine Geistseele (hun). Die Körperseele ist die Kraft, die den Körper am Leben erhält, die bei seinen Überresten bleibt und schließlich in einem unterirdischen Totenreich landet. Die Geistseele ist die geistige Vitalität und Intelligenz des Menschen und tritt nach seinem Tode die lange Reise zum Paradies an.

»Sie ist so beschaffen, daß sie einen Pferdekopf mit spitzen Ohren und geblähten Nüstern hat. Sie hat grüne Augen, schrecklich große, und ein entsetzlich großes Maul. Sie hat Schultern wie ein Pferd und vorne Hände, hinten ist sie aber ganz wie eine Schlange, mit einer riesengroßen Windung und einer breiten Schwanzflosse.« So wird ein weibliches Seeungeheuer in einer Darstellung aus dem 14. Jahrhundert beschrieben, das König Olaf besiegt haben soll (Abb. 59).[28]

Die sogenannten Wasserpferde, im Isländischen »nykr« oder »vatnahestr«, leben im Meer, aber auch in Flüssen oder Seen. Sie haben meist eine graue Farbe, aber keine feste Gestalt. Die Fähigkeit, ihre Erscheinungsform schnell zu ändern, ist charakteristisch für sie. Für schnell sich ändernde Situationen wird das Gleichnis »auf dieselbe Art wie das ›nykr‹ sich verwandeln in verschiedener Weise« gebraucht. Wenn im Winter das Eis auf den Gewässern Sprünge bekommt und kracht, sagt man, daß das »nykr« wiehere. Vielleicht kommt dies daher, daß sich dieses rätselhafte Wesen besonders gerne über dem flachen Eis herumtreibt. Es hat die Phantasie der Menschen stark beflügelt. So glaubte man, es verleite Leute, zumal an schwer zu passierenden Flußstellen, es zu reiten, und lege sich dann mitten im Wasser nieder, um sie hinabzuziehen.

Auf Grimsey, einer kleinen Insel im Norden Islands, glaubt man, daß das »nykr« sein Gewieher hören lasse, sobald man vom Festland aus Kühe auf die Insel zu bringen versuche. Die Kühe sollen erschrecken, ins Wasser springen und umkommen.[29] Hin und wieder wird das Wasserpferd auch »kumbr« genannt. Davon hat der Kumbrtjörn-See am Skarösfall wohl seinen Namen. Ein grauer Hengst tauchte hier wiederholt aus den Fluten auf. Einmal hatte er die Gestalt einer großen, grauen Kuh, die sich mit strotzend vollem Euter einer am Ufer weidenden Herde näherte. Als man sie melken wollte, bemerkte man mit Schrecken, daß sie ihre Klauen »verkehrt«, also nach hinten gerichtet hatte. Dies war das Wahrzeichen des »nykr«, und niemand wollte mehr etwas mit dem Tier zu tun haben. Dieses gebärdete sich plötzlich wie wild, tötete das Kind des Bauern mit den Hörnern und verschwand.

Bemerkenswert detailliert und aufschlußreich ist die isländische Beschreibung eines Wasserpferdes aus dem 18. Jahrhundert.[30] Es gab einen Mann namens Kolbein, der in Bjarghus in Vesturhop lebte. Er war sehr arm, aber ein ehrenwerter Mann, so daß viele Leute bereit waren, großzügig zu ihm zu sein. Einmal wanderte er bei ruhigem Wetter und hellem Mondlicht über das Eis des Vesturhop-Sees; er wollte nach Vatnsend, um von einem Farmer dort ein Weihnachtsessen abzuholen. Es war der Abend des St.-Thorlaks-Tages (der 23. Dezember, benannt nach einem isländischen Bischof). Der Farmer gab Kolbein ein getötetes Schaf. Kolbein machte sich auf dem Weg nach Hause, wobei er das Schaf hinter sich herschleppte. Als er die Mitte des Sees erreichte, hörte er ein krachendes Geräusch hinter sich. Das Eis spaltete sich, und hoch kam ein ganz ungewöhnliches Tier. Es sah aus wie zwei Pferde, die am Rumpf zusammengewachsen waren. Man konnte deutlich zwei Köpfe unterscheiden. Das Monster machte sich daran, Kolbein zu verfolgen. Als er sah, daß er nicht schnell genug flüchten konnte, ließ er das tote Schaf fallen und rannte heim. Am nächsten Tag suchte er nach dem toten Schaf, aber alles, was er finden konnte, waren einige zerbrochene Knochen.

Abb. 165 Engel geleitet Meeresgott mit Dreizack. Im Hintergrund das Fahrzeug des Meeresgottes. Kathedrale von Porto, Portugal

Was bei diesem Phänomen für Tierbeobachtungen (Seeotter, Seehunde usw.) in Luftspiegelungen spricht, ist die Veränderbarkeit der Gestalt. Als präzise muß die Beschreibung eines doppelten Wesens mit zwei Köpfen angenommen werden. Dies ist die Erscheinung, die man bei der Luftspiegelung eines Tieres über kalter, gefrorener Unterlage erwartet. Welches Tier es war, ist schwer zu sagen. Tatsache ist, daß im nördlichen Island im Winter nicht nur zahlreiche Meeressäuger, sondern gelegentlich selbst Polarbären auftauchen. Bei der vorhergehenden Begebenheit dachte man wohl, daß die Kuh einer umgekehrten Welt angehöre. Nicht umsonst hatte sie Klauen, die nach hinten gerichtet waren.

Doppelte Erscheinungen und die Fata Morgana

Ein Vogel, der in eine Luftspiegelung fliegt und sich dabei verdoppelt, wurde zum Botschafter der jenseitigen Welt. Er wurde unter anderem zum Symbol für den obersten germanischen Gott. Er diente schon den Schamanen seit Urzeiten als Hilfsgeist auf ihren spirituellen Reisen zu den Ahnen. Ebenso half er den vorgeschichtlichen südamerikanischen Völkern als Seelenbegleiter ins Jenseits und hielt die Verbindung der Bewohner der Osterinsel zu ihrem Gott aufrecht. Vermittler zur jenseitigen Welt war er auch in den Mythologien der ältesten vorderasiatischen und europäischen Kulturen. Der Doppelvogel hat eine so große Symbolkraft, daß er im Wappen von mächtigen Ländern bis in unsere Tage überlebte.

Nicht nur Vögel verdoppeln sich in einer Luftspiegelung, auch Menschen. Auf solche Beobachtungen geht wohl die uralte Vorstellung zurück, daß jeder Mensch einen geistigen Zwilling hat. Wenn dieser erscheint, kann dies große Gefahr bedeuten, aber in manchen religiösen Anschauungen spielt er auch die Rolle des Schutzengels oder guten Geistes. Weil bei sehr guten Bedingungen für Luftspiegelungen, wie sie zum Beispiel in der Arktis auftreten, ein Mensch genaugenommen zwei Abbilder »mit sich führt«, könnte sich bei den Eskimo und anderen Völkern die Vorstellung entwickelt haben, daß er zwei Seelen hat. Eine davon nutzten die Schamanen, um in das Land der Seelen aufzubrechen.

Menschen haben hin und wieder auch Erscheinungen beobachtet, in denen sie »himmlische Fahrzeuge« zu erkennen glaubten. Solche »fliegenden Körper«, die urplötzlich über dem Horizont auftauchen, eine Zeitlang verweilen und dann ebenso schnell wieder verschwinden, sind in unserer modernen Zeit als Flugobjekte von Astronauten-Wesen interpretiert worden. Astronauten-Götter sollen auch in unsere Kulturgeschichte eingegriffen und Zivilisationen gegründet haben. Die Idee, daß höher entwickelte Wesen von einem anderen Planeten auf die Erde gekommen sind, um als Kulturträger oder Religionsgründer zu wirken, ist verlockend. Argumente aus der Kultur- und Religionsgeschichte, die für diese Idee sprechen, sind in einer Vielzahl von populären Büchern zusammengetragen worden. Für den Besuch von Astronauten-Göttern spricht, daß unser Universum statistisch Millionen, wenn nicht gar Milliarden bewohnter Planeten beherbergen müßte. Dagegen spricht, daß die Entfernungen im Weltall extrem groß und daher kaum überwindbar sind. Darüber hinaus ist es unwahrscheinlich, daß ausgerechnet in unserer kurzen überlieferten Geschichte eine solche kosmische Begegnung zwischen intelligenten Wesen verschiedener Sonnensysteme stattgefunden hätte. Aber Fahrzeuge aus anderen Welten sind in Mythen und Religionen immer wieder beschrieben worden. Könnte es sich dabei um Objekte aus Luftspiegelungen gehandelt haben?

Abb. 166 Doppelvogel, islamische Darstellung. Seidenstickerei

9.

Göttliche Fahrzeuge

Der Thronwagen Jahwes

Im Buch Ezechiel des Alten Testaments findet man eine ausführliche Beschreibung einer Vision, die über den Propheten kam, als er zu Beginn des 6. Jahrhunderts v. Chr. am Flusse Kebar unter den verbannten Israeliten im Lande der Chaldäer weilte. Der Kebar ist ein heute weitgehend verlandeter Arm des unteren Euphrat, der östlich an den Städten Uruk und Larsa in einem fruchtbaren Sumpfgebiet vorbeifloß. Unter den Chaldäern, einer südbabylonischen Dynastie, wurde das letzte babylonische Großreich gegründet, das unter Nebukadnezar II. auch Jerusalem und den Staat Juda unterwarf. Die Zeit der babylonischen Gefangenschaft war eine Zeit der Selbstfindung für den jüdischen Glauben. In dieser Periode erhielt er seine wahre monotheistische Fundierung und einen Gott, der überall gegenwärtig sein konnte.

Hier nun der Bericht des Propheten: »Dort kam über mich die Hand Jahwes. Ich schaute, und siehe, ein Sturmwind kam von Norden und eine große Wolke, rings von Lichtglanz umgeben, und loderndes Feuer, und aus seinem Inneren, aus der Mitte des Feuers, leuchtete es hervor wie Glanzerz. Mitten aus ihm heraus wurde etwas sichtbar, das vier lebenden Wesen glich, und also war ihr Aussehen: Sie hatten Menschengestalt. Vier Gesichter hatte ein jedes und ebenso vier Flügel. Ihre Füße waren gerade und ihre Fußsohlen wie die Sohle eines Kalbes, und sie leuchteten wie der Glanz von geglättetem Erz. Und sie hatten Menschenhände unter ihren Flügeln. Und ihre Gesichter, bei jedem von den Vieren, waren in die vier Richtungen gewandt. Ihre Flügel berührten einander. Sie wandten sich nicht beim Gehen; ein jedes ging gerade vor sich hin. Ihre Gesichter aber sahen also aus: Ein Menschengesicht und ein Löwengesicht zur Rechten hatte jedes von den Vieren, ein Stiergesicht zur Linken jedes von den Vieren und ein Adlergesicht jedes von den Vieren. Ihre Flügel waren nach oben hin ausgespannt; je zwei berührten einander, und je zwei bedeckten ihre Leiber. Und ein jedes ging gerade vor sich hin. Wohin der Geist sie zu gehen trieb, dahin gingen sie, sie wandten sich nicht beim Gehen.

Inmitten der Wesen sah es aus wie feurige Kohlenglut, wie wenn Fackeln zwischen den Wesen hin und her gehen, und hellen Schein verbreitete das Feuer, und von dem Feuer gingen Blitze aus. Und die Wesen schossen gleich Blitzen hin und her. Und ich betrachtete die Wesen, und siehe, je ein Rad war auf dem Boden neben den Wesen, bei allen Vieren, und das Aussehen der Räder war wie der Glanz des Chrysoliths, und es hatten die Vier dieselbe Gestalt. Die Art ihrer Ausführung war so, als ob ein Rad durch das andere ginge (s. Abb. 11 im Farbteil). Sie liefen nach vier Richtungen, sie wandten sich nicht beim Gehen. Und hohe Felgen hatten sie, und ich schaute sie an, und diese Felgen waren voll von Augen ringsum bei den Vieren. Und wenn die Wesen gingen, gingen auch die Räder neben ihnen, und wenn die Wesen von der Erde sich erhoben, so erhoben sich auch die Räder. Wohin der Geist sie zu gehen antrieb, dahin gingen sie, und die Räder erhoben sich gleichzeitig mit ihnen, denn der Geist der Wesen war in den Rädern. Wenn jene gingen, gingen auch sie, und wenn sie stehenblieben, blieben auch sie stehen, und wenn jene sich von der Erde erhoben, dann erhoben sich auch die Räder gleichzeitig mit ihnen, denn der Geist der Wesen war in den Rädern. Und über den Häuptern der Wesen war eine Art Feste, leuchtend wie Kristall, ausgespannt über ihren Häuptern. Unter der Feste aber waren ihre Flügel ausgerichtet, einer nach dem anderen hin; bei einem jeden deckten zwei ihre Leiber.

Und wenn sie gingen, hörte ich das Rauschen ihrer Flügel wie das Rauschen vieler Wasser, wie die Stimme Schaddais, ein brausendes Geräusch, wie das Geräusch eines Heerlagers; wenn sie aber standen, ließen sie die Flügel sinken, und es gab ein Geräusch.

Oberhalb der Feste, die über ihren Häuptern lag, da war etwas, das aussah wie Saphirstein und einem Throne glich, und auf diesem thronähnlichen Gebilde war oben eine Erscheinung, die das Aussehen eines Menschen hatte. Und ich sah es funkeln wie Glanzerz, wie Feuer, das ringsum eingeschlossen ist. Oberhalb dessen, was wie seine Hüfte aussah, und unterhalb dessen, was wie seine Hüfte aussah, sah ich etwas, was wie Feuer aussah und einen Lichtglanz hatte ringsumher. Wie die Erscheinung des Bogens, der in den Wolken steht am Tag des Regens, so war die Erscheinung des Lichtglanzes ringsum. So sah das Schaubild der Herrlichkeit Jahwes aus. Ich schaute und fiel auf mein Angesicht und hörte die Stimme von einem, der redete.«

Der Prophet Ezechiel befand sich am Ufer eines Stromes mitten in einem teils wüstenartigen, teils sumpfigen Gebiet, das für seine ungewöhnlichen Luftspiegelungen berühmt ist. Gerade beim Herannahen einer Wetterfront, die in Ezechiels Bericht als Sturmwind angedeutet ist, kann man in der eintretenden Windstille besonders eindrucksvolle Phänomene beobachten. Im 19. Jahrhundert schilderte der englische Archäologe Layard folgende Erscheinung, die er an den Ruinen des Palastes Tak-i-Kesra in Ktesiphon beobachtete: »Der große Fluß (der Tigris) trennte mich von den Ruinen. ... Als die Sonne mit ihren zitternden Strahlen in wolkenlosem Glanz emporstieg, verwandelte sich der Palast in eine ungeheure Arkade von enormen, auf Säulen und Mauermassen ruhenden Bögen. Nach und nach wurde die Arkade sozusagen wie ein Fernrohr zusammengeschoben; allein das Gebäude gewann an Höhe, was es an Ausdehnung verlor, indem ein Bogen allmählich über den anderen emporstieg, bis die Ruine die Gestalt eines in den Äther hinaufragenden Turmes gewann, der von der Basis bis zur Spitze aus unzähligen Bogen bestand. In wenigen Minuten begann das seltsame Gebäude in der Luft zu zerfließen, und ich sah nur noch ein herrliches, aber vollkommen richtiges Bild des Palastes, aber über demselben war das vollkommene Abbild desselben nur verkehrt, der obere Teil unten. Ähnliche eigentümliche Veränderungen gingen fort, bis die Sonne hoch am Himmel stand und die Ruine in der Ferne verschwand. Die kleinen, über die Wüste verstreuten Büsche von Kameldorn erschienen während dieser Zeit als Wälder, und ein durchsichtiger See zeigte eine flüchtige Stunde lang in seinen Trugwässern die wechselnden Formen des stofflosen Gebäudes.«[1]

Hören wir uns darüber hinaus einen Bericht von W. König an, der zwischen 1930 und 1939 in Mesopotamien gelebt hat und in Bagdad Direktor am Irak-Museum gewesen ist: »Ich sehe Wasser vor mir, schönes blaues glänzendes Wasser. Doch nur kurze Zeit, dann ist es woanders, hebt sich, verschwindet, zieht von neuem heran und narrt mich Verschmachtenden, der ich nun nicht mehr glaube, auch wenn ich vor wirklichem Wasser stünde. Fata Morgana! Was ich sah, war Spiegelung, das Wasser ebenso wie die Berge und Hügel; ich sah sie, wo sie gar nicht sind. Die Fähigkeit des Sehens und Schätzens und Verstehens von Entfernungen ist gestört, das Auge versagt. Sanfte Ruinenhügel verformen sich, wachsen im Nebel des feinen schwebenden Wüstensandes an Höhe und Tiefe, drohen, überhängend, herunterzustürzen – und gleich darauf ist wieder alles entzaubert, nüchtern. Der Riese in der zitternden Luft ist zu einem kleinen Steinchen zusammengeschrumpft, die Ziegen und Lämmer sind zu alten Ziegelbrocken geworden.«[2]

In der Schilderung des Thronwagens Jahwes ist von Leuchten wie von »Feuererz« die Rede, ebenso von Lichtglanz wie beim Regenbogen. Wie gesichert ist dieses Phänomen im Zusammenhang mit Luftspiegelungen? Der Dominikanerpater Minasi, der im Auftrag seines Ordens die Fata-Morgana-Erscheinungen in der Meerenge von Messina erforschte, schreibt in seiner 1773 erschienenen Dissertation: »Wenn nach Sonnenaufgang die Sonne so hoch gestiegen ist, daß ihre Strahlen ungefähr unter einem Winkel von 45° auf die See bei Reggio fallen und weder Wind noch Strömung den hellen Wasserspiegel im Meerbusen bewegt, zeigen sich, wenn man von einem erhabenen Orte in der Stadt, den Rücken zur Sonne gewandt, auf das Meer blickt, plötzlich im Wasser, wie auf einem katoptischen Theater, mannigfach vervielfältigte Gegenstände, zum Beispiel zahllose Reihen von Pfeilern und Bogen, bestimmt gezeichnete Schlösser, regelmäßige Säulen, hohe Türme, Paläste mit Fenstern und Balkons, lange Alleen von Bäumen, Ebenen, mit Herden bedeckt, ganze Scharen

Fußvolk und Reiter und eine Menge seltsamer Bilder, in natürlicher Farbe und Haltung, welche die kurze Zeit über, welche die angegebenen Umstände dauern, sich schnell nacheinander über die Oberfläche der See bewegen. ... Ist endlich die Luft feucht, neblig und dunkel und den Regenbogen zu bilden geschickt, so zeigen sich die Gegenstände bloß auf dem Spiegel der See, aber insgesamt mit prismatischen Farben erleuchtet oder mit roten, gelben und anderen Rändern umgeben.«[3] Hier wurde also, wie in der Bibel, der Regenbogen angeführt, um die Farbenpracht der Luftspiegelung zu erklären.

Auch der Vergleich des Glanzes mit einem durchsichtigen Kristall, wie es der Chrysolit ist, und das Auftreten von runden radähnlichen Bögen ist aus Beobachtungen der Fata Morgana vertraut. Der Augenzeugenbericht des Jesuitenpaters Angelucci von 1633 läßt darüber keinen Zweifel: »Das Meer, welches an Sizilien stößt, schwoll in einer Länge von zehn Meilen auf und glich einem großen Berg. Etwas von Calabriens Landstrecke wurde im Augenblick zu einem durchscheinenden Kristall verwandelt, welcher wie ein Spiegel aussah und mit der Spitze den beschriebenen Wasserberg berührte, indes er mit dem Fuße an das übrige Calabrien stieß. In diesem Spiegel zeigte sich gleich eine Reihe von Säulen von etwas bleicher Farbe, wohl über 10 000 an der Zahl, alle gleich hoch und alle gleich weit voneinander. Im Augenblick verschwanden diese und verwandelten sich in Kanäle und Wasserleitungen wie die zu Rom. Oben auf dem runden Bogen, wo die Kanäle waren, gestaltete sich eine Sammlung von allerhand Figuren und Säulen. Oben auf diesen kamen schöne Schlösser, welche auf einem großen Platze standen und alle einerlei Form und Farbe hatten. Zwischen diesen Schlössern war eine Menge von Türmen von gleicher Beschaffenheit. Diese Türme verwandelten sich zu einem von Säulen unterstützten Schauplatz. Dieser Schauplatz breitete sich aus und verschwand zu den Seiten. Endlich entstand eine Menge Bäume. Und alles das verschwand und wurde zu Meer, da ein sanfter Wind über die Fluten strich.«[4]

Der Garuda-Vogel

Viele Kunstwerke zeigen den hohen indischen Gott Vishnu im Ozean auf der Weltschlange ruhend. Er hat Eigenschaften eines Doppelwesens, denn meist wird er mit vier Händen dargestellt. Sein eigentliches Reittier aber ist der riesige mythologische Vogel Garuda. Er ist halb Vogel, halb menschliches Wesen. Er hat einen menschlichen Körper und menschliche Gliedmaßen, aber Flügel, Krallen und Schnabel eines Adlers. Typischerweise ist sein Antlitz weiß, seine Flügel sind rot und sein Körper ist goldfarben. Als Alexander der Große einer Sage zufolge auf einem Garuda-Vogel zum Himmel hochflog, begegnete er einer Erscheinung in Engelsgestalt, die ihn aufforderte, umzukehren. Garuda ist ein Feind der Schlangen und könnte mit dem Vogel Roch identisch sein, der in den Märchen über Sindbad den Seefahrer gigantische Schlangen angreift. Neben Vishnu reitet auf dem Garuda-Vogel gelegentlich auch Lakshmi, seine Gemahlin und zudem Göttin des Glücks, der Liebe und der Schönheit. Einer Legende nach entstieg sie einst mit einer Lotosblume in der Hand dem Schaum des Meeres. Auch Garuda ist wohl eine Erscheinungsform des Meeres. Die Sage vom Garuda-Vogel ist bis zu den Mongolen bekannt gewesen. Dort heißt er Garide und haust auf dem Weltberg Sumeru.[5] In zentralasiatischen Geschichten windet sich die Abyrda-Schlange um den Lebensbaum, während der Garide-Vogel, der in der Krone lebt, sie angreift. Wenn der Riesenvogel heftig mit seinen Flügeln schlägt, verursacht er Stürme. In einer anderen Geschichte macht sein Flügelschlagen ein gestrandetes Schiff wieder flott.

In der altindischen Geschichte von der goldenen Stadt wird der Held, Saktideva, vom König der Fischer,

Abb. 167 Vishnu mit seiner Frau Lakshmi auf dem sagenumwobenen Garuda-Vogel

Satyavrata, eingeladen, zur Insel Ratnakuta in der Mitte des Ozeans mitzufahren, wo der Ozean Vishnu einen Tempel eingerichtet hat.[6] Sie begegneten auf dem Meere einem fliegenden Berg, den der König der Fischer als »Meeres-Banyan-Baum« bezeichnete, der über einem riesigen Wirbel schwebt. Er rät Saktideva, sich an den Ästen dieses Baumes festzuhalten. Der Held wagt den Sprung und hängt im Geäst des Meeresbaumes, bis gewaltige Vögel sich auf diesem niederlassen. Sie sprechen wie Menschen. Er hört von einem der Riesenvögel, daß er morgen zur »Goldenen Stadt« fliegen wird. Saktideva verbirgt sich in dessen Gefieder und erreicht die Stadt, die Mauern aus Gold und Säulen aus Edelsteinen hatte. Die Einwohner waren über die Ankunft eines Sterblichen erstaunt.

Der Garuda-Vogel ist ohne Zweifel ein Wesen aus der jenseitigen Welt. Nach der altindischen Weda wohnt er im Baum des Lebens und gilt als Räuber des »Soma«, das die Unsterblichkeit verleiht.

Der Riesenvogel Garuda (altindisch garut = Flügel) hat etwas mit der Oberfläche des Meeres zu tun. Darauf deutet nicht nur die Verbundenheit der Götter Vishnu und Lakshmi mit den Meereswellen oder mit dem Meeresschaum hin. Tatsächlich ereigneten sich auch viele Begegnungen mit garuda-artigen Riesenvögeln am Meer, oft im Zusammenhang mit absoluter Wetterruhe oder vor Ausbruch eines Sturmes. (Das heftige Flügelschlagen des Garuda-Vogels verursacht Stürme!) Der Garuda-Vogel ist eine Luftspiegelung, eine gehobene oder versetzte Insel oder die vergrößerte Spiegelung eines auftauchenden Meeressäugers. Der Meeresbaum, von dem er abfliegt oder auf dem er landet, ist wahrscheinlich eine von der Luftspiegelung verzerrte Küste.

In der altpersischen Sprache bedeutet seine Erschei-

Abb. 168 Antike Darstellungen des riesigen Vogels Phönix, der in großen Zeitabständen aus der »Asche« wiedergeboren wird. Er ist ein Gebilde des Lichtes, was auch die von seinem Kopf ausgehenden Strahlen andeuten. Manchmal steht er in Verbindung zu Lurchen oder Schlangen, die die Erde (Asche) symbolisieren, die an seiner Entstehung (als Fata Morgana) mitwirkt.

nungsform Roc soviel wie Turm oder Burg. Deren Silhouetten sind immer wieder zur Beschreibung von Erscheinungen verwendet worden, die am Horizont durch Luftspiegelungen entstanden sind. Der Riesenvogel Roc ist auch mit zwei Köpfen dargestellt worden, er ist ein Vogel des Horizonts. Mythen von riesigen Vögeln, die in der Lage sind, große Tiere zu tragen, finden sich ebenso bei den asiatischen Inuit-Völkern.[7] Die Ägypter kannten den gewaltigen Vogel »Bennu«, der dem Phönix der alten Welt entspricht, der so groß wie »neun Berge« sein konnte. Die Araber überlieferten Geschichten vom Riesenvogel »Anká«. Bei den Türken hieß er »Kerkes«, bei den Griechen »Gryps«. Die Russen verwendeten dafür den Namen »Norka«, die Japaner wählten die Namen »Pheng« und »Kirni« und meinten damit wohl etwas Ähnliches wie die Chinesen mit ihren heiligen Drachen. Die Germanen nannten den Riesenvogel in der Weltesche Yggdrasil schlicht »den weisen und alten Vogel«.

In den Tsam-Tänzen der Mongolen wird der Geist des Berges Bogdo ola als Garuda-Vogel mit der Schlange im Schnabel dargestellt.[8] Das bedeutet wohl, daß dieses riesige fliegende Wesen darüber sichtbar wird, der Berg also gespiegelt erscheint.

Die Ozeanfähre des Meeresgottes

Der keltische Meeresgott Mananaun (oder Manannan), der den Ozean in eine grüne Wiese oder einen Apfelhain verwandeln konnte, benutzte eine in den Mythen immer wieder beschriebene Ozeanfähre, um über die Wellen dahinzugleiten: »Mananaun stieg in das Boot. Das leuchtete auf in allen Farben des Regenbogens, klar wie ein Kristall, und fuhr dahin ohne Ruder und Segel, rings umschäumt von sich kräuselnden Wellen, umspielt von den kleinen Fischen des Meeres.«[9]

Gott Lugh forderte von Turann als Sühne für eine Verfehlung, daß seine drei Söhne mit der Ozeanfähre aufbrechen sollten, um einige schwierige Aufgaben zu erfüllen:[10] »Gebiete deinen Söhnen, alles vorzubereiten und aufzubrechen. Wenn sie an das Ufer des Meeres kommen und mit den Füßen den Meeresschaum berühren, wird Mananauns Boot da sein und auf sie warten.« Und als ihre Füße den Meeresschaum berührten, sahen sie ein kleines Boot, das aussah, als habe nur ein Mann Platz darin. »Lugh hat uns getäuscht«, rief Brian, »das ist nicht das Boot des Mananaun.« »O Bruder«, sagte Enya, »die Ozeanfähre hat so viele Gestalten, wie der Mantel des Mananaun Farben hat. Steigt in das Boot.« Als alle drei sich gesetzt hatten, war noch viel Platz darin. Und das Boot begann zu funkeln wie ein Kristall. Die Ozeanfähre sprang vom Ufer ab wie ein Wasservogel und drehte sich und kreiste in dem Schaum. »Fahre zum Garten des Baumes mit den goldenen Äpfeln, der vom Drachen bewacht wird.« sagte Brian. Und die Ozeanfähre eilte davon. Die drei Söhne des Turann berieten, wie sie die Drachen überlisten könnten und beschlossen, sich in Falken zu verwandeln, um die Äpfel aus der Luft zu holen. Sie konnten die Drachen überlisten, aber drei von den Feen, die im Garten weilten, verwandelten sich in scharfkrallige Greife (Mischwesen) und griffen sie an. Die Söhne des Turann retteten sich und die erbeuteten goldenen Äpfel, indem sie sich ins Wasser fallen ließen und sich in Salme verwandelten. Dann flüchteten sie mit der Ozeanfähre. »Sie hatten den Meeresschaum der östlichen Welt und den Meeresschaum der westlichen Welt unter ihrem Bug. Sie sahen die Sterne des Nordens und die Sterne des Südens und die Sterne, die unter dem Meere sind.« Zu Hause wartete ein Wächter, die Augen auf den Horizont des Meeres gerichtet, auf ein Zeichen ihrer Rückkehr. »Es war früher Morgen, und der Wächter sah die bleichen Nebel verblassen und das Meer sich rühren und bewegen. Plötzlich ging ein großer Stern am Horizont auf – er entflammte, wurde größer und kam näher. Der Wächter erkannte die Ozeanfähre.«

Das über dem Meeresschaum schwebende Gebilde, das die keltische Mythologie als Ozeanfähre des Meeresgottes beschreibt, kann als Luftspiegelung verstanden werden: eine verlagerte Insel, ein nach oben gespiegelter Felsen oder ein Ausschnitt des nach oben gespiegelten Ozeans selbst. Das Gebilde ist über den Meeresspiegel gehoben, veränderlich in der Größe, variabel in der Form, durchscheinend wie ein Kristall oder schimmert manchmal in allen Regenbogenfarben. Es kann plötzlich aus dem Nichts auftauchen oder wieder verschwinden. Es parkt manchmal in unmittelbarer Nähe einer Insel mit allen möglichen Zauberwesen, Drachen, Feen, Schlössern oder paradiesischen Gärten. All diese Erscheinungen sind immer wieder beobachtet worden, so daß die Ozeanfähre als Naturbeobachtung angesehen werden kann, die dem Meeresgott der Mythologie zu einem erstaunlich modernen Fahrzeug verholfen hat.

Der Donnervogel

Die asiatischen Eskimo, ebenso die Indianerstämme Nordamerikas, kennen einen »riesigen Adler«, den sie Donnervogel nennen: »Nach dem Tod eines solchen Adlers nimmt der Geist, der im Winde wohnt, sein Herz, das unsterblich ist. Er hängt es an einen dünnen Faden vom Himmel, wo es weiterschlägt. So produziert es den Donner. Nach einer Weile erwacht der Adler dann wieder zum Leben.«[11]

Eine Überlieferung der Nanamiut-Eskimo erzählt, welcher Zusammenhang zwischen dem schlagenden Herzen des Adlers und der Schamanen-Trommel besteht: »Eine alte Adlermutter zeigte, wie man Trommeln macht, sowohl die gewöhnliche, die aus einem großen Holzring besteht, mit einer darübergespannten Haut, wie auch die spezielle Zeremonientrommel, die bei den großen, mit Geschenken verbundenen Festen benutzt wird. Diese bestand aus vier Stücken Holz, die so zusammengefügt wurden, daß sie einen Hohlraum ergaben. Sie gab einen speziellen Klang, wenn sie mit einem Trommelstab geschlagen wurde, der am Griff schmal, aber breit am anderen Ende ist. Die Zeremonientrommel mußte einen tiefen, klangvollen Ton haben, der an das schlagende Herz eines alten Adlers erinnerte. Später lehrte sie, wie man Worte zusammenfügt, um zu singen, und Töne zusammenfügt, so daß sie zu Liedern werden. Und sie zeigte auch, wie man die Trommel richtig mit den Liedern schlägt, und schließlich zeigte sie, wie man tanzt.«[12]

Die Schläge der Zeremonientrommel bei den ekstatischen Sitzungen der Schamanen symbolisierten die Herzschläge der Adlermutter, und diese waren wiederum die Donnerschläge von Unwettern. Wenn an der Bering-Straße ein Adler von einem Jäger getötet wurde, mußte er eine Trommel bauen, die die Herz-Schläge der Adlermutter erklingen ließ. Und er mußte den Balg verbrennen, damit der Geist des getöteten Adlers zur Adlermutter zurückkehren konnte.

Wenn dieser riesige adlerähnliche Vogel mit den Augen blinkt oder mit seinen Flügeln schlägt, dann blitzt und donnert es. Auf einem traditionellen Haus der Kwakiutl-Indianer in Britisch-Kolumbien war ein Donnervogel dargestellt, der mit ausgebreiteten Schwingen einen Wal aus dem Meer hob (Abb. 78). Der mythische Vogel mußte wahrlich gigantisch gewesen sein. Für die nordamerikanischen Indianer war der fürchterliche Donnervogel auf den höchsten Bergspitzen zu Hause.

Manchmal zogen sich die Schamanen auf die heiligen Gipfel des Donnervogels zurück, um durch Askese tiefe Einsichten zu gewinnen. So machte es der Crow-Häuptling »Two Leggings«, als er am vierten Tage, gerade vor der Morgendämmerung, am Horizont einen »riesigen Mann« erscheinen sah, der »auf seinem Kopf einen Falken sitzen hatte« (vgl. auch Abb. 54). Er sagte ihm, daß

Abb. 169 Gespiegeltes Land am Himmel. Man erkennt hoch über dem eigentlichen Hügelzug tafelbergartige Erscheinungen, eine baumartig seitlich ausgefranste Erscheinung und einen fliegenden Himmelskörper, der auch als riesiger Vogel interpretiert werden könnte (Prof. Tate, University of Fairbanks, Alaska).

es »der Vogel über all den Bergen« war und lehrte ihn verschiedene Künste.[13]

Auch für die Prärieindianer Nordamerikas hatte der Donnervogel große Bedeutung. Durch den dramatischen »Sonnentanz« versuchten sie, den Geist des Donnervogels in ihr Dorf zu locken, damit sich wieder Regen über die Prärie ergießen konnte. Weil dieser Riesenvogel vor Stürmen auftauchte, war er der Spender der Fruchtbarkeit für die Prärielandschaft mit ihren Bisons. Um einen Kultpfahl, der mit einem Bündel von Weidenzweigen an der Spitze das Nest des Donnervogels symbolisierte, tanzten »kostümierte Donnervögel« vier Tage und drei Nächte, indem sie ständig auf das Geisternest starrten und durch Blasen und Pfeifen Vogelstimmen imitierten. Am letzten Tag band man einige Tänzer mit Riemen, die an durch die Haut getriebenen Pflöcken befestigt waren, am Pfahl fest und ließ sie mit ruckartigen Bewegungen tanzen, bis sie sich losgerissen hatten. Der Donnervogel und der ihm folgende Regen sollte auf diese Weise zu seinem symbolischen Nest gelockt werden.

Wenn wir den riesigen Adler am Himmel als in die Luft gespiegeltes Land deuten, ähnlich wie die riesigen Flugwesen, die andere mythologische Traditionen beschrieben haben, dann passen noch weitere Indizien hierher: zunächst der Faden, an dem das Adlerherz vom Himmel hängt. Fäden vom Himmel sind Linien oder Streifen, die gespiegelte Objekte sporadisch miteinander verbinden (Abb. 84 unten rechts). Hinzu tritt der Zusammenhang mit dem Gewitter. Grandiose Luftspiegelungen treten in der Regel vor Unwettern auf. Die Schamanen verbanden die Trommelschläge des Donners mit dem Riesenadler, der vor Unwettern gelegentlich erschien und dann regelmäßig wieder verschwand (in ihren Augen starb). Der Donnervogel ist also ein Fata-

Morgana-Phänomen, fliegendes Land am Himmel vor einem Unwetter.

Die weißen Reittiere der Erleuchteten

Die Buddhisten Chinas haben den heiligen kaiserlichen Bergen weitere Berge hinzugefügt, die sie sozusagen aus alter taoistischer Tradition übernahmen. Der höchste ihrer vier ausgewählten Berge ist der imposante O-mei-Shan in der Sichuan-Provinz. Dort, in der Luft zwischen den Nebeln der Gipfel, soll der Bodhisattva Samantabhadra, ein erhabenes Wesen, das den Lebenden hilft, manchmal auf einem weißen Elefanten herumreiten. Als ganz besonders reizvoll wird der heilige Berg Wu-t'ai Shan in der nördlichen Shanxi-Provinz beschrieben. Der Name bedeutet soviel wie Purpur-Palast. Hier sichtet man gelegentlich den Bodhisattva der Weisheit am Himmel, wie er auf einem weißen Löwen reitet. Auch in Form eines Drachen soll er manchmal zwischen den Wolken erscheinen.

Eine weitere heilige Stätte liegt im kahlen K'un-lung Gebirge südlich der Taklamakan-Wüste.[14] Dort soll sich auf einem mythischen Berg, der sich noch darüber auftürmt, ein großartiger Jadepalast befinden. Um den Berg fließt ein Fluß mit magischem Wasser, das so leicht ist, daß es nicht einmal eine Feder tragen kann. Hier wächst der Baum mit den Pfirsichen, die ein langes Leben schenken. Dort, hoch oben in den Gärten zwischen den Bergen, lebt die Königin-Mutter Hsi wang-mu in Gesellschaft mit den Unsterblichen der taoistischen Religion in ewiger Glückseligkeit. Die Eier des Vogels Phönix und süßer Tau sind ihre Nahrung.

Der taoistische Dichter Li Po aus dem 8. Jahrhundert

Abb. 170 Im Nordosten der unsagbar kargen Taklamakan-Wüste in Westchina liegen die Himmelsberge, wo die Anhänger des Taoismus ihre Unsterblichen wähnten (von der Oase Turfan aus gesehen).

brachte den Glauben an die überirdische Welt über den Bergen auf einen Nenner: »Es gibt einen anderen Himmel, eine andere Erde jenseits der Welt des Menschen.«[15]

Im Westen Chinas, über den breiten Tälern des Pamir, erhebt sich ein 7546 Meter hoher Koloß, Muztagh Ata, der »Vater der Eisberge« (Abb. 14 im Farbteil). Er hat schon die Aufmerksamkeit des Mönches Hsüan-tsang erregt, der um 644 n. Chr. hier entlang der Seidenstraße von Indien nach China zog. Er schreibt: »Auf der Bergspitze ist eine Stupa (Tempel) von wunderbarem und mysteriösem Charakter errichtet.« Er hörte, daß der Berg sich einst öffnete und einen meditierenden Mönch freigab. Als man sich ihm näherte, stieg er in die Luft hoch und ging ins Nirvana ein. Die islamischen Kirghisen, die sich später hier ansiedelten, sehen in dem Berg ein riesiges Grab von sieben Heiligen. Einer davon ist

Abb. 171 Berglandschaft um Guilin. Für die Chinesen stellten Berge unmittelbare Verbindungen zu den Göttern und Geistern dar.

der Schwiegersohn Mohammeds, Ali. Nachdem er durch Feindeshand fiel, brachte ihn ein weißes Kamel vom Himmel her in den Berg hinein. Wenn man heute auf der alten Seidenstraße vor diesem einsamen, abgelegenen Gebirge steht, versteht man, daß die Entbehrungen, die man in diesen Höhenlagen durchmachte, einst die Hoffnungen auf ein üppiges Wohlleben im Jenseits schärften.

Für viele heilige Berge sind Sichtungen göttlicher Erscheinungen über dem Gipfel überliefert (Abb. 29). Die Pilger wähnen hier einen Zugang zur himmlischen Welt oder zur Erleuchtung. Die Berge ermöglichen direkte Verbindungen zu den Geistern. Die weißen Elefanten, Löwen, Drachen oder das Kamel, welche die ländlichen Mönche und bäuerlichen Pilger über den Berggipfeln gesichtet haben, könnten Ausschnitte von Schneefeldern gewesen sein, die durch Luftspiegelungen nach oben projiziert wurden. Sie verhielten sich anders als Wolken, erschienen und verschwanden sporadisch.

In der Edda, der isländischen Quelle nordischer Mythologie, wird vom »weißen Gott« Heimdall berichtet, dem Wächter Asgards, der Wohnstätte der Götter. Er wohnt auf Himinbjörg, den »Klippen des Himmels«. Nach einer litauischen Volksüberlieferung lebte der Herrscher Perkunas (wahrscheinlich der alte Baltengott Perkunos) in einem Schloß auf dem Gipfel eines Berges. Nach seinem Tode stieg er in den Himmel auf und wohnte dort zwischen den Wolken.

Aus zahlreichen Ländern sind mythische Episoden überliefert, in denen Menschen oder Gegenstände durch Wolken zum Himmel hoch gehoben werden. Vor allem in indischen Mythen kamen immer wieder göttliche Tiere, Elefanten oder Kühe auf die Erde nieder. Vielleicht sind auch hier hin und wieder Luftspiegelungen im Spiel gewesen.

Die fliegenden Berge Nippons

Die alte japanische Shinto-Religion kennt den Begriff »shintai«, was soviel wie »Körper oder Plattform der Gottheit« bedeutet. Verschiedene heilige Objekte konnten »shintai« sein, darunter auch Berge. Hinweise auf Berge als »shintai« reichen weit in die Zeit vor der Heian-Periode (ab 793 n. Chr.) zurück. Hier machte wahrscheinlich der chinesische Taoismus Einflüsse geltend. Von alters her und noch immer gelten in Japan Berge als Stätten der Toten. Andererseits wurde die Welt der Toten auch mit »Land der ständigen Dunkelheit«, »Land des Ursprungs« oder »Land der gelben Quellen« umschrieben.

Als ab ungefähr 538 der Buddhismus nach Japan kam, erfolgte eine komplizierte Wechselwirkung mit dem Shintoismus.[16] Dabei ›übernahmen‹ die Buddhisten heilige Berge von den Shintoisten, da überliefert ist, »daß Berge der Körper Buddhas sind«. Um die Berge als Sitz der landesfremden Buddhas und anderer Erleuchteter neben den Shinto-Gottheiten zu etablieren, schien es wichtig, darauf hinzuweisen, wie die Buddhas nach Japan gelangt sind: »auf fliegenden Bergen«. Im Jahre 933 wurde in einem religiösen Dokument folgendes niedergeschrieben: »Vor langer Zeit gab es in China einen Berg, der ›Kimpusen‹ genannt wurde, die Wohnstätte des Bodhisattva Zao. Jedoch kam dieser Berg (nach Japan) geflogen. Er näherte sich, als ob er über dem Ozean schweben würde.« Woanders steht: »Kumano, das reine Land von Avalokitesvara, flog von Indien ein. Es machte halt in China, Kyushu und Shikoku, bevor es die Kii-Halbinsel erreichte, wo es landete und blieb.«[17] Die fremde Religion missionierte in Japan also mit den fliegenden Gefilden ihrer Erleuchteten.

Die rätselhafte Geschichte von den fliegenden Bergen, die nach Japan kamen, macht nur Sinn, wenn die dortige Bevölkerung oder zumindest die religiösen Führer gewohnt waren, daß die Götter auf diese Weise auf ihre bergigen Residenzen herniedersteigen (Berge also in Luftspiegelungen gesehen werden). Es wurde ein bekanntes Phänomen genutzt, um religiöse Instinkte zu aktualisieren und auf die neue Religion zu richten.

Das Boot aus Kristall

Der sagenhafte irische König Conn, den man »Conn mit den hundert Kämpfen« nannte, weil er an einem einzigen Kampftag hundert Gegner besiegt hatte, war ratlos. Sein Sohn Conla siechte dahin, und selbst der mächtige Druide Kernann konnte die unheilvolle Entwicklung nicht aufhalten. Eine Fee aus dem Land der ewigen Jugend war dabei belauscht worden, wie sie bei Sonnenaufgang am Ufer des Meeres auf den zaudernden Conla einredete, um ihn zur Überfahrt zum Land jenseits des Horizonts zu bewegen. Dort sollte er an ihrer Seite König werden, in einem Land, das viel glücklicher sei als das rauhe, irdische Königreich seines Vaters. Es sei ein Land des ewigen Sommers, ein Land ohne Krankheit, wo er im Kreise von heimgegangenen Helden und überirdischen Wesen nie endendem Glück entgegensehen würde. Damals hatte der Druide mit seinem Beschwörungsstab aus Erlenholz die Fee noch zurückdrängen können. Aber Kernann ahnte schon, daß sein Widerstand gegen die verführerische Macht aus dem Jenseits letztlich vergeblich sein würde. Die Fee hatte Conla nämlich einen Apfel zugeworfen, von dem er gegessen hatte. Damit war er ihr so gut wie verfallen.

Als Conla wieder einmal den verwaisten Strand entlangschlenderte, hörte er seinen Namen rufen: »Conla, komm mit mir.« Die Fee war zurückgekehrt. Er erkannte sie an ihrer hohen Gestalt und den hellblonden Haaren. Ihr Kleid schimmerte metallisch und war immer in Bewegung. Conla spürte, wie ihr die Wellen seines Herzens entgegenschlugen, als sein Vater und der Druide sich dem Strand näherten. Der Machtkampf zwischen der Fee und dem Druiden war kurz. Aus den Wellen tauchte ein langes Schiff aus weißem Kristall auf. Es hatte weder Segel noch Ruder. Der kranke Sohn des Königs hielt inne und blickte mit zusammengezogenen Brauen auf seinen Vater und den Druiden. Dann folgte er den einladenden Worten der Fee und bestieg das kristallene Boot.

Abb. 172 Der Meeresgott, der mit seinem magischen Gefährt und seinen fischschwänzigen Dienern über die Schaumkronen der Wellen dahinzieht, hat seit urdenklichen Zeiten die Seelen ins Jenseits begleitet. Römischer Sarkophag aus Sizilien

Er drehte sich nicht mehr um, als er dem Horizont entgegenfuhr, in die Morgensonne hinein. König »Conn mit den hundert Kämpfen« blieb allein am Strand zurück und weinte.

Das lange Boot aus weißem Kristall ohne Segel oder Ruder, das in der irischen Mythologie[18] die Verbindung zur jenseitigen Welt herstellt, ist eine Vision aus dem Reich der »Fee« Morgana. Das Gefährt taucht aus den Wellen auf und verschwindet bei Sonnenaufgang am Horizont. Es trägt die Seelen der Toten in eine Welt der ewigen Jugend.

Der Meeresschaum und die Luftgespenster

Die irischen Kelten sind nie von den Römern besiegt worden und konnten daher ihre uralte mythologische Überlieferung bis auf unsere Tage weitgehend unverändert erhalten. So weiß ihre Mythologie von mehreren Völkern zu berichten, die vor langer Zeit die grüne Insel besiedelt und beherrscht haben. Dazu gehörten die schrecklichen Fomore, eine Rasse von Meeresgespenstern, die nach erbitterten Kämpfen von der erhabenen Rasse der De Danaan verdrängt wurden. Dabei half auch der gute Meeresgott Manannan Mac Lir, der Sohn der Wellen, der mit seiner Ozeanfähre über den Wellen dahinfahren und das Meer in eine blühende Wiese oder eine grüne Insel verwandeln konnte.

Die folgende Geschichte erzählt von Gobhaun und seinem Vater, die in die Welt der Luftgespenster, der Fo-

Abb. 173 Der Schaum des Meeres (hier mit Strandvögeln) war seit Urzeiten ein Inbegriff für die Nähe des Paradieses.

more, gelockt wurden, um dort eine heikle Arbeit zu verrichten.[19] Drei finstere Gestalten tauchten bei Gobhaun auf und gaben vor, im Auftrag des Königs vom Land unter dem Meer vorzusprechen. Sie versprachen reichen Lohn, wenn er sich verpflichten würde, mitzugehen und dort sein Geschick für eine besondere Arbeit einzusetzen. Er hätte die Klugheit »der drei Welten« in seinen Fingern und könnte eine Aufgabe erfüllen, die im Land unter dem Meer niemand zuwegebringe. Gobhaun sagte zu, bat sich aber aus, seinen Vater mitnehmen zu dürfen, von dem er all seine Künste gelernt hatte. Auf der beschwerlichen Reise wurde der Vater müde, und Gobhaun setzte sich auf einen Stein, um zu überlegen, wie er den Weg abkürzen könnte. Dabei gewahrte er eine ausgedehnte Fläche grünen Grases und einen alten Mann, der darauf Wollflocken ausbreitete. Da der Alte schwach und gebeugt war und sichtlich Mühe hatte, seine Arbeit zu verrichten, ging Gobhaun auf ihn zu, um ihm zu helfen. Doch als er sich ihm näherte, fuhr der Wind in die Wolle, so daß sie aufstieg und davontrieb. Gobhaun erkannte, daß es keine Wolle war, sondern der weiße Schaum des Meeres. Er stand da, die Augen auf den Meeresschaum gerichtet, und wußte nichts zu sagen. Der alte Mann war der Meeresgott Mananaun, der ihm zu verstehen gab, daß er keine Hilfe brauchte. Es rührte ihn aber, daß ein Irdischer ihm hatte helfen wollen. »Bücke dich und nimm eine Flocke meiner Wolle«, sagte er zu Gobhaun, »sie wird dir helfen, wenn du in Not bist«. Gobhaun neigte sich zum Meeresschaum hernieder, der vom Wind bewegt wurde. Unter dem Schaum sah er das Blau des Meeres, klar wie Kristall, und darunter ein Feld roter Blumen, die sich im Winde wiegten (Abb. 174). Er nahm eine Handvoll Meeresschaum, und dieser wurde zu einer Woll-

Abb. 174 Begegnung mit dem Meeresgott Mananaun. Zwischen dem Meeresschaum entsteht eine Blumenwiese und vergeht wieder (nach einer keltisch-irischen Sage).

flocke. Und als Gobhaun sich erhob, war der Meeresgott verschwunden. Zurück blieb nur grünes Gras, auf das die Sonne schien.

Vater und Sohn setzten ihren beschwerlichen Weg fort und gelangten an einen weißen Strand. Die Ruderer, die sie dort erwarteten, waren Luftgespenster (Fomore). Allmählich erkannten sie, daß sie nicht das Land unter den Wogen ansteuerten, sondern das »Land Balors mit dem bösen Auge, des Königs der Fomor«. Dieser König war ein »häßlicher Riese mit einem einzelnen schrecklichen Auge, dessen Blick alles verdorren ließ. Er lebte in einer großen Festung aus Glas, glatt und kalt wie Eis.« (Auch seine Tochter Ethlinn, die Mutter des Sonnengottes Lugh, war von ihm in einem Kristallturm gefangengehalten worden.)

Gobhaun und sein Vater zögerten die Erfüllung der ihnen gestellten Aufgabe, ein Feuer unter einem riesigen Zauberkessel anzuzünden, hinaus und gaben vor, dafür besondere Hölzer zu brauchen. Es kam zu einer schwierigen Situation, die für die beiden lebensbedrohlich wurde. Sie waren in einem dunklen Turm eingesperrt und erwarteten ihr Ende. Da stieß Gobhaun auf die Wollflocke des Meeresgottes in seiner Tasche und erinnerte sich an dessen Versprechen. Mit diesem Zauberwerkzeug konnten sie fliehen. Als sie einen schwarzen Strand erreichten, kam ein geheimnisvolles Boot auf sie zu. Es hatte weder Ruder noch Segel, war ganz aus Kristall und schien wie der große, weiße Stern, der vor Sonnenaufgang am Himmel steht. »Das ist die Ozeanfähre«, sagte der Vater, »der Meeresgott schickt uns sein eigenes Boot. Es ist so schnell wie ein Gedanke und bringt die Menschen in einem Augenblick an den Ort, den sie zu erreichen wünschen.« So kamen sie heil zurück an den weißen Strand ihrer Heimat.

Diese Geschichte enthält sehr überzeugende Schilderungen von Luftspiegelungen: das Meer, das sich mit der Illusion einer blumenbestandenen Wiese vermischt, der durchsichtige Glaspalast des Königs der Luftgespenster, seine unförmige Gestalt und die Ozeanfähre, ein schwebendes Gefährt, mit dem der keltische Meeresgott sich über die Wellen fortbewegt. Der keltische Meeresgott (Mananaun oder Manannan Mac Lir, »der« von (der Insel) Man, Mac Lir (Sohn der Wellen)) ist mit Fata-Morgana-Erscheinungen assoziiert, denn nach anderen mythologischen Überlieferungen kann er die Meeresoberfläche jederzeit in eine Wiese oder einen Apfelhain verwandeln. Er lebt auf der legendären Insel Tir Tairnigiri, dem »Land der Versprechungen«. Es ist eine Welt von vielen Annehmlichkeiten, die der Fata-Morgana-Gott mit einem Heer von »Erbsenschoten« verteidigt. Er kann diese nämlich jederzeit auf gigantische Größe anwachsen lassen (vgl. Abb. 86). Dies sind Erscheinungen, wie sie Seeleute immer wieder in der Nähe von Land beobachtet haben. Die »hell scheinenden Scharen mit prächtigen Pferden«, die manchmal ein Schiff von allen Seiten her bedrängen, werden in den Mythen als »die Leute des Manannan Mac Lir« erkannt, der in einem »Sonnenhaus« lebt (wohl ein Haus, das aus Sonnenlicht gebaut ist).[20]

Besonders interessant ist die Symbolik des Meeresschaums. Der Meeresgott wird im Meeresschaum gesehen, und Meeresschaum aus der Hand des Gottes ist es auch, womit man Wunder vollbringen kann. Der Name des großen Religionsstifters und Gottes Virakocha aus Südamerika lautet »Schaum des Meeres«.[21] Er, der bärtige weiße Gott, vermag es auch, auf der Oberfläche des Meeres zwischen den Wellen schreitend seinen Abschied von den Lebenden zu nehmen.

Abb. 175 Luftspiegelung über dem Titicaca-See. Die Wolken über dem Wasser verwandeln sich in turmartige und bogenförmige Strukturen.

Die Verbindung von Meeresschaum und jenseitiger Welt ist auch den kalifornischen Cupeño-Indianern vertraut gewesen. Sie vollführten beim Hinscheiden eines Angehörigen sehr intensive Todesriten, bei denen eine ganze Dorfgemeinschaft wehmütige Klagerufe von sich gab. Im Zusammenhang mit ihren Zeremonien und dem Glauben an eine jenseitige Welt ist folgendes Klagegedicht überliefert worden:

»Mein Herz ist verloren, verloren
Mein Herz ruht, ruht
Mein Herz geht in die andere Welt
Mein Herz geht in die andere Welt
Mein Herz geht zum Meeresschaum
Mein Herz geht zum Meeresschaum.«[22]

Diese Indianer verstanden die jenseitige Welt als ein Spiegelbild der irdischen. Im Land der Toten war alles umgekehrt, im Vergleich zur Welt der Irdischen. Es gab also zwei symmetrische Welten. Vielleicht wurden deswegen auch die Verse im oben zitierten Gedicht doppelt gesprochen. Von einem anderen kalifornischen Indianerstamm, den Yurok, weiß man übrigens, daß sie an ein »Himmelsland« über dem Ozean glaubten, das ebenfalls festes Land darstellen sollte. An einer Stelle war es vom sogenannten Himmelsloch durchbohrt. Durch dieses flogen jedes Jahr die Zugvögel.[23]

Daß die Welt der Toten und Geister manchmal mit umgekehrten Formen über dem kühlen Meer und seinen Schaumkronen gesehen wurde, ist einleuchtend (Abb. 12). Der Meeresschaum war der Teppich am Eingang zur jenseitigen Welt. Auch chinesische Drachen schlagen auf zahllosen Abbildungen ihre Kapriolen über den

Abb. 176 Venus schwebt auf einer Muschel über dem Meer. Wandmalerei aus dem »Haus der Venus«, Pompeji. Wie andere Göttinnen der Liebe und des Lebens, zum Beispiel Aphrodite und Lakshmi, ist sie ein Geschöpf, das dem Meeresschaum entsteigt, wo die Fata Morgana ihre Zaubereien vollbringt (vgl. Abb. 12).

Schaumkronen der Meereswellen. Selbst die antiken Göttinnen der Liebe, Venus und Aphrodite, Stifterinnen des Lebens, wurden aus Meeresschaum geboren. Dasselbe wird von Lakshmi erzählt, der Gefährtin Vishnus und Mitreiterin auf dem sagenhaften Garuda-Vogel.

Der Kampf der Yogis um den Kailas

Der heiligste aller tibetanischen Berge, Kailas,[24] war der Schauplatz eines erbitterten mythischen Wettstreits zwischen zwei berühmten Yogis aus dem 12. Jahrhundert. Der eine hieß Milarepa und war Buddhist. Der andere hieß Naro Bhun Chon und war ein Schamane der alten Bon-Religion. Der letztere forderte Milarepa, der als abgehärteter Asket lebte, heraus; er behauptete, daß der heilige Berg seinem Schamanenkult vorbehalten wäre. Nach einigem Kräftemessen einigte man sich auf einen Wettstreit. Derjenige, der an einem festgelegten Tag als erster den Gipfel des Kailas (ein 6714 Meter hoher, schroffer, eisbedeckter Riese) erreichte, sollte geistiger Herr des heiligen Berges werden. Während der buddhistische Yogi sich durch Entspannung auf die Herausforderung vorbereitete, hielt der Schamane anstrengende ekstatische Übungen ab. Am Morgen des verabredeten Tages, während sein Widersacher noch schlief, umhüllte sich der Schamane mit seinem rituellen Gewand und flog auf einer Trommel in Richtung Bergspitze. Die besorgten Schüler des Yogi weckten ihren Meister, wonach dieser den Flug des Schamanen so beeinflußte, daß dieser hilflos um den Gipfel kreiste. Dann warf der Yogi ein Federkleid über und war beim ersten Licht der Sonne in einem Augenblick auf dem Gipfel des Kailas. Als der Schamane seinen Gegner entspannt am Ziel sitzen sah, war er so verblüfft, daß er von seiner Trommel fiel. Diese purzelte den Südabhang des Berges hinunter, wobei sie die jetzt sichtbaren Einkerbungen hinterlassen haben soll.

Dieser Wettstreit ist schon deswegen sehr ungewöhnlich, weil kein Anhänger der tibetanischen Religionen es wagen würde, den heiligen Berg zu besteigen. Wir müssen daher annehmen, daß der Wettstreit symbolisch ausgetragen wurde, von den jeweiligen jenseitigen Mächten. Das heißt, die beiden Magier ließen ihre Vertreter in der jenseitigen Welt den Kampf austragen. Was aus der Ferne auf dem Berg als verzerrte Konturen gesehen worden ist, der fliegende Schamane auf seiner Trommel, der Yogi im Federkleid fliegend und auf der Spitze des heiligen Berges sitzend, waren Luftspiegelungen. Sie wurden von den Mönchen und Pilgern, die das Schauspiel gesehen haben, als Kampf der beiden mächtigen Yogis gedeutet.

Daß die meditierenden Mönche auf Luftspiegelungen geachtet haben, läßt sich aus der Literatur erschließen. Dem Yogi Milarepa werden folgende Verse zugeschrieben: »Die Prophezeiung des Buddha sagt sehr wahr, daß dieser Schneeberg der Nabel der Welt ist ... Die Bergspitze, die kristall-ähnliche Pagode, ist der weiße und flimmernde Palast des Demhog (eines buddhistischen Gottes vom Berg Kailas).« Kristallartig durchscheinende Tempel sind Luftgebilde, ebenso wie ein sich zu einer Säule formender Berg, den man als Nabel der Welt zu erkennen glaubte. Nach den Vorstellungen der Einheimischen sind diese Erscheinungen in der Regel unsichtbar, aber die Pilger wissen, daß sie auftreten, und holen sich hier die Kraft und die Weisheit, die nötig ist, um sich von irdischem Leiden abzukoppeln. Aus der alten indischen Literatur ist übrigens das Aufsteigen und

Abb. 177 Phönix-Mosaik vom Boden eines Höhlengrabes in Edessa in Obermesopotamien (3. Jh. n. Chr.). Der Vogel Phönix, der im Altertum als so groß wie eine Insel, wie neun Berge oder wie eine Oase beschrieben wurde, fliegt, wenn er aus der Asche (der Erde) geboren wird, in den Himmel hoch. Er ist ein Flugkörper, der in einer Luftspiegelung geboren wird.

Schweben in der Luft als religiös-geistige Fähigkeit gut bekannt. Häufig wird Heiligen hohen Ranges oder gar Buddha selbst diese Gabe zugeschrieben.

Göttliche Fahrzeuge und die Fata Morgana

Ob es die Ozeanfähre des keltischen Meeresgottes ist, der Garuda-Vogel des Hindu-Gottes Vishnu, der Bennu oder Phönix der alten Welt, der Donnervogel der arktischen und nordamerikanischen Völker, oder ob es die weißen Reittiere buddhistischer Erleuchteter sind: Alle erscheinen sie am Horizont und verhalten sich wie typische isolierte Luftspiegelungen über dem Meer oder über einem Berggipfel. Sie sind schwebende oder versetzte Inseln oder gespiegelte Umrisse von Bergen, die deutlich vom ursprünglichen Objekt abgesetzt sind. Sie wirken viel größer als Vögel, erscheinen plötzlich, verändern ihre Gestalt und verschwinden so unverhofft, wie sie aufgetaucht sind. Auf Filmaufnahmen sind solche Erscheinungen bereits festgehalten worden und präsentieren sich wie schwebende Flugkörper.[25]

Bemerkenswert detailliert ist die Beschreibung des Thronwagens Jahwes, der vor einer Wetterfront in Babylonien gesichtet wurde, einem Land, das für seine ungewöhnlich phantastischen Luftspiegelungen bekannt ist. Gott hat sich hier den Israeliten über ein natürliches, wenngleich sehr ungewöhnliches Phänomen offenbart.

Oft werden göttliche Fahrzeuge oder göttliche Erscheinungen über dem Meeresschaum gesichtet. Das gilt für die Drachen Chinas genauso wie für Vishnus Garuda-Fahrzeug, auf das seine Gemahlin aus dem Meeresschaum zustieg. Es gilt für das Ozean-Fahrzeug des keltischen Meeresgottes ebenso wie für altamerikanische Götter. Damit wird der Meeresschaum zum weißen Teppich, der zur erträumten anderen Welt führt.

Die Menschen früher Kulturen waren oft präzise Naturbeobachter. Und dennoch tauchen in ihren Mythen immer wieder Begebenheiten auf, die unserer Alltagserfahrung widersprechen. Haben sie diese Vorgänge erfunden oder erträumt oder waren es, wie von Religionen meist nahegelegt wird, Eingriffe höherer Mächte? Es könnte genausogut sein, daß die Menschen wirklich erlebt haben, was sie überlieferten, ohne zu ahnen, daß Luftspiegelungen sie getäuscht haben.

Abb. 178 Doppelvogel mit Schlangenpaar. Buddhistische Grotten von Kizil, Xinjiang, Westchina, 7. Jh.

10.

Verzauberte Natur

Zwei Sonnen, zwei Monde am Himmel

Die Eingeborenen des nordöstlichen Arnhem-Landes in Australien glauben, daß es zwei Sonnen gibt, eine Mutter-Sonne und eine Tochter-Sonne. Die Mutter erlaubt es nicht, daß die Tochter sie bei ihrer täglichen Wanderung über den Himmel begleitet, weil die Hitze von zwei Sonnen die ganze Welt in Brand setzen könnte.

Die Eingeborenen der australischen Wüste sind überzeugt, daß es zwei Monde und entsprechend auch zwei Mond-Männer gibt. Der eine Mond, Kidlili genannt, ist so groß, daß er, wenn er sich in den Himmel erheben würde, den ganzen Raum ausfüllte. Der andere, kleine Mond ist sein Sohn. Dieser überredet seinen Vater, in seinem Camp zu bleiben, weil sonst alle Menschen vor Schreck sterben würden.[1]

Auch die Indianer der nördlichen Pazifikküste Amerikas erinnern sich in ihren Ursprungsmythen an zwei Sonnen. Die eine Sonne nahm den gewohnten Lauf, während die andere über das »Wasser« wegzog.

Von der Sonnengöttin Amaterasu, der Ahnherrin des japanischen Kaiserhauses, erzählt die Mythologie, daß sie sich einmal verschreckt in eine Himmelshöhle zurückgezogen habe. Die anderen Götter ersannen eine List. Sie stellten einen Spiegel vor ihrer Höhle auf und lockten Amaterasu mit vorgetäuschter Fröhlichkeit, als ob sie eine neue Sonnengöttin hätten, hervor. Als die neugierige Höhlenbewohnerin auf ihr Spiegelbild starrte, wurde sie aus ihrem Versteck herausgezogen, worauf die Welt wieder hell wurde.

Vor allem in der Nähe des Horizonts sieht man die Himmelskörper nicht selten gespiegelt. Doppelte Sonnen sind häufig beobachtet worden (Abb. 7 L). Typischer-

Abb. 179 Doppelte Sonne mit doppelten Nebensonnen, beobachtet am 6. März 1554 über Ingolstadt

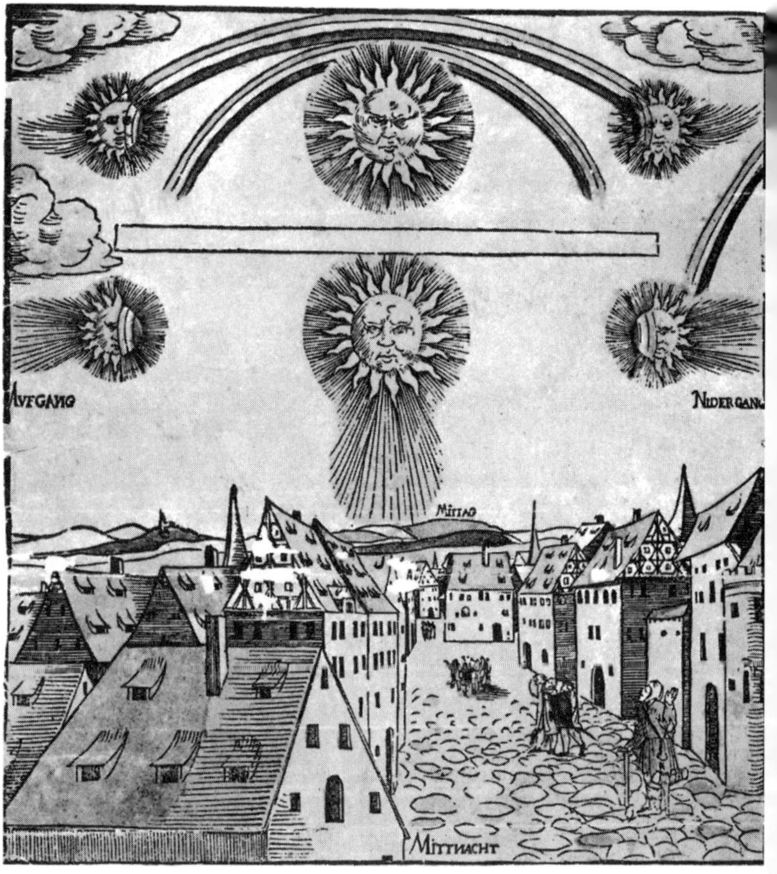

weise geht dann eine Sonne nicht am Horizont auf, sondern etwas darüber. Von diesem Punkt wandert dann eine Sonne den Himmel hoch und eine gespiegelte den Himmel herunter. Dies mag den Eindruck vermittelt haben, daß ein Gestirn das andere zurückhält, weil es wieder unter den Horizont zurückkehrt. Auch die Ahnherrin des japanischen Kaiserhauses erschien offenbar einmal als Doppelsonne.

Ich selbst habe einmal, am 24.7.1991 auf der Autobahn östlich von Augsburg um etwa 21 Uhr, als die Sonne noch deutlich über dem Horizont stand, eine doppelte Sonne gesehen. Meine Frau bemerkte, wie sich die Sonne, die gerade hinter einem schmalen Wolkenstreifen stand, plötzlich in die Länge zog und stark zu »eiern« begann. Die Sonne hatte dann für zirka 5 Sekunden deutlich zwei vollständige Abbilder, eines über und ein zweites unter dem schmalen Wolkenstreifen. Der Eindruck war unvergeßlich. Die gewohnte Erscheinung der Sonne gehört zu den Ureindrücken der Menschen, und jede Abweichung vom Gewohnten löst instinktive Beunruhigung aus.

Die Sonne, die verlorenging

Wie der Forscher Knud Rasmussen dokumentierte, berichten die Eskimo von einem schlimmen Unheil, das ihnen einst zugestoßen sei und von dem sie ein mutiger Junge errettete. Es fing damit an, daß die Sonne eines Tages vom Himmel verschwunden war und sich überall schwärzeste Finsternis ausbreitete. Selbst der alte, weise Schamane, der Amgakok des Eskimo-Dorfes, konnte nicht helfen. Er mußte seinem Enkel traurig mitteilen, daß seine Kräfte nicht ausreichten, die Sonne wieder herbeizuzaubern. Kurz entschlossen machte sich der Junge auf den Weg, sie zu suchen. Der alte Schamane hatte ihm zuvor noch den Rat gegeben, seine Suche in Richtung Süden zu konzentrieren. Er gab seinem Enkel auch eine magische Adlerfeder, mit der er sich in die Lüfte erheben konnte. Der Weg durch die Nacht war weit und mühselig. Der Junge fragte zunächst einen Fuchs, dann eine Wölfin nach dem Weg. Beide kluge Tiere rieten ihm, dem schwachen Lichtstrahl zu folgen, der am südlichen Horizont sichtbar war. Dann traf er auf eine Bärin. Sie wies auf einen Berg, hinter dem Licht hervortrat (Abb. 15 im Farbteil). Der Junge brauchte noch viele Tage bis zu jenem Berg, und die Adlerfeder half ihm, die schroffen Felsen bis zum Gipfel zu überwinden. Dort wollte er seinen Augen nicht trauen. Hinter dem Berg erkannte er die Sonne, mit Riemen an einen Felsen gebunden. Ein mächtiger Schamane hielt sie dort fest, um sie immer für sich allein scheinen zu lassen. Der Junge merkte, daß er die Sonne nur mit einer List von ihren Fesseln befreien konnte. Er verdingte sich bei dem alten Zauberer als Gehilfe und ließ bei Gelegenheit durch Abgraben von Erde einen schweren Felsbrocken vor dessen Höhleneingang gleiten. Bevor sich der Schamane befreien konnte, hatte der Junge die Sonne freigesetzt und mit Hilfe seiner Adlerfeder wieder auf die alte Bahn gebracht.

In der Arktis tritt ein Luftspiegelungsphänomen auf, welches als Nowaja-Semlja-Effekt bekannt geworden ist. Es ist nach der Insel benannt, auf der der Seefahrer und Entdecker Willem Barents kurz vor seinem Tode diese Art Luftspiegelung gesichtet hat. Zwei Wochen, bevor die Sonne nach der langen Polarnacht am Himmel zurückerwartet wurde, erschien sie plötzlich strahlend am Firmament. Durch eine günstige atmosphärische Luft-

Abb. 180 Nach einer Eskimo-Legende mußte ein Junge ausziehen, um die geraubte Sonne aus den Händen eines hinterlistigen Schamanen zu retten, der sie festhielt.

schichtung war das Sonnenlicht wie in einem Lichtleiter Hunderte von Kilometer in den Erdschatten geleitet worden. Dasselbe Phänomen müßte auch umgekehrt auftreten, also Sonnenlicht ausblenden, wenn es eigentlich die Erde erreichen sollte. Solche Erscheinungen dürften einen nachhaltigen Eindruck hinterlassen haben, so daß leicht Magie dahinter vermutet werden konnte. Realistisch war der Ratschlag an den Jungen, die Sonne dort zu suchen, wo ein schwacher Lichtstrahl herkommt. Es scheint sich um eine wirklich beobachtete Erscheinung gehandelt zu haben.

Der Schamane, der Packeis flachdrückte

Einige Inuit (Eskimo), die einst auf dem Weg zu neuen Jagdplätzen bei Itsuartorfik waren, gerieten in solch ungeheures Packeis, daß sie haltmachen mußten. Sie konnten nicht weiterziehen, und es war nicht möglich, Robben zu jagen, da es keine Luftlöcher im Eis gab. Aber sie hatten einen großen Schamanen dabei. Er ging zum Rande des Eises und sagte, daß er nach flachem Eis Ausschau halten werde. Der Schamane war lange weg. Und als er schließlich wieder auftauchte, sagte er: Macht euch bereit, aufzubrechen, das flache Eis ist sehr nahe. Sie brachen das Lager ab und erblickten verblüfft flaches Eis, wo sich einen Augenblick zuvor noch enormes Packeis aufgetürmt hatte. Später fanden sie Schnee, um Unterkünfte zu machen, bauten sich ein Jagdlager und begannen Seehunde zu jagen. In den alten Tagen konnten die Schamanen alles vollbringen (Erzählung der Netsilik-Eskimo).[2]

Eine ähnliche Eskimo-Erzählung handelt vom Scha-

Abb. 181 Nach einer Eskimo-Legende gelang es einem Schamanen, das sich auftürmende Packeis flachzudrücken, so daß seine Leute wieder eisfischen konnten.

manen Aglumaloqaoq, der Eis zusammendrücken und hochtürmen konnte, es aber auch zuwege brachte, Entfernungen zu verkürzen

Zahlreiche Polarexpeditionen hat dieses Phänomen schon genarrt: Eine ebene, glatte Eisfläche türmt sich auf zu einer zerklüfteten Wildnis aus Eisblöcken und Schneewächten, ja sogar zu einer vereisten Berglandschaft, die sich plötzlich wieder in eine spiegelglatte Ebene zurückverwandelt. Berühmt ist die Geschichte vom »Crocker-Land«, das mehrere Expeditionen vergeblich suchten. Im Jahre 1906 stand Robert E. Peary auf dem Wege zum Nordpol auf der Spitze von Kap Thomas Hubbard am Nordende des Axel-Heiberg-Landes. Von hier aus sah er im Nordwesten eine über den Eishorizont ragende gewaltige Kette von Eisgipfeln. Später, von Cap Columbia auf der Ellesmere-Insel aus, sah er dieses Land ein zweites Mal. Im Jahre 1913 machte sich eine Expedition unter Führung von Donald B. McMillan zum Crocker-Land auf. Schon war das verheißene Land in Sichtweite: »Um Gottes Willen, was für ein Land! Hügel, Täler, schneebedeckte Gipfel, die sich wenigstens über 120 Grad des Horizonts erstrecken.«[3] Dann stürmte McMillan mehr als 30 Meilen über das arktische Eis seinem Traumland entgegen, doch außer der ebenen Eiswüste war nichts mehr zu sehen. Sowohl Peary als auch McMillan waren Opfer eines Trugbildes geworden. Die flache, kühle Eisfläche begünstigt Spiegelungen nach oben. Das Eismeer wölbt sich in der Ferne hoch, und sanfte Unebenheiten und leichte Schneeverwehungen türmen sich zu einem grotesken Feld ineinander verzahnter Eisschollen oder bizarrer Eisgebilde (Abb. 182).

Ähnliche Phantomgebirge regen seit langer Zeit die Phantasie der Menschen an. Bei den neusibirischen Inseln gibt es eine im Winter weitgehend freibleibende

Abb. 182 Durch Luftspiegelung zu bizarren Formen aufgetürmte Eismassen. Kanadische Arktis

Meeresstelle, die große sibirische Wake. Sie wurde als unüberwindliches Hindernis auf dem Weg zum rätselhaften Sannikowland betrachtet, das oft gesichtet, aber nie gefunden wurde. Satellitenaufnahmen haben bewiesen, daß in dieser Gegend überhaupt kein Land existiert.[4]

Der Schamane der Eskimo-Erzählung hatte das Trugbild des Packeises offenbar erkannt. Er half seinen Stammesbrüdern, ohne dieser Erscheinung ihren Zauber zu nehmen. Vielleicht hat er selbst an die Realität des Trugbildes geglaubt. Man braucht sich der Luftspiegelung nur zu nähern, und sie verschwindet. Die Erzählung zeigt, daß auch für die naturerfahrenen Inuit Luftspiegelungen zu den unerfaßbaren Vorgängen dieser Welt gehörten.

Das Kaninchen und die Sonne

Die Hopi-Indianer, die in den Trockenwüsten Arizonas im Südwesten der Vereinigten Staaten leben, kennen die sengende Hitze – von ihnen »Hadotso« genannt –, die im Hochsommer allen Wesen das Leben zur Qual macht, nur zu gut. Folgende Geschichte knüpft sich an diese Zeit der unbarmherzigen Sonne.[5]

Von allen Lebewesen fühlte sich das Kaninchen in der flimmernden Hitze am unwohlsten. Zweimal schon hatte es den schmalen Felsschatten verlassen, um mit heißen Pfoten über die hartgebackene, erhitzte Erde zu laufen, weil es Wasser und kühle, schattige Bäume gesehen hatte. Verzweifelt und verbissen hatte es versucht, das verführerische Bild zu erreichen, Doch das Wasser zog sich immer wieder von ihm zurück, bis das Tier einsah, daß es einer Illusion nachjagte. Müde, staubig und mit brennenden Augen zog es sich wieder in den erbärmlichen Schatten eines Felsvorsprunges zurück. Aber die Sonne rückte nach und machte ihm auch dieses Refugium streitig. Da verlor das Kaninchen die Nerven und schrie die Sonne an, sie solle weggehen, weil sie alles zu heiß mache. Da die Sonne keine Reaktion zeigte, entschloß sich das Kaninchen, sie zu bekämpfen. Es übte fortan den Kampf mit Pfeil und Bogen sowie mit Wurfhölzern und brach zum östlichen Horizont auf, wo die Sonne jeden Morgen nahe vorbeizuziehen schien. Aber die Sonne hatte die Kriegsvorbereitungen des Kaninchens bemerkt und war wachsam. So sprang sie mit einem mächtigen Satz über den Horizont an den Himmel, so daß der Angreifer gar nicht dazu kam, einen Pfeil abzuschießen. Am nächsten Tag erschien die listige Sonne an einem anderen Ort über dem Horizont und brachte das Kaninchen zur Verzweiflung. Aber eines

Abb. 183 Antilopensehnsucht, das altindische Sanskrit-Wort für Luftspiegelung, weist darauf hin, daß auch die Tiere den Trugbildern des Lichtes zum Opfer fallen. Luftspiegelung in der Etoscha-Pfanne, Namibia

Morgens wurde die Sonne leichtsinnig. Sie stieg viel langsamer als gewöhnlich über den Horizont hoch. Das Kaninchen erkannte seine Chance, sein Pfeil landete im Herzen der Sonne. Zunächst hüpfte das Kaninchen vor Freude, dann aber erkannte es mit Schrecken, daß aus der Wunde flüssiges Feuer auf die Erde floß. Alles begann zu brennen, und das Kaninchen sah sich bald auf der Flucht vor einer Feuerfront. Im Vorüberlaufen bat es verschiedene Pflanzen um Schutz, den Baumwollbaum, den Ölbaum, doch keine konnte helfen, da sie selbst alle verbrannten. Ein unansehnlicher Busch, die »gelbe Wüstenbürste«, half dem Kaninchen schließlich. Bevor das Feuer kam, war er noch grün. Als das Feuer über ihn und das sich darunter duckende Kaninchen hinwegzog, wurde er gelb. Das Kaninchen überlebte, wenngleich die Angst nie mehr von ihm wich. Auch sieht man

Abb. 184 Luftspiegelung im Death Valley, Kalifornien

in seinem Nacken noch braune Flecken, die die Sonne gesengt hatte. Die Sonne ist seitdem sehr vorsichtig, späht immer zuerst wachsam über den Horizont und scheint so grell, daß man nicht mehr auf sie zielen kann.

Nicht nur die Luftspiegelungen, die auch die Tiere durch das Vorgaukeln von Wasser narren, sind richtig beschrieben (in der alten indischen Sanskritsprache heißt das Wort für Luftspiegelung »Antilopensehnsucht«). Auch die Erscheinung, daß die Sonne sprunghaft deutlich über dem Horizont auftritt beziehungsweise langsamer als sonst ansteigt, entspricht wirklichen Beobachtungen. Eine Spiegelungsschicht am Horizont lenkt die Lichtstrahlen so ab, daß diese Erscheinungen entstehen. Die Hopi-Indianer kannten diese Luftspiegelungseffekte sehr genau, haben sie aber offenbar einer Laune der Sonne zugeschrieben.

Licht gegen Dämonen der Finsternis

Mananaun, der keltische Meeresgott, ließ den kleinen Sonnengott Lugh Abschied von Irland nehmen. Er hüllte ihn in seinen Mantel ein und stieg mit ihm in seine Ozeanfähre. Ohne Ruder und Segel fuhren sie über das Meer, bis sie in dem paradiesischen Land Tir-nan-Oge ankamen, das in allen Farben des Urbeginns leuchtete.

Dort wuchs Lugh zwischen Apfelbäumen und vielen zauberhaften Wesen auf. Mananaun aber stattete – in seinem unsichtbar machenden Zaubermantel – Irland des öfteren Besuche ab. Irland war von dem mißgestalteten Volk der Fomore besetzt worden, nachdem es den Stamm der Dana (die De Danaans) unterworfen hatte. Ihre einst so vornehmen Krieger mußten nun den Fomoren Holz tragen. Der König der Dana, Nuada, mußte sich im geheimen mit seinen Getreuen treffen, um das Geschick seines Landes vielleicht doch noch wenden zu können.

Nach dreimal sieben Jahren verspürte Lugh den unwiderstehlichen Wunsch, zu seinem unterdrückten Volk zurückzukehren. Mananaun gab ihm sein Pferd, seinen Helm und seinen Brustpanzer, dazu noch Kameraden, die gleich hochgemuten Herzens waren wie er, um die Fomore aus Irland zu vertreiben – gleich dem Wind, der die Spreu vor sich hertreibt.

Lugh verkleidete sich und begab sich vor den Turm, in den sich König Nuada mit seinen Getreuen zurückgezogen hatte. Der Torwächter wollte ihn nur unter der Bedingung einlassen, daß er Kunststücke vorführte. Also warf er große Steine und spielte Schach. Dann spielte er so traurig Musik, daß »der Wind stöhnte, und wo eben noch Gras und Blumen gestanden hatten, entstand ein Meer aus unruhigem Wasser.« Dann stimmte Lugh die Musik des Friedens an, und draußen fiel ein seltsamer Schnee. Die De Danaans schliefen ein, und am nächsten Tag meinten sie, einen schönen Traum gehabt zu haben. Die Sonne war aufgegangen. »Die Fomore haben die Sonne nicht vom Himmel genommen«, sagte Nuada. »Laßt uns zum Hügel des Usna gehen und die überall verstreuten Gefährten zusammenrufen zum Kampf gegen unsere Feinde.« Sie ergriffen die Waffen und sammelten sich, als die Fomore auf sie zukamen und die De Danaans wegen ihrer geringen Zahl verspotteten. Mit heiserem Geschrei fielen sie über die De Danaans her, die sich erbittert wehrten.

Da erschien ein Licht am Horizont, das so hell war, daß niemand hineinsehen konnte. Große, rosarote Lichtströme ergossen sich über den Himmel. »Das ist ein zweiter Sonnenaufgang«, sagten die Fomore. »Es ist der Befreier«, sagten die De Danaan. Aus dem Licht brach die glorreiche Schar der Krieger von Tir-nan-Oge hervor. Lugh, mit einem Lichtschwert bewaffnet, führte sie an. »Vor ihm und seinen Gefährten vergingen die Fomore wie Stoppeln im Feuer.« Als nur noch neun Fomore übriggeblieben waren, hielten die Kämpfenden inne, verneigten sich vor den De Danaan und vor Lugh und brachten die Botschaft der unerwarteten Niederlage zu Balor mit dem bösen Auge, dem König der Fomore.

Vieles am Wesen der Fomore deutet darauf hin, daß sie Fata-Morgana-Gespenster waren. Ihre unförmigen, veränderlichen Gestalten, ihre Heimat auf dem Meer, ihre Kontakte zu gespenstischen Inseln haben sie den ersten Bewohnern Irlands, den De Danaan, suspekt gemacht. Sie wähnten die grüne irische Insel wohl zum Teil im Besitz dieser Phantome. Diese Episode aus der keltischen Mythologie[6] könnte insgesamt eine wirkliche Fata-Morgana-Beobachtung darstellen. So wurde immer wieder bemerkt, daß gerade am frühen Morgen über dem kühlen Boden Luftspiegelungen auftraten, die alle möglichen Gestalten vorspiegelten. Mit den ersten Sonnenstrahlen war in der Regel der Spuk zu Ende. In der beschriebenen Episode geht die Sonne zweimal auf. Dies ist in einer Luftspiegelung nach oben möglich. Eine matte gespiegelte Sonne taucht am Horizont auf, bevor die wirkliche, grellere Sonne aufgeht (Abb. 7 L). Während die erste Sonne am Himmel zu sehen war, tobte der Kampf der Fomore, der Luftgespenster. Aber als die richtige Sonne auftauchte, »vergingen sie wie Stoppeln im Feuer«. Das heißt, das Sonnenlicht vernichtete die Dämonen – es war der Sieg des freundlichen Sonnengottes über die feindlichen Fata-Morgana-Gespenster. Daß die aufgehende Sonne die im Morgengrauen deutlich sichtbaren Luftspiegelungen auflöst, ist zum Beispiel aus Indien gut bekannt. Die französisch-kanadische Mythologie kennt einen Glasturm, der in der Sonne schmilzt.

Ein Forschungsreisender beschrieb ein großartiges Luftspiegelungsereignis und auch ihr Ende, hervorgerufen durch das Sonnenlicht: »... bis zuletzt die Sonne so kräftig wurde, daß die ganze Erscheinung verschwand und Burgen, Türme und Bäume wie Blendwerk in Luft zerrannen«.[7]

Solche Begebenheiten müssen den Naturvölkern aufgefallen und in ihre Mythologie eingeflossen sein. Aber nur, wenn man die entsprechenden Naturphänomene kennt, begreift man die Zusammenhänge. So überliefern die Navaho, daß die Sonne mit dem Wesen Estanatlehi, was »Verwandlungsfrau« bedeutet, Zwillingssöhne zeugte. Diese guten Riesen, Slayer und »Für-das-Wasser-geboren«, vernichteten viele Ungeheuer, die die Welt und die Menschen heimsuchten.[8] Man könnte diesen Mythos so verstehen, daß der Horizont viele »Ungeheuer« hervorbrachte, aber dort auch Sonnenzwillinge (die gespiegelte Sonne und darauf die richtige Sonne) geboren wurden. Nachdem die letztere auf den Plan trat, verschwanden die Ungeheuer. Angeregt wurde dieser Mythos wohl von einem Sonnenaufgang in einer Luftspiegelung, bei der zunächst eine gespiegelte Sonne auftrat und anschließend die Luftgebilde im Licht der richtigen Sonne zusammenfielen.

Der Herr des Wüstenwassers

Unter den Legenden der australischen Ureinwohner, die K. Langloh Parker zusammengetragen hat, handelt eine auch von einem Schamanen, der Luftspiegelungen herbeizaubern konnte:[9] Es war Beereeun von der Totem-Familie der Eidechse. Er wollte unbedingt die Bullai-Bullai-Schwestern heiraten, die ihm von der Mutter bereits versprochen worden waren. Aber diese hätten viel lieber Weedah vom Totem der Spottdrossel zum Manne genommen. Sie klagten diesem ihre Not, und er schlug beherzt vor, am nächsten Morgen gemeinsam über die große Ebene zu fliehen. Sie durchquerten die Ebene, dann eine Buschlandschaft und dann wieder eine Ebene. Sie legten Feuer an das dichte trockene Gras, um die Spuren hinter sich zu verwischen. Der Tag war sehr heiß. Sie hatten in der Eile vergessen, Wasser mitzunehmen; Wasserstellen waren nirgends zu erblicken. Die Bullai-Bullai-Schwestern machten Weedah bittere Vorwürfe. Er vertröstete sie immer wieder und zeigte schließlich aufgeregt auf den jenseitigen Rand der Ebene, die sie gerade durchquerten. Dort war tatsächlich ein Streifen Wasser zu sehen (Abb. 185).

Die drei marschierten schneller, aber je weiter sie vorankamen, desto weiter schien das Wasser zurückzuweichen. Die Schwestern waren so müde, daß sie sich hinlegen wollten, aber Weedah trieb sie weiter an. »Laßt uns zurückgehen«, sagten die Schwestern schließlich, »dies ist ein Land der bösen Geister. Wir sehen Wasser, und wenn wir hinkommen, wo wir es gesehen haben,

Abb. 185 In einer australischen Legende werden Weedah und die Bullai-Bullai-Schwestern vom Schamanen Beereeun genarrt, der ihnen in der Wüste Wasser vorgaukelt.

ist dort nur trockene Erde. Kehren wir um.« »Wollt ihr wirklich zu Beereeun zurückkehren, der euch töten würde?«, fragte Weedah. »Lieber im eigenen Land erschlagen werden als in einem Land der Teufel vor Durst sterben«, antworteten die Schwestern. Weedah zeigte ihnen erneut Quellen am Horizont. Aber die Schwestern glaubten ihm nicht mehr. Schließlich begannen sie, auf ihn einzuschlagen. Er versprach, wasserhaltige Wurzeln zu finden, aber die Schwestern schlugen auf ihn ein, bis sie nicht mehr konnten und ermattet niedersanken. Die Schwestern kamen auf die Idee, einen Beschwörungsgesang anzustimmen, um Regen herbeizubitten. Obwohl ihre Kehlen völlig ausgetrocknet waren, meisterten sie diese Aufgabe. Gewitterwolken ließen bald einen heftigen Schauer niedergehen. Die drei Wanderer labten sich aus lehmigen Pfützen.

Am nächsten Tage wanderten sie weiter und sahen wieder »diese seltsame Ähnlichkeit mit Wasser« am Horizont. Als die Abenddämmerung hereinbrach, erreichten sie den großen Fluß. Sie trafen auf Goolay-yali, den Pelikan-Mann. Dieser setzte mit seinem Kanu zuerst Weedah über, der eine Grashütte vorbereiten sollte. Dann aber weigerte Goolay-yali sich, die Schwestern überzusetzen. Er wollte, daß sie bei ihm blieben. Als er sie packen wollte, wehrten sie sich, indem sie ihn mit Asche bewarfen und blendeten. Während er blind herumtorkelte, rannten die beiden zu seinem Boot. Aber zu ihrem Entsetzen saß Beereeun darin, der Magier, vor dem sie so weit geflüchtet waren. Er war ständig in ihrer Nähe gewesen und hatte sie mit Vorspiegelungen von Wasser über die Ebene gelockt; sie sollten verdursten. Jetzt war seine Stunde gekommen. Die Bullai-Bullai-Schwestern blickten über den weiten Fluß und sahen die Grashütten, die Weedah aufgebaut hatte. Sie sahen, wie er hinein- und hinauslief, als ob er ein Spiel treiben würde. Auch waren es seltsame Grashütten, »weil sie an ihren beiden Enden offen waren« (Abb. 125).

Beereeun, der Schamane, gab den Frauen zu verstehen, daß er Weedah verrückt gemacht habe. »Dies passiert denen, die zu lange in die Luftspiegelung schauen.« Die Bullai-Bullai-Schwestern konnten ihre Augen nicht von Weedah abwenden, so seltsam benahm er sich, da er unentwegt auf der einen Seite in die Grashütten hineinlief und auf der anderen Seite direkt wieder herauskam. Sie riefen nach ihm.

»Ich werde ihn weit von euch wegsenden«, drohte Beereeun. Er ergriff seinen Speer und schleuderte ihn hinüber zu Weedah. Dieser stieß einen Schrei aus und rief: »Wasser ist dort! Wasser ist dort!« Dann fiel er zu Boden. Die Schwestern baten verzweifelt, übergesetzt zu werden, um ihm helfen zu können. »Es geht ihm gut. Er ist im Himmel. Er ist nicht mehr dort«, sprach Beereeun. »Wenn ihr ihm folgen wollt, müßt ihr ihm in den Himmel folgen. Schaut, ihr könnt ihn dort oben sehen.« Und er zeigte auf einen Stern, den die Schwestern nie zuvor gesehen hatten. Der Legende nach folgten sie Weedah in den Himmel.

Diese Geschichte belegt, daß die australischen Ureinwohner, diese erfahrenen Naturbeobachter, eine Luft-

Abb. 186 Fata-Morgana-See im australischen Busch

spiegelung für Zauberei hielten. Neben der treffenden Beschreibung der Wüsten-Luftspiegelung fällt auf, daß sie vor einer Wetterfront gesehen wurde, wo solche Erscheinungen oft sehr deutlich sind. Beim Blick über den großen, kühlen Fluß ändert sich die Form der Luftspiegelung. Es erscheint eine Grashütte, die nicht mehr einseitig offen ist, sondern beidseitig. Es handelt sich wohl um eine doppelt gesehene Hütte, was auch die scheinbare Hektik Weedahs erklären könnte. Sie sahen ihn wohl gleichzeitig an beiden Seiten der Doppelhütte und nahmen an, daß er sehr schnell hindurchlief. Schließlich wird er so hoch am Himmel gesehen, daß das Land, wo er sich befand, mit einem Stern identifiziert werden konnte.

Interessant ist auch der Glaube, daß man den Verstand verliert, wenn man zu lange in die Luftspiegelung schaut. Dies allein deutet darauf hin, daß die Eingeborenen solche Erscheinungen einer jenseitigen Welt zuordneten, vor der sie sich fürchteten.

In der Tat können Luftspiegelungen in der Wüste sehr verführerisch sein. Der Kommandant einer britischen Expedition, Chesney, der zwischen 1835 und 1837 die Flüsse Euphrat und Tigris erkundete, schrieb über seine Erfahrungen mit Luftspiegelungen folgendes nieder: »Das Licht, das in der verdünnten Luft unmittelbar über dem erhitzten Boden gebrochen wird, verursacht die Erscheinung eines riesigen Sees, und der durstige Reisende, der auf ihn zugeht, findet, daß die betrügerische Illusion vor ihm zurückweicht. Am frühen Morgen, während etwas Tau am Boden liegt, ist die Wahrnehmung bemerkenswert stark. Jeder Gegenstand ist dann auch vergrößert, so daß Büsche als Bäume wirken, und unter ihnen erscheinen ihre Spiegelbilder häufig umgekehrt, als ob sie von einer Wasseroberfläche reflektiert würden.« Kein Wunder, daß angesichts dieses Phänomens Erklärungsbedarf besteht. So berichtet ein indischer Mythos von einem Riesen, der einen See trocken trinkt.

Trolle, die Menschen langziehen, und die Phantom-Ruderer

Die Inuit erzählen von Trollen mit langen Klauen, »kukiliga'ciait« genannt, von denen man sagt, daß sie weit im Inland wohnen. Im Winter hausen sie in Schneehütten, die denen der Menschen ähneln. Sie sind gefährlich, weswegen nur sehr tüchtige Schamanen es mit ihnen aufnehmen können. Wenn die Trolle auf Menschen treffen, greifen sie sie an. Sie kratzen sie und ziehen an ihnen so lange, bis kein Fleisch mehr an ihnen ist.

Die Klauen-Trolle sind möglicherweise Lichtgespenster des Horizonts, die Menschen optisch langziehen und dadurch ganz dünn und fleischlos erscheinen lassen. Bewegungsabläufe verzerrter Objekte am Horizont sind auch die Quelle anderer gespenstischer Begegnungen.

Zwei Seeleute aus Quimper, einem Ort in der Bretagne, waren beauftragt, mit ihrem Boot eine Fracht Apfelwein nach Benn-Odet zu fahren. Sie verspäteten sich und liefen auf dem Rückweg in einer Bucht auf Grund. Also mußten sie die nächste Flut abwarten, sechs Stunden lang, die Nacht hindurch. Sie machten das Beste aus ihrer Situation und versuchten zu schlafen. Da glaubten sie, eine Stimme zu hören, die von weit her zu kommen schien und sich sehr merkwürdig anhörte.

»Ich könnte meinen«, sagte der eine Seemann, Yann, »daß ich die Stimme meines unangenehmen Chefs von

Iannic-ann-od her höre.« (So sprach man im Volksmund von jemandem, der ertrunken ist und dessen Leichnam man nie gefunden hat. Man glaubt, daß dessen Seele keine Ruhe findet und in die Nacht hinein ruft.) Yann stemmte sich hoch, um über die Reling zu blikken, und rief gleich darauf seinem Gefährten zu, aufs Wasser zu sehen. Der weiter weg liegende Teil der Bucht war von einem Licht erleuchtet, das aus dem Wasser zu kommen schien. Und in diesem Licht erkannte man ein weißes Boot. Darin standen fünf Männer, ihre Arme nach vorne ausgestreckt. Sie waren mit weißem Stoff bekleidet, der mit schwarzen Tropfen übersät war.

»Dies ist nicht Iannic-ann-od«, sagte Yann, »das sind die verwunschenen Seelen. Sprich du sie an, Caourantinn, da du diese Ostern bei der Beichte warst.« Caourantinn formte seine Hände zu einem Trichter und rief: »Wir können euch nicht holen, da wir festsitzen. Kommt zu uns oder sagt uns, was euch fehlt.« Die zwei Seeleute sahen nun, wie die fünf Gestalten sich auf ihre Bänke niedersetzten. Einer nahm das Steuer, die anderen die Ruder. Aber soviel sie auch ruderten, ihr Boot blieb am selben Platz liegen. »Was sind das für Idioten«, murmelte Yann, »wohl Süßwassermatrosen! Ich hätte Lust, hinzugehen, um ihnen zu zeigen, wie man manövriert.«

Die beiden entschlossen sich zu helfen und wateten durch das Flachwasser auf die Erscheinung zu. Aber je näher sie kamen, desto mehr strengten sich die gespenstischen Matrosen an zu rudern. Aber das weiße Boot kam nicht vom Fleck. Als die beiden Gefährten ihm ganz nahe kamen, verblich das Licht, das die Bucht erleuchtete. Einen Augenblick lang schienen das Meer und die Nacht zu verschmelzen. Dann leuchteten dort, wo die vier Ruderer waren, scheinbar vier Kerzen. Das fünfte Phantom, das ursprünglich am Steuer gewesen war,

Abb. 187 Die Inuit kennen Trolle, die weit im Landesinnern wohnen und Menschen und Tiere langziehen, bis kein Fleisch mehr an ihnen haftet.

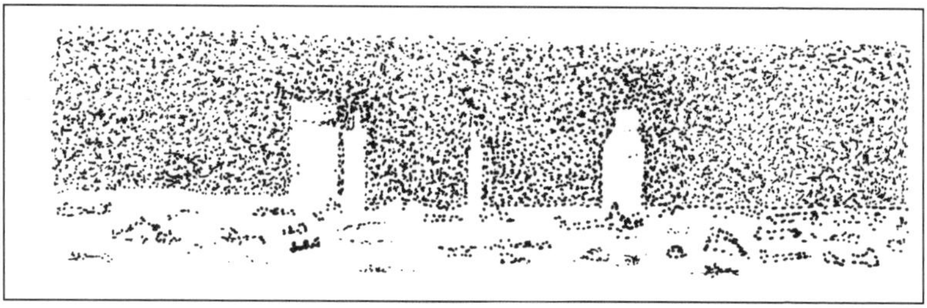

Abb. 188 Weiße Türme erheben sich aus der eisbedeckten Ebene in der Dämmerung der Arktis. Luftspiegelung

schien mit den Schultern und dem Kopf über die Wasseroberfläche zu ragen.

Verblüfft blieben die beiden Matrosen stehen, obwohl sie am liebsten das Weite gesucht hätten. Das Männchen machte einen so miserablen Eindruck, daß sie sich erbarmten. »Seid ihr von Gott oder vom Teufel«, fragte Yann. »Habt keine Angst«, sagte das elende Wesen, »wir sind fünf Seelen, die schrecklich leiden.« Die zwei Seeleute versprachen, eine Reihe von Messen lesen zu lassen, um die armen Seelen zu erlösen.

Das weiße Boot mit den fünf Matrosen wurde später wiedergesehen. Die Phantome hatten dieselben weißen Kleider an, aber die schwarzen Tropfen fehlten. Auch schienen sie ihre Arme nicht mehr nach vorne auszustrecken. Sie waren auf der Brust gekreuzt.[10]

Beschrieben ist wohl eine Luftspiegelung, bei der einige kerzenähnliche Objekte (Holzpflöcke?) verlängert wiedergegeben wurden. Daneben hielt sich vermutlich ein Seehund oder ein anderes Lebewesen auf, das Bewegung in das Bild brachte. Der Eindruck, daß die Phantome rudern, entstand möglicherweise dadurch, daß die Größe der gesichteten Gestalten je nach der Blickhöhe des Betrachters schwankt. Deswegen wohl ruderten sie schneller, als die beiden Seeleute durch das Wasser auf sie zuwateten. Sehr charakteristisch für Luftspiegelungen ist auch, daß sie verschwinden, wenn man sich ihnen nähert. Der Rest ist dazugedichtet.

Die weißen Himmels-Lemminge

Bei den Inuit-Stämmen der Arktis gibt es mehrere Geister, die bei schamanischen Ritualen eine nicht unwichtige Rolle spielen. Sie besitzen bestimmte magische Fähigkeiten. Die »weißen Himmels-Lemminge« sind solche Geister. Sie erinnern in ihrer Form an die kugelige Gestalt irdischer Lemminge, die die arktischen Weiden abknabbern, aber tauchen am Himmel auf und haben eine weiße Farbe. Echte Lemminge haben ein braunes Fell. Der Schamane nimmt zu den Himmels-Lemmingen Kontakt auf, wenn es um Krankheiten geht oder um Leben und Tod.[11]

Eine andere Art von Geist nennen die Mackenzie-Inuit »Amartoq«. Dies bedeutet soviel wie »die eine mit dem Kind in der Rückentasche«. Gemeint ist die Rückentasche im Parka der Inuit-Frauen, in der sie ihre Kinder transportieren. Die Netsilik-Inuit sprechen von »der einen, die etwas auf dem Rücken trägt«. Sie glauben, daß sich an der Stelle, wo die Rückentasche sein soll, ein leerer Behälter befindet, der aus Treibholz gefertigt ist und nach fauligem Meerestang riecht. Der Geruch wird von den Iglulik-Inuit bestätigt, aber sie meinen, daß die Tasche aus ungegerbter Walroßhaut besteht.

In jedem Fall gilt der Geist als riesige Frau, die an einem Felsen gesichtet wird beziehungsweise irgendwo auftaucht, aber im Erdinneren oder unter dem Meeresspiegel zu Hause sein soll. Sie ist ein gefürchteter Seelenräuber und Kinderschreck. Man glaubt, daß sie die

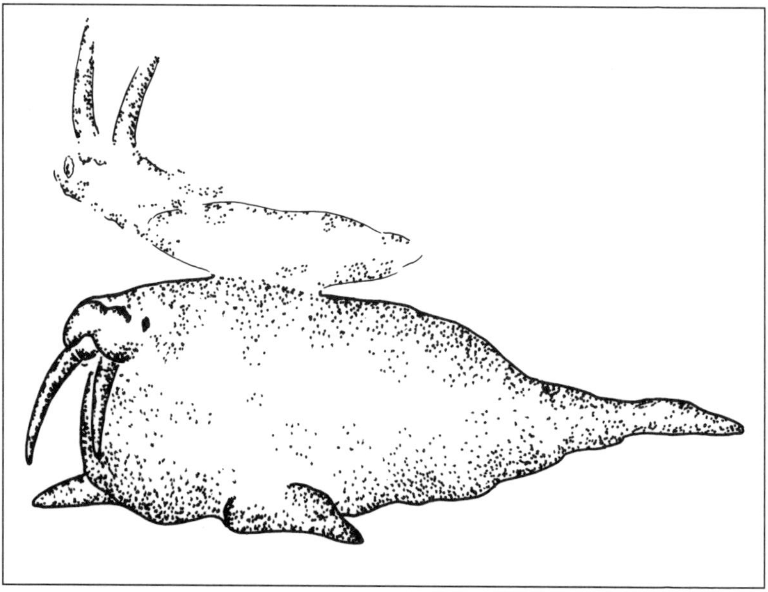

Abb. 189 Der Amartoq-Geist der Inuit mit seiner charakteristischen Rückentasche könnte ein von ferne in einer Luftspiegelung gesehenes Walroß gewesen sein.

Kinder in ihre Rückentasche steckt. Nur mächtige Schamanen können es mit ihr aufnehmen.

Einem Mackenzie-Inuit ist dieses Wesen begegnet: Draußen am Eis sah er eine große Frau, »Amartoq«. Sie kam auf ihn zu, näherte sich ihm aber nicht. Dann setzte sie sich nieder, nahm ihr Kind heraus und verschwand plötzlich. Der Mann wurde durch diese Begegnung ein Schamane. Das Wesen »Amartoq« wurde sein Hilfsgeist.

Ein berühmter grönländischer Schamane, Niviatsian, begegnete Amartoq auf folgende Weise: Sie griff ihn so plötzlich an, daß er sich bereits in ihrem Sack befand, bevor er reagieren konnte. Ihre Tasche schloß sich über ihm. Glücklicherweise hatte er ein Messer um seinen Hals gebunden. Damit stach er durch die walroßartige

Abb. 190 Europäische Sagen wissen von Riesen zu berichten, die auf den Spitzen zweier Berge gezecht haben und über ein Tal hinweg in Streit geraten sind.

Haut der Tasche und tötete die Frau. Dann bemerkte er, daß er unbekleidet war, und fand seine Kleidung in der Nähe. Es roch überall nach verrottendem Tang.

Die fliegenden Lemminge dürften zum Himmel gespiegelte Ausschnitte aus der Silhouette des Horizonts sein. Sie sind weiß, da es sich um gespiegelten Schnee und gespiegeltes Eis handelt.

Der Amartoq-Geist mit der Rückentasche könnte folgendermaßen erklärt werden: Wenn ein Felsen oder ein Walroß von weiter her in einer schwach ausgeprägten Spiegelung nach oben gesehen wird, liegt über ihm ein kleineres (gespiegeltes) Objekt, das als Rückentasche verstanden werden kann (Abb. 189). In der oben geschilderten Begegnung mit diesem Wesen, das nicht vom Fleck kam, setzt dieses sich nieder, worauf der Rucksack sichtbar wird. Dies könnte die typische Erscheinung einer Luftspiegelung sein, da eine geringe Änderung der Blickhöhe den optischen Eindruck stark verändert. Es war in Wirklichkeit wohl ein durch die atmosphärischen Bedingungen stark vergrößerter, weit entfernter Seehund oder ein Walroß an einem Eisloch, das durch seine Körperhaltung sein Aussehen in der Luftspiegelung änderte. Das plötzlich auftauchende (teilweise) Spiegelbild wurde als gefüllte Rückentasche gedeutet.

Der Kampf mit diesem Geist war möglicherweise ein Überfall durch ein Walroß. Es riß dem Schamanen die Kleider herunter (was bei Eskimokleidung, die der Ventilation wegen unten offen ist, nicht schwierig ist) und warf sich über ihn. Der Geruch nach vermoderndem Tang, den man mit dem Amartoq -Geist assoziiert, kam wohl schlicht vom Strand.

Der Baum, der kam und ging

»Wir erreichten ein Gebiet, wo es einen mächtigen Fluß gab, und oberhalb des Flusses gab es einen riesigen Baum. Er vergrößerte seine Höhe von der Dämmerung bis zum Mittag, und von dieser Zeit an verringerte er seine Höhe, bis es Nacht war, und er verschwand in die Tiefe der Erde, bis von ihm überhaupt nichts mehr zu sehen war. Da der Geruch von diesem Baum sehr süß war, befahl ich, daß man mir von seinen Früchten und Blättern bringt. Aber siehe da, bestimmte Dämonen und Teufel erhoben sich und griffen meine Männer an. Und sie schlugen sie mit mächtigen Schlägen mit etwas wie den Peitschenschnüren einer Peitsche. Die Spuren ihrer Schläge machten sich auf ihren Gliedern bemerkbar, aber diejenigen, welche die Schläge austeilten, blieben unsichtbar. Und wir hörten eine Stimme wie Donner, die sagte: ›Laß keinen Mann von diesem Baum schneiden, weder von seinen Früchten noch von seinen Blättern, sonst werden alle sterben.‹ Und es gab dort eine große Zahl von Vögeln um diesen Baum herum, die Guinea-Hennen glichen. Ich befahl meiner Truppe, daß sie weder von diesem Baum pflücken noch einen von diesen Vögeln fangen sollen. Nun waren dort in jenem Fluß gewisse Vögel, welche von schwarzer Farbe zu sein schienen, aber wenn sie aus dem Wasser kamen, waren sie weißer als Hagelkörner.«[12]

Dieser durch arabische Quellen überlieferte Bericht über den Feldzug Alexanders des Großen beschreibt immer wieder Dinge, die die Soldaten im unbekannten Land beunruhigt haben. Die obige Episode ist aus folgenden Gründen als Luftspiegelung einzuordnen: Der wundersame Baum wurde »über dem Fluß« gesehen. Er vergrößerte und verkleinerte sich während des Tages oder verschwand gänzlich. Außerdem war er unerreichbar. Die Striemen holten sich die Soldaten wahrscheinlich im Gestrüpp. Die »Stimme wie Donner« deutet auf ein nahes Unwetter hin, was wegen der »Ruhe vor dem Sturm« die Luftspiegelung zusätzlich erklären könnte.

Ganz besonders interessant ist der Hinweis auf die Vögel, die im Wasser schwarz sind, aber weiß werden, wenn sie im Trockenen sind. In einer anderen Quelle derselben alten Überlieferung ist nicht von Vögeln die Rede, die ihre Farbe wechseln, sondern von Steinen. Unsere Deutung lautet, daß die Soldaten eine Spiegelung nach oben vor sich hatten. Sie sahen die Vögel oder Steine im Wasser und darüber deren viel blasseres, helleres Ebenbild.

Wenn die Eichen über die Ebene wandern

Nach den Mythen der australischen Ureinwohner bewohnten am Anfang der Zeiten Wesen mit übernatürlichen Kräften die Erde. Diese Heroen hatten ähnliche Gefühle, Leidenschaften und Sorgen wie die Menschen und waren durch vergleichbare Verwandtschaftsbeziehungen miteinander verbunden. Sie entwickelten die heiligen Gesetze und die Lebensweisheiten, welche die Eingeborenen durch Jahrtausende hindurch befolgten.

In dieser Epoche, der Traumzeit, formten die mythischen Vorfahren die Landschaft und alle herausragenden geographischen Merkmale, die heute in Australien zu sehen sind. Die Konturen ihrer Lebensspuren wurden am Ende der Traumzeit zu Felsen und Geröll. Ihre riesigen Körper wurden zu Granitblöcken oder Steinhaufen. So sehen die Einheimischen in der zerfurchten

Landschaft Spuren von Kampf, Lagerplätze oder die versteinerten Knochen und Körper der Traumzeit-Helden. Und sie sind davon überzeugt, daß sie diese Stätten bis auf den heutigen Tag bewohnen und ihre Geister gerufen werden können. Ja, die letzten in ihren Traditionen verwurzelten Einheimischen glauben noch, daß sie selbst ein Teil dieser schlafenden, steinernen Heroen der Vorzeit sind – nämlich deren Träume.

Um den riesigen steinernen Monolithen, der zum Wahrzeichen des australischen Kontinents geworden ist, den Ayers Rock, spinnen sich mehrere Mythen, die von den Angehörigen der Pitjantjatjara- und Yankuntjatjara-Stämme erzählt werden. Die folgende Überlieferung beschreibt die Entstehung der Landschaftsformen am südlichen Teil des Ayers Rock, den die Einheimischen Uluru nennen:[13] Die Leute der Teppich-Schlange hatten dort längere Zeit friedlich gelebt, als Krieger des Stammes der »giftigen Schlange« sich aus reinem Übermut entschieden, anzugreifen. Ihre Offensive kam von den Olga-Bergen im Westen und zielte auf eine Örtlichkeit, die Mutijilda genannt wird. Sie erdachten sich dabei eine raffinierte Tarnung. Ein Teil von ihnen erschien nämlich als Wüsteneichen, die über die Ebene auf Uluru zu wanderten. Eine Frau der Teppich-Schlangen-Leute schaffte es jedoch, ihren Ansturm zu bremsen. Sie wehrte sich mit einem Grabstock und spie ihnen Gift entgegen. Aber auch sie mußte sich in die Mutijilda-Schlucht zurückziehen. Der Anführer der »Giftschlangen« schlitzte ihren Sohn mit dem Steinmesser auf. Dieser kroch über die Stelle des jetzigen Wasserloches und verblutete. Die Eingeborenen betrachten die Quelle, die das Wasserloch speist, als sein Blut, wenn es auch in der Zwischenzeit geklärt ist. In Dürrezeiten rufen sie ihn zeremoniell an, damit er sein »Blut« für sie fließen läßt.

Die zutiefst getroffene Mutter geriet so in Wut, daß sie dem Anführer mit ihrem Grabstock die Nase abschlug. Die Nase fiel auf den Boden und steht hier nun als markanter, rund zwanzig Meter hoher Steinblock. Der schmerzverzerrte Mund der Frau versteinerte zu einer Höhle auf einer Seite der Schlucht. Die Körper anderer erschlagener Angehöriger vom Stamm der »Teppich-Schlange« liegen in Gestalt großer Steinblöcke um die Spitze des Ayers Rock herum.

Daß die Spitze eines weithin sichtbaren Felsens, vor allem am Morgen, wenn der Boden der Landschaft noch kühl ist, in einer Luftspiegelung zum Leben erweckt werden kann, ist nach den vielen Beispielen, die wir kennengelernt haben, kein Mysterium mehr. Auch ist verständlich, daß sich dann Bäume vom Boden abheben und zu wandern scheinen, weil sich ihre Größe durch die sich wandelnden atmosphärischen Bedingungen verändert. Nachvollziehbar ist auch, daß die Eingeborenen um den Ayers Rock die Luftspiegelungen für Wirklichkeit hielten. Denn nur hundert Kilometer weiter östlich im Mount-Conner-Gebiet liegt die Heimat des Stammes, der noch Mitte unseres Jahrhunderts Fata-Morgana-Gespenster, die Ninja-Eismänner, beschworen hat. Die Vorstellung, daß Berge und Landschaftskonturen schlafende Heroen aus der Vorzeit sind, die ihren Träumen nachgehen, wurde den Steinzeitmenschen auf ganz natürliche Weise durch Fata-Morgana-Erlebnisse nahegelegt. Sie mußten einfach annehmen, daß Felsen und Bäume schlafende Wesen sind, die manchmal aufwachen und die Landschaft mit Leben erfüllen. Diese Fähigkeit, unseren Sinneseindrücken zu glauben, haben wir modernen Menschen verlernt. Wir arbeiten unsere Sinneserlebnisse auf und bewerten sie rational, bevor wir ihnen vertrauen.

Verzauberte Natur und die Fata Morgana

Luftspiegelungen greifen in den Ablauf natürlicher Phänomene ein. Sie beeinflussen den Lauf von Sonne und Mond, zaubern Wasser in trockene Wüsten und erschaffen Eisgebirge, wo die Schneelandschaft ansonsten flach ist. Sie schaffen Gespenster, die das Licht fliehen, lassen Bäume größer und kleiner werden und vom Boden abheben und wandern. So manche Mythen entstanden, um verständlich zu machen, was diese Abweichungen von den natürlichen Vorgängen hervorruft. Es existiert sogar die Vorstellung, daß auch die geologischen Formen belebt sind oder Tiere und Pflanzen ihre Gestalt in oft grotesker Weise ändern können. Wir sind in der Märchenwelt der Kinder angelangt – und sollten einen Augenblick verharren. Wie ein Embryo die Evolution des Menschen noch einmal durchlebt, so könnten die seelisch-geistigen Entwicklungsstadien der Kinder auch von den Urmenschen durchlaufen worden sein. Eine durch Luftspiegelungen verzauberte Natur könnte für die Urmenschen daher eine wirklich gelebte Realität gewesen sein.

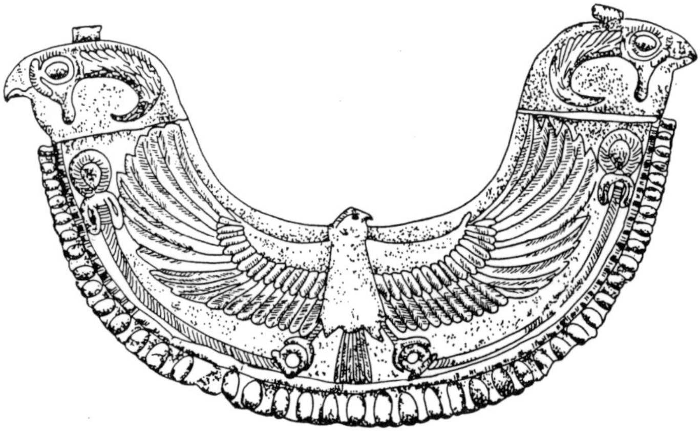

Abb. 191 Doppelköpfiger Horus-Falke. Königsgrab von Byblos, 2. Jahrtausend v. Chr. Es ist der »Horus, der die zwei Welten verbindet«.

11.

Gespenstische Begegnungen

Die Barke der Nacht

Jedesmal, wenn sich im Umkreis der Insel Sein in der Bretagne ein Unheil ankündigte, sah man ein gespenstisches Boot auftauchen. Obwohl das Schiff gut zu sehen war und sein Bug die Wellen schnitt, war seine Silhouette unklar gegen den Hintergrund des stürmischen Himmels gezeichnet. Man nennt es die Barke der Nacht (bag-noz), weil man es meist dann sichtet, wenn die Dämmerung hereinbricht. Aber man kann weder sagen, aus welcher Richtung es kommt, noch welche Route es nimmt. Denn es verschwindet ganz plötzlich, um sich einen Augenblick später an einem anderen Punkt des Horizonts zu zeigen. Es fährt mit geblähten Segeln und hat einen schwarzen Pavillon am Deck.

Die Boote der Insel haben seinen Weg des öfteren gekreuzt, wenn sie bei den ersten Zeichen schlechten Wetters vom offenen Meer zurückkehrten. Einige haben versucht, sich der Barke zu nähern, weil man glaubte, sie befinde sich in Seenot. Man vermeinte, die Mannschaft schreien und rufen zu hören. Aber sobald man Anstalten machte, näherzukommen, verblaßte die Vision, und die Stimmen entfernten sich, so daß man nicht mehr wußte, ob sie aus der Tiefe des Meeres kamen oder vom Himmel.

Man erzählt, ein Lotse sei dem Phantom-Boot so nahe

gekommen, daß er feststellen konnte, daß niemand an Bord war außer dem Steuermann. Er rief diesem Mann zu: »Kann ich etwas für Sie tun? Wünschen Sie, daß ich Sie ins Schlepptau nehme?« Statt zu antworten, bediente der Mann das Ruder, und das Boot verschwand.

Eines Abends sahen an der Spitze von Kilaourou, im Osten der Insel, Tangsammlerinnen die Segel der Barke der Nacht in unmittelbarer Nähe. Unter ihnen befand sich eine Witwe, deren Mann einige Wochen vorher verschollen war, ohne daß das Meer seinen Leichnam freigegeben hätte. In der Person, die das Totenschiff steuerte, erkannte sie ihren Mann wieder. Sie war sich so sicher, daß sie ihre Hände in Richtung des Toten ausstreckte und seinen Namen rief. Aber er hat ihr nicht einmal sein Gesicht zugewendet. Das Boot entfernte sich lautlos, ohne auch nur eine Spur von Wirbeln in dem Wasser zu hinterlassen, das es durchpflügte.[1]

Dieser keltisch-bretonische Mythos vom Totenschiff ist schon seit fast zwei Jahrtausenden dokumentiert. Bereits der antike Schriftsteller Prokop wußte zu berichten, daß die Menschen in dieser Gegend keinen Tribut zahlten, weil es ihre Aufgabe war, die Seelen der Verstorbenen auf dem Weg ins jenseitige Land nach Britannien überzufahren.[2] Das Boot, in dem die Schiffer die Seelen der Toten befördern, sei so überladen, daß es während der Überfahrt den Wasserspiegel nur wenig überragte. »Pfeilschnell« schießt es durch die Wogen, so daß es in weniger als einer Stunde an der britannischen Küste landet. Ist die Insel erreicht, so entledigt sich das Schiff der Seelen und wird so leicht, daß nur der Kiel die Wellen berührt. Die Schiffer sehen niemanden, hören aber bei der Landung eine Stimme, die Namen, Stand und Herkunft der Verstorbenen ausruft.

Die Beschreibung der Barke der Nacht entspricht der

einer Luftspiegelung. Daß sie vor allem vor Unwettern (in der Ruhe vor dem Sturm) auftaucht, sporadisch zu sehen ist und eine unsichere Silhouette gegen den Horizont abgibt, legt dies nahe. Ein so mysteriöses Schiff mußte einer jenseitigen Welt zugeordnet werden. Im Gebiet der Insel Sein wurde bereits von den Druiden der Kelten und der Megalith-Kultur ebenso wie von den Römern die Übergangsstelle zum Jenseits vermutet. Dieser Glaube könnte durch Erscheinungen dieser Art immer wieder Nahrung erhalten haben.

In der antiken Beschreibung der Überfahrt der Seelen springen wieder die für Luftspiegelungen typischen Anzeichen ins Auge. Das plötzliche Auftauchen oder Verschwinden eines gespiegelten Schiffes vermittelt den Eindruck »pfeilschneller« Geschwindigkeit. Da die Lichtstrahlen ein hinter dem Horizont befindliches Schiff manchmal in die Nähe projizieren, kann es den Eindruck erwecken, tief im Wasser zu liegen. Oder es kann in der Luft schweben, was den Eindruck vermittelt, daß nur der Kiel die Wellen berührt. In der bretonischen Gemeinde Plonguel herrschte seit langem der Brauch, Tote nicht direkt zum Friedhof zu fahren, sondern sie mit einem Boot über einen Meeresarm zu transportieren.[3] Wahrscheinlich wollte man ihnen die Gelegenheit geben, das Geisterboot für die Fahrt ins jenseitige Land zu besteigen.

Die rasend schnelle Fahrt des Fährmanns ist auch den Dajaken aufgefallen. Sein Schiff segelt so schnell, heißt es, daß man regelmäßig das Objekt verfehlt, wenn man mit dem Finger darauf zeigt.[4]

In einer schwedischen Volkssage bringt Odin (Wodan) die Seelen gefallener Krieger mit einem goldenen Schiff nach Walhalla. Durch seine Botschafter, ein Rabenpaar, und sein verdoppeltes Pferd bereits an den Horizont gebunden, segelte er wahrscheinlich auch ein Geisterschiff der Fata Morgana. Die isländischen Sagen kennen ein Riesenschiff, »Naglfar«, das aus den Fingernägeln der Toten zusammengesetzt ist, ein treffendes Material, um die blasse Farbe einer Luftspiegelung wiederzugeben.

Geisterboote tauchen im Zusammenhang mit dem Totenglauben auch in Mythen aus anderen Teilen der Welt auf. So sind sie zum Beispiel von den Bewohnern der Nikobaren-Inseln beschrieben worden.[5]

Dort segelt der Tod

Wilhelm Hauff überlieferte eine Begegnung mit einem Gespensterschiff. Ein junger Mann hatte, nachdem sein Vater gestorben war, alle Habseligkeiten zu Geld gemacht und mit dem alten Diener seiner Familie eine Überfahrt nach Indien gebucht, um sein Glück in der Ferne zu suchen.[6] Das Schiff stach von Balsora aus in See und war schon 15 Tage unterwegs, als der Kapitän einen Sturm ankündigte und alle Segel einziehen ließ. Als eine helle, kalte Nacht anbrach, glaubte der Kapitän schon, sich getäuscht zu haben. Auf einmal schwebte ein Schiff, das vorher nicht zu sehen gewesen war, dicht vorbei. Der Kapitän wurde blaß. »Mein Schiff ist verloren«, rief er, »dort segelt der Tod.« Ehe der Indienreisende den Kapitän dazu befragen konnte, stürzten schon heulend und schreiend die Matrosen herbei: »Habt ihr ihn gesehen?«, schrien sie. »Jetzt ist es vorbei mit uns!« Der Kapitän ließ Trostsprüche aus dem Koran vorlesen und stellte sich selbst ans Steuerruder. Es war vergebens. Innerhalb einer Stunde schlug das Schiff im immer stärker wütenden Sturm leck und ging unter.

Ein in der Ruhe vor dem Sturm vorbeischwebendes

Schiff wurde von Schiffsbesatzungen offensichtlich als sicheres Anzeichen für ernste Gefahr bewertet. Ein in einer Luftspiegelung versetztes Schiff wurde als Todesschiff angesehen. In der Tat ist der Zusammenhang zwischen einer gespenstischen Erscheinung und einem drohenden Sturm ein fruchtbarer Boden für die Entstehung von abergläubischen Vorstellungen und Legenden.

Der Fliegende Holländer

Ein Kapitän begeht ein Verbrechen. Er war barbarisch grausam und schloß sogar einen Pakt mit dem Teufel. Er wird dazu verdammt, ruhelos über die Meere zu vagabundieren, ohne jemals wieder einen Hafen anlaufen zu können. Seefahrer sehen, vor allem im Zusammenhang mit Stürmen, für wenige Augenblicke sein Schiff, oft in riesigen Ausmaßen. Aber niemand antwortet auf Zurufe. Dieser Mythos kursiert bei vielen seefahrenden Nationen und flackert immer wieder auf, wenn auf See eine unheimliche Begegnung stattfindet. Eine solche hatte zum Beispiel das amerikanische Vollschiff *Orion* im Jahre 1867 auf dem Wege von San Francisco nach Kanton.[7] Auf der Höhe von Hawaii geriet es in einen Weststurm, der tagelang anhielt, so daß es, obwohl es nur mit den Vorsegeln betakelt war, mit hoher Geschwindigkeit segeln konnte. Da erkannte ein Besatzungsmitglied im Großmast am mondbeschienenen Horizont ein rätselhaftes Schiff. Es fuhr mit vollen Segeln, was bei diesem Sturm ein halsbrecherisches Unternehmen war, und war für die Besatzung und die Passagiere der *Orion* bald deutlich zu sehen. Es war sogar möglich, auf dem Gespensterschiff Gestalten zu erkennen, aber sie reagierten nicht auf die Zurufe. Kurzzeitig verfinsterte eine

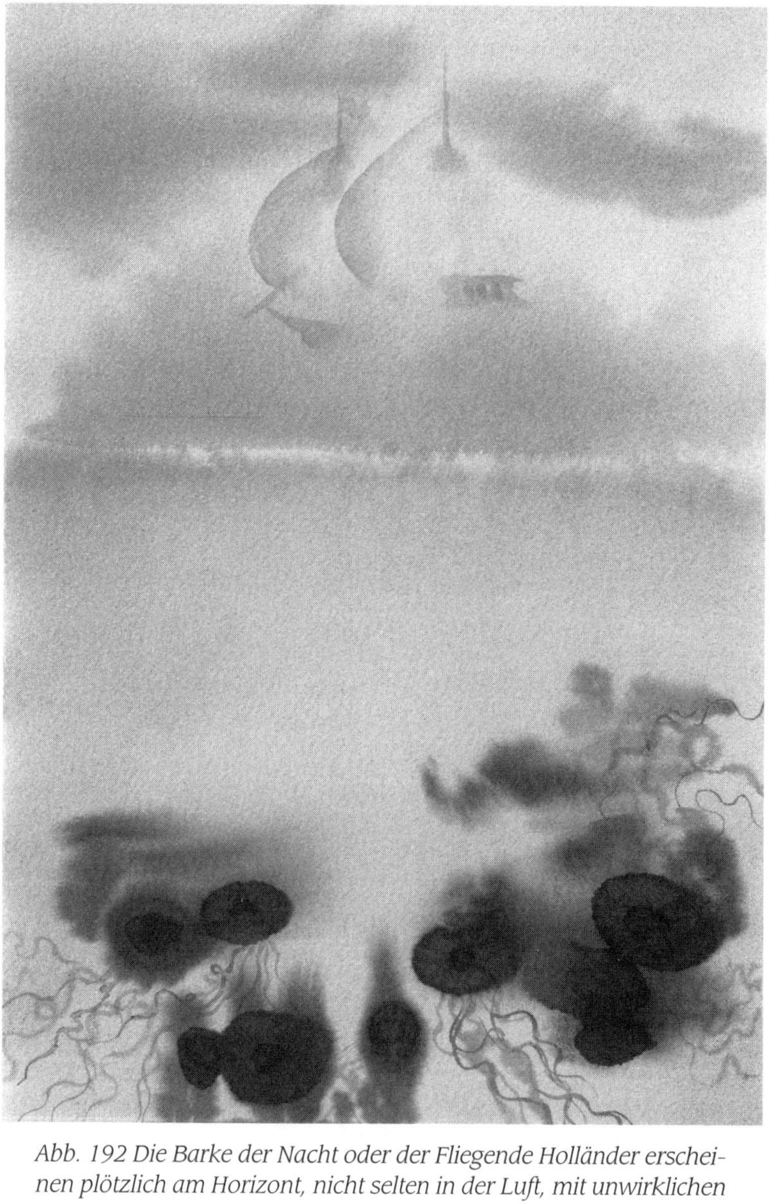

Abb. 192 Die Barke der Nacht oder der Fliegende Holländer erscheinen plötzlich am Horizont, nicht selten in der Luft, mit unwirklichen Konturen. Sie zogen mit vollen Segeln gegen den Wind dahin, ohne Kielwasser.

Wolke den Mond. Als es wieder heller wurde, war das Meer wie leergefegt. Der Kapitän hat diesen Vorfall ohne weiteren Kommentar ins Logbuch eingetragen und von den Augenzeugen gegenzeichnen lassen. Unter den Matrosen und Passagieren aber wurde vom »Fliegenden Holländer« gemunkelt.

Wann genau die Sage vom Fliegenden Holländer in Europa Verbreitung fand, läßt sich kaum noch nachvollziehen. Es gilt als belegt, daß das Urbild des Fliegenden Holländers in der ersten Hälfte des 17. Jahrhunderts zu finden ist. Es scheint der holländische Kapitän Daniel Franz von Straaten, genannt Pelsaert, gewesen zu sein. Er führte schon zu Lebzeiten den Namen »Fliegender Holländer«, weil er sein Schiff um Afrika herum so weit südlich in die starken Winde der »brüllenden Vierziger« führte, daß er die Route nach Java viel schneller bewältigte als andere Kapitäne. Aber er verschuldete unter mysteriösen Umständen einen Schiffbruch, erwies sich als rücksichtsloser Vollstrecker des Seerechts gegen meuternde Besatzungsmitglieder und wurde ein zu Wutanfällen neigender, verrufener Außenseiter, dem man Verbindungen zum Satan nachsagte. Als er im Jahre 1650 nicht mehr zurückkehrte, munkelte man in den holländischen Kneipen, daß ihn sein Freund, der Teufel, geholt habe. Später behauptete ein Kapitän, er habe am Kap der guten Hoffnung sein Schiff »mit vollen Segeln gegen Wind und Strömung« segeln gesehen. Die Legende vom »Fliegenden Holländer« war geboren. Heinrich Heine und Frederick Marryat oder Richard Wagner haben den Stoff verarbeitet. Von 1841 bis 1881 wurden allein dreihundert Sichtungen von Phantom-Schiffen gemeldet. Manchmal glaubten die Beobachter, längst aus dem Verkehr gezogene Segler erkannt zu haben, zum Beispiel 1891 vor Celebes, wo in einer Flaute die französischen Barken *Bacchante* und *Cléopatre* sowie die englische Brigg *Turmaline* gegen vier Uhr morgens in ungewöhnlichem rotem Licht eine rätselhafte Begegnung hatten. Ein Schiff war plötzlich in Sichtweite, ohne daß man sich ihm nähern konnte. Sein Bug lag bedeutend tiefer als sein Heck. Auch war letzteres doppelstöckig und wie eine aufrecht stehende Birne geformt. Außerdem waren drei Masten mit runden Mastkörben sichtbar, und von den Rahen hingen dunkelrote Segel. Dann verschwand das Schiff samt dem roten Licht, das es umgab, ebenso plötzlich, wie es aufgetaucht war.

Von Luftspiegelungen versetzte und verzerrte Bilder von Schiffen sind auf See immer wieder beobachtet worden. Die Sichtungen fallen meist mit der Ruhe vor

Abb. 193 Griechische Darstellung des Meeresgottes, der für die vielen Zaubererscheinungen an der Meeresoberfläche verantwortlich zeichnet und selbst eine Schöpfung von Licht und Meer ist. Mosaik, Ephesus

Abb. 194 Boote in einer Luftspiegelung. Sie scheinen über dem Horizont zu schweben. Auch Teile des Meeres scheinen sich wie Wolken vom Horizont abzuheben.

dem Sturm zusammen, wenn die Luftschichten über dem Wasser unbewegt sind, so daß die Bahnen der Lichtstrahlen gleichmäßig abgelenkt werden können. Daß die Gespensterschiffe plötzlich auftauchen, mit vollen Segeln gegen den Wind fahren, gelegentlich auch merkwürdig verzerrt sind, spricht für diese Deutung.

Die Gespenster der Seidenstraße

Hsuan-tsang, ein buddhistischer chinesischer Mönch, unternahm in der Zeit von 629 bis 645 von Zentralchina aus eine legendäre Reise nach Indien, wo er heilige buddhistische Schriften erwerben wollte. Er war nicht der erste Reisende, der die abenteuerlichen Karawanenwege der Seidenstraße beschrieb (im 2. Jahrhundert v. Chr. reisten die Diplomaten Zhang Qian und Hu Fu von China nach Afghanistan), aber bis dahin wohl der herausragendste, zumal er mit seinem Schüler Bian Ji das Manuskript *Aufzeichnungen westlicher Reisen* verfaßte, in dem er die Landschaften, Gebräuche und Religionen all der Länder beschrieb, die er gesehen hatte. Dort heißt es unter anderem: »Und nun überquerte er alleine und verlassen die Sandwüste; seine einzigen Wegweiser waren Gebeinehaufen, Pferdedung und so weiter. So kam er langsam und vorsichtig vorwärts. Plötzlich sah er Truppen vor sich, einige hundert, die die Sandebene bedeckten. Zeitweise bewegten sie sich vorwärts, dann wieder standen sie still. Die Soldaten waren in Pelze und Filz gekleidet. Und nun sprangen ihm Kamele und Pferde, glänzende Standarten und Lanzen ins Auge. Plötzlich erblickte er Gestalten, die tausenderlei Formen annahmen, manchmal in riesiger Entfernung, dann wieder ganz nahe, und schließlich lösten sie sich in Nichts auf. Als der Meister des Gesetzes (so wurde Hsuan-tsang genannt) diese Dinge sah, hielt er sie zuerst für Räuber, doch als er sie näherkommen und gleich darauf verschwinden sah, wußte er, es waren Wahnvorstellungen von Dämonen.«[8]

Auch Marco Polo, der im späten 13. Jahrhundert die Taklamakan- und Gobi-Wüste durchquerte, erlebte die Schrecken dieser unwirtlichen Gebiete: »Es ist eine wohl bekannte Tatsache, daß in dieser Wüste viele böse Geister wohnen, die den Reisenden durch die erstaunlichsten Vorspiegelungen ins Verderben stürzen ... Manchmal nehmen diese Geister die Gestalt seiner Reisegefährten an, die ihn dann bei seinem Namen rufen und ihn vom

Abb. 195 Gespiegelter Karawanenführer mit Kamel. Stickerei aus dem 8. Jh. von den Astana-Gräbern in Turfan an der Seidenstraße, Taklamakan-Wüste

richtigen Weg abbringen wollen. Man sagt auch, daß einige Menschen bei der Durchquerung der Wüste glaubten, eine Gruppe von bewaffneten Männern gesehen zu haben, die sich ihnen näherten, und aus Furcht, von ihnen angegriffen und beraubt zu werden, flüchteten sie. Dabei verirrten sie sich, und da sie auch die Richtung nicht kannten, die sie einschlagen sollten, um zum richtigen Weg zurückzufinden, verhungerten sie elendiglich.«[9]

Die große Hitzeeinstrahlung während des Tages und die starke Wärmeabstrahlung während der Nacht führen zu großen Temperaturschwankungen und Temperaturgefällen über dem Boden. Wenn man unter solchen Bedingungen über eine weite Fläche blickt, kommt es daher zu starken Verzerrungen von gesichteten Objekten, ebenso zu imaginären Bewegungsabläufen aller Art.

Abb. 196 Die Seidenstraße führt, wie schon zu Marco Polos Zeiten, in die Phantasiewelt einer Luftspiegelung. Östliche Taklamakan-Wüste, China

Die Kamele in den Wolken

Im Winter, wenn die Temperaturen in der Rub-Al-Khali-Wüste im Süden der arabischen Halbinsel erträglich werden, durchqueren sie auch heute noch Nomaden mit großen Kamelherden. Diese genügsamen Tiere, die seit Menschengedenken das Schicksal der Wüstenbewohner teilen, fressen das spärliche Gras und die Dornenpflanzen, die die geringe Feuchtigkeit in dieser Einöde an geschützten Stellen sprießen läßt. Das Kamel dient dem Beduinen nicht als Nahrung, sondern es schleppt auch sein Zelt und schaukelt ihn als Schiff der Wüste durch das endlose Meer der Dünen. Es ist nicht weiter verwunderlich, daß die Beduinen diesem hilfreichen Tier eine mythische Bedeutung nachsagten. Lange bevor es andere Lebewesen gab, ja sogar bevor es unsere Welt gab, habe es schon Kamele gegeben, allerdings solche mit besonderen Eigenschaften. Die Beduinen erzählen, daß Allah die Kamele einst aus den Wolken geschaffen hat. Deswegen schwebten sie zunächst am Himmel, da es noch keinen Boden gab. Daher entschloß sich Allah, Dünen und Berge zu schaffen, damit die Kamele mit ihren langen Beinen bequem laufen konnten.

Kamelen, die in der Luft schweben, kann man in der Wüste auch heute begegnen. Viele Reisende haben gesehen, wie sie in Luftspiegelungen am Himmel zwischen den Wolken umherstelzten. So schrieb der Forschungsreisende Carsten Niebuhr im Jahr 1762: »Einer von den Arabern, die wir in der Ferne sahen, schien auf seinem Kamel höher als eine Kirche in der freien Luft zu reiten … Ich habe nachher in dürren Gegenden einigemal ebensolche Erscheinungen gesehen.«[10] Die Erscheinung von Kamelen in der Luft muß im Vorderen Orient nicht ungewöhnlich gewesen sein. Von einem Knecht Abrahams wird berichtet, daß er mit seinen Kamelen in der Luft stand.

Als er im Jahre 1830 auf dem Weg durch die Sahara nach Timbuktu war, schrieb der bekannte Forscher Heinrich Barth: »... einen Augenblick glaubte ich in der Entfernung einen Zug Kamele vorüberziehen zu sehen. Es erwies sich als Täuschung. Nichts in der Welt ist so voll täuschender Gebilde als die von der Sonnenglut erhitzten Täler und Flächen der Wüste. Dessen waren sich selbst die wegkundigen Araber von aller Zeit her bewußt und drückten ihre Empfindungen aus, indem sie diese Wüsteneien mit Geistern füllten, die den einsamen genossenlosen Wanderer irre machen und seitabwärts leiten.«[11] Solche Beobachtungen riefen wohl die Vorstellung hervor, daß Kamele einst aus Wolken geschaffen wurden und wie Wolken am Himmel entstehen, dahinwandern oder verschwinden können.

Im arabischen Raum ist der Aberglaube verbreitet, es sei ein Vorzeichen des Todes, wenn man von einem Kamel träumt. Vielleicht kommt dies daher, daß Kamele von alters her »Tiere der Wolken und des Himmels« waren.

Die Tochter von Feuer und Ebene

In den tagsüber heißen, nachts aber sehr kühlen Steppen und Wüsten des Buschmänner-Landes in Südwestafrika sind Luftspiegelungen eine recht häufige Erscheinung (Abb. 199). Mit Sicherheit haben die geschickten einheimischen Naturbeobachter diese Phänomene sorgfältig studiert, ihre Hintergründe aber wohl nie verstanden, waren sie doch selbst den europäischen Wissenschaftlern bis ins 18. und teilweise 19. Jahrhundert noch ein Rätsel. Für die Buschmänner war die Luftspiegelung offenbar das Werk eines beseelten Wesens, das hin und wieder in ihr Schicksal einzugreifen pflegte. Dies zeigt die folgende Buschmann-Überlieferung.[12]

Vor langer Zeit half die Luftspiegelung, die »Tochter von Feuer und Ebene«, den Buschmännern, eine Schar von Feinden in die Flucht zu schlagen. Die Fata Morgana betörte in Gestalt eines jungen Mädchens, das ekstatisch auf dem Feuer tanzen konnte, den Anführer der Feinde. Sie versprach, ihn zu heiraten, wenn er wie sie auf dem Feuer tanzen würde. Er verbrannte beim Versuch, es ihr gleichzutun. Mit seinen verunsicherten Gefolgsleuten hatte die Luftspiegelung ein leichtes Spiel. In Gestalt von trügerischen Wasserstellen und Riesenspringböcken lockte und jagte sie sie endgültig aus dem Buschmannland.

Der helle Schein, der gegen die Ferne hin wie Wasser den staubtrockenen, glühenden Boden der Wüste bedeckt, ist trügerisch; auch Tiere fallen darauf herein. Von einem regelmäßig austrocknenden afrikanischen Salzsee weiß man, daß die durstigen Jungvögel einer dort ansässigen Pelikankolonie gelegentlich der Versuchung dieses unnahbaren Wassers erliegen, vom Nest weglaufen und in der trockenen Salzebene den Tod finden. Ob die Buschmänner Fata-Morgana-Seen aus der Ferne von wirklichen Wasserstellen unterscheiden konnten, wissen wir nicht. Ein einfacher Kunstgriff erlaubt es: Wenn man sich hinkniet und tiefer über den heißen Boden blickt, wird der falsche See größer. Es ist glaubhaft, daß fremde Eindringlinge von den Luftspiegelungen in die Irre geführt wurden. Auch sieht man gelegentlich durch Luftspiegelungen stark verzerrte und vergrößerte Antilopen. In der Etoscha-Pfanne habe ich selbst Antilopen auf einem Fata-Morgana-See beobach-

Abb. 197 Fliegende Gazellen. Felszeichnung von Buschmännern; Kap-Provinz, Südafrika

tet. Sie hatten Doppelgestalten, die ihnen eine geheimnisvolle, unwirkliche Erscheinung gaben.

Pelikane so groß wie Segelschiffe

Unter den Eingeborenen Namibias kursieren Überlieferungen von Riesengestalten, die unvermittelt in der Landschaft auftauchen und in alle möglichen Geschichten verwickelt werden.[13]

Als der englische Forschungsreisende Francis Galton 1850 in der Walfischbai landete, begegnete er solchen Riesengestalten.[14] Aber der aufgeklärte Brite wußte bereits, was hinter diesen grotesken Erscheinungen stand: »Wir gingen über ein breites Stück flaches Land, welches bei Springfluten unter Wasser gesetzt wird, den vielen Wagenspuren folgend, die hier so aussahen, als ob sie viele Jahre nicht verwischen würden. Von Luftspiegelungen von der merkwürdigsten Stärke waren wir umgeben. 200 Ellen entfernte Gegenstände konnte man ganz und gar nicht bestimmen; eine Krähe oder ein Stückchen schwarzes Holz pflegten so groß wie ein Baumstamm auszusehen. Pelikane wurden zur Größe von Schiffen mit aufgeschlagenen Prallsegeln übertrieben, und der ganze Grund und Boden war wogenförmig und siedend, als ob man ihn durch den Zug eines Schmelzofens sähe. Dies war im August, wo die Luftspiegelung hier am merkwürdigsten ist; sie ist zu allen Zeiten außerordentlich und von jedermann, der diesen Ort besucht hat, beobachtet worden.«

Die Konturen der kargen Küstengebiete Namibias werden in der Tat häufig von Luftspiegelungen verzerrt. Besonders im Bereich der Skelettküste, wenn der Wind von Osten weht, kommt es zu grandiosen Spiegelungen nach oben, so daß man Land und Inseln am Himmel sieht, ebenso zu Bergketten und Hügelland verzerrte Küstenhorizonte. Entlang dieser Küste wurden immer wieder Buchten entdeckt und benannt, die später niemand wiederfinden konnte. Auch manche der vielen Schiffsunglücke, die dieser Küste ihren Namen gegeben haben, gehen wohl auf Begegnungen mit der Fata Morgana zurück, welche die Navigatoren in ein Reich von Illusionen lockte.

Die Spitzkoppe, ein markanter Berg in einer weit ausgedehnten, von viel niedrigeren Hügelketten durchzogenen Steppenlandschaft im Inneren Namibias, ist seit langem ein beliebtes Ausflugsziel für Safaritouristen. Als sich eine Gruppe von Ausflüglern von Windhoek aus eines Tages am frühen Morgen diesem Berg näherte, glaubten sie sich in eine unbekannte Landschaft versetzt. Sie erblickten neben dem eigentlichen Berg eine ganze Kette von Tafelbergen, die nicht dorthin gehörten (Abb. 199).[15] Der Eindruck war so verblüffend, daß selbst erfahrene Kenner des Gebietes sehr verunsichert waren. Eine solche Begegnung mit der Fata Morgana, die für Menschen unserer Zeit eine Kuriosität ist, weil sie sich auf Fotografien und Karten verlassen können, muß für Wilde eine unvergeßliche Begegnung mit einer Gespensterwelt gewesen sein.

Auch bei den Inuit der Arktis gibt es Überlieferungen von gigantischen, oft karibuähnlich geschilderten Lebewesen. Eine dieser Geschichten erzählt von einem gewaltigen Bären, der die Ebene zwischen zwei Bergen blockierte und dann von einem anderen Riesen vertrieben wurde. Es ist nicht auszuschließen, daß so manches mythische Wesen ein Verzerrungsbild eines wirklichen Tieres war. So wird gelegentlich vom tibetanischen Yeti berichtet, daß er wie ein Yak aussieht, aber aufrecht geht wie ein Bär und riesengroß ist. Sah man über kalte, ver-

Abb. 198 Wüsten-Luftspiegelung, Namibia. Man hat den Eindruck, in dieser staubtrockenen Wüste einem sich dahinschlängelnden Fluß zu begegnen.

eiste Hochebenen hinweg das doppelte oder dreifache Fata-Morgana-Bild eines wandernden Yaks?

Begegnungen mit dem Teufel

Als Alexander der Große an einer Küste entlangzog, kam es zu einer merkwürdigen Begegnung: »Es kam ein Untier von den Ungeheuern des Meeres auf uns zu, das einem Krokodil ähnlich war, aber es war größer als ein Krokodil, und seine Erscheinung war sehr furchterregend. Und als es auf uns zukam, gingen wir ihm mit Kriegswaffen entgegen, ebenso mit Jagdnetzen und mit Feuer. Und es machte Anstalten, mit meinen Dienern zu kämpfen. Aber unsere Waffen hatten keine Wirkung und konnten es nicht verletzen. Und als ich sah, daß

Abb. 199 Durch eine Luftspiegelung nach oben zu tafel- und turmartigen Bergen verformte Landschaft um die Spitzkoppe, Namibia (rechts ist die ansteigende Flanke des Berges sichtbar).

ich ihm nicht beikommen konnte, wußte ich, daß es Satan war.«

Im altnorwegischen *Königsspiegel* findet sich folgende Geschichte: Es gibt einen großen See, der Loghoerne (Lough Erne) genannt wird. Darin befinden sich viele Inseln, eine heißt Kertinagh. Auf der einen Hälfte steht eine Kirche mit einem Kirchhof. Auf der anderen Hälfte der Insel hat der Teufel ebensoviel Gewalt wie in der Hölle. Man sagt, daß der Teufel über die Hälfte der Insel, auf der die Kirche steht, keine Gewalt hat.

Wassergespenster und das spiegelbildliche Double einer Insel wurden offensichtlich für Produkte des Teufels gehalten. Wir haben übrigens Lough Erne, wo eine Insel sich in eine irdische und eine teuflische Hälfte aufspaltet, schon kennengelernt. Es war im Zusammen-

Abb. 200 Skelettküste Namibias. Dieses heiße Gebiet direkt neben dem kalten Atlantik ist berüchtigt wegen seiner in Luftspiegelungen sich ständig verformenden Küstenkonturen.

hang mit doppelgesichtigen keltischen Steinfiguren, die hier gefunden wurden. Waren es die in Luftspiegelungen erlebten Götter, die man hier in Stein gemeißelt hat und die das Christentum verteufelt hat?

Geisterlotsen über dem Pazifik

Als um 500 n. Chr. der sagenhafte polynesische König Hotu Matu'a auf dem Marquesas-Archipel erlebte, daß in einer riesigen Flutkatastrophe das Meer einen Großteil seiner Heimatinsel (Hiva) verschlang, erkannte er, daß es für sein Volk nur eine Zukunft gab, wenn er draußen auf dem weiten Ozean eine neue Insel fand. Ein Stammesmitglied, Hau Maka, wohl der Zauberer, hatte nachts einen Traum, bei dem sein Geist weit weg flog und gegen Sonnenaufgang die einsame Insel erkundete, die später den Namen Rapa Nui, Nabel der Welt, in unserer Sprache »Osterinsel«, bekommen sollte. Hotu Matu'a sandte daraufhin ein Boot mit sieben Männern in die von dem Geist angegebene Richtung, die nach langer Reise auf der fernen Insel (Distanz ca. 2200 Kilometer) ankamen und Kürbisse und Süßkartoffeln pflanzten, damit ihre Stammesgenossen frische Nahrung erwartete. Als die Erntezeit nahte, kam Hotu Matu'a mit seinem Volk auf großen Booten und nahm die Insel in Besitz.[16]

Die Urpolynesier begannen etwa um 1500 v. Chr., unter Nutzung verbesserter Segeltechniken den pazifischen Raum zu erschließen. Sie erreichten um 1500 v. Chr. den Bismarck-Archipel und stießen um 1300 auf Fidschi und Tonga. Um ca. 1000 v. Chr. war Samoa besiedelt, und bis 300 v. Chr. waren abgetriebene Fischer oder kühne Entdecker bis zu den Marquesas vorgedrungen. Von hier aus wurden um 500 n. Chr. Hawaii und

Abb. 201 In einer isländischen Sage erhebt sich über einem Berg ein riesiges Trollweib und schlägt durch ihren Anblick einen Reiter in die Flucht.

Abb. 202 Doppeltes Vogel-Mischwesen. Kaiserdom Königslutter, 12. Jh.

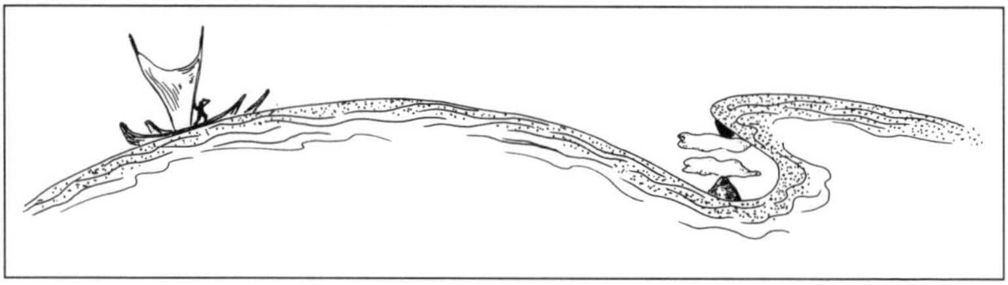

Abb. 203 Erklärung des geisterhaften Signals »Te lapa«, das die Polynesier über riesige Entfernungen zu abgelegenen Inseln führte. Auf einem durch die Ablenkung der Lichtstrahlen in einer Luftspiegelung scheinbar S-förmig gewölbten Meeresspiegel erkennt man die Wolken der umgekehrt gespiegelten Insel gegen den Hintergrund des Meeres. Der polynesische Navigator, der sich nach dem hellen Schein unter dem Horizont richtete und das Signal eines Geistes vor sich zu sehen glaubte, folgte dem Lichtschein einer Luftspiegelung.

die Osterinsel besiedelt. Von den Gesellschaftsinseln aus wurden 850 n. Chr. Neuseeland und um 900 die Tuamotu- und Cook-Inseln kolonisiert. Auch in unserer Zeit wurde von polynesischen Navigatoren mit einem nachgebauten polynesischen Doppel-Kanu, der Hokule'a, die 5000 Kilometer lange Strecke von Hawaii nach Tahiti zurückgelegt.

Die alten polynesischen Seeleute richteten sich nach der Dünung des Meeres und nach den Sternen. Da die Erde sich dreht und die Sterne Bahnen beschreiben, ist dies nicht selbstverständlich. Die erfahrenen Navigatoren der Südsee merkten sich die Sterne, die jeweils hintereinander über einem festen Punkt des Horizonts aufgingen, und segelten ihnen nach, wenn sie eine bestimmte Richtung einhalten wollten. Am Horizont und nur am Horizont gehen die Sterne immer in derselben Richtung auf. Aber wie konnten abgelegene Inseln über Hunderte von Kilometern identifiziert und angesteuert werden? Da waren zunächst die weißen Wolken, die über den Vulkankegeln der Inseln hängen blieben und weithin gesehen werden konnten. So hieß Neuseeland bei den Maori »Land der langen weißen Wolke«. Auch die Vögel halfen den Navigatoren, Land zu finden – nicht nur Zugvögel, sondern auch Seevögel, die weit vor der Küste fischen. Tölpel zum Beispiel fliegen bis zu 50 Kilometer vom Land weg, Fregattvögel bis zu 80 Kilometer. Aber die polynesischen Navigatoren kannten auch ein geheimnisvolles Signal, das ferne Inseln ausstrahlten. Es wurde »Te lapa« genannt und verdient wahrhaft die Bezeichnung »geisterhaft«. Es waren Lichtstrahlen, die nach der Überlieferung aus der Richtung der Insel gesehen werden und unter dem Meereshorizont sichtbar waren. Die hellen Signale konnten in Entfernungen über 150 km gesehen werden, verschwanden aber, wenn man der Insel nahe kam.

Der Lichtstrahl, der gute Geist, der die Seefahrer über das weite Meer zu unentdeckten Inseln lotste, war möglicherweise eine Luftspiegelung. Die kühle Meeresoberfläche krümmt die Lichtstrahlen unter bestimmten Witterungsbedingungen so, daß einem Beobachter der Meeresspiegel S-förmig verbogen erscheint. Eine Insel mit den darüberschwebenden weißen Wolken erscheint darüber nochmals umgekehrt abgebildet. Da die wirkliche Insel hinter dem Horizont verborgen liegt, sieht der geübte Navigator nur ihr umgekehrtes Bild. Seine Wolken müßten gegen den dunklen Hintergrund des gewölbten Meeres hell erscheinen. Die weißen Wolken der gespiegelten Insel sind also das Licht, das unter dem Meereshorizont in Richtung der Insel erscheint (Abb. 204).

Die an Luftspiegelungen sich orientierende Navigation ist auch in den arktischen Gebieten Sibiriens bekannt. Erfahrene Polarkapitäne, deren Schiffe von Eismassen eingekeilt waren, versuchten einen »Wasserhimmel« anzusteuern. Dies sind Stellen, wo sich am Himmel wasserfreie Stellen, sogenannte »Waken«, widerspiegeln.[17] Da Polarbären wasserfreie Stellen über Dutzende, ja manchmal Hunderte von Kilometern zielsicher ansteuern, liegt die Vermutung nahe, daß sie ebenfalls diese Lotsendienste in Anspruch nehmen.

Ungeheuer der Meere

In seinem Buch *Die Wunder Indiens* aus dem Jahre 960 schildert der Perser Busurg Ibn-Schahrijar ein Seeungeheuer: »Im Meer leben riesige, schreckliche Drachen, sie heißen Tannine ... Wenn die Wolken dicht über dem Wasser dahinziehen, kommt der Tannin aus dem Meer hervor, weil er die Wärme des Meerwassers ... nicht aushält. Der Tannin sitzt unbeweglich, von der Kälte der Wolke erfaßt. Die Winde, die über dem Wasser wehen, heben die Wolke empor, und der Tannin schwebt mit ihr in die Höhe ... Doch wenn das Wasser verdampft, verwandelt sie sich in feinen Staub und wird vom Wind zerstreut. Dann verliert der Tannin seinen Halt und fällt hinab, manchmal ins Meer, manchmal auf das Festland ... Verschiedene Menschen, die oft das Meer befahren, erzählten mir, daß sie öfters den Tannin gesehen hätten, wie er in einer Wolke über ihren Köpfen dahinflog. Er lag ausgestreckt in der Wolke, und wenn sich die Wolke zerstreute, fiel er auf die unterste Schicht und hielt sich dort fest. Oft hing sein Schwanzende nach außen.«

Plinius der Ältere berichtet von »einem mächtigen Fisch, der Physeter genannt wird und sich wie eine Säule aus der See erheben kann. Er steigt höher auf als die Segel der Schiffe und speit dann eine Wasserflut aus

– genug, um ein Schiff versinken zu lassen.« Da Plinius die Wale als Balaenae beschrieben hat, bleibt die Natur des Physeters unklar.

Meist werden Meeresungeheuer auf ruhigem Wasser beobachtet, nicht selten am frühen Morgen oder bei schlechten Sichtverhältnissen. Nachher kann niemand richtig sagen, wie sie ausgesehen haben. Oft ist die Erscheinung riesig, nicht selten wird sie mit einer aufrecht schwimmenden Tonne verglichen. Bemerkenswerterweise sind Berichte über weißliche oder grünliche Haare sowie eine runzelige Haut keine Seltenheit. Als Beispiele seien einige neuere Sichtungen aus Kalifornien erwähnt.[18]

Im Jahre 1946 stießen drei Fischer 12 Meilen westlich der kalifornischen Big-Sur-Küste auf ein weißlich erscheinendes Wesen, das im Wasser schwamm. Aufgeschreckt, reckte es sich rund vier Meter in die Höhe. Die Beobachter glaubten, ein affenartiges Gesicht mit großen tellerartigen Augen sowie schneeweiße Haare zu erkennen, die vorne hochstanden und zur Hüfte hinabfielen. Einige Jahre zuvor hatte der Kapitän eines Sardinenbootes mit seiner Mannschaft weiter nördlich in der Bucht von Monterey ein Wesen gesichtet, das an einen Mann in einem altmodischen Taucheranzug erinnerte und ungefähr ein Meter zwanzig aus dem Wasser hochwippte. Es hatte zwei riesige Augen. Darüber befanden sich zwei beulenartige Spiralen, die zu pulsieren schienen, als ob das Tier damit atmen würde.

Vor allem von traditionellen Booten aus, deren Reling dicht über dem Wasserspiegel lag, so daß der Blick flach über das Wasser schweifen konnte, waren Sichtungen von ungewöhnlichen Meereswesen nicht selten. Bei ruhiger Luft sind starke Verzerrungen auftauchender Seetiere möglich, vor allem, weil ihre Konturen

Abb. 204 Maori-Stele, das Meeresungeheuer Marakihau darstellend, das bei Kiri kiri (Kormandel) lebte (War Memorial Museum, Auckland, Neuseeland). Mit seiner röhrenförmigen Zunge vermochte es Menschen und Boote in sich hineinzusaugen.

durch ihre eigenen Spiegelbilder grotesk verändert erscheinen. Die spiralartigen Formen über den Augen könnten deren verschwommene Spiegelbilder gewesen sein. Die haarartigen Erscheinungen, denen wohl auch viele Seenixen ihre Schönheit verdanken, verdienen es, näher betrachtet zu werden. Ich vermute, daß der von den Meerestieren aufgewirbelte weiße oder grünliche Meeresschaum im Spiegelbild streifenartig nach oben verzerrt wird, was senkrecht hochstehende oder fallende Haare suggerieren könnte.

Einmal verwandelte sich ein Seeungeheuer offenbar in ein normales Meeressäugetier: Im Jahr 1936 stieß im Gebiet der Codfish Bank vor der kalifornischen Küste bei ruhigem Wetter eine Schiffsmannschaft auf ein Wesen, das am Hals unter dem etwas schmaleren Kopf rund ein Meter dick war und nahezu zwei Meter aus dem Wasser wippte. Es hatte große, hervortretende Augen, ansonsten wirkte es wie ein riesiges menschliches Wesen. Bevor es tauchte, stieg einer der Seeleute auf den Masten. Er sah, wie das Wesen zum Schiff schwamm und unter diesem in sechs bis zehn Metern Tiefe hinwegtauchte. Er konnte eindeutig Flossen und einen Schwanz unterscheiden, der das Tier der Klasse der Seelöwen oder See-Elefanten zuordnete. Es war wohl das Licht, das den Meeressäuger in ein Meeresungeheuer verwandelt hat.

Um wieviel langweiliger wäre die Eroberung der Weltmeere gewesen ohne diese Wesen des Lichtes, die viel Schrecken oder manchmal auch Entzückung hervorriefen, ohne jemandem zu schaden, außer vielleicht dadurch, daß nachher ein Sturm auftrat.

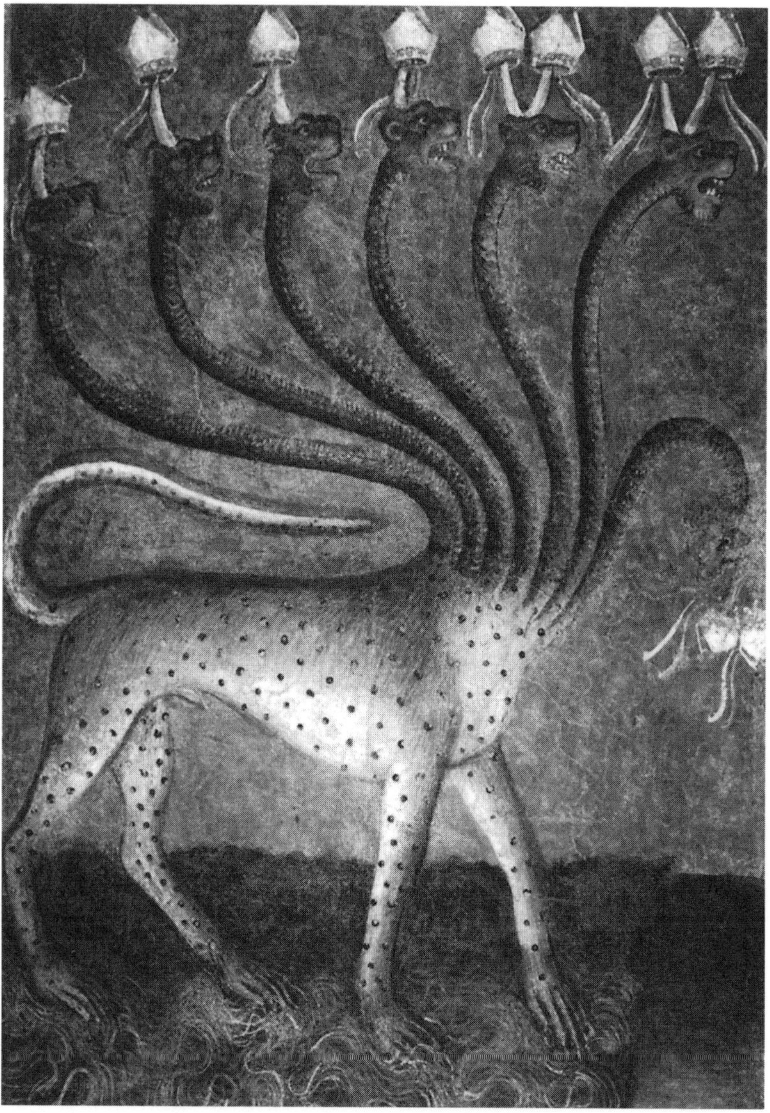

Abb. 205 Aus dem Meer stieg ein Ungeheuer, dem der Drache (Satan) seine ganze Teufelskraft verliehen hatte. Fresko von Giusto von Menabuoi, Taufkapelle der Kathedrale von Padua, 14. Jh.

Abb. 206 Ein Engel erschlägt das Ungeheuer mit einem großen Stein. Fresko von Giusto von Menabuoi, Taufkapelle der Kathedrale von Padua, 14. Jh. Ein riesiger Stein, der, von einem Engel geworfen, vom Himmel auf ein Meeresungeheuer fällt und dieses tötet, könnte die Sichtung einer Luftspiegelung gewesen sein, in der Ausschnitte des Meeres zum Himmel gespiegelt wurden.

Die Schlacht gegen die gestaltlosen Greuel

Die Auseinandersetzung zwischen den Fomor, Luftgeistern, die das urzeitliche Irland beherrschten, und dem edlen Volk der Dana gipfelte in einer Schlacht, die als »der große Kampf« in die keltische Mythologie einging.[19] »Das Volk der Fomore kommt in schwarzrümpfigen Schiffen. Balor (ihr König) hat geschworen, das heilige Land (Irland) fortzuschleppen und es in die Finsternis des Meeres zu versenken.« Auf den Ruf der Trompete hin versammelten sich die Dana um ihre heldenhaften Götter. Lichtgott Lugh fragte die Kämpfer, welche Fähigkeiten sie im bevorstehenden Streit einsetzen würden. Der Zauberer Mathgen sagte: »Ich habe die Macht, die Berge und hohen Hügel Irlands auf die Fomor zu wälzen. Die zwölf königlichsten Berge in Irland werden für dich kämpfen.« Die Zauberinnen Dianan und Bechulle sagten: »Wir wollen vertrocknete Stöcke und Rasenflächen und Steine durch unsere Zauberkraft verwandeln in einen Schrecken für die Fomor, in eine zahlreiche irreführende Schar.«

Das Kommen der Fomor war schrecklich. »Sie waren zahlreich wie die Körner des Sandes, zahlreich wie die Wogen im Meeressturm. Der Todeswind wehte vor ihnen her, und die Finsternis bedeckte sie. Die Tuatha de Daanans hingegen zogen die Helligkeit zu sich heran.« Lugh saß auf einem großen Hügel, »und unter ihm stritten die Scharen. Er sah die Speere der Tuatha De Danaans fliegen wie feurigen Regen und die der Fomor wie zischenden Hagel. Und in dem zischenden Hagel und feurigen Regen kämpften die Dämonen der Luft.« Der Kampf wogte lange hin und her. Nur die Nacht verschaffte den erschöpften Streitern etwas Ruhe.

Schrecklich war der Kampf am nächsten Tag. »Die Fomor verwandelten sich in ungeheure Schlangen und schuppige Drachen und gestaltlose Greuel, die sich in giftigem Schaum wanden. Die Tuatha De Danaans fielen über sie her wie ein Feuer. Sie stießen in die sich windenden Ungeheuer, wie das Licht in die Finsternis stößt.« Die Führer der Widersacher, Balor und Lugh, griffen schließlich selbst ein. »Balor erhob sich am Horizont, eine mächtige Gestalt. Und die Fomor gaben ihm ihre Kraft und ihre Grausamkeit, bis sie selbst keinerlei Macht mehr hatten. Dadurch wuchs Balor bis zum Himmel. Und sein Schatten verdunkelte die halbe Welt.« Und dann kam Lugh: »Und seine Helligkeit war schrecklicher als die Helligkeit der Sonne am Mittag. Balor sammelte seine Kraft und die Kraft der Fomor in seinem mächtigen, Tod austeilenden Auge. Bevor der Strahl, der die Welt hätte vernichten können, aus seinem Auge hervorschoß, schleuderte Lugh den Speer. Er traf, und der Speer drang in das ›böse Auge‹, wie Feuer in eine dunkle Höhle dringt. Balor erzitterte, die Kraft, die er an sich gebunden hatte, löste sich. Die riesenhafte Gestalt wankte und wurde zu einem Schatten. Und der Schatten zerschmolz und wurde zu einer gestaltlosen Dunkelheit.«

Die Art der Erscheinungen, die hier kämpften, legt nahe, daß es Gespenster des Horizonts waren, Luftspiegelungen, die schließlich von den Strahlen der Sonne besiegt wurden. Die Fomor, die sich in gewaltige Schlangen und Drachen verwandelten, mit ihrem bösartigen Herrscher, der am Horizont zu riesiger Gestalt emporwächst, stehen auf der einen Seite. Die guten, die natürlichen Kräfte, die königlichen Berge (die sich gegen den Angriff der Luftspiegelungen wehren) und das Licht stehen auf der anderen Seite. Es folgte ein Kampf der

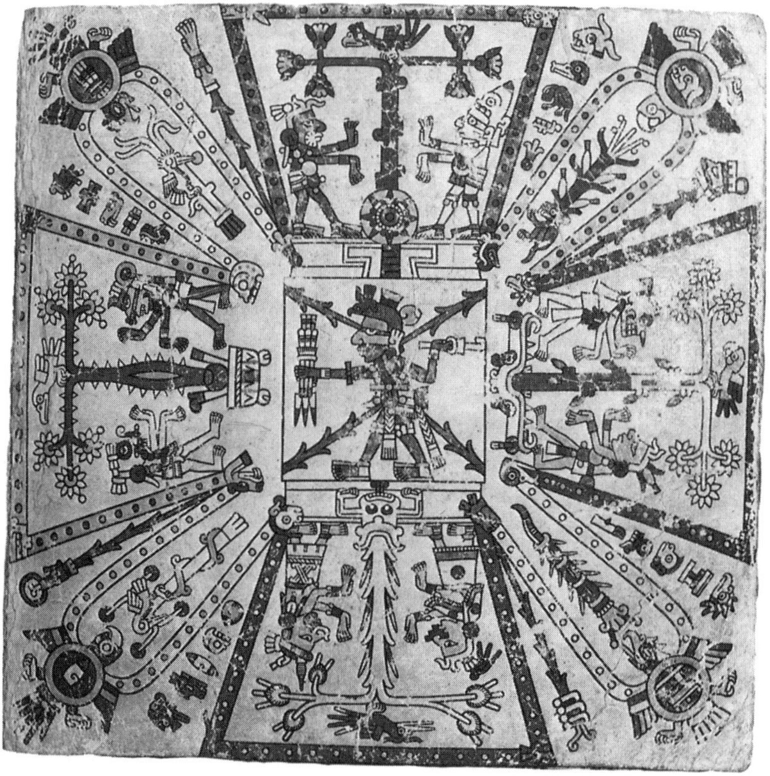

Abb. 207 Aztekenkalender (Werner Forman Archive/Merseyside County Museum). Um die Erde (Mitte) sind vier Lebensbäume angeordnet. Der Baum im Osten (oben) entwickelt sich aus der aufgehenden Sonne, der Baum im Süden aus einem Erddrachen. Der Baum im Westen entsteht aus dem Drachen der Finsternis (Sonnenuntergang). Der Baum im Norden entsteht aus einem Symbol für Wiedergeburt und hat einen verdoppelten Stamm. Gegenspieler der Drachen in der Wurzel ist ein mächtiger Vogel in der Krone des Lebensbaumes. Seine gewaltigen Äste sind dreiteilig. Alle Symbole könnten beobachtete Luftspiegelungen am Horizont beschreiben (vgl. Abb. 32 und 109).

gestaltlosen Greuel (der veränderlichen Luftspiegelungen) gegen den Lichtgott (der sie mit seiner Wärme und seinem Licht vernichtet).

Im übrigen sind sowohl aus Island als auch aus Irland Mythen überliefert, in denen »Phantomhäuser« in der Morgendämmerung verschwinden.[20] Auch bei ihnen könnte es sich um Lichtgebilde gehandelt haben, die der »Sonnengott« vernichtet.

Die Vögel aus der anderen Welt

Conary drehte seinen Wagen herum und trieb die Rosse an. Er eilte hinweg von Tara (der Königsburg in Irland), dem Osten zu. Er fuhr so schnell, daß er schon bald von weitem das Ufer des Meeres sah. Und als er durch eine weite, grüne Ebene fuhr, war er plötzlich umgeben von großen, schneeweißen Vögeln, die ihn in weiten Kreisen umflogen. Einen Augenblick waren sie schneeweiß, und dann leuchteten die Federn in allen Farben des Regenbogens auf. Conary hatte noch nie solche Vögel gesehen. Und er warf mit dem Speer nach einem von ihnen. Aber der Speer traf den Vogel nicht: »O Conary, der du geboren bist in einer glücklichen Stunde«, sagte der Lenker seines Kampfwagens, »wirf nicht nach den Vögeln, denn sie kommen aus dem Land der immerwährenden Jugend.« Aber Conary hörte nicht auf den Wagenlenker. Er warf noch einmal mit dem Speer und verfehlte den Vogel wieder. Er sprang von seinem Wagen und warf mit einem Stein. Aber auch diesmal traf er nicht.

Er folgte den Vögeln, bis er ans Meer kam. Und als sie das Wasser berührten, nahmen sie ihre wirkliche Gestalt an. Und Conary sah vor sich die starken, schönen,

Abb. 208 In der keltischen Mythologie erscheint ein Schwanenpaar, das mit einer goldenen Kette verbunden ist, verwandelt sich in eine Fee und holt den gefallenen Krieger vom Schlachtfeld.

schrecklichen Faery-Krieger (ehemals Götter, die sich in Naturerscheinungen offenbarten). Sie hätten mit den Speeren nach ihm geworfen, aber ihr Anführer schützte Conary: »Ist dir nie gesagt worden, Conary, daß du den Vögeln deines Vaters kein Leid antun solltest?«[21]

Die Vögel tauchen in der Ebene oder am Ufer des Meeres auf. Sie sind überwiegend weiß. Wenn sie sich auf den Boden niedersetzen, verwandeln sie sich in Gestalten der andern Welt. Manchmal sind es Krieger, oft auch Feen. Die letzteren holen sterbende Helden vom Schlachtfeld. Mit irdischen Waffen können sie nicht bezwungen werden.

Wesen zwischen Luft und Boden sind manchmal Erscheinungsformen des Horizonts, Luftspiegelungen. Die keltische Mythologie sieht in ihnen Botschafter der jenseitigen Welt, weil sich jene manchmal in ihrem Umfeld präsentieren. Das Phänomen der Verdoppelung ist den vorgeschichtlichen Naturbeobachtern nicht entgangen. So sind die weißen Vögel in der Regel Paare, zum Beispiel zwei Schwäne, die mit einer Goldkette aneinandergebunden sind.

Der Schamane auf dem Berg

Die Schamanen sibirischer und arktischer Völker hatten die Aufgabe, zwischen ihren Völkern und den jenseitigen Mächten zu vermitteln. Zu diesem Zweck mußten sie, begleitet von Hilfsgeistern, oft zu mythischen Reisen in die Himmelsregionen aufbrechen. Solche Flüge wurden gelegentlich beschrieben, so von einem Schamanen-Lehrling vom Stamme der Jakuten: »Darauf trat der Schamane Küstech direkt zu dem Felsabhang und schritt über den Fluß Lena hinweg auf einen Berg des Ostufers. Dort, so bemerkte ich, begann er auf dem Berg Öspörün-Artyga zu tanzen.«[22]

Ähnliches erzählte man sich auch von dem tibetanischen Lama-Priester Lhatsun Chembo, der den Buddhismus nach Sikkim brachte. Er war so mächtig, daß der heilige Berg Kangchenjunga, der dritthöchste Achttausender, ihm seine Ehrerbietung erwies, als er aus Tibet kam. Er nahm die Gestalt einer Wildgans an und flog, um ihn zu grüßen. Der Mönch nutzte seine magische Kraft, um auf die Spitze des Berges Kabru zu flie-

Abb. 209 In deutschen Märchen wandern Riesen über Baumkronen, knicken Hexen Tannenspitzen, und weit vor den Toren der Stadt stolzieren rätselhaft langbeinige und hochgewachsene Wesen. Märchenforscher werden sich damit abfinden müssen, daß sie wirklich gesehen worden sind.

Abb. 210 Bergheiligtum vor dem Annapurna-Massiv, Himalaya. Seit Urzeiten haben Menschen an den Spitzen der Berge Erscheinungen beobachtet, die sie nicht von dieser Erde wähnten.

Abb. 211 Die Fata Morgana zaubert in der Eiswüste Grönlands Türme und Tafelberge. Ausschnitt aus einem Foto von Alfred von Wegener

gen, um die Täler, die er erschließen sollte, von oben zu sehen.[23]

In den Überlieferungen der Eskimo finden sich häufig Berichte über Schamanen, die flogen oder in einem Fall sogar in der Luft zusammenstießen. Die Iglulik-Eskimo berichten von zwei Schamanen, die sich vor Usuarssuk in der Luft getroffen haben. Um dieser Begegnung zu gedenken, stiegen sie auf die Erde hinab und hoben zwei enorme Felsen hoch in die Luft. Sie waren so riesig, daß sie von Menschen niemals hätten angehoben werden können.[24]

Da Schamanen über das Naturphänomen der Luftspiegelungen Kontakt zur jenseitigen Welt aufnahmen, versteht es sich, daß ihnen Luftspiegelungen zugeordnet wurden. Wenn eine Erscheinung auf einem Berg tanzte, am Himmel über einem Fluß gesehen wurde oder riesige Felsen in die Luft gehoben wurden, dann waren eben die Schamanen im Spiel. Dies erklärt zum Teil ihren großen Einfluß bei den Naturvölkern, deren Schicksal sie durch viele Jahrtausende hindurch begleitet haben. Die Naturreligionen hatten Bestand, weil sie auf wirklichen Erscheinungen aufbauten, von deren Existenz sich die Menschen immer wieder überzeugen konnten.

Die verwunschene Stadt

In der Bretagne existiert eine uralte Legende von einer verwunschenen Stadt »Is« (im Bretonischen Ker-Is), die manchmal für kurze Zeit sichtbar wird. Diese Legende erhält, wie die folgende Geschichte demonstriert, immer wieder frische Nahrung: »Meine Mutter hat gesehen, wie die Stadt Is sich über das Wasser erhob. Überall, wo man hinblickte, waren Schlösser und Türme. In den Fassaden öffneten sich Tausende von Fenstern. Die Dächer waren klar und glänzten, als ob sie aus Kristall gewesen wären. Sie hörte in den Kirchen deutlich Glokken läuten und die Geräusche der Menge in den Straßen.« Eine andere Geschichte erzählt, daß eine Frau zum Meer ging, um Wasser zu holen, als vor ihr ein immenser Torbogen erschien. Sie fiel in Ohnmacht, glaubte sich aber später zu erinnern, daß sie in einer prächtigen Stadt mit vielen reich ausgestatteten Geschäften gewesen war.[25]

Abb. 212 Schwebende Inseln und Boot. Sylt

Auf Rügen gibt es eine ähnliche Geschichte von der versunkenen Stadt Vineta. Sie taucht nur alle sieben Jahre auf und scheint von hektischem Treiben erfüllt zu sein, versinkt aber jedesmal wieder ins Nichts.

Die durch ungleiche Temperaturgefälle über dem Meeresspiegel hervorgerufenen phantastischen, turm- und schloßähnlichen Strukturen wurden auftauchenden Städten zugeordnet (vgl. Abb. 12 und 97). Im Falle von Vineta ist es wahrscheinlich, daß die Silhouette der von einer Luftspiegelung vergrößerten Stadt Kopenhagen über eine große Entfernung versetzt und verzerrt gesehen wurde.

Gespenstische Begegnungen und die Fata Morgana

Luftspiegelungen verändern die gewohnte Wirklichkeit so, daß gespenstische oder sogar erschreckende Erscheinungen auftreten: Schiffe, die über das Meer ziehen, ohne Wellen zu hinterlassen, geheimnisvolle Städte, die über dem Wasserspiegel auftauchen und wieder verschwinden, Landtiere, die hoch oben in der Luft herumwandern, als ob sie fliegen könnten, und alle möglichen unheimlichen Erscheinungen, die den Weg der Karawanen in der Wüste kreuzen, um ihnen Angst einzujagen. Pelikane werden so groß wie Segelschiffe, Menschen erscheinen unwirklich lang, und den guten Mächten stellen sich »gestaltlose Greuel« in den Weg.

Man sieht, daß Luftspiegelungen die Phantasie der Menschen ungemein angeregt haben, daß sie Vorstellungen provoziert haben, die auf Leben, Denken und Verhalten einen nachhaltigen Einfluß ausübten. Dabei muß man bedenken, daß die Menschen in erstaunlich ehrlicher Weise versucht haben, wirklich gesehene, von der Natur vorgespiegelte Erscheinungen in ihre Vorstellungswelt einzufügen.

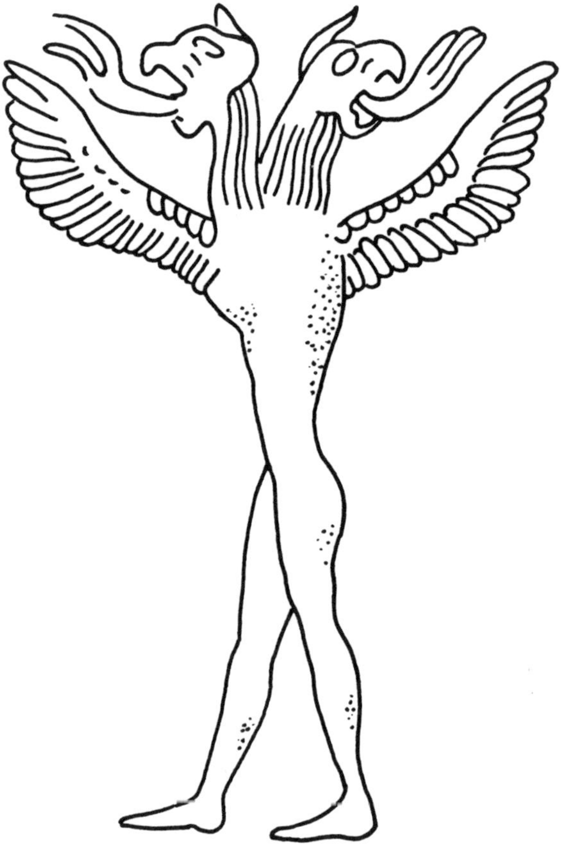

Abb. 213 Mythisches assyrisches Doppelvogel-Wesen

12.

An den Quellen von Mythen und Religionen

Die Seele und die Botschaften des Lichtes

Nach dieser ausgedehnten Reise durch das mythologische und religiöse Vermächtnis vieler Kulturen, von dem wir glauben, daß es durch Luftspiegelungen mitgeschrieben worden ist, wollen wir zurückkehren zu unserer anfangs aufgestellten Vermutung. Ist es denkbar, daß einige wesentliche Bestandteile der tiefsten und rätselhaftesten Erfahrungen unserer Seele auf ein Naturphänomen zurückgehen?

Versuchen wir uns vorzustellen, wie es unseren Vorfahren ergangen ist, als sie, über viele Jahrmillionen hinweg, die ersten zaghaften Versuche gemacht haben, aus der engen Welt instinktiv gelenkter Triebe und Emotionen auszubrechen. Wann und wie haben sie begonnen, darüber nachzudenken, warum sie auf der Welt sind? Wann haben sie angefangen, darüber nachzusinnen, ob es nach dem Tode ein Weiterleben gibt? Wie haben sie sich ihre ersten Dämonen und Götter vorgestellt? Wie und warum wurde aus dem Mond oder der Sonne in der Vorstellung urtümlicher Menschen ein Gott? Wir können diese Fragen nicht beantworten, obwohl die Verhaltensforscher eine ungeheure Fülle von Detailwissen zusammengetragen haben und die Chance hatten, völlig unberührte, naturbelassene Volksstämme nach ihren Jenseitsvorstellungen zu befragen. Man konnte viele Kulturen miteinander vergleichen und Informationen über alle möglichen Religionen sammeln. Dennoch ist die Entstehung von Mythen und Religionen nach wie vor schwer nachzuvollziehen. Sind es vor allem Einwirkungen von außen, etwa Naturphänomene, an die sich die Vorstellungen von überirdischen Mächten geknüpft haben? Oder ist es, wie viele Religionslehren nahelegen, ein Ruf aus dem Inneren, dem der gläubige Mensch folgte, geleitet von Auserwählten? Mit Sicherheit gibt es keine allgemeingültige Antwort, schon allein deshalb, weil das Leben und der Mensch so vielschichtig und kompliziert sind.

In diesem Buch wurde versucht, einen neuen Weg zu den Quellen von Mythen und Religionen zu finden. Er führt über das einzige Naturphänomen, das dem Menschen Abbilder der irdischen Welt bietet, die dennoch der Wirklichkeit entzogen sind, weil sie Naturgesetzen zu widersprechen scheinen. Landschaften schweben am Himmel. Dinge stehen auf dem Kopf. Formen sind riesenhaft aufgebläht. Tiere und Menschen verändern in bizarrer Weise ihre Gestalten, werden zu Chimären. Bilder sind verdoppelt oder verdreifacht zu sehen. Dazu kommt, daß die Erscheinungen verschwinden, wenn man sich ihnen nähert.

Menschenhorden, die einst jagend und sammelnd durch die Steppen gewandert sind, während sie ihre Blicke wachsam am Horizont fixierten, müssen diese Erscheinungen immer wieder gesehen haben, ohne sich von ihrer Echtheit überzeugen zu können. Wie der einleitende Bericht über einen Fata-Morgana-Kult bei australischen Ureinwohnern belegt, gab es noch in diesem Jahrhundert Menschen, die versucht haben, diese Erscheinungen als das Werk von Geistern und Dämonen zu begreifen und durch Zeremonien unter Kontrolle zu bekommen. Es kann wohl angenommen werden, daß Luftspiegelungen für viele Völker einst Teil einer nicht faßbaren Wirklichkeit waren. Schließlich hat man erst im 19. Jahrhundert eine wissenschaftliche Erklärung für diese sonderbaren Phänomene gefunden. Nun braucht es natürlich nicht so gewesen zu sein, daß Spiegelungserscheinungen zwangsläufig zu tiefverwurzelten Erfahrungen wurden, für welche die Beobachter Erklärungen suchen mußten, um ihre Ängste in den Griff zu bekommen. Aber dadurch, daß immer wieder ähnliche Erscheinungen beobachtet wurden, ebneten sie bestimmten mythologischen und religiösen Vorstellungen den Weg.

Wenn zum Beispiel umgekehrte Gestalten und Bilder am Himmel gesichtet wurden, war dies ein fruchtbarer Boden für die Vorstellung einer umgekehrten jenseitigen Welt. Die Menschen mögen im Laufe der Evolution alle möglichen Ansichten und Phantasien über andere Welten und das Jenseits entwickelt haben. Die meisten von ihnen sind wohl deswegen wieder vergessen worden, weil sie nie bestätigt wurden. Wenn aber kopfstehende Bilder am Horizont gesichtet werden, dann lebt die Vorstellung einer umgekehrten jenseitigen Welt weiter. Vielleicht geschah dies über Zehn-, ja Hunderttausende von Jahren hinweg. Jemand, der einer solchen Erscheinung begegnet, wird dann annehmen, daß er eine Vision aus dem Jenseits vor sich hat und durch seine emotionelle Reaktion dazu beitragen, daß sich der Glaube an diesen Zusammenhang vertieft. Immer mehr Menschen wissen mit der Zeit davon und geben den Glauben weiter. Luftspiegelungen wirkten also als eine Art Filter oder Netz. Während andere Vorstellungen in der Regel zu isoliert und zu sporadisch waren, konnten mythologische und religöse Überlieferungen, die durch einschlägige Naturbeobachtungen untermauert wurden, langfristig überleben, jedenfalls so lange, bis genügend Menschen hinreichend überzeugt waren, um die Tradition weiterzuführen. Es wird eine Art gelenkte Selektion stattgefunden haben.

Sammeln wir jetzt die Indizien für eine durch Luftspiegelungen beflügelte und gefestigte mythologische und religiöse Tradition und versuchen wir, diese zu einem ausgewogenen Bild zusammenzufügen.

Fangen wir mit dem Ort an, wo sich alle Luftspiege-

Abb. 214 Goldkollier des Tut-ench-amun, 1339 v. Chr. Seit urdenklichen Zeiten schützte die geflügelte Schlange die Könige Ägyptens und begleitete sie in die Elysischen Felder. In den Hüllen der Mumie Tut-ench-amuns fanden sich siebzehn Darstellungen dieses hilfreichen Wesens, das die Fata-Morgana-Verbindung zwischen Himmel (Vogel) und Erde (Schlange) bewachte.

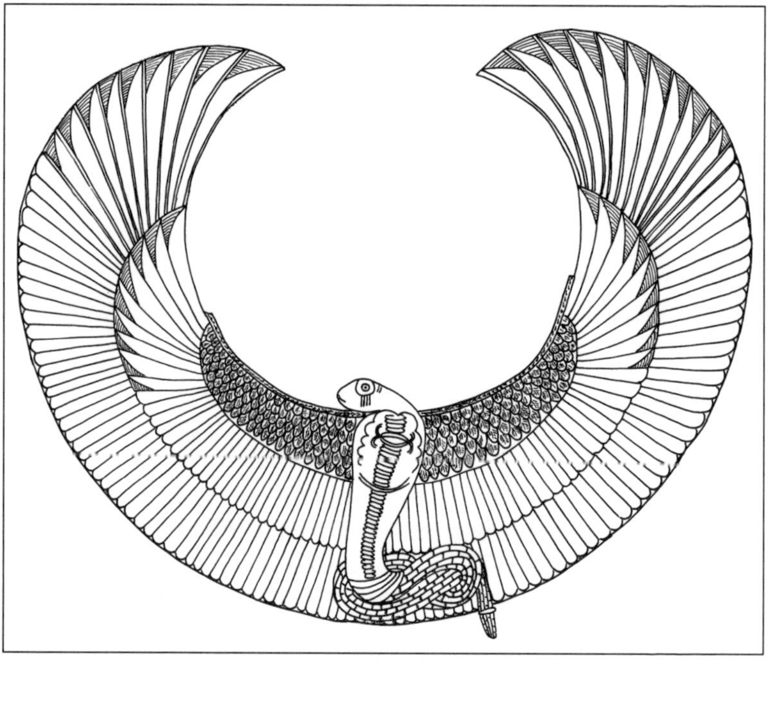

lungen abspielen, dem Horizont. Die gepaarten Symbole für Himmel (Vogel) und Erde (Schlange), die den Horizont darstellten, repräsentieren als geflügelte Schlange die Religion des alten Ägypten, aber in der Gestalt der gefiederten Schlange (Quetzalcoatl) auch die Jenseitsvorstellungen des alten Mittelamerika. Sie bewohnen die Weltesche der germanischen Religion und erfüllen den chinesischen Drachen mit Leben. Auch der indische Gott Vischnu sitzt auf der Weltschlange und fliegt auf dem Garuda-Vogel. Eingana und Bolong, die lebensspendenden Federschlangen der australischen Eingeborenen-Tradition, belegen, wie urtümlich das Geheimnis dieses Symbols sein muß.

Einen starken Symbolgehalt hat auch der Schaum des Meeres, nach dem der südamerikanische Schöpfergott Viracocha benannt wird. Über dem Meeresschaum schwebend sind meist die chinesischen Drachen dargestellt, erscheinen keltische Götter, entsteigen antike Göttinnen dem Meer, und in seiner Nähe suchen nordamerikanische Indianer die jenseitige Welt. Bezeichnenderweise ist die Stätte der Begegnung mit der jenseitigen Welt in der Regel ein Ort, zu dem der Blick weit aus der Ferne schweifen kann: die Meeresspiegel oder die Spitze eines markanten Berges. Anhand von Übersichtskarten haben wir gezeigt, wie häufig Vorstellungen von Inseln der Seligen und heiligen Bergen bei den Völkern der Welt sind (Abb. 15 und Abb. 29).

Die wohl großartigste und eleganteste Luftspiegelung ist eine dreifache Spiegelung, bei der ein Bild sich in drei übereinanderliegende Erscheinungen auffächert. Tatsächlich kennen nicht nur die alten keltischen, germanischen und slawischen Religionen dreifaltige Hauptgötter, sondern auch die hinduistische und die christliche Religion. Was symbolisiert wohl der Dreizack der

Meeresgötter oder von Schiva, eines Mitglieds des indischen Götter-Triumvirats, oder die dreifache Zunge des peruanischen Nazca-Gottes? Heilige Berge wie Kailas in Tibet, Fuji in Japan und selbst der Olymp stehen mit dreifaltigen Göttern in Zusammenhang. Viele Wesen, die den Übergang zur Welt dieser Götter bewachen, seien es der Höllenhund Kerberos, die Hesperiden, die Sirenen oder die germanischen Schicksalsgöttinnen, sie alle haben ebenfalls die rätselhafte dreifache Gestalt angenommen.

Die häufigste Spiegelungserscheinung zum Himmel hin zeigt eine umgekehrte Landschaft (Abb. 84). Von jeher ist in Europa und Vorderasien die jenseitige Welt beziehungsweise die Welt der Geister und Dämonen eine spiegelbildlich umgekehrte Welt. Eine großartige Ausschmückung erhielt dieser Glaube in der sumeri-

Abb. 215 Meeresgott auf fischschwänzigem Reittier (römische Mosaikarbeit, Palermo, Sizilien). Das Symbol des Dreizacks führt die dreizackige Flosse.

schen Jenseitsvorstellung, wo das ganze Zweistromland zwischen Euphrat und Tigris nochmals umgekehrt am Himmel vermutet wurde, so daß die Könige ihre Tempel immer sowohl für diese als auch für die jenseitige, gespiegelte Welt angelegt haben.[1] Ähnlich stellten sich die alten Ägypter die Elysischen Felder im Jenseits als Abbilder des schilfbewachsenen, sumpfigen Nillandes vor. Der tote Pharao trug sein Namenszeichen in Spiegelschrift auf seiner Brust, damit er im Jenseits, wo ihm göttliche Ehren gebührten, erkannt wurde. Vergleichbare Vorstellungen einer umgekehrten, wenn auch viel einfacheren jenseitigen Welt finden sich bei nordamerikanischen Indianern und bei asiatischen Völkern. Die australischen Ureinwohner haben im Detail beschrieben, daß die Äste der Eukalyptusbäume dort von oben nach unten gekrümmt wachsen, im Gegensatz zu ihren irdischen Gesetzmäßigkeiten.

Vögel, die in Luftspiegelungen hineinflogen und verdoppelt erschienen, wurden als Botschafter zur anderen Welt verehrt. Schon den urzeitlichen Schamanen sibirischer Kulturen nutzten diese Vögel als Hilfsgeister für ihre Reisen in jenseitige Welten. Aber bereits den viel älteren steinzeitlichen Schamanen, die die pyrenäischen Höhlen bemalt haben, dienten Doppelvögel in Form von Speerschleudern, weil sie vermutlich die Waffe besser ins Ziel lenken konnten. Der Verehrung dieser Doppelvögel begegnet man auch in den Hochkulturen des alten Sumer und Babylonien ebenso wie in südamerikanischen Kulturen an der peruanischen Küste oder bei den alten Kelten. Auch beim Rabenpaar Wotans handelt es sich um Botschafter aus dem Jenseits. Selbst polynesische Götter wurden als Doppelvögel dargestellt, nicht zuletzt der Botschafter des rätselhaften Gottes Make-Make von der Osterinsel. Die australischen

Kaitish glaubten, daß einst zwei Falkenmenschen vom Himmel herniedergeflogen sind, um die Schöpfung zu vollenden.

Die Tatsache, daß gespiegeltes Land gelegentlich wie ein Flugkörper oder ein gewaltiger Vogel am Himmel aussieht, mag im alten Ägypten zur Vorstellung des Phönix (Benu) geführt haben, der »neun Berge« groß sein konnte und gleichzeitig eine Erscheinungsform des obersten Gottes Osiris, genaugenommen seine Seele, war. Er mag auch das Vorbild für den gewaltigen Garuda-Vogel gewesen sein, auf dem Gott Vischnu reiste. Die alten Kelten erblickten darin die Ozeanfähre des Meeresgottes, die alle möglichen Gestalten und Farben annehmen konnte. Viele andere Völker wiederum erkannten in dieser Erscheinung eine unerreichbare Insel, von der sie annahmen, daß dort die Seelen der Toten leben, und sie dachten darüber nach, wie sie nach dem Tode dorthin gelangen würden.

Markant ist auch die Vorstellung, daß der Himmel von einer Weltsäule abgestützt wird. An dieser Säule vermutete man den Eingang zum Paradies. Erscheinungen, die dies vorspiegeln, beobachtete man gelegentlich bei dreifachen Spiegelungen von Felseninseln nach oben oder dort, wo lokale Turbulenzen eine gewöhnliche, nach oben gerichtete Luftspiegelung in einen Zaubergarten verwandeln (Abb. 97). Diese Erscheinungen erweckten manchmal den Eindruck, als ob sich ein Riese in einem paradiesischen Garten erheben würde. Dieses Phänomen hat als »Atlas« vor fast drei Jahrtausenden schon die Phantasie Homers beschäftigt. Als im Meer watender, den Himmel tragender Riese hat Atlas in den Sagen einiger Küstenvölker weitergelebt. Manche, vor allem altasiatische Überlieferungen sind geprägt vom Glauben an diese Verankerungen des Himmels, um die sich detaillierte Vorstellungen über jenseitigen Welten ranken.

Der Glaube an einen riesigen zentralen Weltberg hat sich wohl in ähnlicher Weise aus der Spiegelung eines Gebirgsmassivs entwickelt. Die chinesische Überlieferung von einem Weltberg in Form einer Sanduhr (Abb. 84, 108) ist eine überzeugende Bestätigung unserer naturalistischen Interpretation alter mythologischer Überlieferungen. Wer könnte sonst, ohne dies mit eigenen Augen gesehen zu haben, ernsthaft einen die Erde und den Himmel verankernden Weltberg annehmen, der sich zunächst nach oben verjüngt, um danach wieder breit und massiv zu werden (Abb. 107)?

Noch in vielen weiteren Studien zu vertiefen ist, was die menschliche Vorstellungskraft aus den Spielen des Sonnenlichtes am Horizont gemacht hat. Die nicht gerade seltene Erscheinung, daß die Sonnenscheibe sich am Horizont verdoppelt oder der Sonnenaufgang sich durch ein Spiegelungsphänomen verzögert, hat zu vielen volkstümlichen Spekulationen geführt. Wie fruchtbar Spiegelungserscheinungen für die Phantasie sind, zeigt auch die Erzählung vom Fliegenden Holländer oder von der Barke der Nacht. Das gespenstische, lautlose, oft zu enormer Größe angewachsene Schiff, dessen Matrosen nicht ansprechbar sind und das plötzlich wieder verschwunden ist, hat viele Seevölker fasziniert.

Beachtenswert sind die vielen Details in den Überlieferungen ungewöhnlicher Erscheinungen, die durch Fata-Morgana-Erlebnisse geprägt waren. Das Lichtschwert des Sonnengottes in der keltischen Mythologie, das die gestaltlosen Luftgespenster am Horizont wie »Stoppeln im Feuer« vergehen läßt, der »doppelte« Windschutz im Himmel der Buschmänner oder isländische

Wasserungeheuer, die doppelte Gesichter haben, sind überzeugende Beispiele.

Eine Reihe der göttlichen Erscheinungen, die wir mit Luftspiegelungs-Erlebnissen assoziieren, sind als einäugige Wesen beschrieben worden. Dazu gehörten Wotan mit seinen beiden Raben, die Meeresmutter der Inuit, der Herrscher der Fomor, der die gestaltlosen Greuel befehligte, und wohl auch der Zyklop aus der *Odyssee*, der Sohn des Meeresgottes Poseidon. In einer griechischen Überlieferung findet man die drei einäugigen Zyklopen Argos, Brontes und Steropes, Kinder des Himmels (Uranos) und der Erde (Gaia). Sie, die selbst ein Triumvirat darstellten, schufen für Poseidon den berühmten Dreizack, Symbol der Dreifaltigkeit. Diese riesigen Wesen haben die Formen von übergroßen, oft kegelförmig oder turmartig gestreckten Objekten am Horizont. Sie wirken zwar belebt, aber da sie in der Regel nach oben verzerrte Geländeformen waren, zeigten sie nicht die für menschliche Wesen typische horizontale Symmetrie. Die keltische Sage von Owain schildert genau, wo der Herr der wilden Tiere gesehen werden kann: »Dort siehst du einen außergewöhnlich großen schwarzen Mann auf der Spitze des Erdhügels. Er hat nur einen Fuß und ein Auge in der Mitte der Stirn. Und er hat eine Keule aus Eisen. Und er ist kein schöner Mann, sondern im Gegenteil äußerst häßlich …« Dies könnte die Begegnung mit einem nach oben verzerrten Berg sein, einem Heiligen, wie ihn die Navaho gelegentlich auf ihren Tafelbergen erblickt haben. Dies gilt auch für die Vorstellungen des ostafrikanischen Stammes der Banjamwezi, der von Himmelsleuten zu berichten weiß, die sehr stark sind, aber nur ein Auge, einen Arm und ein Ohr haben.[2]

Daß Berge in den Augen südamerikanischer Indianer

Abb. 216 In der keltischen Mythologie verwandeln sich mythische Schwäne, die in Paaren fliegen, in Feen, die mit den Menschen Kontakt aufnehmen.

eine Art Lebewesen waren und australische Eingeborene in ihnen versteinerte Ahnen aus der Traumzeit sahen, die manchmal zurückgerufen werden, kann damit zusammenhängen, daß sie in Luftspiegelungen tatsächlich ihre Formen ändern.

Wie die Navaho ihre Ritualkunst mit den über dem Urhügel aufragenden Heiligen Luftspiegelungen nachempfanden, so haben auch Priester der Vorzeit die Wohnstätten der Götter nach Vorbildern entworfen, die ihnen Lichtstrahlen an den Horizont zeichneten. Stonehenge ist die irdische Kopie einer typischen Fata-Morgana-Erscheinung (siehe Farbteil, Abb. 20). Dies ist die erste Theorie, welche glaubhaft macht, warum ein Bauernvolk der Steinzeit solche Anstrengungen für die Ewigkeit unternommen hat.

Wenn Luftspiegelungen die mythologischen und religiösen Vorstellungen der Menschheit mitgeprägt haben, weil sie die Möglichkeit der Bestätigung und Wiederbelebung eröffneten, dann haben wir Anhaltspunkte, die uns helfen zu verstehen, warum gewisse Jenseitsvorstellungen sich überhaupt entwickelt haben. Da wir die Luftspiegelungen heute erklären können, erkennen wir, was der Mensch in sie hineininterpretiert hat. Da der Mensch hin und wieder Erscheinungen gesehen hat, die den irdischen Gesetzen zu widersprechen schienen, begann er über Geister, Dämonen und eine jenseitige Welt der Götter nachzudenken. Komplizierte mythologische Erklärungen mußten angestrengt werden, damit diese rätselhaften Naturphänomene verständlich wurden.

Lichtstrahlen, die in geschützten Lagen mit den Dichteschwankungen der Luft spielten, vermittelten gelegentlich auch den Zauber des Paradieses, einer Welt, die viel schöner und besser zu sein schien als die uns-

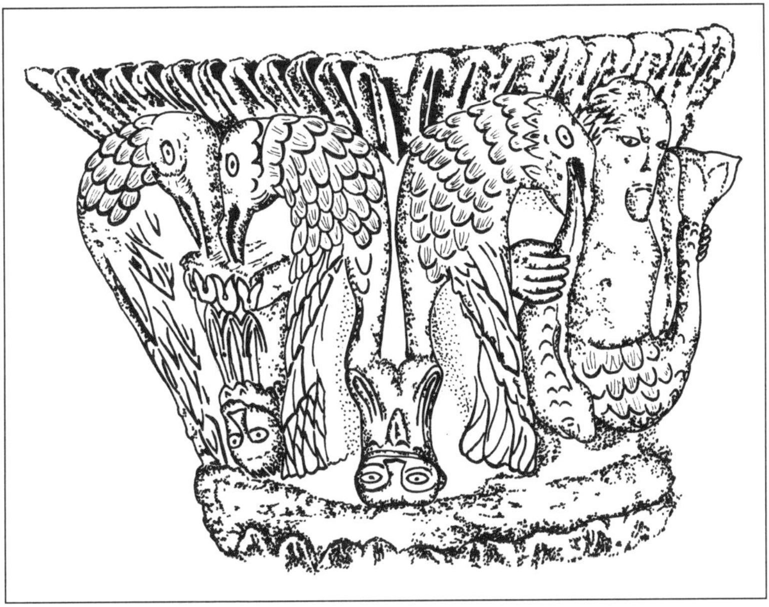

Abb. 217 Dieses Domkapitel aus dem 12. Jh. von der zerstörten Kirche S. Pedro in Coimbra, Portugal, belegt das mittelalterliche Wissen um die urtümlichen Symbole der Heiligkeit: gespiegelte Doppelvögel, die umgekehrte Welt (umgekehrte Gesichter) und menschengestaltige, fischschwänzige Wesen, die dem Meeresschaum entspringen.

rige. Wie viele Mythen und religiöse Heilswege haben das Paradies beschrieben, und wie viele Mönche und Pilger haben dieses Traumland vergeblich gesucht.

Die Natur hat den Luftspiegelungen und damit den daraus erwachsenen mythischen und religiösen Erscheinungen ein besonderes Merkmal aufgeprägt. Sie erschienen häufig vor Stürmen. Gerade dies verlieh ihnen besonderen Nachdruck. Ein Geisterwesen, eine göttliche Erscheinung oder ein mythischer Riesenvogel, der vor einem Sturm erschien, der brachte den Sturm. Er beherrschte Mächte, die nur übernatürlichen Wesen untertan sein konnten.

Die Übersichtstafel in Abb. 218 zeigt, welche Spiegelungsphänomene sich zu Vorbildern für bedeutende mythologische oder religiöse Anschauungen entwickelt haben könnten. Dazu gehört die Vorstellung, daß der Eingang zum Reich der Götter am Horizont liegt, dort, wo Himmel (Vogel) und Schlange (Erde) sich treffen (a). Dazu gehört ebenfalls der Glaube an eine der irdischen ähnliche jenseitige Welt am Himmel (b), an den Sitz der Götter über den Gipfeln der Berge (c), an eine rätselhafte umgekehrte Welt (d), an die markanten Pfeiler der Welt (e) und an göttliche Fahrzeuge (f). Weitere Anschauungen, die sich von Erlebnissen mit Luftspiegelungen abgeleitet haben könnten, sind die Dreifaltigkeit Gottes oder die dreifaltige Natur der Wesen in seiner Nähe (g), die Vorstellung von einem von Göttern bewohnten Weltberg (h), der Glaube an den Doppelvogel als Botschafter aus dem Jenseits (i), die Überlieferung vom Totenschiff (j), die Vorstellung von der Seele oder dem Schutzengel als begleitender Zwillingsgestalt des Menschen (k) und der Glaube an die Tempel oder Götterburgen im Paradies der Götter (l).

Damit ist der Kreis zwischen Naturphänomen und Jenseitsvorstellung geschlossen. Luftspiegelungen haben den Urmenschen immer wieder zu Spekulationen veranlaßt. Weil sie, da sie eine unerreichbare andere Welt vorspiegelten, gleichzeitig seiner Sehnsucht nach Unsterblichkeit entgegenkamen, erlangten die Luftspiegelungen eine besondere Bedeutung. Sie prägten die Grundzüge der Jenseitsvorstellungen, die später Propheten und Religionsgründer mit Intuition und Sendungsbewußtsein weiter ausbauten.

Trotzdem läßt die Deutung von Luftspiegelungen der Individualität der jeweiligen Völker viel Raum. So kann eine gespiegelte Insel über dem Horizont des Meeres als

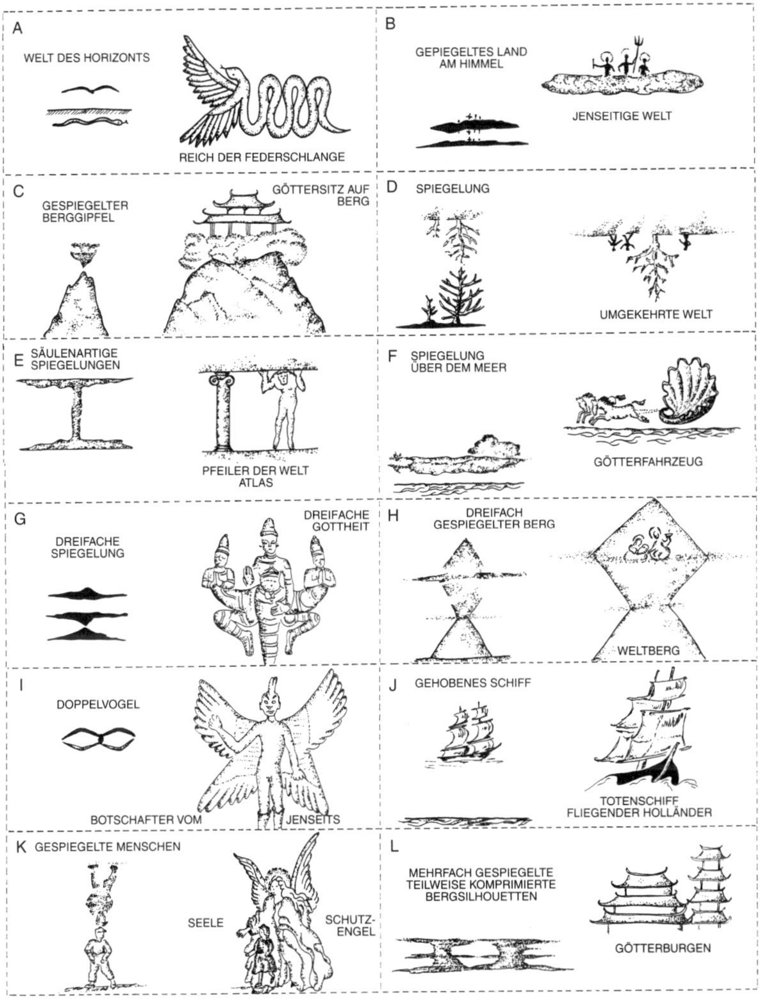

Abb. 218 Übersicht über mythologische und religiöse Erscheinungen, die von Luftspiegelungsphänomenen abgeleitet sein können: (a) Horizont als Eingang zur Götterwelt, (b) jenseitige Welt am Himmel, (c) Göttersitz über dem Berg, (d) die umgekehrte jenseitige Welt, (e) die Pfeiler der Welt, (f) göttliche Fahrzeuge, (g) die Dreifaltigkeit der Götter, (h) der Weltberg, (i) der Doppelvogel als Botschafter vom Jenseits, (j) das Totenschiff, (k) die Seele des Menschen, sein Schutzengel, (l) Götterburgen.

Thron Gottes, als Fahrzeug des Meeresgottes, als mythischer Vogel Roch, als Paradies oder als Insel der Toten angesehen werden.

Daß ein launisches Naturphänomen die vielfältigen Versuche begründete, Jenseitsvorstellungen aufzubauen, tut dieser Leistung und ihrer Bedeutung für die menschliche Seele und Kultur keinen Abbruch. Für einen gottgläubigen Menschen hat Gott auch die Natur geschaffen. Warum sollte er sich nicht einer ihrer Erscheinungen bedienen, um in passenden Augenblicken auf den richtigen spirituellen Weg zu verweisen? Auch bei einem Religionsschöpfer müßte man sich sonst fragen, ob es statthaft war, daß er ein »natürlich gewachsenes« Gehirn mit biochemisch begründeten Gesetzmäßigkeiten für seine religiöse Kreativität genutzt hat. Wir setzen ja voraus, daß auch ein Gehirn gemäß der Naturgesetze funktioniert, und trotzdem haben wir uns daran gewöhnt, daß Gott hier über einen Propheten zu den Menschen spricht.

Die Erkenntnis, daß Luftspiegelungen den Menschen zu wesentlichen mythologischen und religiösen Vorstellungen geführt haben, widerspricht der Religion selbst also nicht. Gott könnte die Luftspiegelungen ja genutzt haben, um zu den Menschen zu sprechen und ihre Vorstellungen vom Jenseits zu erwecken. Wirklich religiöse Menschen brauchen keine Wunder. Für sie ist die natürliche Welt ein Werk Gottes und bereits Wunder genug.

Gottes Eingriff und die Gesetze des Chaos

Es gibt ein naturwissenschaftlich-philosophisches Argument für die Behauptung, daß die hier entwickelte naturalistische Deutung der Entstehung religiöser Vorstellungen das Religionsverständnis gläubiger Menschen nicht verletzen muß. Die Entstehung ebenso wie das Erscheinungsbild von Luftspiegelungen hängt von der Entwicklung des Wetters ab. Vom Wetter aber wissen wir, daß es den Gesetzmäßigkeiten des Chaos unterliegt. Dies bedeutet, daß kleinste Schwankungen der Umgebungsbedingungen schwerwiegende Folgen haben können. Bekannt geworden ist das (etwas übertriebene) Beispiel eines Schmetterlings, dessen Flügelschlag einen Orkan auslösen könnte. Die Tatsache, daß wiederholte Computerrechnungen in solchen Fällen immer wieder zu abweichenden Ergebnissen führen, hat tiefgreifende philosophische Konsequenzen. Die Entwicklung der Welt kann nicht, wie noch gegen Ende des 19. Jahrhunderts angenommen wurde, auf der Grundlage naturwissenschaftlicher Gesetze genau vorausberechnet werden. Sie kann auch nicht statistisch genau vorhergesagt werden, wie es die Vertreter der Quantentheorie wollten. Vielmehr gibt es viele Erscheinungen, die man überhaupt nicht vorherberechnen kann, weil unscheinbare Vorgänge und Schwankungen unvorhersehbar große Konsequenzen haben können. Solche Verhältnisse in der Natur werden deshalb als chaotisch bezeichnet. Trotz aller unserer Naturerkenntnisse sind wir infolgedessen nicht in der Lage zu beweisen, daß die Entwicklung unserer Welt deterministisch, das heißt für uns Menschen vorhersehbar ist.

Auch in einer strikt nach seinen Naturgesetzen funktionierenden Welt könnte also Gott über das Phänomen des Chaos beliebig eingreifen, um ihre Geschicke zu lenken. Trotzdem würde es kein Naturforscher jemals beweisen oder widerlegen können. Ein Staubkorn im Universum könnte die Bahn eines Meteors so stören, daß er die Erde auslöscht oder auch verschont. Ebenso könnte ein beliebig, für uns unerfaßbarer Eingriff in den Ablauf des Wetters eine Luftspiegelung auslösen oder unterdrücken. Niemand wird deswegen in der Lage sein zu beweisen, daß zum Beispiel die Erscheinung von Jahwes Thronwagen, die der Prophet Ezechiel sah, kein gewollter Eingriff Gottes in die – ohnehin von ihm ausgelösten – Naturabläufe war. Gott könnte die Situation so gesteuert haben, daß das Ziel, die Bestärkung Ezechiels im Glauben, erreicht wurde. Der religiöse Anspruch wird also nicht in Frage gestellt.

Für die Wissenschaft aber gibt meiner Ansicht nach die in diesem Buch entwickelte Hypothese eine recht geradlinige und überzeugende Erklärung für die Entstehung einiger wesentlicher Jenseitsvorstellungen und deren Verbreitung in vielen Kulturen. Sie könnte vielleicht sogar erklären, warum sich Jenseitsvorstellungen überhaupt so weit entwickelten, ja mehr oder weniger zwangsläufig als Evolutionsschritte vorprogrammiert waren. Im Sinne der Religion könnte dann auch gesagt werden, daß bei der göttlichen Weltschöpfung die Voraussetzungen geschaffen wurden, um die Entfaltung religiöser Vorstellungen zu lenken. Man könnte genausogut sagen, der Schöpfer machte auch in einer Umwelt, die der Mensch durch Gewöhnung als selbstverständlich hingenommen hat, durch solche Phänomene immer wieder auf die jenseitige Welt und damit auf die Sterblichkeit aufmerksam. Land am Himmel etwa erinnert uns daran, daß wir nicht immer auf dieser Erde verweilen können und legt nahe, daß die Toten dorthin ziehen.

Hätte man sich ohne solche Visionen wirklich vorstellen können, was jenseits unserer Welt existiert? Warum gelangten Menschen auf verschiedenen Kontinenten und in verschiedenen Kulturkreisen zu erstaunlich ähnlichen Ansichten über mythische und religiöse

Erscheinungen? Als sich die Menschen im Verlauf der Entwicklung ihres Denkvermögens bemühten, durch Beobachtung von Naturgesetzen ihr handwerkliches Geschick zu verbessern, versuchten sie auch immer angestrengter, atmosphärische Erscheinungen zu deuten, die ihnen Land am Himmel vorspiegelten. Damit kamen sie zu recht einheitlichen ersten mythologischen und religiösen Vorstellungen, die später natürlich durch viele andere Einflüsse mitgeprägt und weiterentwickelt wurden.

Unsere Hypothese soll auch an einem modernen Gedankenmodell veranschaulicht werden. Heute ist sich die Wissenschaft darüber einig, daß es in unserem Universum unzählige intelligente Kulturen geben muß, auch wenn sie in praktisch unüberbrückbaren Entfernungen gesucht werden müssen. Sollte es jemals gelingen, mit einer davon Kontakt aufzunehmen, werden wir merken, daß die fremden Religionen einige markante Ähnlichkeiten zu den unsrigen aufweisen: Auch auf fernen Planeten wird man dreifaltige Wesen kennen, umgekehrte jenseitige Welten oder mythische Doppelvögel.

Was wir im kollektiven Unterbewußtsein der Menschheit glauben aufgedeckt zu haben, ist einem alten Straßensystem vergleichbar, den Resten der römischen Straßen etwa, das heute von den vielen Straßen unserer Kulturlandschaft überdeckt ist. Es zeigt dennoch, von wo einst die ersten wesentlichen Impulse der spirituellen Kultivierung ausgegangen sind. Dieses Straßensystem, wir nennen es Fata-Morgana-Wege, sind die Visionen, die Luftspiegelungen den Menschen eingegeben haben. Unsere Aufgabe war der von Archäologen ähnlich. Es galt, Bruchstücke von Mythologien zu sammeln, die die Botschaften von Luftspiegelungen übermitteln, und Querverbindungen herzustellen, mit der

Gewißheit, daß nie die ganze Wahrheit offenbar werden könnte.

Die Suche nach den Ursprüngen der mythologischen Vorstellungen hat auch folgende interessante Einsicht erbracht: Der Mensch hat wahrscheinlich nicht aus intellektuellem Antrieb und Neugierde begonnen, über die jenseitige Welt nachzudenken, sondern weil er mit dem unerklärlichen Phänomen gelegentlicher Luftspiegelungen konfrontiert wurde. Da Naturbeobachtungen für sein Überleben wichtig waren, blieb ihm nichts anderes übrig, als auch diesen Phänomenen Aufmerksamkeit zu schenken. Er wußte ja nicht, ob sie für ihn gefährlich werden können. Erklärungen hat er schließlich entwickelt, um angesichts dieser Erscheinungen leben zu können, ohne sich ständig Sorgen machen zu müssen. Demnach wären die ersten Schritte, die der Mensch in Richtung religiöser oder mythologischer Vorstellungen gemacht hat, durch die Natur selbst initiiert worden. Er fand für seltenere Erscheinungen, die immer schon seine Aufmerksamkeit erregt hatten, Erklärungen, die ihn beruhigten und deren Konsequenzen sein sich entwickelnder religiöser Glaube in gewissem Maße zu kontrollieren erlaubte. Er folgte damit seinem Instinkt, die Umwelt unter Kontrolle zu halten. Sein erwachender Verstand gab ihm die Möglichkeit dazu.

Viele Gelehrte haben angenommen, daß Mythen und Religionen allein dem menschlichen Geist entsprungen sind. Sir Edward B. Tylor zum Beispiel, ein Religionsforscher, der vor einem Jahrhundert die Grundlagen des sogenannten »Animismus« erforschte, kam zu dem Schluß, daß die Religion ihre Grundlage in Träumen, Visionen und anderen Erfahrungen der Seele hat. Er nahm an, daß zunächst die Erkenntnis und Verehrung der Seele da war und aus ihr heraus sich die Vorstellung von Geistern, Göttern und vom obersten Gott entwickelten. Obwohl man heute annimmt, daß diese Ansicht stark vereinfacht ist, bleibt die Anschauung, daß wesentliche Jenseitsvorstellungen aus dem Unbewußten des Menschen heraus entstanden sind, weiterhin bestehen.

Da mit Jenseitsvorstellungen in der Regel auch Tabus und rituelle Vorschriften verbunden waren, muß man sich fragen, warum die Menschen sich in einer so schwierigen Phase ihrer Entwicklung selbst eingeschränkt haben. Erfindet man Dämonen oder böse Geister, um sich vor ihnen zu fürchten? Zum Teil enthält spirituelles Wissen auch Lebensweisheiten. Aber sind dreifaltige Götter, umgekehrte Welten, Lebensbäume oder Wüstengespenster Erfahrungen, die das Leben erleichterten? Die Vorzeitmenschen waren zu realistisch, um von sich aus eine so phantastische Vorstellungswelt zu erfinden. Ihr Lebenskampf war zu hart, um dem Selbstbetrug Raum zu geben. Aber sie fühlten sich umgeben von bedrohlichen, unverständlichen Zeichen und Erscheinungen und versuchten, damit zurechtzukommen.

Stellen wir uns einen Buschmann vor, der eine Antilope jagt. Stundenlang, ja manchmal tagelang folgt er ihr, immer auf eine Gelegenheit wartend, der Beute nahe genug zu kommen, um ihr einen kleinen Giftpfeil in die Flanken zu schießen. Alle seine Instinkte sind auf dieses Ziel gerichtet, während er jedes Geländemerkmal und jede Deckung im Auge behält. Er unterdrückt Hunger und Durst, ruht nur wenig, um die Fährte ständig aufnehmen zu können. Und dann taucht die Antilope in einen Fata-Morgana-See. Er sieht, wie sie sich zunächst vom Boden abhebt, dann sich verdoppelt, zwei

Abb. 219 In der erbarmungslos trockenen Taklamakan-Wüste Westchinas begegnet der Reisende manchmal Luftspiegelungen, die wie diese einen Flußlauf mit baumbestandenen Ufern suggerieren.

Körper und zwei Köpfe bekommt, bevor die Luftspiegelung sie endgültig verschluckt. Für den Buschmann ist diese Begegnung mit den Illusionen des abgelenkten Lichtes eine Realität. Sie ist Teil der Natur, die ihn umgibt. Notgedrungen versucht er, die Erscheinung einzuordnen, ihr eine Bedeutung zu geben. Da sie relativ selten auftritt, kommt er zu dem Schluß, daß es eine besondere Gazelle war – eine, die man vielleicht gar nicht jagen durfte, weil sie besondere Macht besitzt. Wundert es da, wenn Buschmänner vermenschlichte Antilopengestalten mit zwei Köpfen oder fliegende Antilopenwesen an die Felswände ihrer Ritualplätze malten (Abb. 135)? Eine gewisse Gruppe von Jenseitsvorstellungen entstand wohl durch reine Naturbeobachtungen. Sie wurden den Menschen sozusagen aufgezwungen.

Es ist eine Forderung des Selbsterhaltungstriebes, Erscheinungen aus der Umgebung zu verstehen, um im Notfall gegen sie gewappnet zu sein. Genau das haben die vorgeschichtlichen Menschen mit den Visionen der Luftspiegelungen gemacht. Sie haben versucht, sie einzuordnen und zu begreifen. Und da sie nicht in die reale Welt paßten, entwickelten sie sich zu Erscheinungen vom Jenseits. Da die Sichtungen sich wiederholten, verfestigte sich der Glaube daran und verankerte sich im Unterbewußten. Die Vorstellungen überlebten, weil sie eine breite Grundlage in der volkstümlichen Überlieferung fanden.

Ein gutes Beispiel für diesen Mechanismus der Prägung mythologischer Überlieferungen ist die Barke der Nacht. Dieses schemenhafte Geisterschiff wurde immer wieder gesehen, was dieser Legende zu nachhaltiger Popularität verhalf. Die Deutung dieses Bootes als ein Geisterschiff, das die Seelen der Verstorbenen trägt, hat nahezu naturwissenschaftliche Züge. Wie könnte ein Boot, das so schnell ankommt und wieder verschwunden ist, ohne Kielwasser zu hinterlassen, und dessen Besatzung nicht ansprechbar ist, sonst in unsere Erfahrungswelt eingeordnet werden? Da bereits für die keltischen Druiden und für die Römer im Bereich der Insel Sein an der westlichen Spitze der Bretagne der Eingang zum Totenreich lag, muß angenommen werden, daß Geisterschiffe an dieser seit der Vorzeit vielbefahrenen Route regelmäßig gesichtet worden sind.

Auch die Vorstellung vom Paradies ist nicht der reinen Phantasie entsprungen. Menschen haben in den schwankenden Dichtemustern der Luft immer wieder Bilder und Szenen gesehen, die in ihrer vollendeten Schönheit der Vorstellungskraft spotteten. Nicht selten haben Propheten und Religionsgründer ihre Begegnungen mit dem Paradies in einer Wüste oder Einöde gehabt, wo sie meditierten, wohl auch lange in die Weite des Landes hinausblickten, wo sie Dinge sahen, die ihr Leben veränderten. Das läßt an eine tibetanische Geschichte denken, die von einem jungen Mann erzählt, der in den Wüsten und Berggebieten Zentralasiens nach dem gelobten Land, Shambhala, forschte.[3] Er trifft auf einen alten Einsiedler, der ihn fragt, was er in diesen Einöden sucht. »Ich will Shambhala finden«, antwortete er. »Dann brauchst du nicht weit zu reisen«, sagte der Einsiedler. »Das Königreich Shambhala liegt in deinem eigenen Herzen.« Der Einsiedler hatte, obwohl seine Worte tröstlich sind, nur zum Teil recht. Er hätte sagen müssen: »Shambhala liegt irgendwo am Horizont. Du kannst es, wenn du lange suchst, vielleicht einmal aus der Ferne sehen, aber du wirst es auf unserer Welt nie betreten.«

Ist die Sehnsucht nach dem Unerreichbaren nicht eine wesentliche Triebkraft für die meisten unserer Bemühungen? Ist die Suche nach dem Glück nicht das eigentliche Glück?

Es ist dem Homo sapiens sehr förderlich gewesen, daß ein Naturphänomen wie das der Luftspiegelungen seine Phantasie, seine seelisch-geistige Kreativität und seine Religiosität herausgefordert hat. Ein gläubiger Mensch könnte dies als ein Geschenk Gottes oder der Natur betrachten, das uns über viele Jahrtausende hinweg religiös inspiriert hat. Auf dem Wege der Menschwerdung war eine anschauliche Vorstellung von der jenseitigen Welt für die Verankerung des Glaubens und die Reifung der Eigenschaften, die wir Seele nennen, notwendig. Der frühe Mensch war so auf seine Sinneseindrücke fixiert, daß er den Sprung in eine rein geistige Vorstellung von einer überirdischen Welt nicht hätte vollziehen können. Die Evolution religiöser Empfindungen war eine notwendige Voraussetzung für die Menschwerdung. Luftspiegelungen haben dabei einen wichtigen Dienst erwiesen.

Acht Generationen sind etwa vergangen, seit das Industriezeitalter begonnen hat. Etwa 100 Generationen sind vergangen, seit große Religionen wie das Christentum und der Buddhismus die Seele des Menschen zu formen begonnen haben. Aber schon über 100 000 Generationen lang denkt der Mensch über die Geheimnisse der Natur, wohl auch über die Illusionen der Fata Morgana nach. Deswegen sollte es uns nicht wundern, daß visuelle Eindrücke die Religionen mitgeprägt haben und nicht rationale Denkgebilde, die erst der moderne Mensch erzeugt hat. Die unfaßbaren Botschaften des Lichtes wurden zum Heiligen, aus dem sich die Jenseitsvorstellungen des vorzeitlichen Menschen entwikkelten.

Inzwischen sind Geist und Seele ›erwachsener‹ geworden. Der Mensch braucht kaum noch Wunder als Gegensätze zur Wirklichkeit. Die Natur selbst, das Universum sowie unser Leben sind Wunder, die gläubige Menschen von der Existenz Gottes überzeugen.

Die geistige Welt der Urmenschen

Wir haben mit der Erzählung von den fliegenden Bergen aus der altindischen Mythologie eingesetzt, die mehr als drei Jahrtausende zurückreicht. Es wurde auch gezeigt, daß noch in unserer Zeit in Australien Menschen lebten, die Zeremonien einleiteten, wenn sie sahen, wie Berge und Sträucher sich in Luftspiegelungen vom Boden abhoben. Versuchen wir jetzt, zu beurteilen, ob wir mit unserer naturalistischen Deutung der Jenseitsvorstellungen weiter in die Vergangenheit zurückblicken können, als dies bisher möglich war.

Kehren wir zu den Schamanen zurück, die mit ihren Vogelsymbolen schon vor 15 000 Jahren auf den Malereien in der Höhle von Lascaux dargestellt wurden. Sie haben sich nicht alles, was für ihre Funktion in der Gemeinschaft wichtig war – der Kontakt mit den jenseitigen Welten, ihr Flug dahin – in ihrer Ekstase ausgedacht. Sie hatten vielmehr einen recht logischen Plan, wie er charakteristisch ist für genau beobachtende Naturmenschen. Sie haben den Himmel und die verschiedenen Stadien jenseitigen Daseins am Horizont gesehen, und sie haben auch beobachtet, daß Vögel dorthinfliegen, Vögel, die sich verdoppeln, bevor sie in die jenseitige Welt eindringen. Deswegen haben sich sibirische Schamanen bis in unsere Zeit hinein Doppelvögel als Hilfsgeister auserkoren. Sie waren den Schamanen zufolge sogar die Könige der Vögel, die Zugang zum Jenseits hatten. Die Schamanen der Buschmänner reisten in Gestalt einer doppelten Elen-Antilope in die jenseitige Welt.

Die Steinzeitmenschen haben ihre Jagdbeute auf die Höhlenwände gemalt, um ihre Erscheinung zu verdoppeln. Damit wird das dargestellte Tier zu einem Wesen der jenseitigen Welt. Da man ein Bild des Tieres malt, das man erlegen möchte, besiegelt man dessen Ende. Man zieht es in den Bannkreis des Jenseits. Das »Waff« des Tieres ist aufgetaucht. Dies erklärt, warum die Steinzeitmenschen nie Szenen ihres eigenen Lebens dargestellt haben. Sie würden das Todesurteil über die Dargestellten fällen. Eine Ausnahme sind die Schamanen selbst, die ja Vermittler zur anderen Welt waren und in ihren Trancezuständen regelmäßig ins Jenseits aufbrechen mußten. Sie wurden bildlich dargestellt, aber maskiert, zum Beispiel mit Kopf und Geweih eines Hirsches. Die Steinzeitmenschen sind aber auch bekannt für eine andere Art menschlicher Darstellungen: für mit üppigen weiblichen Körpermerkmalen ausgestatteten Venusfiguren, wie sie als Venus von Milo oder Venus von Willendorf weltberühmt geworden sind.

Wenn eine ganz bestimmte Frau dargestellt worden wäre, wäre sie damit ebenfalls dem Jenseits überantwortet worden. Daß dies nicht die Idee gewesen sein konnte, beweist der Umstand, daß die Köpfe der Steinzeitfiguren ebenfalls keine menschlichen Gesichtszüge zeigten. Sie haben vielmehr, in ihrer absichtlichen Unförmigkeit und Wesenlosigkeit, etwas Surrealistisches, Utopisches an sich. Also waren die Figuren entweder weibliche Schamanen, oder der beabsichtigte Zauber bezog sich auf eine Kindesgeburt.

Wenn der Vorzeitjäger Doppeltiere jagen mußte, Tiere dieser Welt mit ihrem Ebenbild aus der anderen Welt (das er auf die Höhlenwände malte), was hätte er noch beachten können, um sein Jagdglück zu machen? Eine

Abb. 220 Speerschleuder in Form eines Doppelvogels aus dem Magdalenien in Frankreich, Höhle von Enlène (18 000–11 000 v. Chr.). Der Doppelvogel, der Botschafter vom Jenseits, sollte wohl den sicheren Flug des Speeres gewährleisten. Er ist wohl das älteste religiöse Symbol der Menschheit.

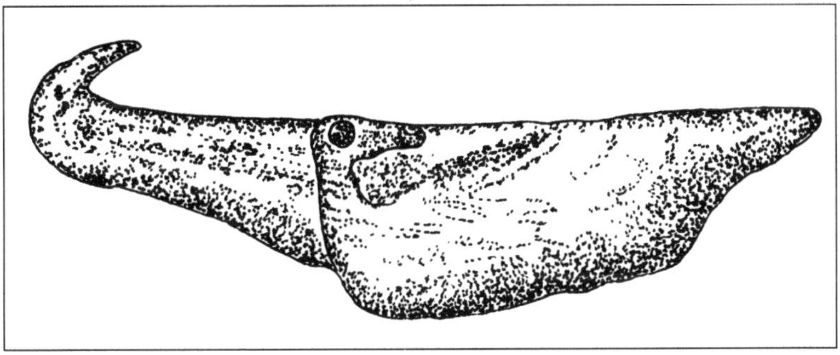

Abb. 221 Teller (9,7 cm Durchmesser) mit gespiegelten Vögeln (Eulen?), Grabbeigabe (in 45facher Ausführung) für Hémaka, Beamter des Königs Den der ersten ägyptischen Dynastie (2920–2770 v. Chr.).

Speerschleuder aus Rentiergeweih, die man in der Höhle von Enlène in Frankreich gefunden hat, gibt uns einen Hinweis (Abb. 220). Der Haken, in den der Speer eingehängt wurde, hat die Form eines Vogelkopfes.[4] Ein weiterer Vogelkopf ist in den Griff graviert. Die Speerschleuder, welche die Waffe sicher ins Ziel führen sollte, war also als Doppelvogel geformt. Wir wissen, daß der Doppelvogel Vermittler zur anderen Welt ist. Er konnte dem

Speer die Zauberkraft für einen magischen Flug verleihen.

Dieser Doppelvogel taucht ebenso in der ältesten faßbaren Geschichtsepoche, unter den frühesten ägyptischen Grabbeigaben aus der Zeit vor rund 5 Jahrtausenden auf (Abb. 221) und hat die religiösen Bemühungen um das Weiterleben nach dem Tode in fast allen Kulturen begleitet.

Was die Religion der steinzeitlichen Höhlenmaler betrifft, so glaube ich, daß sie sich aus den mythologisch-religiösen Elementen, die wir freigelegt haben, in groben Konturen rekonstruieren ließe.

Erinnerungen an die Traumzeit

Auf unserer langen Reise in die Vorgeschichte von Mythologie und Religionen haben wir gesehen, daß Berge, Landschaften und Lebewesen Eindrücke eines andersartigen Lebens vermitteln. Es ist ein Leben, das außerhalb unserer täglichen Realitäten liegt und, wenn wir recht haben, zum Ursprung vieler Mythen und religiöser Überlieferungen geworden ist. Es wurde ein Teil oder sogar die wesentliche Grundlage unserer Vorstellungen von einer jenseitigen Welt. Es hat das geweckt und mitgeprägt, was wir unsere Seele nennen, unser Unbewußtes, auch unsere Phantasie und unsere spirituelle Kreativität.

Jetzt verstehen wir, weshalb die Helden der Traumzeit zu Bergen und Landschaftsformen werden konnten und warum sie aus ihrem Schlaf wiedergeweckt werden können. Die australischen Wüstennomaden sahen und sehen die Natur noch mit unbefangenen Sinnen. Ihre Vorstellungswelt spiegelt das wider, was sie wirklich gesehen und erlebt haben. Auf den Tafelbergen ihrer Steppenheimat kämpfen gelegentlich noch immer die Traumzeithelden. Dort finden sich auch die heiligen Felsen, die sich in Helden und Götter verwandeln und mit den Menschen kommunizieren können.

Es ist interessant, darüber nachzudenken, wie sich die naturverbundene Religion der australischen Eingeborenen weiterentwickelt hätte, wenn diese ihr Nomadentum überwunden hätten, um in geschlossenen Siedlungen der Landwirtschaft nachzugehen. Wahrscheinlich hätten sie die »lebenden Steine« ihrer Götterhelden, über die ihr Kontakt mit der anderen Welt funktionierte, von den Höhen der Tafelberge in die Nähe ihrer Wohnungen zu versetzen versucht. Genau dies haben die Angehörigen der Megalith-Kultur in England vor rund 4500 Jahren getan, als sie die »blauen Steine« von Stonehenge von den Prescelli-Bergen in Wales in die Ebene von Salisbury transportiert haben – eine Strecke von rund 250 Kilometern. Die höchste, nur 536 Meter hohe Erhebung der Prescelli-Berge galt seit alters her als heilig. Von hier aus hat man einen grandiosen Ausblick über das südwestliche Wales bis nach Irland, zur Küste und zu den vorgelagerten Inseln. Zwei davon, Grasholm und Lundy, stehen der Mythologie nach ebenfalls mit der jenseitigen Welt in Verbindung. Der Prescelli-Gipfel selbst ist wohl mit dem »Tanz der Riesen« identisch, woher der Zauberer Merlin die Steine nach Stonehenge holte. Der Tanz der Riesen waren einfach Luftspiegelungen. Die Steine hat man von dort in die Ebene gebracht, in der Hoffnung, daß sie weiterhin mit dem Himmel kommunizieren. In unserer der Natur entfremdeten Zeit leben diese uralten Erfahrungen mit Luftspiegelungen nur noch im Erbe der Mythen und Religionen weiter.

Auf der Grundlage der in diesem Buch zusammen-

Abb. 222 Die australische Rindenmalerei von Yirrkala, Arnhem-Land, beschreibt eine Doppelgängerwelt, aus der das Leben entstanden ist. Dargestellt sind die Weltschöpfung mit den Djanggawul-Schwestern, als sie die Eingeborenen zur Welt brachten, und die Rangga-Pflanzen, von denen die Bäume abstammen.

getragenen Fakten drängt sich die Vermutung auf, daß die Ursprünge der religiösen Vorstellungen wahrhaft alt sind. Denn das, was wir als Fata-Morgana-Indizien für eine Naturreligion bezeichnen, reicht zu den Anfängen der ältesten Kulturen zurück. Es ist die Epoche der steinzeitlichen Höhlenmaler, die legendäre Traumzeit der australischen Ureinwohner und die Zeit der Landnahme durch die indianische Urbevölkerung Nordamerikas. Eine auf präzise Beobachtungen des Horizonts aufbauende Naturreligion war das Material, das Propheten und Religionsschöpfer später weiterformten. Wir verstehen jetzt zum Beispiel, warum das herausragende abendländische Heiligtum Delphi eine solche Überzeugungskraft besaß. Es steht mit einem Adlerpaar in Verbindung, ebenso mit dem Nabel, der die Welt mit dem Himmel verband. Dort hielt sich der Himmelsdrache Python auf, alles Symbolgestalten, deren Herkunft aus Luftspiegelungen wir aufgezeigt haben. Delphi ist durch Luftspiegelungen des Berges Parnassus über dem Golf von Korinth zu einem Ort geworden, der die Verbindung zur Götterwelt (über ein dreifüßiges Kultobjekt) aufrechterhielt.

Der Einfluß der Luftspiegelung auf unser spirituelles Leben ist noch nicht erloschen. Die Pfeiler und Tragbalken dieser Urerfahrung sind in den Gebäuden der Weltreligionen wiederzufinden. Nicht die Seele des Menschen allein, sondern auch seine Augen waren Katalysatoren religiöser Vorstellungen. Dies ist ein neuer Weg, um das Reifen religiöser Erfahrungen zu verstehen. Thomas von Aquin sagte: »Gnade setzt die Natur voraus.« Damit meinte er »Religion setzt Natur voraus.« Gerade dies haben wir versucht, durch unser Buch zu untermauern. Ohne natürliche Vorbilder fällt es schwer, religiöse Vorstellungen zu entwickeln. Sicher hat sich der Kirchengelehrte auch gefagt, warum Gott seine Schöpfung nicht verwenden sollte, um im Menschen den Glauben zu wekken?

Erstaunlich ist die nahezu wissenschaftliche Ehrlichkeit, die wir in alten Überlieferungen gefunden haben. Die Schamanen der Urhorden, die den Samen der keimenden Mythen und religiösen Gefühle ihrer Anvertrauten weitertrugen, konnten es sich wohl auch kaum leisten, nicht nachvollziehbare Phantasien zu entwickeln. Sie waren Naturbeobachter von außergewöhnlicher Perfektion. Auf der Suche nach der Unsterblichkeit waren sie entschlossen, zu den entferntesten Grenzen der Welt aufzubrechen. Sie erklärten die Naturerscheinungen so, wie sie sie wirklich zu verstehen glaubten.

Dieses Buch belegt, daß uralte Jenseitssymbole wie die Säulen der Welt, die Fäden vom Himmel, der Lebensbaum, der Weltberg in Form einer Sanduhr, die schwebenden Inseln der Seligen, die Türme und Säulenhallen der Götter, die doppelten geflügelten Botschafter zum Jenseits und Begegnungen mit dem Paradies nicht erfunden sind. Sie wurden vielmehr durch Abertausende von Generationen hindurch aus der Wirklichkeit visueller Erfahrungen herauskristallisiert. Die Natur selbst hat uns das Fundament des Glaubens mitgegeben, auf dem die Religionsschöpfer ihre Tempel bauen konnten.

Die Kirchenväter, die vor Jahrhunderten Mönche losgeschickt haben, um den Geheimnissen der Fata-Morgana-Erscheinungen auf die Spur zu kommen, hatten eine gute Intuition. Es gibt einen uralten Zusammenhang zwischen Luftspiegelungen und der Entwicklung der Seele. Diese grandiosen Naturphänomene haben dem Menschen, als er noch sehr stark von seinen tierischen Instinkten beherrscht war, geholfen zu begreifen, daß es eine Macht gibt, die über ihm steht.

Anmerkungen

1. Die Macht der Fata Morgana

1 Mountfold, Ch. P.: *Nomads of the Australian Desert.* Adelaide, Sydney 1976, S. 434–445 u. S. 450.
2 Tributsch, H.: *Das Rätsel der Götter – Fata Morgana.* Berlin 1983.
3 Somadeve: *The Ocean of Story.* Calcutta 1880–1884, Bd. IV, S. 3.
4 Älteste Hinweise im *Rig-Veda* (IV,54,5); erste Überlieferung im *Maitrayani Samnita* (1,10,13); s. auch MacDonell, A. A.: *Vedic Mythology.* S. 62 ff.
5 Somadeve: *The Ocean of Story.* A. a. O. S. 217.

2. Begegnungen mit dem Paradies

1 Spess, S.: *Entwicklungsgeschichte der Vorstellungen vom Leben nach dem Tode.* S. 30.
2 Zemmrich, J.: *Toteninseln und verwandte geographische Mythen.* In: Internationales Archiv für Ethnographie IV (5) 1891, S. 216–244.
3 Ratzel: *Völkerkunde.* Bd. 2, S. 484.
4 Ebd. S. 92.
5 Sahagun: *Historia de la Nueva España.* Bd.III, Kap. 3.
6 Tributsch: *Das Rätsel der Götter – Fata Morgana.* A. a. O.
7 Filmmaterial zum japanischen Dokumentarfilm *Mirage,* NEXUS Inc., A. Takeno. Aufnahmen von Pekka Parvianen.
8 Gabriel, A.: *Durch Persiens Wüsten.* Stuttgart 1935, S. 63.
9 Somadeve: *The Ocean of Story.* A. a. O. S. 200.
10 Tributsch, H.: *Die gläsernen Türme von Atlantis.* Berlin 1986.
11 MacPherson: *Introduction to History of Great Britain and Ireland.* S. 180.
12 Rossiter, E.: *Die Ägyptischen Totenbücher.* Fribourg u. Genève 1979/1984, S. 67.
13 Lincke: *Skizze der ägyptischen Literatur.* S. 33.
14 Markale, J.: *La tradition celtique en bretagne armoricaine.* Paris 1978, S. 262.

15 Wallis Budge, E. A.: *The Life and Exploits of Alexander the Great: A Series of Ethiopic Texts.* New York u. London 1968, Vol. 2, S. 145.
16 Wrede, Adolf von: *Reisen in Hadramaut.* Braunschweig 1909. Wiedergegeben in Conrad Alberti-Sittenfeld, Hg.: *Die Eroberung der Erde.* Berlin u. Wien, S. 364.
17 Schacht, J.: *Der Islam.* In: A. Bertholet: *Religionsgeschichtliches Lesebuch.* Tübingen 1931, H. 2 und A. J. Wensinck: *A Handbook of Early Muhammadan Tradition.* Leiden 1927.
18 Wallis Budge: *The Life and Exploits of Alexander the Great: A Series of Ethiopic Texts.* A. a. O. S. 155.
19 *Mahabharata,* 3.43.21–25.
20 Kenjatta, J.: *Facing Mount Kenya: The Traditional Life of the Gikuyu.* London 1938.
21 Ortiz, A.: »*Look to the Mountaintops*«. In: E. G. Wards (ed.): *Essays on Reflection.* Boston 1973.
22 Faiman, D.: *Dor Le Dor, Our Biblical Heritage.* 1989. Vol. XVII, S. 211–219.
23 Wiegand, T.: *Sinai.* Berlin u. Leipzig 1920.
24 Thorarinson, S.: *Hekla, A Notorious Volcano.* Reykjavik 1970.
25 Kohlrusch: *Sagen*. S. 414.
26 Hoffmann-Krayer, E. u. H. Bächtold-Stäubli, Hg.: *Handbuch des Deutschen Aberglaubens.* Berlin u. Leipzig 1934, Bd. IV, Stichwort »Paradies«, S. 1405.
27 Birlinger: *Volksth.* I, S. 183 f.
28 Mannhardt: *Germanische Mythen.* S. 346.
29 Kampers, F.: *Mittelalterliche Sagen vom Paradiese und vom Holze des Kreuzes Christi.* Görres-Gesellschaft 1897, S. 79.
30 Vermaleken: *Alpensagen*. S. 271.
31 North Japanese Newspaper Corporation: Romantic Mirages, 1981.
32 *The Rakshas and the Sea Market.* In: *Dragon Tales – A Collection of Chinese Stories.* Beijing 1990.
33 Brauns, Zeitschrift für Volkskunde, Bd. 1, S. 225.
34 Ellis: *Researches 1:* S. 245 f. u. S. 397 f.
35 Dodd, E.: *The Ring of Fire. Polynesia's Sacred Isle.* New York 1976.
36 Heiler, F.: *Die Buddhistische Versenkung.* 2. Aufl. München 1922.
37 Aphraates: *Demonstratio XXII.* In: *Patrologica Syriaca, I, I,* S. 1041. Paris 1894.

3. Göttliche Wesen

1 Gottschalk, H.: *Lexikon der Mythologie.* München 1988, S. 378.
2 Rossiter: *Die Ägyptischen Totenbücher.* A. a. O. S. 105.

3 Dante: *Die Göttliche Komödie.* »Das Paradies«, XXXIII. Gesang.
4 Filmmaterial zum japanischen Dokumentarfilm *Mirage,* NEXUS Inc., A. Takeno. Aufnahmen von Pekka Parvianen.
5 Wallis Budge: *The Life and Exploits of Alexander the Great: A Series of Ethiopic Texts.* A. a. O. S. 249.
6 Homer: *Ilias.* 15.189–193, 8.25 f.
7 Ebd. 1.495–499.
8 Lantis, M.: *The Social Culture of the Nunivak Eskimo.* In: *Transactions of the American Philosophical Society.* 35 (3) 1946, S. 199.
9 Merkur, D.: *Powers which we do not know. The Gods and Spirits of the Inuit.* Moscow (Idaho) 1991, S. 132 f.
10 Wood, M. u. J. Sibbick: *Geister und Helden der Indianer.* 1982, S. 102.
11 Hoffmann-Krayer, E. u. H. Bächtold-Stäubli, Hg.: *Handwörterbuch des Deutschen Aberglaubens.* Berlin 1938/41, Bd. IX, Stichwort »Zwerge und Riesen, Erlebnissagen«, S.1132.
12 Seelow, H.: *Sagen und Märchen aus Island.* 1980.
13 *Konungs-skuggsjá.* Christiana 1848, c. 16, S. 39.
14 *Flateyjahrbok,* 14. Jh. Arnamagnäanisches Institut, Reykjavik.
15 Botta, P. F.: *Monument de Ninive.* 1849.
16 Bassett, F. S.: *Legends and Superstitions of Sailors and the Sea.* 1885.
17 Smith, R. G.: *Ancient Tales & Folclore of Japan.* London 1908, S. 178.
18 Ganz, J.: *The Wasting Sickness of Cú Chulaind in Early Irish Myths and Sagas.* London 1981, S. 165.
19 Castberg in: Annalen der Physik XVII (1804), S.183.
20 Tape, W.: *Topology of Mirages.* In: *Scientific American* 252 (1985), S. 120.

4. Umgekehrte Welten

1 Halifax, J.: *Schamanen.* Frankfurt a. M. 1983, S. 18.
2 Findeisen, H.: *Dokumente urtümlicher Weltanschauung der Völker Nordeurasiens.* Oosterhout 1970, S. 33.
3 Holmberg: *Vánsterhand och motsols.* Stockholm 1925, S. 23 bis 36.
4 Rossiter, E.: *Die Ägyptischen Totenbücher.* A. a. O. S. 10.
5 *Lex salica,* Tit. 58: *De chrencruda.*
6 *Yeelen* (Das Licht). Mali 1987. Mit Issiaka Kane, Aoua, Sangare und Niamanto Sanogo.
7 Gottschalk: *Lexikon der Mythologie.* A. a. O. S. 513.
8 Strehlow, Carl: *Mythen, Sagen und Märchen des Aranda-*

Stammes in Zentral-Australien. Bearb. v. M. Freiherr von Leonardi. Frankfurt a. M.1907.
9 Rossiter: *Die Ägyptischen Totenbücher.* A. a. O. S. 77.
10 Tributsch: *Das Rätsel der Götter – Fata Morgana.* A. a. O.
11 Graber, A.: *Sagen und Märchen aus Kärnten.* 1935, S. 99–102.

5. Mythische Inseln

1 Beckwith, M.: *Hawaiian Mythology.* Honolulu 1970, S. 67–80.
2 Oppenheim, R. S.: *Maori Death Customs.* Wellington u. a.1973.
3 Ratzel: *Völkerkunde.* Bd. 2, S. 483.
4 Tributsch: *Die gläsernen Türme von Atlantis.* A. a. O.
5 Gerland: *Anthropol.* Bd. 6, S. 810, zit. in: J. Zemmrich: *Toteninseln und verwandte geographische Mythen.* In: Internationales Archiv für Ethnographie IV (5) 1901, S. 216–244.
6 Bibby, B.: *Dilmun.* 1973, S. 174.
7 Tributsch: *Das Rätsel der Götter – Fata Morgana.* A. a. O.
8 Wallis Budge: *The Life and Exploits of Alexander the Great. A Series of Ethiopic Texts.* A. a. O. S. 558.
9 Ebd. S. 142.
10 Christiansen, R. Th.: *Norske Sagn.* Oslo 1938, S. 88–98.

6. Schlangen mit Flügeln

1 Le Braz, A.: *La Legende de la Mort.* Marseille 1982, S. 464.
2 Robinson, R. E.: *The Feathered Serpent.* Sydney 1956, S. 57.
3 Allen, L. A.: *Time before Morning – Art and Myth of the Australian Aborigines.* New York 1975, S. 67.
4 Morphy, H. (ed.): *Animals into Art.* London 1989, S. 291.
5 *Dragon Tales – A Collection of Chinese Stories.* Published by Chinese Literature Press. Beijing 1990.
6 Ebd.
7 Werner, T. T. C.: *Myths and Legends of China.* London 1922.
8 Bi Yading in: *Silk Road Tour.* Urumqui 1992.
9 Mountford, Ch. P.: *Winbaraku and the Myth of Jarapiri.* Adelaide 1968.
10 North Japanese Newspaper Corporation: Romantic Mirages, 1981.
11 Unger, E. in: Revista delli Studi Orientali XXXIII (1958), S. 34.
12 Nolde, E.: *Reise in Innerarabien, Kurdistan und Armenien.* Braunschweig 1895, S. 116.
13 van Dijk, J.: *Sumerische Religion. Die Religionen des Alten Orients.* Göttingen 1971.
14 Es handelt sich um die zweite und die fünfte Reise Sindbads.

7. Verbindungen zum Himmel

1 Tobias, M. Ch. und H. Drasdo (eds.): *The Mountain Spirit* Woodstock, N. Y., 1979, S. 55.
2 MacCulloch, C. J. A. (ed.): *The Mythology of all Races.* Bd. IV, S. 341.
3 Bernbaum, E.: *Sacred Mountains of the World.* San Francisco 1992, S. 80.
4 Wallis Budge: *The Life and Exploits of Alexander the Great. A Series of Ethiopic Texts.* A. a. O. S. 242.
5 Petrus Martyr: *De Orbe Novo.* Dec.III, Lib. IX.
6 Wegener, A. in: Meddr. Grønland 42 (1914), S. 125–356; Annalen Hydrogyr. Berl. (Kuoppenheft) 1926, S. 93.
7 Spencer: *Principles of Sociology.* Bd.1, S. 220.
8 MacCulloch: *The Mythology of all Races.* A. a. O. S. 349.
9 Ganz: *The Wasting Sickness of Cú Chulaind in Early Irish Myths and Sagas.* A. a. O. S. 168.
10 Nangan, C. u. H. Edwards: *Joe Nangans's Dreaming. Aboriginal Legends of the North-West.* 1976.
11 Frohriep, V.: *Notizen zur Natur und Heilkunde.* 1830, S. 289.
12 Tributsch: *Die gläsernen Türme von Atlantis.* A. a. O.
13 Boas, F.: *The Eskimo of Baffin Land and Hudson Bay.* American Museum of Natural History (1901), Bulletin 15 (1), S. 338 f.
14 Blumentritt in: Mitt. geogr. Ges. Wien 1882, S. 151 und 205.
15 Reinhard, J.: *High Altitude Archaeology and Andean Mountain Gods.* In: The American Alpine Journal 25 (1983), S. 57; ders.: *An Ethnological Study of High Andean Ruins.* In: Mountain Research and Development 5 (1985), S. 299.
16 Mishkin, B.: *Cosmological Ideas Among the Indians of the Southern Andes.* In: Journal of American Folclore 53 (1940), S. 237.
17 Wilpert, C. B.: *Kosmologische Mythen der australischen Eingeborenen.* Diss. Köln 1970, S. 76.
18 Roberts, A. u. Ch. P. Mountford: *The Dreamtime Book. Australian Aboriginal Myth.* Adelaide u. Sydney 1973.
19 Nangan u. Edwards: *Joe Nangans's Dreaming.* A. a. O.
20 Beckwith: *Hawaiian Mythology.* A. a. O. S. 278.
21 Wallis Budge: *The Life and Exploits of Alexander the Great: A Series of Ethiopic Texts.* A. a. O. S. 562.
22 *Australian Legendary Tales.* Collected by K. Langloh Parker. 1974, S.105.
23 Wilpert: *Kosmologische Mythen der australischen Eingeborenen.* A. a. O. S. 251.
24 Margolin, M. (ed.): *The Way We Lived. California Indian Stories, Songs and Reminiscences.* Berkeley 1881, S. 125.

25 Thurner, I.: *Die transzendenten und mythischen Wesen der San.* In: Acta Ethnologica et Linguistica, hg. v. E. Stiglmayr. 56 (1983), S. 275.
26 Halifax: *Schamanen.* A. a. O. S. 86.
27 Williams, D. L. u. T. Dowson: *Images of Power. Understanding Bushman Rock Art.* Johannesburg 1989.

8. Doppelte Erscheinungen

1 MacCulloch (ed.): *The Mythology of all Races.* A. a. O. S. 345.
2 Gilham, C. H.: *Medicine Men of Hooper Bay Or The Eskimo's Arabian Nights.* London 1955, S. 47–56; Curtis, E. S.: *The North American Indian.* 20 (1930), S. 129 f.
3 Rasmussen, K.: *The Intellectual Culture of the Iglulik Escimos.* In: Report of the Fifth Thule Expedition 1921–1924, 7 (1) (1929), S. 265.
4 Curtis: *The North American Indian.* A. a. O. S. 130.
5 Merkur: *Powers which we do not know. The Gods and Spirits of the Inuit.* A. a. O. S. 197–213.
6 Wallis Budge: *The Life and Exploits of Alexander the Great: A Series of Ethiopic Texts.* A. a. O. S. 155.
7 O'Faolain, E.: *Irish Sagas and Folk-Tales. Oisin in the Land of the Ever Young.* London 1965, S. 163.
8 Ganz: *The Wasting Sickness of Cú Chulaind in Early Irish Myths and Sagas.* A. a. O. S. 157.
9 Tributsch: *Das Rätsel der Götter – Fata Morgana.* A. a. O. Abb. 77.
10 Biot: *Recherches sur les réfractions extraordinaires qui ont lieu pres de l'horizon.* Paris 1810. Teilweise reproduziert in: Annalen der Physik 41 (1814), S. 366.
11 Cibula, V. u. E. Urban: *Europäische Sagen und Legenden.* Erlangen 1989.
12 Lee, G.: *Symbols of Power, Prayers to the Gods.* Los Angeles 1992.
13 Vedder: *Bergdama.* I, 91.
14 Rossiter: *Die Ägyptischen Totenbücher.* A. a. O. S. 77.
15 Legeza, L.: *Tao Magic.* London u. New York 1975.
16 Leviticus 16,8.
17 Heyerdahl, T.: *Die Kunst der Osterinsel.* 1975.
18 Ramirez Vasques, R.: *The National Museum of Anthropology, Mexico.* New York 1968, S. 66.
19 Osborn, H.: *South American Mythology.* 1968, S. 94.
20 Garvin, G.: *Four Rock Art Studies.* 1978, S. 65.
21 Le Braz, A.: *La legende de la mort.* A. a. O. S. 31.
22 Dömötör, T.: *Volksglaube und Aberglaube der Ungarn.* Corvina Kiadó 1981.

23 Rossiter: *Die Ägyptischen Totenbücher.* A. a. O. S. 98.
24 Römischer Ordensfund aus Lauersfort, Kreis Moers. Antikenmuseum Berlin.
25 Tributsch: *Das Rätsel der Götter – Fata Morgana.* A. a. O.
26 Cavendish, R. (Hg.): *Mythologie der Weltreligionen.* 1981, S. 225.
27 Merkur: *Powers which we do not know. The Gods and Spirits of the Inuit.* A. a. O. S.197–213.
28 Arnamagnäanisches Institut Reykjavik, früher Kgl. Bibliothek Kopenhagen, Alte Sammlung, No. 1005, fol. Flateyjarbok, 14. Jh.
29 Maurer, K.: *Isländische Volkssagen.* Leipzig 1860, S. 33.
30 Arnason, J.: *Islenskar Pjódsögur og Aefintyri.* Reykjavik 1862–1864, Vol. 1, S. 139.

9. Göttliche Fahrzeuge

1 Layard, A.-H.: *Nineveh und Babylon.* Leipzig 1850, S. 437.
2 König, W.: *Neun Jahre Irak.* Baden b. Wien 1940, S. 12.
3 Gilbert: *Kritische Arbeit über P. Minasis Beobachtungen.* In: Annalen der Physik XII (1902), S. 20.
4 Castberg in: Annalen der Physik XVII (1804), S. 183.
5 MacCulloch (ed.): *The Mythology of all Races.* A. a. O. S. 345.
6 Somadeve: *The Ocean of Story.* A. a. O. S. 217.
7 Bogoras, W.: *The Chuckchee.* American Museum of Natural History, Memoir 11. Jesup North Pacific Expedition 7 (2) (1907), S. 328.
8 *Völker zwischen Baikal und Pazifik.* Staatliche Museen Preußischer Kulturbesitz 1989, S. 19.
9 Young, E.: *Keltische Mythologie.* In: Celtica 1 (1985), S. 42.
10 Ebd. S. 53.
11 Bogoras (1907), S. 328.
12 Rasmussen, K.: *The Alascan Escimos. As Described in the Posthumous Notes of Dr. Knud Rasmussen.* H. Ostermann (ed.): Report of the Fifth Thule Expedition 1921–1924, 10 (3) (1952), S. 39 f.
13 Nabokov, P.: *Two Leggings: The Making of a Crow Warrior.* New York 1967.
14 Werner, E. T. C.: *A Dictionary of Chinese Mythology.* Shanghai 1932, S.163.
15 Waley, A.: *The Poetry and Career of Li Po, 701–762 A. D.* New York 1950.
16 Grapard, A. G.: History of Religion 21 (1982), S. 195 ff.
17 Kondo, Y. (ed.): *Shinto-shu: »Shinto yurai no koto«.* Tokyo 1964.
18 Scott, M.: *Irish Folk and Fairy Tales.* London 1983, S. 137.
19 Young, E.: *Wie der Sohn des Gobhaun Saor den Weg ver-*

kürzte. In: Keltische Mythologie. Celtica 1, 3. Aufl., Stuttgart 1985.
20 Ganz: *The Wasting Sickness of Cú Chulaind in Early Irish Myths and Sagas.* A. a. O. S. 172.
21 Cieza de Leon, Pedro de: *El Señorio de los Incas.* Lima, Peru, 1977, Kap. 4 u. 5.
22 Margolin (ed.): *The Way We Lived. Californian Indian Stories, Songs and Reminiscences.* A. a. O. S. 81.
23 Heizer, R. F. u. A. B. Elsasser: *The Natural World of the Californian Indians.* Berkeley 1980.
24 Snelling, K.: *The Sacred Mountain.* London u. The Hague 1983.
25 Filmmaterial zum japanischen Dokumentarfilm *Mirage,* NEXUS Inc., A. Takeno. Aufnahmen von Pekka Parvianen.

10. Verzauberte Natur

1 Mountfold: *Nomads of the Australian Desert.* A. a. O.
2 Rasmussen, K.: *The Netsilik Escimos. Social Life and Spiritual Culture.* In: Report of the Fifth Thule Expedition 1921–1924. Kopenhagen 1931.
3 Lawatzky, H. L. u. W. H. Lehn in: Science 192 (1976), S. 1300.
4 Uspenski, S.: *Heimat der Eisbären.* Leipzig 1979, S. 81.
5 Wood u. Sibbick: *Geister und Helden der Indianer.* A. a. O. S. 112.
6 Young: *Keltische Mythologie.* A. a. O. S. 43.
7 Frohriep: *Notizen zur Natur und Heilkunde.* A. a. O.
8 Wood u. Sibbick: *Geister und Helden der Indianer.* A. a. O.
9 *Australian Legendary Tales.* Collected by K. Langloh Parker. 1953, S. 138.
10 Le Braz: *La legende de la mort.* A. a. O. S. 231.
11 Rasmussen: *The Intellectual Culture of the Iglulik Escimos.* A. a. O. S. 113.
12 Wallis Budge: *The Life and Exploits of Alexander the Great: A Series of Ethiopic Texts.* A a. O. S. 153.
13 Mountfold, Ch. P.: *Ayers Rock. Its People, their Beliefs and their Art.* Honolulu 1965.

11. Gespenstische Begegnungen

1 Le Braz: *La legende de la mort.* A. a. O.
2 Prokop: *Bellum Goth.* 4,20.
3 Tylor: *Anfänge der Kultur.* Bd. 2, S. 65.
4 Grabovsky in: Intern. Archiv f. Ethnographie, Bd. 2, S. 185.
5 Bastian: *Indonesien.* Bd. 1, S. 50.

6 Hauff, W.: *Seeabenteuer und Schiffbrüche.* München o. J., S. 263.
7 Grieder, W.: *Kapitäne, Schiffe, Abenteuer.* Bayreuth 1972, S. 36–64.
8 *Das Leben des Hsua-tsang.* Hg. v. S. Beal. London 1911, S. 18–24.
9 *Die Reisen des Marco Polo.* London 1968, S. 100 f.
10 Niebuhr, C.: *Reisebeschreibung nach Arabien I.* Kopenhagen 1774, S. 253.
11 Barth, H.: *Die Geisterburg.* In: Alberti-Sittenfeld (Hg.): *Die Eroberung der Erde.* A. a. O. S. 162.
12 Schmid, S.: *Quellen zur Khoisan-Forschung, Teil 1.* Hamburg 1989, S. 34.
13 Persönl. Mitteilung von Dr. Budack, Windhoek (Namibia).
14 Galton, F.: *Bericht eines Forschers im tropischen Südafrika.* Ges. f. wiss. Entwicklung u. Museum Swakopmund. Namibia 1980, S. 10.
15 Persönl. Mitteilung und Originalfilm von J. Klüsener, Windhoek.
16 Englert, P. S. u. O. F. M. Cap: *La Terra de Hotu Matu'a.* Santiago de Chile 1974.
17 Uspenski: *Heimat der Eisbären.* A. a. O. S. 83.
18 Reinstedt, R. A.: *Mysterious Sea Monsters of California's Central Coast.* Carmel (Calif.) 1993.
19 Young: *Keltische Mythologie.* A. a. O. S. 64.
20 MacCulloch, J. A.: *Celtic Mythology.* In: ders. (ed.): The Mythology of all Races. Boston 1918.
21 Young, E.: *Keltische Mythologie.* In: Celtica 1 (1985), S. 106.
22 Findeisen: *Dokumente urtümlicher Weltanschauung der Völker Nordeurasiens.* A. a. O. S. 33.
23 Nebesky-Wojkowitz: *Oracles and Demons.* S. 217 u. 402.
24 Rasmussen, K.: *The Netsilit Escimo.* Kopenhagen 1931, S. 300.
25 Le Braz: *La legende de la mort.* A. a. O. S. 248.

12. An den Quellen von Mythen und Religionen

1 Tributsch: *Das Rätsel der Götter – Fata Morgana.* A. a. O.
2 Bösch, F.: *Les Banjamwezi. Peuple de l'Afrique Orientale.* Biblioth. Anthropos. 3,2. Münster i. W. 1930.
3 Bacot, J.: *Introduction à l'histoire du Tibet.* Paris 1962, S. 92.
4 Knecht, K. in: Spektrum der Wissenschaft, Sept. 1994, S. 90–95.

Abbildungsnachweis

Freer Gallery of Art, Washington: 17 (Farbteil)
Staatliches Museum für Völkerkunde, München: 6
British Museum, London: 17
North Japanese Newspaper Corporation: 26
Louvre, Paris: 42
Staatliches Münzkabinett, Berlin: 41
G. Heil: 46
Hirmer Photoarchiv: 48
Arnamaguäaisches Institut Reykjavik: 59
Königliche Bibliothek, Kopenhagen: 60
Fraser, A.B.: 63 a und b
Nationalbibliothek, Paris: 102
Victoria u. Albert Museum, London: 107
Chester Beatty Library, Dublin: 116
Museo de Arte Precolombiano, Santiago de Chile: 142
Historisches Museum, Stockholm: 152
Zentralbibliothek Zürich, Paul Scheidegger: 179
Werner Forman Archive, Merseyside: 207

Alle Zeichnungen und Aquarelle wurden von Christine Tributsch angefertigt und entstanden teilweise nach Vorlagen (s. Verweise in den Bildlegenden): 1, 4, 5, 7, 10, 11, 14, 15, 18, 21, 23, 25, 29, 30, 32, 34, 36, 49, 54, 55, 57, 58, 61, 62, 64, 69, 70, 72, 74, 76, 78, 83, 87, 89, 90, 93, 94, 99, 100, 101, 103, 105, 106, 117, 119, 125, 128, 130, 131, 132, 133, 134, 135, 136, 138, 139, 140, 145, 146, 148, 149, 150, 151, 153, 154, 155, 156, 160, 162, 163, 164, 166, 168, 174, 178, 180, 181, 185, 187, 188, 189, 190, 191, 192, 197, 201, 203, 208, 209, 213, 214, 216, 217, 218, 220, 221, 222,
Farbteil: 2, 4, 7, 10, 13, 16, 21

Wenn nicht anders angegeben, stammen die Abbildungen vom Autor.
Nicht alle Rechteinhaber konnten ermittelt werden, bestehende Ansprüche werden selbstverständlich abgegolten.